만주족
이야기

만주의 눈으로 청 제국사를 새로 읽다

만주족 이야기

2018년 6월 1일 제1판 1쇄 발행
2018년 9월 30일 제1판 2쇄 발행

지은이   이훈
펴낸이   이재민, 김상미

편집   정진라
디자인   달뜸창작실, 정희정

종이   다올페이퍼
인쇄   천일문화사
제본   길훈문화

펴낸곳   너머북스
주소   서울시 종로구 자하문로24길 32-12 2층
전화   02) 335-3366, 336-5131 팩스 02) 335-5848
홈페이지 www.nermerbooks.com
등록번호 제313-2007-232호

ISBN 978-89-94606-51-4 03910

너머북스와 너머학교는 좋은 서가와 학교를 꿈꾸는 출판사입니다.

만주의 눈으로 청 제국사를 새로 읽다

만주족 이야기

이훈 지음

너머북스

일러두기

1. 만주와 몽고의 인명과 지명 등 고유명사는 해당 언어의 발음대로 한글 표기했다. 단 사료에 한자로만 기록되어서 본래의 발음을 알 수 없는 경우는 한국의 한자음으로 적었다.

2. 중국의 인명과 지명은 한국의 한자음으로 적었다. 단 신해혁명 이후 중국의 인명은 중국어 발음으로 적었다.

3. 만주어의 로마자 전사는 묄렌도르프 표기 방식에 따랐다. 만주 문자를 표기하는 경우에는 세로쓰기를 가로쓰기로 바꾸어서 표기했다.

4. 문맥상 청조의 공식 명칭인 몽고를 사용하는 것이 자연스러운 경우에는 몽고를 사용했고, 그 외에는 몽골이라고 표기했다.

5. 연월일은 서력으로 표기했다. 음력으로 월일을 쓴 경우는 월일의 앞에 '음력'을 표기했다. 음력과 서력의 환산은 타이완 중앙연구원에서 제공하는 양천년중서력전환兩千年中西曆轉換 프로그램을 사용했다.

6. 연도 표기에서 조선의 묘호와 명의 연호 앞에는 국호를 썼다. 청의 연호 앞에는 국호를 쓰지 않았다.

    예: 1438년(조선 세종 20), 1387년(명 홍무 20), 1789년(건륭 54)

머리말

　만주족은 17세기 초에 국가를 건설했다. 그러나 그 이전 시기에 그들의 조상인 여진은 오랫동안 국가를 형성하지 못하고 부족민으로 살았다. 여진은 14세기 중엽 세계 제국 몽골이 쇠퇴한 후에 명이나 조선처럼 국가를 수립하지 못했다. 그들은 현재 중국의 동북 지역과 러시아의 연해주를 포괄하는 광활한 지역에서 씨족과 부족 단위의 수많은 소집단으로 분산된 채 조선과 명의 간접 지배를 받았다. 누르하치는 1583년에 기병한 후 1588년에 건주여진을 통일하고 1616년에 마침내 아이신 구룬(금국)을 수립했다. 1619년에 누르하치는 해서여진의 여허를 멸망시킴으로써 여진 세계의 대부분을 통일했다. 누르하치가 여진의 국가를 건설했다면 그의 후계자인 홍 타이지는 아이신 구룬을 여진인, 몽골인, 한인이 공존하는 다민족 국가로 발전시켜 갔다. 홍 타이지는 1635년에 족명을 주션(여진)에서 만주로 개칭하고 1636년 다이칭 구룬(대청국)의 수립을 선포했다. 청은 그 후 100여 년간 영역을 끝없이 팽창해 갔다. 만주 지역, 중국, 타이완, 동몽골 칼카, 서몽골 준가르, 티베트, 동투르키스탄 신강, 카자흐 남부가 차례로 청에 복속되거나 영향권에 포함되었다. 18세기 중엽에 청은 수많은 민족을 지배하고 광활한 강역을 경영하는 대제국이 되었다.

만주족은 인류사에서 보기 드문 위업을 이루었다. 그들은 거대한 제국을 건설하고 이를 장기간 효율적으로 경영했다. 만주족이 수립한 청조는 1912년에 사라졌지만 그들이 구축한 강역과 다민족 국가의 통치 기술은 현대 중국으로 이어졌다. 그러나 현대의 역사가들은 오랫동안 만주족에 충분히 주목하지 않았다. 청을 건국하고 지배한 집단이 만주족이라는 사실은 청의 초기 역사를 다룰 때에만 중요하게 고려되었고 그 후의 시기를 고찰할 때에는 흔히 무시되었다. 역사가들은 만주족이 청 중기에 이르러 자신의 문화와 언어를 상실하고 한화漢化되었기 때문에 청사에서 만주족의 문제는 중요하지 않다고 생각해 왔다. 만주족이 한화되었다는 '중국 중심적 시각'과 함께 청 말기에 서구 세력의 침입에 만주족 지배층이 효과적으로 대응하지 못한 무능력에 대한 비판과 경멸이 현대에 이어진 점도 역사가들에게 청사에서 만주족의 요소가 중요하지 않다고 인식하게 만든 원인이었다.

최근 청사에서 만주족의 중요성을 강조하기 시작한 것은 서구 학계였다. 1990년대에 미국 학계의 연구자들을 중심으로 만주족이 청의 역사에서 계속 중요한 요소였고 청이 중국보다 내륙아시아로부터 영향을 받았으며 그것을 통치에 지속적으로 활용했다고 주장하기 시작했다. 이들은 청사를 '내륙아시아적 시각' 혹은 '만주족 중심'의 시각에서 다시 서술하기 시작했고, 이러한 연구 경향은 '신청사New Qing History'라고 불리게 되었다. 이들은 신청사라고 통칭되었지만 각자 집중하여 연구한 주제는 상이했다. 에벌린 로스키Evelyn S. Rawski는 청 황실의 구성원과 의례에 집중했고, 파멜라 크로슬리Pamela Kyle Crossley는 만주족의 민족적 정체성이 청대에 변화해 가는 과정에 천착했다. 마크 엘리엇Mark C. Elliott은 만주족의 민족적 정체성을 논했지만 그것이 팔기제 안에서 변함없이 유지된 측면에 집중했다. 이처럼 신청사 연구자들이 논의한 주제는 다양했고 서로 간에 주장이 일치하지 않는 경우도 있었다. 그럼에도 불구하고 신청사라는 범칭으로 불린 이유는 이들이 공통적으로 만주어와 만문 사료를 청사 해석의 중요한 도구로 여기고 청이 내륙아시아적 전통에 속해 있었음을 청 제국의 중요한 특징으로 인식했기 때문이다.

　신청사가 대두한 가장 큰 원인은 청대에 작성된 방대한 만문 문서가 존재한다는 것이 알려졌기 때문이었다. 1980년대부터 중국의 제일역사당안관에 만문으로 작성된 청대의 공문이 소장되어 있는 것이 알려졌고 연구자들은 그 막대한 수량에 경악했다. 제일역사당안관에 소장되어 있는 만문 문서는 100만 건 정도이고 이 수량은 청대에 작성된 한문 문서의 5분의 1로 추산되고 있다. 연구자들은 만문 자료를 통해 만주족이 만주어와 만주 문자를 기존에 알려진 것보다 더 늦은 시기까지 지속적으로 사용했음을 알게 되었고, 또한 만문 문서에는 한문 문서에 기록되지 않은 내용도 담겨 있음을 알게 되었다. 신청사 연구자들은 새로운 시각과 만문 사료라는 새롭게 획득한 도구를 이용해서 청사를 재해석해 갔다.

신청사가 대두한 또 하나의 원인은 서구에서 개발된 다양한 이론의 영향 때문이었다. 탈근대post-modern 이론, 탈식민post-colonial 이론, 종족 ethnicity 이론 등은 연구자들이 청 제국과 만주족을 새로운 시각에서 재해 석하게 만들었고 그것이 신청사의 형성으로 이어지게 되었다. 중심보다 변경에 주목하는 탈근대와 탈식민 이론의 영향으로 신청사는 청의 변강 에 주목했고, 청을 단일한 정치체가 아니라 그 내부에 몽골, 티베트, 위구 르 등의 다양한 구성원을 가진 복합적인 제국으로 보았다. 또한 청 황제 는 중국의 황제일 뿐만 아니라, 만주인의 한汗, 불교 세계의 차크라바르 틴(전륜법왕), 몽골의 카간可汗의 모습을 동시에 갖춘 다면적 존재였음에 주 목하게 되었다. 베네딕트 앤더슨의 '상상의 공동체' 이론은 신청사가 만주 족의 정체성을 해석하는 시각에 영향을 미쳤다. 신청사는 만주족이 자신 의 언어와 문화를 잃었기 때문에 민족적 정체성을 상실했다는 기존의 인 식을 재고하여 정체성의 형성과 유지의 동력을 그들의 자기 인식에서 찾 게 되었다.

중국의 많은 역사가들은 신청사의 주장과 논리를 반박해 왔다. 그들은 신청사가 청과 중국을 등치시키지 않고 청을 중국이 포함된 복합적인 정 치체로 보는 시각에 불편함과 위협감을 느꼈다. 중국의 역사가들은 신청 사의 주장에서 과거 제국주의 일본이 만몽사관을 주창하며 만주 지역과 몽골을 중국에서 분리시킨 역사의 기억을 떠올렸다. 그래서 그들은 신청사가 만주 지역, 신강, 티베트, 타이완, 몽골 등의 역사적 변경을 중국에서 분리시키려 한다고 여기고, 그것은 중국이라는 '지리적 신체geo-body'를 훼손하고 부정하는 것이라고 생각했다. 신청사에 의해 중국이 겪은 반식민지 경험이 현재에 소환되면서 신청사의 주장에 대한 강한 반발을 불러일으켰다. 중국의 일부 연구자들은 청사에서 만주족의 요소를 중요하게 여기지만, 그들조차도 중국이 청의 일부에 지나지 않는다고 보는 신청사의 시각에는 반대한다. 그럼에도 불구하고 신청사의 영향은 지난 20여 년간 지속적으로 확대되어 왔다. 중국의 많은 소장 연구자들은 신청사의 논리를 점차 더 적극적으로 수용하고 있다. 구미에서 일세대 신청사 연구자들의 영향을 받은 후속 세대 연구자들은 신청사의 영역을 변경사와 환경사로 확장시켜 가고 있다.

한국은 자국의 역사와 현실이 만주 지역과 만주족에 직결되어 있기 때문에, 그에 대한 학계와 대중의 관심 방향이 특별하다. 조선은 여진이나 만주족과 다른 어떤 나라보다 많이 접촉했고 그들에 대해 다른 나라에서는 찾아볼 수 없는 많은 기록을 남겼다. 그렇기 때문에 14세기 말부터 16세기 말까지의 여진사를 추적하는 작업은 『조선왕조실록』 등의 조선 측 관련 기록이 없이는 불가능하다. 청이 제국으로 발전한 후에도 조선은 방대한 분량의 연행록을 기록하고 남겼다. 따라서 한국은 만주족에 대한 기록들을 해석하고 그 맥락을 파악하는 데 유리한 위치를 차지하고 있다. 그러나 청의 조선 침탈과 그로 인한 증오의 기억, 그리고 만주족을 야만인으로 무시해 온 감정적 기제는 오랫동안 한국인이 청과 만주족을 깊이 연구하거나 그들에 대해 객관적으로 접근하는 것을 가로막는 장애물로 작용해 왔다.

때로는 한국이 겪은 식민지 경험도 만주족과 그들의 역사를 해석하는 시각에 영향을 미친다. 예컨대 한국의 일부 연구자들은 신청사가 중국의 분열을 획책하기 위해 미국 정부가 주도한 사업이라고 오해하기도 한다. 이러한 오해의 배경에는 한국의 식민지 경험과 제국주의에 대한 반발, 그리고 비슷하게 서구 열강에 의한 분열과 반식민지화를 거친 중국의 역사에 대한 일정한 동조감이 있다. 때로는 한국의 과도한 국가주의가 문제의 근원이 되기도 한다. 조선이 청나라에 침탈당한 역사를 수치스럽게 생각하고, 동시에 강한 제국을 동경하며 고대사에 희망과 이상을 투사하는 행위는 정작 청대의 만주족과 만주 지역에 대한 관심을 절하시킨 원인이 되기도 했다. 그러나 최근에 만주족과 청사에 대한 학계와 대중의 관심이 이전보다 커지고 주목할 만한 연구가 이루어지고 있어서 고무적이다.

이 책은 14세기 부족 시기부터 18세기 청 제국 극성기까지 만주족의 역사를 주제별로 서술했다. 책의 초고는 고려대학교 민족문화연구원에서 발행하는 '웹진민연'에 2011년 11월부터 2014년 9월까지 연재한 글이고, 책을 집필하면서 내용을 보완했다. 전체 글은 부록을 포함하여 총 30개의 꼭지로 나뉘고 모두 5장으로 구성된다.

1장에서는 건주여진의 전신인 오도리부의 역사를 조명하고, 해서여진 4부가 형성되고 멸망하기까지 그들의 이동과 충돌과 융합의 과정을 그렸다. 아울러 동해여진의 다양한 집단들이 후금에 복속되는 과정을 서술했다. 2장에서는 만주족이 국가를 형성하고 새로운 민족공동체를 만들어 가는 과정을 서술했다. 3장에서는 만주족을 만주족답게 만들었던 그들의 특질을 살펴보았다. 일반적으로 언급되어 온 만주어, 전투력, 샤머니즘의 문제와 함께 그간 잘 언급되지 않았던 씨족과 성명, 그리고 가추하 놀이까지 서술했다. 4장에서는 만주족이 청 제국의 다른 민족과 조우하면서 새로운 제도와 문화가 발생하고 그것이 변화한 현상에 대해 그렸다. 5장에서는 청 제국의 변경을 구성한 민족 가운데 토르구트, 시버, 허저가 거대한 역사의 흐름에서 어떻게 생존해 왔는지 추적했다.

이 책은 만주족의 역사를 통사적으로 개괄하지 않고 특정한 주제들에 집중하여 상세히 다루었다. 때문에 몇 개의 글 꼭지가 하나의 주제로 묶여서 장을 구성하지만 한 꼭지는 기본적으로 자기완결적인 독립적 에피소드이다. 옴니버스 형식으로 구성된 길지 않은 글이 만주족의 모든 것을 말해 주지는 못할 것이다. 그러나 이 글에서 다룬 주제에 국한해서는 통사와 단대사 유의 책에서 소개되지 않은 만주족의 상세한 이야기를 들려줄 수 있을 것이다.

필자는 이 글에서 만주어를 본래의 발음대로 쓰려고 노력했다. 그 이유는 단순하다. 만주족의 고유명사를 그들의 발음대로 정확히 표기하는 것이 그들의 역사와 문화를 정확히 드러내는 첩경이기 때문이다. 또한 한문 사료와 함께 만문 사료를 많이 활용하려고 노력했다. 그 이유도 마찬가지로 만문 사료가 만주족을 가장 정확하고 선명하게 보여 주기 때문이다. '만주'는 혼란을 일으키는 명칭이다. 한국에서는 '만주'를 지명으로 쓰고 있지만 '만주'는 본래 집단의 명칭이다. 하나의 어휘가 두 가지의 다른 뜻으로 쓰여서 발생하는 혼란을 막기 위해 이 책에서는 '만주 지역'을 지명으로, '만주족'을 족명이나 집단명으로 사용할 것이다. 다만 혼동되지 않는 경우에 한정하여 '만주'를 지명으로 쓰기도 할 것이다.

이 책이 만주족이나 청사에 관심을 가진 독자만이 아니라 한국사에 관심 있는 독자에게도 읽혀지기를 희망한다. 만주족과 그들의 조상인 여진은 한국사와 깊은 관련이 있다. 그들은 고구려의 일부를 구성했고 발해를 건국했다. 또한 그들 가운데 일부는 조선 건국의 일익을 담당했고 조선 북방의 변경인이었으며 조선인이 되기도 했다. 만주족이 청 제국을 건설한 후 조선은 그들의 절대적인 영향을 받았다. 그러므로 한국인이 만주족과 청에 대해 아는 것은 이웃 민족과 국가에 대한 지식을 늘리는 것 이전에 자국과 자민족의 역사에 대해 아는 것을 의미한다.

청조가 멸망한 후 중국은 청 제국의 강역을 계승했고 만주족은 중국인의 일원이 되었다. 지금 중국이 주장하는 중국사의 영역은 중국 내지 China proper를 넘어 청 제국이 지배한 광활한 공간을 포괄한다. 중국은 만주 지역을 동베이東北라고 부르며 중국사가 포괄하는 공간으로 편입시켰다. 반면 한국에서 만주 지역은 한국 고대사의 공간으로 간주된다. 두 나라는 만주 지역에서 태어난 국가를 각자 '국사'의 일부에 배치했고, 역사의 일부를 공유하고 있다. 그래서 필연적으로 양자의 역사 공간은 충돌한다. 양자의 사이에서 만주족과 그들의 조상이 영유했던 그들만의 역사와 그들만의 공간은 실종되어 갔다. 이 글은 만주족이 살았던 이야기를 그들의 시각으로 서술했다. 한국과 중국이 서로의 역사를 이해하고 공존하는 길을 찾는 데 이 글이 조그만 도움이 되기를 희망한다.

책을 쓰면서 많은 분들에게 도움을 받았다. 국내외의 선배 연구자들께 감사드린다. 이 글의 많은 부분은 그들의 글에서 가져온 것이다. 각주를 최소화하기 위해 책 말미의 참고문헌에만 그분들의 이름을 밝혔다. 김선민 선생님은 원고를 처음부터 끝까지 읽고 오류를 수정해 주셨다. 고맙다는 말로는 마음을 다 전하기에 부족하다. 이 책에 등장하는 만주의 여러 지역들이 조금이나마 상세하게 그려질 수 있었다면, 그것은 중국 사회과학원의 류샤오밍劉小盟 선생님과 함께 현지를 답사한 덕분이다. 고려대학교와 연세대학교의 학부생들은 지난 4년간 나의 학생이고 선생님이고 친구였다. 그들과 강의실에서 만나서 다룬 주제들이 이 책의 곳곳에 자리하고 있다. 고려대학교 민족문화연구원이 웹진민연에 공간을 마련해 주지 않았다면 책의 초고가 나오지 못했을 것이다. 책을 출판해 주신 너머북스의 이재민 사장님과 원고를 세밀히 다듬어 주신 정진라 편집자님께 깊이 감사드린다.

2018년 5월
이 훈

차례

1_여진 부족에서 국가로

1368년 원이 중원에서 북방 초원으로 후퇴한 후 동아시아 각지에는 새로운 국가가 탄생했다. 그러나 여진은 명이나 조선처럼 국가를 수립하지 못하고 부족이나 씨족 단위로 만주 지역의 곳곳에 흩어져 거주했다. 명은 여진을 통제하기 위해 1375년 요양遼陽에 군정기구인 요동도사遼東都司를 설치했고, 이후 30여 년에 걸쳐 여진의 주요 부족들을 위衛와 소所로 편제하여 간접 지배 체제를 형성해 갔다. 그 과정에서 조선의 북방에 거주하는 여진에 대한 지배권을 둘러싸고 조선과 알력을 빚기도 했다. 1411년 마침내 명은 만주의 극동부인 흑룡강 어귀에 누르간도사奴兒干都司를 설치함으로써 여진을 동서 양 극단에서 쌍끌이로 지배하는 체제를 완성했다. 그러나 명이 요동도사와 누르간도사를 통해 무력을 행사하거나 교역권을 부여하는 방식으로 여진을 간접 지배하는 체제는 불완전하고 불안정했다. 광활한 만주에 흩어져 거주하는 여진을 관할하는 것은 지난한 일이었고, 명으로부터 원거리에 위치한 누르간도사에 병력과 물자를 지속적으로 공급하기도 어려웠다. 그 결과 누르간도사는 설치된 지 20여 년이 지난 1434년에 폐지되었고 만주 지역 동부에 대한 명의 관리 역량은 축소되었다.

여진인은 이러한 과정을 거치며 부족이나 씨족 단위로 명의 간접 지배 체제에 편입되기도 하고 일부는 조선의 변경민을 구성하기도 했다. 그러나 자체적인 국가가 만들어지지 못하고 명의 간접 지배가 철저하지도 못하여 발생한 여진의 불안정한 상태는 부족들의 상쟁과 그로 인한 인구의 이동으로 이어졌다. 때로는 조선이나 몽골의 공격이 여진의 도피성 이동을 촉발시키기도 했다. 여진의 인구 이동은 원의 몰락기인 14세기 후기에 시작되어 만주 지역의 이곳저곳에서 단속적으로 일어났다. 이동의 방향은 대체로 만주 지역의 북동부에서 남부나 서부를 향했다. 건주여진의 조상인 오도리부는 무단강의 하류역으로부터 남쪽으로 이동하여 조선의 회령에서 거주하다가 서진하여 압록강의 북방에 자리 잡았다. 해서여진의 기원인 훌룬은 동류 송화강의 지류인 훌룬강 유역으로부터 서진하여 송화강 만곡부에서 거주하다가 남하하여 북류 송화강의 중류역에 정착하여 울라와 하다로 발전했다. 여진의 주요 부족의 인구 이동이 일단락된 것은 16세기 초중반이었다. 이 시기에 여진은 건주여진, 해서여진, 동해여진으로 구분되었다.

건주여진은 압록강의 북쪽으로 혼하 상류부터 동가강에 걸쳐 거주했으며, 숙수후·후너허·왕기야·동고·저천의 5개 집단으로 나뉘어 있었다. 이 외에 백두산 북쪽 일대의 너연·주셔리·얄루기야의 3개 집단도 건주여진으로 분류되기도 했다. 해서여진은 울라·하다·여허·호이파 4개의 집단으로 구성되었고 건주여진의 북쪽에 거주했다. 동해여진은 무단강 유역부터 동쪽에 거주했다. 16세기 후기에 건주여진과 해서여진이 씨족을 단위로 하는 사회에서 벗어나 부족을 구성하고 부족연합을 결성하며 초기국가의 단계로 진입했음에 반해 동해여진은 여전히 씨족 단위의 거주가 많았고 생산의 형태도 농경이나 목축보다는 수렵과 어업이 많았다. 1장에서는 건주여진의 전신인 오도리부의 역사를 조명하고, 해서여진 4부가 형성되고 멸망하기까지 복잡하게 전개된 그들의 이동과 충돌과 융합의 과정을 추적한다. 아울러 동해여진의 다양한 집단들이 후금에 복속되는 과정을 그린다.

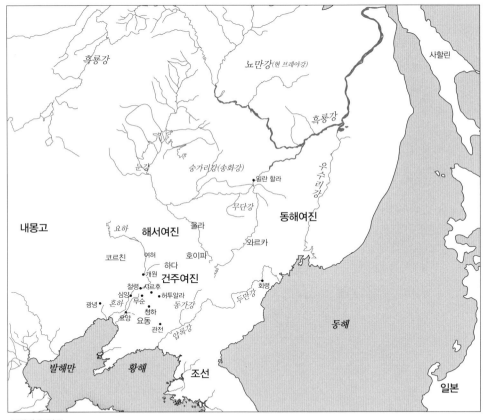

흑룡강

뇨만강(현 브레야강)

사할린

흑룡강

내몽고

숭가리강(송화강)

일란 할라

순강

우수리강

무단강

요하

해서여진

울라

동해여진

코르친

어허   호이파

와르카

하다

개원

건주여진

철령 사르후

회령

심양

허투알라

광녕 혼하 무순

두만강

동가강

청하

요양 요동

동해

관전

압록강

발해만   황해

조선

일본

17세기 초 만주

강의 이름에 새겨진 역사

《 **광활한 만주, 다양한 민족** 》

　서쪽의 흥안령 산맥부터 동쪽으로 동해까지, 북쪽의 흑룡강에서 남쪽의 백두산까지를 포함하는 광활한 지역을 지금 중국인은 '동베이東北'라고 부르고, 서구인은 '만추리아Manchuria'라고 부르고 있다. 한국인은 이 지역을 '만주'라고 부르고 있지만 정작 청대에 만주인은 '만주'를 지명으로 쓴 적이 없다. 만주인에게 '만주'는 족명일 뿐이었다. 청대 만주인은 만주 지역을 행정적으로 성경盛京, Mukden · 기린吉林,Girin · 흑룡강黑龍江, Sahaliyan ula으로 분할하여 불렀다. 때로는 이를 합쳐 불러야 할 현실적 이유 때문에 동북東北, dergi amargi ba이나 관외關外, furdan i tule라고 부르기도 했다. 그러나 '동북'은 중국 내지의 동북쪽에 있는 땅이라는 의미에서 나온 말이고 '관외'는 산해관의 밖에 있는 땅이라는 의미에서 나온 말이다.

둘 다 만주 지역 자체의 단일한 정치적인 속성에서 도출된 이름이 아니고 수도인 북경北京을 기준으로 한 방위적 성격을 지닌 명칭이었다.

17세기 초에 청이 만주 지역을 통일했는데도 그 지역을 포괄하는 단일한 속성에서 도출된 자기완결적인 지명은 왜 만들어지지 않았는가? 그 이유는 광활한 만주 지역에 사는 사람들의 문화와 민족이 단일하지 않았고 그들에 대한 청의 지배 형태도 단일하지 않았기 때문이다. 만주 지역은 면적이 한반도의 다섯 배에 이르는 광활한 공간이고 다양한 민족과 집단이 거주했으며 그 사람들에 대한 청의 통치 형태도 다양했다. 대략 현재의 요령성에 해당하는 지역은 청이 직접 통치했다. 반면 만주 지역의 서북부에서는 코르친 몽골이 청의 협력 집단으로서 자치를 누렸으며, 동부와 북부의 민족들은 부족이나 씨족 단위로 자치하면서 청의 간접 지배를 받는 변민邊民으로 남아 있었다. 느슨한 지배로 인해 만주 각 지역의 거주민은 준독립성과 다양성을 유지하였고, 이러한 특징은 1644년 청의 구성원 대다수가 중국으로 이동한 후에도 상당히 유지되었다. 만약 청나라가 1644년에 중국으로 민족 대이동을 하지 않고 만주 전역에 대해 지배를 직접적이고 전반적으로 강화해 갔다면 만주 지역을 지칭하는 그들 나름대로의 이름이 만들어졌을 것이다. 그러나 그 전에 청의 인구의 대다수는 중국으로 이동했고 만주 지역은 청 제국의 일부이자 '동북' 지역이 되었다.

만주 지역은 여진족과 그들의 후손인 만주족이 1644년 중국 내지로 이주하기 전에 살았던 영역이었다. 그렇기 때문에 현재 만주 지역의 산과 강, 호수와 평야, 도시와 촌락의 이름이 한어漢語로 바뀌어 있지만 원래의 지명들은 당연하게도 만주어였다. 또한 이 광활한 영역에 만주족만 살았던 것이 아니고 몽골, 시버, 다구르, 솔론, 에벤크 등의 여러 민족이 살았기 때문에 만주 지역에는 만주어뿐만 아니라 다양한 민족의 언어로 불린 지명도 곳곳에 산재해 있었다. 만주 지역의 지명들이 급속히 한어로 바뀌기 시작한 것은 그리 오래되지 않았다. 그것은 19세기 중엽에 청 정부가 한인의 만주 이주를 허가하여 한인 이주민이 만주 거주민의 대다수를 이루게 된 후부터였다. 이때부터 한인 이주민이 폭발적으로 유입되면서 본래의 만주어 지명은 사라지거나 그 일부를 한어 이름 속에 남기고 녹아 버렸다.

만주에서 사라지거나 한어 지명 속에 섞여 있는 만주어 지명의 원형을 파악하는 것은 단순히 사라지고 잊혀진 지명을 복구한다는 의미 외에 만주족의 역사를 연구하는 데도 매우 중요하다. 특히 강 이름은 그 연안에 거주했던 집단이 자신들의 부족이나 초기 국가의 이름으로 사용하는 경우가 많았기 때문에 그들의 역사를 재구성하는 데 핵심적인 실마리를 제공한다.

《 만주의 북방 한계선, 흑룡강 》

만주 지역에서 가장 크고 긴 강은 흑룡강黑龍江이다. 흑룡강의 상류인 실카강과 오논강을 포함하면 길이 4,444킬로미터로 세계에서 8번째로 긴 강이다. 이 거대한 강은 대흥안령과 소흥안령이 만든 지형을 따라 ㅅ자 형태로 크게 만곡을 그리며 동해로 흐른다. 흑룡강은 남쪽의 만주 지역과 북쪽의 시베리아를 가르는 경계선이다. 만주 지역을 흐르는 눈강Noni ula, 嫩江, 송화강Sunggari ula, 松花江, 무단강Mudan bira, 牧丹江, 우수리강Usuri ula, 烏蘇哩江 등의 크고 작은 강들은 모두 흑룡강으로 유입되어 동해로 빠져나간다. 그러므로 흑룡강은 만주 지역의 척추이자 어머니강이다. 흑룡강은 장거리를 흐르기 때문에 청대에 상류역과 하류역의 자연환경과 주민과 생활양식이 달랐다. 흑룡강의 상류역은 건조 지대에 속하여 유목민이 활동하는 무대이고, 하류역은 타이가 지대에 속하며 하천을 근거지로 하는 어로민의 생활 공간이었다.

흑룡강이란 이름은 『요사遼史』에서 처음 보이고 그 전에 남북조 시대에는 흑수黑水라고 불렸다. 흑룡강의 만주어 이름은 '검은 강'이란 뜻의 '사할리얀 울라Sahaliyan ula'이다. 한어와 만주어 모두 흑룡강의 이름은 '검다'는 의미를 담고 있다. 실제로 흑룡강은 물빛이 검다. 송화강과 흑룡강의 합류 지역인 현재 중국 흑룡강성의 동강시同江市에서 두 강의 물빛을 비교해 보면 송화강의 누런색과 흑룡강의 검은색이 확연히 대조를 이룬다. 흑룡강의 검은 물이 송화강의 누런 물과 만나서 먹물이 맑은 물에 풀려나가듯이 뭉클거리며 확산되는 풍경은 장관이다. 흑룡강의 물빛이 검은 이유는 그 상류인 아르군강額爾古納河이 이탄泥炭 지대를 지나며 검게 물들어서 흑룡강으로 이어지기 때문이다. '울라ula'는 만주어에서 '큰 강'을 의미한다. 반면에 일반적인 크기의 강은 '비라bira'라고 부른다. 흑룡강이 '울라'라고 불린 것을 보면 만주족에게도 흑룡강은 특별히 큰 강으로 인식되었음을 알 수 있다. 요대의 거란인이나 청대에 흑룡강의 중상류역에 거주한 몽골인이나 다구르인은 흑룡강을 '카라 무렌Kara muren' 혹은 '카라 무르 Kara mur'라고 불렀는데, 이 역시 '검은 강'이라는 뜻이다.

러시아인은 흑룡강을 '아무르'라고 불러왔다. '아무르'라는 이름은 에벵키어 '다무르'에서 유래했다는 설이 있고, 피야카인이 이 강을 불렀던 이름인 '마무'가 러시아인에 의해 변음된 이름이라는 설도 있고, 만주어 등의 퉁구스어에서 북쪽을 가리키는 아마르amar가 변음된 이름이라는 설도 있지만 모두 추정일 뿐 정확한 유래는 알 수 없다. 중국과 조선에서는 이 강을 '흑룡강' 외에 '흑수'라고도 많이 불렀다. 청대와 조선 후기의 한문 문헌에서는 흑룡강의 '흑黑' 자를 그와 통용되는 '오烏'로 바꾸어서 오룡강烏龍江이라고 부르기도 했다.

《 흑룡강과 사할린 》

흑룡강 하구를 빠져나와 타타르 해협을 건너면 사할린 섬이 나온다. 일제 시기에 수많은 조선인이 이 섬의 탄광, 철도, 항공 시설, 석유 기지의 노동자로 징용되었고, 그래서 지금도 조선인이 많이 살고 있는 바로 그 섬이다. 사할린의 만주어 명칭은 '사할리얀 울라 앙가 하다Sahaliyan ula angga hada(검은 강 어귀의 산봉우리)'였다. '사할린'은 만주어 이름인 '사할리얀 울라 앙가 하다'가 '사할리얀'으로 축약되고 그것이 또 다시 축약된 지명이다. 사할린은 만주어에 연원을 둔 지명이지만 이 섬은 만주족(여진족)의 생활 영역이 아니었다. 사할린의 북부는 청대에 피야카Fiyaka, 費雅喀의 거주지였고, 남부는 아이누의 거주지였다.

피야카는 '니브흐'라고 자칭하기도 했고 러시아인에게 '길약'이라고 불리기도 했으며 흑룡강 하류역과 사할린의 북쪽에 걸쳐 살았다. 1658년에 나선정벌에서 러시아군과 전투를 벌였던 조선의 신유申瀏(1619~1680)는 이들을 퍅개愎介라고 기록했다. 피야카는 사할린을 자신들의 언어로 이미 프Yh-mif라고 불렀다. 아이누인은 사할린을 '신이 만든 강 입구의 땅'이라는 의미의 '카뮈 카르 푸트 야 모시르Kamuy kar put ya mosir'라고 불렀다. 일본인은 이를 축약하여 '카라후토樺太'라고 불렀다. 때문에 일제 시기 조선인들은 카라후토의 한자를 조선 발음으로 읽어서 사할린을 '화태도樺太島'라고도 불렀다.

사할린 섬의 만주어 이름과 아이누어 이름 모두 흑룡강과의 관계에서 명명된 것이 특징적이다. 이는 사할린이 흑룡강 하류역과 지리와 문화적으로 분리된 공간이 아니었다는 것을 암시한다. 실제로 사할린의 토착 민족이었던 피야카는 흑룡강 하류역과 사할린에 걸쳐 거주했고 왕래도 잦았다. 흑룡강 하구에서 사할린에 이르는 타타르 해협은 폭이 가장 좁은 경우 7킬로미터에 불과하여 바다인지 강인지 모를 정도로 협소했고 겨울에는 해협의 바다가 결빙하기 때문에 왕래하기가 한결 더 수월했다. 청대에 만주족은 사할린을 자신들이 명명한 정식 이름인 '사할리얀 울라 앙가 하다'로 부르기보다 주로 '쿠예Kuye, 庫頁'라고 불렀다. '쿠예'라는 이름은 '사람'을 의미하는 아이누어 '쿨'에서 유래한 사할린의 또 다른 이름이고, 13세기 원대의 한문 사료에 구웨이骨嵬로, 명대에는 쿨苦兀로 음사되어 기록될 정도로 유서 깊은 이름이었다.

《 건주여진과 명의 경계, 요하와 그 지류 》

요하遼河와 그 최대 지류인 혼하渾河는 누르하치가 요서 일대를 점령하기 전까지 한인의 공간과 여진의 공간을 가르는 경계선이었다. 따라서 17세기 초에, 요하와 혼하의 동쪽 하안을 따라 분포해 있던 개원, 철령, 심양, 무순, 요양, 해주, 요주 등 명나라의 전진기지 도시들로 이루어지는 방어선까지는 한어 지명이 있었고 그 동쪽으로는 여진어 지명이 있었다. 누르하치가 여진을 통일해 가던 막바지에 여진의 가장 중요한 정치적 중심 지역은 건주여진의 중핵 세력이 분포해 있던 혼하 유역이었다. 혼하는 만주어로 후너허 비라Hunehe bira라고 불렸다. 중국어 이름인 혼하가 여진식으로 변형되어 후너허라는 이름이 만들어진 것으로 생각된다. 혼하는 과거에 요하의 지류였지만 1958년의 제방 공사로 지금은 수계가 요하와 완전히 분리되어서 독립적인 강이 되었다.

소자하蘇子河는 요하의 또 하나의 지류이다. 소자하를 만주어로는 숙수후강Suksuhu bira, 蘇克素護河이라고 했다. 소자하는 한어 이름처럼 보이지만 원래의 만주어 이름인 숙수후Suksuhu가 중국식으로 변형된 것으로 추측된다. 숙수후는 여진어로 물수리魚鷹를 가리키며, 동사형인 숙수럼비suksurembi는 물수리 같은 새가 물고기를 잡아채기 위해서 강물로 날아내리는 것을 가리키는 말이다. 그래서 숙수후강은 청대에 '어응하魚鷹河'로 불리기도 했다. 숙수후강도 혼하처럼 누르하치의 초기 활동의 중심지였고 건주여진의 중심지였다. 17세기 초 건주여진은 여러 개의 부족으로 나뉘어 구성되었는데, 누르하치의 집안은 그 가운데 숙수후강 부suksuhu birai aiman, 蘇克素護河部에 속했었다.

요하의 하류역의 지류인 여허강Yehe bira, 葉赫河(현재 상류는 관하冠河, 하류는 청하淸河) 일대에서는 여허부가 건주여진에 저항하는 세력으로 해서여진 4부 가운데 마지막까지 버텼다. 여허 역시 강의 이름으로 집단의 이름을 삼은 경우이다. 요하의 남쪽 지류인 하다강哈達河 연안에는 해서여진 4부 가운데 하다가 있었다. 이 역시 강의 이름이 곧 집단의 이름이 된 경우이다.

《 해서여진 훌룬의 기원지, 송화강 》

송화강은 백두산에서 발원하여 만주 지역의 중부를 북쪽으로 흐르다가 현재 부여시夫餘市 부근에서 눈강과 만나면서 급격히 동쪽으로 꺾여 흘러 마침내 흑룡강과 만나서 바다로 흘러든다. 송화강은 흐르는 방향을 기준으로 둘로 나뉘어 불린다. 백두산부터 부여까지의 구간은 북쪽으로 흐른다고 해서 북류 송화강이라고 부르고, 부여부터 흑룡강으로 유입되기까지의 구간은 동쪽으로 흐른다고 해서 동류 송화강이라고 부른다. 송화강을 원대의 한문 기록에서 해서강海西江이라고도 썼다. 해서강 즉 하이시강은 주로 부여시부터 흑룡강으로 유입되기까지의 구간을 가리킨다. 다시 말해 동류 송화강이 하이시강이다. 때로는 동류 송화강이 시작되는 송화강 만곡부 일대를 하이시海西라고 부르기도 했다. 건주여진의 누르하치가 여진을 통일하기 전에 여진의 주축이었던 '해서여진海西女眞'의 '해서海西'는 '바다의 서쪽'이라는 의미가 아니고 '하이시강'의 하이시를 음사한 것이다.

송화강을 만주어로는 '숭가리 울라Sunggari ula' 혹은 '숭가리 비라 Sunggari bira'라고 했다. 숭가리는 만주어에서 '은하수'를 뜻하는 말이다. 그래서 청대에 숭가리강을 은하수를 의미하는 한어인 '천한강天漢江'이나 '천하天河'라고 부르기도 했고 원래의 발음인 숭가리에 가깝게 '송아리오 랍松阿哩烏拉'이라고 음사하기도 했다. 송화강은 중국에서 명대부터 쓰기 시작해서 지금까지 가장 흔히 쓰이는 이름이고 그전에 금대에는 송와강松 瓦江이라고 쓰기도 했다.

송화강은 한국 고대사와 관련하여 매우 중요한 강이다. 송화강이 동쪽 으로 크게 꺾이는 지점에 지금도 도시명으로 남아 있는 부여夫餘에서 보 이듯이, 고대에 예맥족이 이 강의 유역에서 부여국을 수립했다. 먼 훗날 16세기 중기에 해서여진 4부의 종주국 격인 '울라Ula. 烏拉'가 초기국가를 세운 곳도 송화강 유역이었다. 이들의 초기국가 이름인 울라는 그들이 자 리한 곳의 지명인 '울라홍니Ula hongni. 烏拉洪尼勒'에서 기원한 것으로 생각 된다. 울라홍니는 여진어로 '강가의 요새'를 뜻하며 12세기 금나라 해릉왕 때에 축조된 후 지명으로 쓰여 왔다. 울라홍니의 울라는 송화강을 의미한 다. 울라국의 도성 터와 이름은 지금도 길림시吉林市 북쪽으로 30여 킬로 미터 떨어진 송화강변의 울라가진烏拉街鎭에 남아 있다.

송화강 상류역의 지류인 호이파강Hoifa bira. 輝發河 유역에서는 해서여 진 4부의 하나인 '호이파'가 건설되었다. 호이파 혹은 호이판hoifan은 만주 어에서 들풀이나 단풍나무를 삶아서 우려낸 염색용의 파란 물을 가리키는 말이다. 즉 호이파는 강물이 푸르다는 의미로 불린 이름이었을 것이다. 호이파부도 강의 이름으로 집단의 이름을 삼은 경우이다. 해서여진 울라부와 하다부의 기원인 훌룬Hūlun부 역시 송화강의 주요 지류인 훌룬강 유역에 거주한 데서 연유한 이름이다. 훌룬은 명과 조선에 의해 호륜呼倫, 호륜扈倫, 홀라온忽喇溫, 홀랄온忽剌溫 등으로 음사되었다. 지금은 발음이 약간 변화하여 후란하呼蘭河로 불리고 있다.

깔끔한 맛의 맥주와 겨울철 빙등제로 유명한 하얼빈은 동류 송화강과 후란하가 만나는 지역에 위치하며 지금 흑룡강성의 성도省都이다. 이 도시는 러시아가 만주에 중동中東 철도를 부설하면서 만들어졌다. 생겨난 지는 얼마 되지 않았지만 지난 100년간 공업도시로 급성장해서 현재 만주 지역에서 심양瀋陽에 뒤이어 둘째로 큰 도시이다. 하얼빈은 그 명칭이 '평평한 곳'을 의미하는 만주어 할피얀halfiyan에서 유래했다는 설, 명예나 명성을 의미하는 만주어 알긴algin에서 유래했다는 설 등이 있지만 확실하지는 않다.

송화강과 함께 백두산에서 발원하는 대표적인 강으로 압록강과 두만강이 있다. 이 이름들도 한어에서 유래한 것 같지만 여진어이다. 압록은 여진어로 '경계'를 의미하는 '얄루yalu'에서 유래한 이름이다. 두만강의 두만은 여진어나 몽골어에서 '만萬'을 의미하는 '투먼tumen'에서 나온 말이다. 이에 대해 『용비어천가』에서는 수많은 지류가 이 강으로 유입되기 때문에 그렇게 부른다고 기록하고 있다.[1] 만주 지역의 주요 하천의 명칭이 만주어(여진어)에서 비롯되었으며 다양한 형태의 한어로 음사되었고 이 과정에서 조선의 기록에도 영향을 미쳤음을 알 수 있다.

《 동해여진 후르카의 거주지, 무단강 》

무단강Mudan ula은 길림성의 연변 돈화현敦化縣에 있는 무단령牡丹嶺에서 발원하여 송화강으로 흘러들었다가 흑룡강으로 유입된다. 이 또한 만주의 대표적인 큰 강 중의 하나이다. 무단강을 한자로 목단강牧丹江이라고 쓰기 때문에 모란꽃牡丹花에서 유래한 강 이름으로 오해하는 경우도 있고 실제로 한국에서 이 강을 '모란강' 혹은 '목란강'이라고 쓰는 경우도 있다. 그러나 무단강의 '무단'은 모란꽃과 무관하고, '굽은' 혹은 '구부러진'을 뜻하는 만주어이다. 만주어 '무단'을 한자로 번역하면 굽을 '곡曲'이다. 그래서 구부러진 지형을 만주어로 무단이라 하고, 음악의 곡조도 무단이라 한다. 무단강은 달리 '후르하강Hūrha bira' 혹은 '후르카강Hūrka bira'이라고도 불렸다. 후르하(후르카)는 여진어로 '큰 그물'을 뜻하며 이 강의 연안에서 거주한 사람들이나 그 부락을 일컫는 이름으로도 쓰였다. 원대에는 후르하를 한자로 호리개胡里改라고도 음사했다.

원대에 무단강과 송화강의 합류 지역 일대의 여진인은 몽골에 의해 5개의 투먼萬戶으로 편성되었는데, 이 가운데 오도리와 후르하가 훗날 명 초기에 건주여진의 주력으로 발전하게 된다. 후르하는 『용비어천가』에 한자로는 '화아아火兒阿', 한글로는 '홀아'라고 기록되어 있다. '홀아' 즉 후르하라는 이름만 보아도 조선 초기에 이 집단이 후르하 강변에서 거주했음을 짐작할 수 있다. 훗날 후르하부가 수장 아하추阿哈出(?~1411?)의 인솔하에 남쪽으로 이주한 후 조선은 이들을 두만강 일대에 거주하는 '오랑캐兀良哈'와 이름을 구분하지 않고 오랑캐라고 불렀다. 이들이 이주한 후에 후르하강 즉 무단강의 하류역에 잔류하거나 새로 유입하여 거주하게 된 사람들이 청대에 '후르하', 혹은 '후르카'라고 불리게 되었다.

《 극동부의 우수리강 》

우수리강Usuri ula은 만주 지역의 중요한 큰 강 가운데 가장 동부에 있는 강이다. 이 강을 명나라 때는 역속리하亦速里河라고 썼고 청나라 때부터 오소리강烏蘇里江이라고 썼다. 우수리는 만주어로 '천왕天王'을 의미한다는 설과 '아래로 흘러가는 강'을 의미한다는 설 등이 있지만 명확하지 않다. 우수리강은 시호테알린 산맥의 남부에 있는 오브라차나산에서 발원해서 북쪽으로 흐르다가 하바로프스크 근방에서 흑룡강에 유입되며, 현재 러시아와 중국을 가르는 자연 국경이다. 러시아는 1860년에 청나라와 베이징 조약을 체결하여 한반도보다 약간 작은 16만여 평방킬로미터에 이르는 연해주를 차지했다. 수십 년 후에 두 나라는 중국과 소련으로 체제를 바꾸었지만 강역에 대한 숙원이 지속되다가 1969년 중소 국경 분쟁으로 폭발했다. 분쟁이 최초에 발발한 곳이 바로 두 나라의 국경을 이루고 있는 우수리강의 하중도인 진보도珍寶島(러시아의 다만스키 섬)였다. 우수리강의 동쪽은 러시아의 연해주이고 서쪽은 중국의 흑룡강성이다. 우수리강의 동쪽으로는 시호테알린 산맥이 우수리강과 나란히 뻗어 있고, 서쪽에는 완달산맥完達山脈이 뻗어 있다. 두 산맥의 사이에 길게 형성된 넓은 평지를 따라 우수리강이 흐른다.

청 초기에 우수리강의 상류역에는 와르카라고 불리던 여진인들이 거주했고, 하류역에는 허저, 피야카 등의 민족들이 어느 국가의 통제도 받지 않고 거주했다. 누르하치는 1609년에 우수리강 유역을 공략했다. 청 태종 홍 타이지도 누르하치를 이어 지속적으로 우수리강 유역을 공략하여 와르카인을 노획해서 데려온 후 그들을 만주족에 편입시켰다. 홍 타이지 시기부터는 우수리강 유역의 와르카를 후르카라고도 부르면서 두 이름이 뒤섞이게 된다. 우수리강 유역이 후금(청)의 세력권에 놓이게 된 것은 홍 타이지 시기 1635년과 1636년에 두 차례의 전반적인 공격을 가한 후였다.

건주여진의 몽케테무르

《 청 황실의 조상, 몽케테무르 》

몽케테무르(1370?~1433)는 청 태조 누르하치의 6대조로서, 청대에 조조원황제肇祖元皇帝, deribuhe mafa da hūwangdi로 숭상되었다. 청대 만주족 황실은 조상이 몽케테무르부터 시작하여 충산Cungšan, 시버오치 피양구Sibeoci fiyanggū, 푸만Fuman, 기오창가Giocangga, 탁시Taksi, 누르하치Nurhaci로 이어진다고 보았다.[2] 그러나 일본의 카와치 요시히로河內良弘는 몽케테무르에서 누르하치로 이어지는 계보가 조작되었다고 의심한다.[3] 그는 그 근거로 누르하치의 증조부인 푸만Fuman, 福滿이 명이나 조선의 기록에서 전혀 나타나지 않는 사실을 제시했다. 다시 말해 푸만은 누르하치가 여진의 명망가였던 몽케테무르의 가계와 자신의 가계를 연결시키기 위해 만들어 낸 허구의 인물이라는 것이다. 가능성 있는 추론이다. 그러나 푸만이 명이나 조선의 기록에서 나타나지 않는 것이 그가 허구의 인물임을 완전하게 입증해 주는 것은 아니다.

계보만이 아니라 그의 이름도 조선과 청의 기록이 상이하다. 청대의 사서에서는 그를 먼터무Mentemu, 孟特穆 혹은 멍터무Mengtemu라고 불렀다. 조선에서는 그를 맹가첩목아猛哥帖木兒라고 기록했다. 여기에서는 맹가첩목아의 본래 몽고어 발음을 살려서 몽케테무르라고 부르겠다. '맹가猛哥'는 '영원하다'는 의미의 몽고어인 '몽케'를 음사한 것으로 추정되고, 첩목아帖木兒 즉 테무르는 '쇠鐵'를 의미하는 몽고어이다. 건륭기에 편찬된 『만주실록Manju i yargiyan kooli』에서는 다음과 같이 그의 사적을 칭송하고 있다.

> 판차의 뒤 세대의 후손 도독都督 먼터무는 덕이 있는 자로 태어나서 그의 선조들을 죽인 원수의 자손 40인을 그의 선조가 살았던 오모호이 들판의 오도리 성에서 서쪽으로 1,500리의 앞에 숙수후강, 훌란 하다, 허투알라라는 곳에 계략으로 데려와서 절반을 그의 선조들의 원수라고 죽였고, 절반을 잡아서 그의 형제의 가산家産을 몸값으로 취하고 풀어주어 보냈다. 그 후 도독 먼터무는 그 훌란 하다, 허투알라의 땅에서 그대로 거주했다.[4]

청대의 관찬 역사서인 『만주실록』에 기록된 몽케테무르의 사적은 사실과 허구가 뒤섞여 있다. 그의 선조가 살았다고 하는 오모호이는 발음과 제반 정황으로 보아 조선의 오음회吾音會(회령)를 가리키는데, 그의 선조

『만주실록』에 삽입된 먼터무의 그림. 그림의 표제는 다음과 같다. "도독 먼터무는 원수를 죽였다 (dudu mentemu batangga niyalma be waha, 都督孟特穆計殺仇人)."

는 그곳에서 살지 않았다. 그리고 오모호이(오음회)는 오도리와 다른 곳이 었다. 또한 몽케테무르는 누르하치의 초기 수도인 허투알라興京에서 거주한 적도 없고 그곳에서 그의 조상의 원수를 죽인 일도 없다. 몽케테무르의 위와 같은 신화화된 영웅적 사적은 청조의 개창자인 누르하치의 위업과 그의 발상지인 허투알라를 청 황실 조상의 최초 지도자인 몽케테무르의 사적과 직결시키기 위해『만주실록』의 편찬자들이 고안한 서술일 뿐이다. 미화되지 않은 몽케테무르의 실제 행적을 상세히 추적할 수 있는 기록은 청조의 관찬 기록이 아니라『조선왕조실록』이다.

그렇다면 가정해 보자. 만약『만주실록』의 편찬자들이『조선왕조실록』에 기록되어 있는 몽케테무르의 행적을 읽고 참고했다면『만주실록』의 그에 관한 기록이 사실에 가까워졌을까? 그렇지 않았을 것 같다.『만주실록』의 편찬자들이 조선의 왕도 마음대로 보지 못하는『조선왕조실록』을 참고했을 리 만무하지만, 설혹 그랬다 하더라도 몽케테무르를 신화화하기 위해 사실을 왜곡하는 작업이 달라졌을 것 같지는 않다. 왕조의 개창자나 그 후손이 조상의 업적을 미화하고 신성화하는 것은 어느 왕조에서건 공식처럼 정해진 수순이었다. 미화 작업을 방해하는 남루한 행적의 기록이 있었다 할지라도 미화 작업을 중단하거나 사실을 기록하지 않고 사실의 기록을 없애거나 더욱 사실적으로 사실을 왜곡했을 것이다.

《 **최초 거주지 오도리** 》
몽케테무르의 행적이 기록에서 상세히 보이기 시작하는 것은 그가 오도리 부족민을 이끌고 고려 말기에서 조선 초기에 걸쳐 오음회 지역으로 이주한 후이다. 그러나 그의 부족인 오도리의 원래 거주지는 송화강과 무단강이 합류하는 지역인 오도리였다. 오도리라는 부족명은 그 지명에서 유래한 것이었다. 오도리부가 있던 오도리 지역은 훗날 청대 강희 연간부터 '세 씨족'이라는 의미의 만주어 '일란 할라Ilan hala'로 불리거나 이를 한문으로 의역하여 '삼성三姓'이라고 불렸다. 현재 이 지역은 중국 흑룡강성의 의란현依蘭縣인데, '의란依蘭'은 일란 할라를 '의란합라依蘭哈喇'라고 음사하고 그것을 축약한 지명이다.

이 지역은 요나라 때부터 오국성五國城이라는 지명으로 잘 알려진 곳이었다. 요대에 생여진生女眞이 이곳 일대에 월리길越里吉, 오리미奧里米, 부아리剖阿里, 분노리盆奴里, 월리독越里篤 부족을 세우고 회맹을 했기 때문에 오국성으로 불렸다. 북송이 금나라에 멸망당한 후 송의 황제인 휘종과 흠종이 끌려와서 비참하게 살다가 사망한 곳도 이곳 오국성이었다. 원대에 제작된 지도에서는 이곳을 '별실팔리別失八里'라고 기록하고 있는데, 그역시 오국성을 '다섯 도시'라는 의미의 투르크어인 '비쉬 발릭'으로 번역하여 한문으로 음사한 것이다. 아마도 한어 지명인 오국성에 해당하는 원래의 여진어 이름이 있었겠지만 그것은 전해지지 않는다.

원나라는 이 지역에 다섯 만호부萬戶府를 설치해서 일대를 지배했다. 즉 오도리斡朵憐, 후르카胡里改, 타온桃溫, 탈알련脫斡憐, 패고강孛苦江 만호부가 그것이다. 원 말기에 이르면 다섯 만호부 가운데 두 개가 사라지고 오도리, 후르카, 타온 세 만호만 남게 되었다. 이 세 만호를 합하여 『용비

어천가』에서는 '移闌豆漫(이란투먼)'이라고 적고 있다. '移闌豆漫(이란투먼)'
은 '삼만' 혹은 '세 만호'라는 뜻의 여진어 '일란 투먼ilan tumen'의 한자와 한
글 음사이다. 이 가운데 후르카 만호와 오도리 만호가 훗날 건주여진의
주축이 되었다. 후르카 만호의 수장은 아하추였고, 오도리 만호의 수장은
몽케테무르였다. 오도리와 후르카가 계속 존속한 것과 달리 타온 만호는
기록에서 사라진다. 그러나 발음으로 보아 조선 초기 함경북도 온성 지역
에 있었던 여진족 거주지인 다온多溫이 타온 만호 부족민들이 남하하여
정착한 곳이 아닐까 추측해 볼 수 있다.

몽케테무르는 『조선왕조실록』에 '童猛哥帖木兒(동맹가첩목아)' 혹은 '夾
溫猛哥帖木兒(갸온맹가첩목아)'로 기록되어 있고, 『용비어천가』에는 한자
로 '夾溫猛哥帖木兒(갸온맹가첩목아)', 한글로 '갸온멍거터물'로 기록되어 있
다. 갸온夾溫은 여진인 고유의 성姓이고, 동童은 중국의 영향으로 만들어
진 중국식 성으로 생각된다. 갸온이라는 성의 기원은 12세기 금대金代의
한문 문헌에서 보이는 '갸구夾谷'로 소급된다. 조선에서 몽케테무르의 성
을 '갸온夾溫'과 '동童' 이중으로 적었듯이, 금대에도 '갸구夾谷'와 '동仝(소. 同의
옛 글자)'이 같은 성으로 혼용되어 쓰였다.[5] 조선에서는 몽케테무르 일족의
성을 칭할 때 '갸온夾溫'보다는 '동童'을 더 많이 사용했다. 훗날 누르하치
시기에 조선과 명은 누르하치의 성을 '동童'이나 '동佟'이라고 썼다. 이런
사례를 보면 청 황실의 성인 '아이신 기오로Aisin gioro'는 누르하치 이전에
만들어진 것 같지는 않다.

몽케테무르의 가계에 대해서는 그가 사망한 후인 1438년(조선 세종 20)

조선 함길도(함경도의 옛 명칭) 도절제사 김종서金宗瑞가 조사하여 조정에 보고한 기록에서 상세하게 전하고 있다. 김종서에 의하면 몽케테무르의 부친은 동휘후童揮厚였고 그는 오도리 만호부의 수장이었다. 몽케테무르의 모친은 보가甫哥의 딸 야오거也吾巨이다. 그녀는 동휘후와 결혼하여 몽케테무르를 낳은 후, 동휘후가 사망하자 동휘후의 이복동생 포기包奇와 결혼하여 어허리於虛里·어사가於沙哥·판차凡察를 낳았다. 포기에게는 본처가 있었고 그 본처와의 사이에서 낳은 아들은 오사가吾沙哥·가시파加時波·요지要知였다. 여진의 형사취수제兄死娶嫂制의 관습 때문에 몽케테무르 형제들은 형제이자 사촌이고, 동시에 어머니가 다른 형제와 아버지가 다른 형제가 복잡하게 뒤섞여 있었다. 몽케테무르의 아들은 동권두童權豆와 동창童倉이었다. 이 가운데 둘째아들 동창이 훗날 청대에 만주족에 의해 누르하치의 5대조 충산Cungšan, 充善이라고 기록된 사람이다.

　기록에서는 몽케테무르가 우디거兀狄哈 부족과의 상쟁에서 패배하여 무리를 이끌고 남하하여 결국 이성계의 후원하에 오음회로 이주한 것으로 서술하고 있다. 몽케테무르의 오도리부를 오도리 지역에서 축출한 우디거는 조선으로부터 훌룬 우디거忽剌溫兀狄哈라고 불린 집단으로 생각된다. 훌룬 우디거는 원대에 오자야인吾者野人으로 불렸다. '오자吾者'는 여진어에서 '숲'을 의미하는 '우지' 혹은 '워지'의 음사이고, 때로는 알자斡者, 알졸斡拙, 올자兀者로도 음사되었다. 우디거의 '우디'도 마찬가지로 '우지' 혹은 '워지'의 변음이고, '거' 혹은 '개'는 한국어의 '아무개(어떤 사람)'라는 표현에 남아 있는 것처럼 '사람'을 가리키는 말이다. 다시 말해 '오자야인' 혹

몽케테무르의 가계

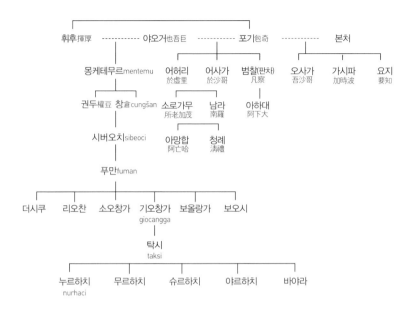

• 동휘후부터 동창까지는 『조선왕조실록』에 따랐고, 시버오치부터 누르하치까지는 『만주실록』을 참고했다.

은 '올자야인'은 '숲 사람'이라는 의미이고 '우디거'를 한자로 음사한 것이다. 원대에 오자야인에게는 사냥용 매인 해동청海東靑을 공납해야 하는 의무가 부과되어 있었다. 이 공납의 의무를 관리한 것이 원이 현지에 설치한 만호부들이었다. 해동청 공납의 노역은 매우 가혹했기 때문에 오자야인은 1343년(원 지정 3)과 1346년(원 지정 6)에 반란을 일으켰고,[6] 몽케테무르의 아버지인 동휘후는 원의 만호로서 이 반란을 진압하는 데 참여했다. 다시 말해 오도리 등의 만호부들은 현지의 친원 세력이었고, 오자야인, 즉 훌룬 우디거는 반원 세력이었다. 원의 쇠퇴는 곧 이 지역에서 만호부인 오도리와 후르카의 쇠퇴이자, 그 적대 세력인 우디거의 성장을 의미했다.

원의 쇠퇴와 멸망은 그 영향 아래 있던 동아시아 각지에서 권력의 원심적 경향을 유발시키며 새로운 권력들의 탄생으로 이어졌고, 새로운 권력이 성장하고 안정되기까지는 곳곳에서 혼란과 무정부 상태가 지속되었다. 오도리부의 이주도 그 소용돌이에 휘말린 경우였다. 1368년 몽골이 중원에서 북방 초원으로 후퇴한 후 요동은 신흥국 명과 북원의 세력이 충돌하는 전장이 되었다. 요동에서 원의 유신인 나하추納哈出(?~1388)는 여전히 무시할 수 없는 세력을 보유하고 있었지만 과거처럼 만주 지역의 퉁구스계 여러 민족에 대해 지배력을 행사할 수는 없었다. 요동을 중심으로 명과 북원과 나하추의 세력이 각축한 데 더해 말기의 고려와 그에 뒤이어 조선까지 영향력을 확대하면서 현지의 여진인은 과거의 권력과 새로 태어난 원심적 권력들 사이에서 요동쳤다. 만주 지역에서 원의 잔여 세력들이 명에 투항하면서 명의 영향력이 우위를 점하기 시작한 것은 대략 1370년대 말이었다. 1387년(명 홍무 20)에는 나하추가 명에 투항함으로써 명은 만주 지역 전체를 장악할 수 있는 교두보인 요동을 확보하게 되었다.

오도리부와 충돌하던 오자야인은 1384년(명 홍무 17) 다른 여진족보다 빨리 명에 귀부했다. 몽케테무르가 이끄는 오도리부가 1385년 무렵, 혹은 그 이전에 본래의 거주지를 떠나 이동을 시작한 것은 새롭게 명의 세력

을 배경으로 한 오자야인이 원이라는 배후 세력을 상실한 채 고립된 오도
리부를 공격했기 때문으로 보인다. 오도리부가 이동한 것과 같은 시기에
아하추가 이끄는 후르카부도 이동한 것으로 보아 후르카 또한 오도리와
유사한 상황에서 오자야인에 의해 원래의 거주지에서 축출된 것 같다.

《 남쪽으로의 이동과 오음회 정착 》

　몽케테무르가 이끈 무리는 오도리 지역을 떠나 남하한 후에도 계속 오
도리로 불렸다. 오도리부는 원거주지인 오도리를 떠난 후 상당 기간 동안
무단강 일대를 전전했던 것 같다. 이때 오도리부는 몽케테무르의 인솔하
에 단일하게 하나의 집단을 유지하면서 이동했던 것 같지 않다. 훗날 몽케
테무르가 오음회에서 거주하다가 일시 봉주鳳州로 이주하던 때나, 더 훗
날 그가 사망한 후에 그의 동생 판차와 아들 동창이 무리를 이끌고 파저강
婆猪江(현 동가강佟佳江) 유역으로 이주할 때, 몽케테무르의 다른 형제들의
무리는 함께 이동하지 않고 두만강 유역에 잔류하여 계속 오도리로 불리
며 조선의 변경인을 구성했던 것에서도 이들의 분산성이 잘 나타난다.

　이런 점은 오랑캐兀良哈도 마찬가지였다. 오랑캐는 조선 초기에 두만
강변의 여러 지역에 분산하여 거주했다. 이들 역시 오도리가 남하한 시기
에 북방에서 남하한 집단으로 생각된다. 명은 이들 오랑캐 부족에 모린위
毛憐衛를 설치했다. 조선은 1410년(조선 태종 10)경부터 아하추의 후르카부
즉 건주위도 후르카라는 이름 대신 오랑캐로 부르기 시작했다. 다시 말해
오랑캐 부족의 모린위와 후르카 부족의 건주위가 모두 오랑캐로 불린 것

이다. 후르카가 본래의 오랑캐인 모린위 오랑캐와 같은 일족이었는지는 확실치 않지만 밀접한 관계가 있으며, 이들이 크고 작은 집단별로 남하했고 조선에 의해 오랑캐로 합칭되기도 했음을 짐작할 수 있다.

또한 오도리, 오랑캐와는 달리 원래부터 두만강의 북쪽과 남쪽 지역에서 거주해 온 여진인 집단들이 있었다. 조선에서는 원래 이들만을 '여진'이라고 불렀고, 오도리, 후르카, 오랑캐와는 구분했다. 현재 학계는 이들 '여진'을 오도리, 후르카, 오랑캐와 구분하고 포괄적 개념의 민족명인 여진과 구분하기 위해 '토착여진'이라고 부르고 있다.

정리하여 말하면 조선 초기에 오도리, 후르카, 오랑캐가 적게는 수십 명에서 많게는 수백 명으로 구성된 씨족이나 소부족 단위로 남쪽으로 이동하여 두만강변에 정착하면서 원래부터 그곳에 살던 토착여진인과 혼재했고, 이들의 동쪽과 북쪽으로는 조선이 우디거라고 부르는 여러 여진인 집단들이 거주하고 있었다. 그리고 이들 여진의 여러 씨족과 부족 들은 서로 충돌하면서 한편으로는 혼인을 통해 연합하기도 하는 복잡다단한 과정을 거치고 있었다.

몽케테무르가 이끄는 오도리부는 일시 두만강 바로 북쪽, 현재 중국의 훈춘琿春 일대에서 거주하다가, 다시 두만강을 건너 남쪽으로 이주하여 오음회, 즉 현재 북한의 회령 지역에 정착했다. 『동국여지승람』은 "오음회는 여진어이고 알목하斡木河의 다른 표기"라고 기록했다. 알목하는 풍산천豊山川의 하류로서, 풍산개로 유명한 풍산에서 회령까지의 구간을 흐르는 강의 이름이었다. 다시 말해 풍산천과 그 하류인 알목하는 두만강의 지류이다. 아마도 알목하는 여진어 '오모斡木'와 한어 '하河'가 결합하여 만들어진 강 이름으로 생각된다. 그리고 그것이 조선에 의해 오음회吾音會라고도 음사되고 오음회는 그 일대를 가리키는 지명으로 활용이 확대되어 간 것 같다.

훗날 청대에 만주족 황실은 조상인 몽케테무르의 거주지를 만주어로는 '오모호이Omohoi'라고 쓰고, 한자로는 오막휘鼇莫輝, 아막혜俄漠惠, 악막휘鄂謨輝 등으로 다양하게 음사했다. 오모호이의 위치에 대해 중국의 일부 연구자는 아막혜라는 지명이 있는 현재 길림성 돈화敦化라고 주장한다. 그러나 오모호이는 돈화가 아니고 오음회, 즉 조선의 회령이었다. '회령'이란 지명은 김종서가 육진을 설치하던 시기인 1434년(조선 세종 16)에 오음회에서 '회會' 자를 취하고 거기에 '안녕하다'는 의미의 '령寧'을 붙여 만든 이름이다. 따라서 회령은 오모호이의 '호이會'를 계승한 지명이다.

조선이 설치한 육진의 다른 명칭들도 회령과 유사한 방식으로 만들어 졌다. 1435년(조선 세종 17)에 만들어진 종성鍾城이라는 이름도 여진어와 관련이 있다. 종성은 여진어에서 종鍾을 가리키는 퉁컨tungken이라는 말에서 유래한 지명이다.[7] 『조선세종실록』「지리지」에 의하면 그 지역에 퉁컨산童巾山이 있어서 종성鍾城이라고 작명했다. 역시 육진 가운데 하나이자 조선 최북단 지역인 온성穩城도 본래의 여진어 지명인 다온多溫의 줄임말인 '온穩'에 '성城' 자를 붙인 것인 것으로 생각된다. 육진 가운데 부령富寧은 본래의 이름인 부거현富居縣을 1449년(조선 세종 31)에 개칭한 것이다. 부거는 1434년에 영북진寧北鎮이 설치된 백안수소伯顔愁所라는 여진어 지역명을 번역한 것으로 추측된다. 백안수소는 '부유한 고장'이라는 뜻의 여진어 '바얀 수수bayan susu'의 음사이고 부거는 '바얀 수수'를 한자로 의역한 것이다.

몽케테무르의 오도리부가 오음회로 진입해서 정착한 시기는 확실치 않다. 몽케테무르가 1405년(조선 태종 5)에 "우리가 조선을 섬긴 지 20여 년"[8]이라고 말한 것을 근거로 추산하면, 1385년(고려 우왕 11) 무렵으로 추정해 볼 수 있다. 혹자는 몽케테무르의 이 말을 과장이라고 보아 좀 더 이후의 시기를 오음회 진입 시기로 추정하기도 한다. 『조선왕조실록』에서 그가 오음회에 정주하고 있다고 명확히 기술한 최초의 기록은 1399년(조선 정종 1)에 보인다.[9]

오도리와 함께 삼성三姓 지역을 떠난 후르카는 오도리와 수장 가문끼리 대대로 통혼하면서 긴밀한 유대관계를 유지한 집단이었지만 오음회로 이동하지 않고 다른 길을 택했다. 후르카부의 수장인 아하추는 무리를 이끌고 남하하여 봉주鳳州로 이주했다. 봉주의 위치에 대해서는 현재 요녕성 봉성현鳳城縣이라는 설, 호이파강輝發河의 상류에 있는 현재 중국 길림성 해룡현海龍縣의 북산성자北山城子라는 설, 그리고 흑룡강성의 동녕현東寧縣이라는 설이 있다.[10] 아하추가 일찍부터 명과 가까워진 것을 근거로 판단하면 세 지역 가운데 명과 거리가 가까운 앞의 두 지역이 더 유력하다.

아하추의 후르카가 봉주로 진입한 시기는 확실치 않다. 또한 봉주로 이주하기 전에 두만강 중하류역의 북방 어느 곳에서 일시 거주했으리라 추정되지만 그 역시 확실하지 않다. 후르카부는 봉주로 이주한 후 1424년 아하추의 손자인 이만주李滿住(1407?~1467)의 인솔하에 압록강의 지류인 파저강 유역으로 이주하기 전까지 그곳에서 거주했다. 후르카의 수장 아하추는 원으로부터 수여받았던 직함과 마찬가지로 조선으로부터 후르카만호 관직을 수여받았지만 오도리의 몽케테무르와 비교했을 때 상대적으로 조선과의 관계가 긴밀하지 않았고 일찍부터 명과의 관계가 밀접했다. 그 이유는 몽케테무르가 조선의 영향권인 오음회에 들어와 거주한 반면, 아하추의 후르카부는 지리적으로 조선과 멀리 떨어져 있었기 때문이었을 것이다.

《 조선과 명의 사이에서 》

몽케테무르는 이성계가 조선을 건국한 직후 조선으로부터 오도리상만호吾都里上萬戸에 임명되었다. 태조 이성계에 이어 태종 이방원도 오도리를 비롯한 여진족들을 초무하여 두만강 유역의 여진족을 조선의 세력 아래에 두어 지배하려고 했다. 그러나 이 시기, 1403년(명 영락 1)에 즉위한 명의 영락제 주체朱棣 또한 만주 지역의 여진족에 대한 지배를 강화해 가기 시작했다. 명은 이미 1387년에 요동의 강력한 세력이었던 나하추를 투항시킴으로써 만주 지역으로 세력을 확장하는 데 최대 장애물을 제거한 상태였다. 영락제는 1403년에 즉위하자마자 여진 문자로 작성된 칙유문을 오도리, 오랑캐, 우디거에게 보내어 입조를 요구했다. 명에 입조한다는 것은 부족장의 부족에 대한 지배권을 명으로부터 인정받는 대신 부족장은 명의 관직을 수여받고 명의 지배를 받게 되는 것을 의미했다.

칙유문은 어떤 경로를 통해서인지 조선에 입수되었고, 조선 조정은 조선에 속한다고 생각했던 여진인들에게도 입조를 요구하는 명의 의도를 파악하기 위해 여진인을 시켜 문자를 해독하며 논의했다. 논의를 마친 후 조선은 여진과 명 양쪽에 대해 외교를 전개했다. 여진족에 대해서는 그들이 명에 입조하지 못하도록 회유를 강화하고, 명에 대해서는 사신을 보내서 조선 변경에 거주하는 여진족을 명에 입조하지 않게 해 달라고 설득해 갔다. 명의 여진족 회유 정책은 조선이 동북방 변경을 경영하는 데 큰 위협으로 대두했다. 두만강변에 거주하는 오도리와 오랑캐는 조선의 울타리로서 그 북방의 우디거와 조선의 직접적인 충돌을 막아 주는 완충 세력이었다. 또한 이들이 명의 세력으로 재편되어 명의 영향력이 조선에 여과 없이 미치게 되는 것도 조선에게는 위협스러운 상황이었다. 조선으로서는 이들을 조선의 영향권하에 유지시켜야 했다.

명의 입조 요구에 대해 후르카의 아하추는 즉각적으로 호응했다. 그는 입조를 요구받은 1403년에 아들 석가노釋家奴와 함께 명에 입조했다. 아하추의 후르카부는 명의 건주위군민지휘사사建州衛軍民指揮使司(이하 '건주위'로 약칭함)로 편제되고 그는 수장인 지휘사指揮使에 임명되었다. 건주위의 건주는 과거 발해의 솔빈부率賓府에 속한 행정구역 건주에서 가져온 이름이었다. 지역적으로는 연해주의 남부 지역에 해당한다. 아하추는 명으로부터 이사성李思誠이라는 중국식 이름을, 그의 아들인 석가노는 이현충李顯忠이라는 이름을 하사받았다. 건주위 설립은 여진에 대한 명의 영향력이 확대된 표시이기도 했고, 건주여진의 모태가 처음 만들어진 것이기도 했다.

아하추는 건주위를 설치하기 전부터 명과 교류했다. 『조선왕조실록』은 그의 딸이 영락제의 세 번째 황후였다고 전한다. 그것이 사실이라면, 이 혼인이 이루어진 정확한 시기는 알 수 없지만 정황상 영락제가 황제에 즉위하기 이전, 연왕燕王이던 시기에 이루어졌을 것이다. 건주위 설치는 이 혼인동맹의 완결판이었던 셈이다. 훗날 몽케테무르가 명으로의 입조를 거부하자, 명은 그 배후에 조선의 영향이 작용하고 있다는 것을 파악하고, 조선 측에게 영락제의 셋째 황후가 친척인 몽케테무르를 보고 싶어 하니 입조해야 한다고 주장했다. 명측의 주장에 의거하여 추론하면 몽케테무르는 영락제의 셋째 황후의 외삼촌이다. 다시 말해 몽케테무르의 누이가 아하추의 부인이자 영락제 셋째 황후의 어머니인 것이다. 몽케테무르는 자신의 의사와는 무관하게 영락제와 아하추의 혼인동맹에 관련자가 되어 있었던 것이다.

아하추를 이어 1403년부터 다수의 여진 추장이 명에 입조하여 관직을 수여받고 그 부족들은 명의 위소衛所로 속속 편제되어 갔다. 1404년 초에 송화강 하류역의 훌룬 지역에서 서양합西陽哈 등이 명에 입조하여 올자위兀者衛가 설치되었다. 또한 그해에 흑룡강이 바다로 유입되는 어귀에 누르간위奴兒干衛가 설치되었다. 누르간위의 설치는 만주 지역의 북동쪽 극단까지 명의 영향력이 확대된 것을 의미했다. 그러나 이때까지도 만주 지역 동남부인 두만강 일대에는 아직 명의 세력이 미치지 못했고, 조선의 영향력이 유지되고 있었다.

몽케테무르는 상대적으로 조선과 긴밀한 관계에 있었기 때문에, 1403년 오음회에 방문하여 명에 입조하면 그 보상으로 오도리 위衛를 설치해 주겠다는 명의 회유를 거부했다. 몽케테무르와 함께 명에의 입조를 요구받은 조선의 오랑캐 만호 파아손把兒遜, 착화着和, 아란阿蘭도 그와 행동을 함께하여 명의 요구를 거부했다. 조선은 그에 대한 보상 겸 회유책으로 1404년 몽케테무르 등의 추장들을 한양에 입조시키고 그에게 상호군上護軍을 제수했다. 몽케테무르는 입조를 마치고 돌아가면서 동생과 처남을 한양에 시위侍衛로 남기고 갔다. 조선에 대한 충성의 표시이자 인질이었다. 다음 해인 1405년(조선 태종 5) 조선은 전해의 관직 하사만으로는 부족하다는 듯이 몽케테무르에게 경원등처관군만호慶源等處管軍萬戶 직함을 수여하고 인신印信을 지급했다. 아울러 보리甫里와 파아손 등에게 하사품을 수여하고, 여진만호 구요노仇要老의 아들 요하遼河에게 만호를 세습시키는 등의 조치를 통해 이들에 대한 지배력을 유지하려고 했다.

조선의 노력에도 불구하고 명은 몽케테무르를 회유하기 위해 계속 사신을 파견했고, 이미 명에 입조한 아하추까지 회유에 가세했다. 아하추는 명이 여진인을 회유하는 데 매우 유용한 협력자였다. 명은 여진인을 동원하여 여진인을 회유시키는 방식을 선호했다. 강자에 대한 약자의 입장을 통역 없이 공유하며 입조를 설득할 수 있는 것은 같은 여진인이어야 효과적이기 때문일 것이다. 조선도 마찬가지로 이 방식을 선호했다. 그 대표적인 사람은 이성계의 최측근이자 조선의 개국공신인 이지란李之蘭이다.

그의 본래 이름은 『용비어천가』에 '고론두란터물古論豆蘭帖木兒'이라고 적혀 있다. 그 본래의 발음은 '구룬 두란테무르'였을 것이다. 즉 이지란의 여진어 성은 '구룬'이고 이름은 '두란테무르'였다. 그는 청해青海의 여진 호족이었다. 청해는 '북청물장수'로 유명한 함경남도 북청의 옛 지명이다. 이지란은 함경도의 여진인을 조선의 휘하에 유입시키는 공적이 컸다. 또 다른 사례로 태종 시기에 조선의 행사직行司直을 역임한 김동개金同介가 있다. 그는 골간우디거骨看兀狄哈의 수장 두칭개豆稱介(『용비어천가』의 '투칭개㐁成改')의 친족으로서, 여진족을 회유하기 위해 파견되곤 했다. 성종과 연산군 시기의 인물로 조선에 귀화하여 조선의 관원으로 살면서 여진인을 회유한 동청례童清禮 역시 그런 사례였다. 그는 몽케테무르의 동생 동어허리童於虛里의 손자였다.

몽케테무르는 인생의 후반기 동안 조선과 명의 사이에서 부족의 수장으로서 생존과 독립을 확보하기 위해 분투해야 했는데, 그 시작점이 명의 입조 요구를 받은 1403년이었다. 몽케테무르는 이때부터 2년간 명에 대해 입조를 거부했다. 조선은 몽케테무르를 격려하면서 동시에 명에 사신을 파견하여 몽케테무르가 입조하면 우디거의 침입이 우려된다고 주장하며 몽케테무르를 입조시키지 말아 달라고 요청했다. 그러나 몽케테무르의 입조와 관련한 조선의 외교는 '황후가 골육을 만나고 싶어한다'는 명의 집요한 요구 앞에서 수포로 돌아갔다. 몽케테무르는 1405년 명의 사신 왕교화적王教化的을 따라 명에 입조했다. 입조와 동시에 그는 명으로부터 건주위도지휘사建州衛都指揮使에 임명되었다.

조선이 외교적으로 그나마 선방했다면 1404년 명이 함길도 11곳의 여진족에 대해 요청한 입조 요구를 포기하도록 유도한 것이었다. 당시 명은 자신들이 파악한 여진족 전부를 세력권에 두고자 했다. 북으로는 흑룡강 유역부터 남으로는 조선의 함길도 전역까지 분포하고 있는 모든 여진족이 명의 회유 대상이었다. 조선은 함길도 11곳의 여진족에 대한 입조의 포기를 명으로부터 이끌어냈고 동시에 이들에 대한 조선의 통치권을 명으로부터 보장받았다. 그러나 명은 몽케테무르에 대해서는 끝내 입조 요구를 포기하지 않았고, 그 역시 끝까지 거부할 수 없었다. 몽케테무르의 명 입조는 그 혼자에 그친 것이 아니었다. 몽케테무르와 동시에 두만강변의 여러 여진 집단의 수장들도 명에 입조했다. 2년 전에 몽케테무르와 함께 명의 입조를 거부하면서 행동을 함께하기로 약속했던 조선의 오랑캐 만호 파아손도 그 가운데 한 명이었다. 파아손이 명에 입조한 후에 그의 거주지인 두만강 하류역 수주^{愁州} 즉 훗날의 종성 일대에는 명의 모린위가 설치되었고 그는 모린위의 지휘첨사^{指揮僉事}에 임명되었다.

명에 입조한 후 몽케테무르는 조선의 '오도리만호'이자 '경원등처관군만호'에서 명의 건주위도지휘사로 바뀌었고, 그의 거주지인 조선의 오음회 지역은 건주위의 일부가 되었다. 명은 두만강 유역의 오도리와 오랑캐에 위^衛를 설치함으로써 그 지역에 대한 지배권을 확보했을 뿐만 아니라 그때까지 지배력이 미치지 못하던 두만강 동쪽으로 진출할 수 있는 통로를 뚫게 되었다. 다음 해인 1406년(명 영락 4) 동쪽의 우수리강과 수분하 일대의 여진인들이 북경에 입조했고 명은 이들의 거주지에 아속강위^{阿速江}

衛, 실리면위失里綿衛, 속평강위速平江衛, 소온하위蘇溫河衛를 설치했다.[11] 1407년(명 영락 5)에는 지금 연해주 남부의 골간 우디거를 초무하여 희락온하위喜樂溫河衛와 목양하위木陽河衛를 설치함으로써 마침내 명의 세력은 만주 지역 남동부의 극단 동해까지 도달했다.[12]

조선의 불안감은 명의 세력 확장과 비례하여 상승해 갔다. 조선에게 몽케테무르의 명 입조는 그전 아하추의 입조와는 다른 차원의 문제였다. 아하추가 명에 입조하던 때에 그의 거주지가 압록강의 북쪽이었건 무단강 중류역이나 혹은 현재 러시아의 우수리스크 지역이었건 관계없이 그곳은 조선의 지배력이 실질적으로 미치지 않는 곳이었다. 그러나 오음회는 조선이 개국한 초기부터 그곳에 거주하는 오도리를 회유하면서 실질적으로 관리해 온 곳이고, 태조 이성계가 태어난 고향인 영흥(현 함흥)과 가까운 곳이었다. 몽케테무르가 명에 입조하고 명의 세력이 만주 지역의 동남부까지 진출하면서 조선은 동북방 변경의 경영에 위기를 맞게 되었다.

《 조선과의 전쟁과 봉주로의 이동 》

두만강 일대 여러 여진 부족의 명 입조에 대해 조선은 즉각적으로 보복했다. 조선은 1406년(조선 태종 6) 2월 22일에 경원慶源에서 시행되던 여진인과의 교역을 중지시켰다.[13] 여진인은 소와 말을 가져와서 조선의 소금이나 철기, 쌀 등의 생필품과 교역해서 생활을 영위했는데, 경원의 시장 개설이 중단됨으로써 당장 생활이 위협받게 되었다. 교역을 재개하도록 조선을 압박할 수 있는 수단이 없던 여진인은 이때부터 공격을 시작했다. 교역이 중단된 직후인 1406년 3월에 무단강변 고주古州, 具州(현 흑룡강성 영안寧安)에 거주하는 혐진우디거嫌眞兀狄哈 키무나乞木那(『조선왕조실록』의 김문내金文乃)가 경원의 소다로蘇多老 지역을 공격하여 말 14필을 약탈했다.[14] 소다로 공격은 여진인이 조선의 변경을 공격한 최초의 사건이었다. 양측 사이에 위기가 배태되었다.

명에 입조한 후 몽케테무르 등은 명을 경유하여 조선을 압박함으로써 요구를 관철하는 새롭고 강력한 방식을 발견했다. 1406년 5월에 몽케테무르는 조선에 있는 자신의 일족인 완자完者 등 11명을 돌려줄 것을 조선이 아닌 명에 요청했다. 명은 몽케테무르의 요청을 들어주도록 조선에 요구했고, 결국 몽케테무르의 의도대로 조선은 오도리인을 송환했다.[15] 다음 해인 1407년에도 똑같은 형태의 일이 일어났다. 이번에는 건주위 여진만호인 동쇄로아佟鎖魯阿가 조선에서 거주하는 일족 64명을 송환시켜 달라고 명에 요청했고, 명은 조선에 요구했다.[16] 몽케테무르 등은 이런 방식으로 조선에서 거주하는 오도리인과 때로는 오도리가 아닌 여진인까지 오음회로 흡수해 갔다. 아하추 역시 이 방식으로 조선에서 거주하는 여진인을 송환해 갔다. 몽케테무르 등의 여진인은 명을 경유하여 조선을 상대로 요구를 충족하는 새로운 방식이 발휘하는 효력에 만족했을 것이다. 그러나 명의 사신을 맞이하여 엎드려 머리 조아리며 여진인의 요구를 들어주어야 했던 조선의 왕 태종 이방원의 심사는 착잡하고 분노가 솟구쳤을 것이다. 명으로의 입조만으로도 조선의 여진인 관리와 대북방 정책에 문제가 발생했는데, 그에 더해 명을 이용해서 인구를 빼내 가는 행태까지 등장하게 되었다. 조선은 대책이 필요했다. 1407년(조선 태종 7) 조선은 청주靑州 이북에 가려면 증명서를 발급받아야 하는 방식을 도입하여, 일반인과 상인이 오음회의 건주위와 교류하는 것을 제한했다. 조선은 명을 이용하는 여진에 맞서 여진과의 교역을 제한하는 것으로 대응했고 이는 양측의 긴장과 위기를 증폭시켰다.

위기는 결국 전쟁으로 터졌다. 1406년 혐진우디거 키무나가 소다로를 공격한 이후 조선은 한편으로 봉수대를 설치하는 등 방어를 강화하면서 다른 한편으로 경성과 경원에 무역소를 설치하여 교역을 재개함으로써 여진인을 회유하려고 했다. 그러나 통제된 교역만으로는 요구를 충족할 수 없었던 여진은 1410년(조선 태종 10) 다시 공격했다. 이때의 공격은 혐진우디거 키무나가 주도했고 1406년의 공격보다 훨씬 규모가 컸다. 혐진우디거에 탐주探州(현 연변의 돈화敦化)의 우디거인 갈다개葛多介(『조선왕조실록』의 '가아답가可兒答哥')의 세력이 가세했고 일부 오도리와 오랑캐가 연합하여 기병 300명이 경원부를 공격했다. 이로 인해 조선의 병마사 한흥보韓興寶와 관군 15명이 전사했다. 이 공격은 태종 시기 조선과 여진의 관계를 결정적으로 악화시켰으며 이후 몇 달 간에 걸쳐 양측 사이에 숨가쁘게 주고받았던 보복 전쟁의 시발점이 되었다.

조선은 즉시 논의에 돌입하여 교역을 통한 회유책을 폐기하고 무력 공격을 결정했다. 여진이 경원부를 공격한 1410년 3월에 조선은 길주도찰리사吉州道察理使 조연趙涓을 주장으로 하는 1,150명의 북정군을 출정시켰다. 조연은 북정군을 이끌고 길주吉州를 출발했다. 조선이 건국한 이후 최초의 여진 공격이었다. 몽케테무르는 조선군이 출정한다는 소문을 듣고 조연에게 부하를 파견하여 자신도 군사를 이끌고 조선군을 돕겠다고 제안했다. 그러나 조선 조정은 몽케테무르가 적과 공모할 가능성이 있다고 생각하여 그와의 연합 공격을 거부했다. 그런데 이때 조선군이 공격한 타깃은 전달에 경원부를 공격했던 혐진우디거 키무나와 탐주의 우디거 갈다개가 아니었다.

조선군은 두만강을 건너 두문豆門으로 진입하여 조선의 오랑캐 만호이자 명의 모린위 지휘첨사인 파아손, 모린위 지휘사인 아고차阿古車, 조선의 오랑캐 천호이자 명의 건주위 지휘인 착화, 천호인 하을주下乙主와 부족민 수백 명을 죽였으며 근거지를 불태우고 남녀 30여 명을 생포했다. 이 공격은 무차별 학살이었다. 조선군은 왜 무차별적인 학살을 자행했을까? 거시적으로 보아 이 학살을 수년 전 여진이 명에 입조한 행위에 대한 보복 차원에서 이루어진 것이라고 해석할 수 있을까? 아니면 훗날 조선 정부에서 거론한 것처럼 출정한 조선군이 혐진우디거와 탐주우디거를 찾지 못하자 무고한 오랑캐를 대상으로 학살을 자행했다고 보아야 할까?[17] 이 공격의 타깃을 정하기 위한 조선 조정의 논의에서 조영무趙英茂와 유량柳亮이 우디거만이 아니라 오도리와 오랑캐까지 두려워하게 만들어야 한다고 주장한 것을 보면, 조선이 다양한 여진 집단들 사이에서 적을 우디거만으로 특정하기 어렵다고 판단한 후 전반적인 타격을 가하기 위해 자행한 의도된 무차별 학살이었을 가능성이 높다고 생각된다.[18]

몽케테무르는 조선군의 공격이 진행되자 애초에 조선군을 돕겠다는 태도를 바꾸어 피습당한 여진족을 구원하려고 했다. 몽케테무르로서는 조선군이 혐진우디거와 탐주우디거가 아닌 오랑캐 모린위를 공격하여 사람들을 학살하는 것이 전혀 예상치 못한 상황이었을 것이다. 그러나 그의 원병이 도착했을 때, 모린위의 수장 파아손 등은 이미 피살되고 상황이 끝나 있었다. 조선군의 강공으로 두만강 하류역의 여진은 큰 타격을 입었다. 특히 수장인 파아손과 다수의 부족민이 피살된 오랑캐 모린위는 설치된 지 수년 만에 해체될 위기를 맞게 되었다. 그러나 이 공격은 여진족을 굴복시키려는 조선의 의도와는 반대로 여진족의 반조선 감정과 적개심을 격발시켰다. 더욱이 조선을 더욱 당혹스럽게 만든 것은 여진족의 반조선 감정이 격발된 결과 두만강 하류역에서 오도리, 오랑캐, 우디거 등으로 사분오열되어 혼재하던 여진족이 단결하기 시작한 것이었다.

조선군의 공격 후 곧바로 여진의 보복 공격이 시작되었다. 5월 8일 몽케테무르는 모린위의 살아남은 사람들과 함께 기병과 보병 150명을 동원하여 경원의 옹구참雍丘站을 공격했고 남녀 22명, 말 10필, 소 8두를 약탈했다. 며칠 후 5월 16일에는 오도리와 우디거 1,000명이 경원부를 공격했다. 이 공격은 동원된 여진인의 수도 많았으며 격렬했다. 여진의 공격을 반격하던 경원부 병마사 곽승우郭承祐가 매복에 걸려 조선군은 큰 피해를 입었다. 73명의 조선군이 사망하고 52명이 부상했으며 말 120필, 갑옷 24벌을 빼앗기고 곽승우 본인도 화살을 맞고 아오지阿吾知 목책木柵 성으로 도주해 들어갔다. 우디거 병사 수백 명이 추격하여 아오지 성을 포위했고 몽케테무르는 성 안의 곽승우에게 무고한 오도리 지휘를 죽인 이유를 추궁했다. 공성전은 우디거가 후퇴하면서 종식되었지만, 이 공격으로 인해 조선은 경원부를 기존의 소다로에서 경성으로 후퇴시키기로 그달에 결정했다. 이어 경원에 있던 이성계의 고조부 이안사李安社의 능묘인 덕릉德陵과 그 부인 효공왕후孝恭王后 이씨의 능묘인 안릉安陵도 함주咸州의 달단동韃靼洞으로 이장했다.

조선을 공격하기는 했으나 차후의 보복을 두려워한 몽케테무르는 본거지인 오음회를 떠나 두만강 북쪽으로 이동했다. 그해 6월 3일 몽케테무르는 오음회로 돌아갈 수 있게 허락해 줄 것을 조선에 호소했다.[19] 그러나 조선은 냉담하고 강경하게 거부했다. 두만강 북변을 전전하던 몽케테무르는 결국 다음 해인 1411년(조선 태종 11) 오도리부를 이끌고 아하추가 거주하는 봉주 일대로 이주했다. 이때 그의 모친 야오거, 동생 어사가와 판차가 그와 함께 이주했고, 다른 형제들은 여전히 오음회 일대에서 거주했다.

몽케테무르는 봉주로 이주한 후 다시 오음회로 돌아오는 1423년까지 13년간 그곳에서 거주했다. 그의 거주지는 아하추의 부와는 떨어진 여하餘下였다. 여하의 위치는 불명확하지만 봉주와 개원의 사이에 있는 지역으로 추정된다. 1412년(명 영락 10) 명은 건주좌위를 설립하고 몽케테무르를 건주좌위지휘사에 임명했다. 더 이상 건주위에 부속된 집단이 아니라 독자적인 세력임을 명으로부터 승인받은 것이다. 이 시기에 아하추는 노쇠했거나 사망했기 때문에 몽케테무르는 건주위와 건주좌위를 통틀어 가장 경륜이 풍부한 지도자였다. 1419년에는 그의 둘째 아들인 동창이 태어났다. 1422년(명 영락 20, 조선 세종 4) 몽케테무르는 몽고를 친정하는 영락제를 수행하여 참전했다. 그의 큰아들 권두와 아하추의 두 아들인 석가노와 몽케부카孟哥不花도 함께 참전했다. 이 북정은 요동을 공격한 몽골 아소트부의 수장 아루타이(?~1434)를 겨냥했지만 영락제의 군대는 아루타이를 찾지 못하고 초원을 헤매다 소득 없이 북경으로 귀환했다.

몽케테무르는 참전으로 명과의 관계를 더욱 긴밀하게 만들었다. 그러나 그는 참전으로 인해 당시 명이 달단韃靼이라고 부르던 몽고의 본 세력과 우량카이부의 적이 되었다. 이는 그가 오음회로 돌아오는 원인이 되었다. 1422년 말에 원정에서 돌아오자 영락제는 몽케테무르의 거주지가 몽고와 가까워서 몽고인의 보복 공격을 받을 것이 우려되니 조선으로 돌아가서 거주할 것을 권유했다. 몽케테무르는 건주좌위의 부민을 이끌고 오음회로 회귀할 것을 결정했다. 강경일변도의 조선 태종이 상왕으로 군림하다가 1422년 사망한 것도 그가 돌아갈 수 있는 좋은 여건을 조성했다. 몽케테무르가 오음회로 돌아간 후 건주위(후르카부)도 1425년 이만주의 인솔하에 봉주를 떠나 동진하여 파저강 유역으로 이주했다. 건주위도 명과 몽고의 충돌에서 유탄을 맞은 것이다.

《 변경인의 운명 》

몽케테무르는 1423년(조선 세종 5)에 부하인 동가오하童家吾下 등 27명을 경원부에 파견하여 조선에 건주좌위가 오음회로 이주하는 것을 알렸다. 동가오하가 200명의 남녀 선발대를 이끌고 경원부에 도착한 것은 5월 23일이었다. 몽케테무르는 선발대를 보내고 보름 후에 군사 1,000명과 가족들을 포함한 본대의 6,256명을 이끌고 출발하여 7월 9일에 오음회에 도착했다. 그는 경원부에 글을 보내어 자신이 백성 523호戶를 이끌고 과거 태조의 부르심을 받아 살았던 곳에 다시 돌아왔음을 알리고 곡식을 요청했다. 몽케테무르의 본대에 이어 7월 26일에 후발대가 오음회에 도착했다. 후발대에는 그의 모친과 동생 어사가와 판차와 함께 양목답올楊木答兀이라는 인물이 그의 휘하의 300여 명을 이끌고 포함되어 있었다. 이때 이주한 총인구는 7,000명에 육박하는 엄청난 수였다. 몽케테무르가 13년 전 오음회를 떠날 때의 부족민 수는 알 수 없지만, 19년 전인 1405년에 그와 오랑캐부의 수장이던 답실答失의 휘하 사람을 합하여 180호 남짓이었음을 고려하면 그의 부족민 수가 급증했다는 것을 알 수 있다. 그해 8월 8일 몽케테무르는 부하 야질대也叱大를 조선에 파견하여 곡식을 지급한 데 대한 감사의 뜻을 표했다. 세종은 그에게 잡곡 100석을 지급하고 이후에 식량을 요청하면 적절히 지급하겠다고 했다. 태종의 강경책과 비교되는 세종의 온건한 대응이었다.

몽케테무르가 데려온 양목답올이라는 자는 문제의 인물이었다. 그는 원래 개원開原의 토착여진인 호족으로 영락제 초기에 명이 몽고를 방어하는 데 협조한 공을 인정받아 개원의 삼만위천호三萬衛千戶에 임명되었다. 그는 몽케테무르가 오음회로 돌아오기 한 해 전인 1422년 개원의 몽골인 관리와 공모하여 반란을 일으켜 사람과 재물을 약탈하고 도주했다. 그가 몽케테무르와 어떤 관계인지, 그리고 어디에서 몽케테무르를 만나 그의 부족에 합류하여 조선으로 왔는지는 명확하지 않다. 1424년(조선 세종 6, 명 영락 22) 영락제는 양목답올이 몽케테무르와 함께 오음회로 갔다는 사실을 조선으로부터 보고받고 조선에 칙서를 보냈다. 그 내용은 양목답올이 잘못을 뉘우치고 명으로 돌아오면 용서해 주겠다는 영락제의 뜻을 조선이 양목답올에게 전달하여 회유하라는 것이었다. 그러나 양목답올은 두만강 북변으로 도주했다. 이후 그를 처리하는 문제와 그가 약탈하여 끌고 온 한인을 명에 송환하는 문제는 명과 조선 그리고 건주좌위의 현안이 되었다.

명은 몇 번이나 사신을 파견하여 양목답올을 소환하려고 했다. 1431년(조선 세종 13)에는 명의 홍로시鴻臚寺 서반序班 직을 역임하고 있던 최진崔眞이 양목답올 문제의 해결을 위해 조선으로 파견되었다. 최진은 조선 출신으로 명의 고위직을 역임하고 있었으며, 평소에 명으로 가는 조선 사신단의 편의를 제공해 주어서 조선 측에서도 인망이 두터웠다. 또한 그는 조선어, 한어, 여진어, 몽고어를 모두 말하는 언어통이기도 했다.[20] 다시 말해 그는 명과 조선, 그리고 몽케테무르 3자를 모두 직접 대면해서 꼬인 문제를 풀 수 있는 최적임자였다. 최진은 명을 출발한 후 먼저 오음회에 들러서 몽케테무르와 현안 문제를 상의한 후에 조선으로 입국하여 다시 문제를 상의했다. 그러나 이러한 시도에도 불구하고 북쪽으로 도주한 양목답올을 찾기조차 어려운 상황에서 문제는 해결의 기미를 보이지 않았다. 양목답올을 오음회로 데려온, 그래서 어찌 보면 문제의 근원을 빚어 낸 몽케테무르는 문제를 해결할 방안을 찾지 못한 채 점차 난감한 상황으로 몰렸다. 이는 몽케테무르가 원하는 것이 아니었다.

몽케테무르는 오음회에 회귀한 후 전반적으로 조선과 평화로운 관계를 유지했다. 그는 과거 명에 입조하기 전 조선의 신하였을 때의 우호적이었던 상태로 조선과의 관계를 회복하고 싶어했던 것 같다. 1427년(조선 세종 8)에 몽케테무르는 큰아들 권두와 손자 마파馬波를 조선에 파견했다. 권두는 세종을 알현하여 그의 아버지가 자신에게 '전심하여 나라를 받들라'고 당부한 뜻을 전하고 그 자신은 한양에서 시위로 종사하겠다고 밝혔다. 세종은 그의 충성은 알겠으나 그가 명에 종사했으니 조선에서 시위를 하는 것은 적절치 않다고 답변했다.[21] 권두는 1431년(조선 세종 13) 다시 한양을 방문하여 과거에 아버지 몽케테무르가 태종으로부터 상장군上將軍에 임명되어 북변 방어의 임무를 수행했으니 부친이 노쇠한 지금 그 지위를 자신에게 계승시켜 달라고 요청했다. 권두는 이 요청의 말미에서 조선이 자신에게 어떤 존재인지를 강조했다. "나는 조선 경내에서 자랐으니 이 해골은 이미 조선의 물건입니다. 청컨대 우리 부친의 직임을 대신하여 북변의 간성干城의 임무를 맡도록 해 주십시오".[22] 권두가 이때 건주좌위의 배후에 있는 명과의 관계를 어떻게 인식했는지는 알 수 없지만, 그의 말을 액면 그대로 보면 곧 건주좌위의 조선에 대한 복속을 선언한 것과 다름없었다. 세종은 명과의 관계를 고려하지 않은 권두의 과도한 충성 발언이 부담스러웠는지 권두를 접견하지 않았고 그에게 상장군을 수여하지도 않았으며 하사품만 주어 돌려보냈다. 권두는 송별연 자리에서 "시위를 하려고 왔는데 전하께서 허락해 주시지 않으니 실망이 크다"며 눈물을 흘리고 돌아갔다.

이 시기 몽케테무르는 조선과의 친선 관계를 회복하려고 했고, 그 때문에 권두의 과도한 충성 발언도 돌출되었지만, 한편으로 명과의 우호적 관계도 순조롭게 유지하고 있었다. 그는 1426년(명 선덕 1) 건주좌위지휘사에서 건주좌위도독첨사建州左衛都督簽事로 승진했다. 이후 1432년(조선 세종 14, 명 선덕 7) 몽케테무르는 명의 사절인 장동아를 따라 명에 입조하여 우도독右都督에 제수되었다. 우도독은 명의 정1품 고관이었고 당시 명이 여진에 설치한 180여 개 위의 여진인에게 수여한 직함 가운데 최고위의 직함이었다. 훗날 청 황실이 몽케테무르를 두두 먼터무dudu mentemu, 都督孟特穆라고 칭한 이유는 도독이 그가 받았던 최고위 직함이기 때문이다. 그는 이때 수여받은 직함 때문에 명의 사신 앞에서 착석할 때에 조선 사신단의 고관과 앉는 서열이 문제가 되기도 했다. 조선으로서는 몽케테무르가 보유한 명 최고위 직함이 대처하기 난처한 문제였다.

1432년 몽케테무르가 북경에 조공하고 있는 때에, 조선은 여연閭延과 강계江界를 약탈한 파저강 유역의 여진을 정벌하기로 결정했다. 사실 여연을 약탈한 여진족은 파저강의 건주여진이 아니고 훌룬 우디거였다. 그러나 조선은 약탈자가 건주위의 이만주라고 오판하고 그를 공격 목표로 결정했다. 이때 북경에 있던 몽케테무르가 문제가 되었다. 세종은 정벌군이 출정하기 전에 사령관인 최윤덕崔閏德에게 비밀 지시를 내렸다. 그 내용은 조선군이 건주위와 전투할 때 북경에서 돌아오는 몽케테무르가 이 만주에 조력하면 '모르는 체하고' 그를 죽이라는 것이었다. 다시 말해서 세종의 밀명은 사후에 명의 문책이나 여진인의 반발 등을 피하기 위해 의도된 오살誤殺을 하라는 것이었다. 몽케테무르는 조선군과 길이 엇갈렸고 이만주를 지원하지도 않아서 의도된 오살을 당하지는 않았지만, 최윤덕이 받은 비밀 지시는 세종의 인자하고 온유한 이미지와 전혀 다른 마키아벨리적 모습을 보여 준다. 또한 북방 변경 지역의 개척을 준비하던 세종에게 명의 정1품 우도독 지위와 수천 명의 직속 백성을 보유하고 변경에서 거주하는 몽케테무르가 얼마나 부담스러운 존재였는지를 보여 준다.

다음 해인 1433년(조선 세종 15, 명 선덕 8) 몽케테무르는 문제의 인물 양목답올에 의해 갑작스러운 죽음을 맞게 되었다. 1433년 초에 명은 양목답올이 끌고 간 개원의 관군들을 송환할 것을 요구해 왔고 그 회유를 몽케테무르에게 일임했다. 양목답올은 몽케테무르의 설득에 응하지 않았고 양자의 관계는 악화되어 갔다. 명은 그해 8월 사신 배준裵俊을 병사 161명과 함께 오음회로 파견하여 다시 몽케테무르를 통해 양목답올을 회유하려고 했다. 양목답올은 8월 29일 고주古州의 혐진우디거의 지원을 받아 300명 병력으로 배준 일행을 습격했고[23] 방어에 부딪혀 후퇴했다. 일시 후퇴한 양목답올은 각지의 우디거 800명을 규합하여 오음회의 몽케테무르와 배준을 다시 습격했다. 이때 몽케테무르와 그의 큰아들 권두가 피살당한 상황을 공격에서 살아남은 배준은 그린 듯이 보고했다.

양목답올이 각처의 야인 800여 명을 규합하여, 인마가 각기 갑옷을 입고 달려와서 몽케테무르·판차·권두 등의 집과 함께 저의 영채(營寨)의 집을 포위하고 불을 질러 태웠습니다. 그러다가 신시(申時)가 되어서 권두의 집 대문이 타서 없어진 것과, 담을 공격하여 무너뜨리고 길이 열려진 것을 보고 적인(賊人)이 집안으로 뛰어 들었습니다. 몽케테무르와 권두 등의 남자는 모두 살해되고, 부녀자들은 다 잡혀 갔습니다.[24]

원과 명이 교체되고 고려에서 조선으로 이행하며 동아시아의 국제질서가 급격하게 변화하는 시기에 수많은 위기를 겪으며 오도리의 부족장으로서, 조선의 오도리 만호로서, 명의 건주위지휘사로서 살아남았고 분투했던 인물의 죽음이었다. 몽케테무르와 그의 장남 권두의 죽음은 건주좌위 오도리부에 치명타를 안겼다. 오도리의 부족장을 계승한 판차는 몽케테무르 같은 인망과 지도력이 없었다. 몽케테무르의 둘째아들 동창은 우디거의 포로가 되어 버렸다. 지도자가 사라지면서 오도리의 부민은 급속히 이산되기 시작했다. 동창이 석방되어 돌아와서 이산된 오도리 부족민을 수습하고 서쪽으로 이주하여 압록강 북방에서 새로운 출발을 하기까지는 상당히 긴 시간이 필요했다.

또다른 맹주, 해서여진

《 훌룬강가에서 》

　누르하치의 건주여진이 여진 세계를 통일한 것은 해서여진의 강력함을 고려하면 의외의 결과였다. 해서여진은 17세기 초에 울라, 하다, 여허, 호이파 4개의 초기국가로 나뉘어 있었지만, 그럼에도 누르하치가 등장하기 이전까지 건주여진보다 경제력과 무력 면에서 우위를 점해 왔었다. 특히 하다의 수장인 완Wan. 王台(?~1582)은 여진 부족의 수장을 지칭하는 '버일러' 칭호를 넘어서 여진 최초로 '한han'을 자칭했다. '한'은 몽골의 '칸Khan'에서 유래한 호칭이었다. 완이 한을 칭한 것은 기존의 여진 부족장인 '버일러'보다 더 강력한 지도자임을 표방한 것이었다. 그가 통치하던 시기에 하다는 해서여진뿐만 아니라 건주여진에까지 영향력을 미칠 정도로 세력이 강성했다. 다시 말해 해서여진은 건주여진이 여진을 통일하기 전까지 여진 세계의 주축이었다.

이러한 해서여진의 중요성에도 불구하고 그에 대한 연구는 건주여진처럼 많지 않다. 그 이유는 연구자들의 관심이 여진을 통일하고 청 제국으로 발전시킨 주역인 건주여진에 집중되어 왔고, 또한 해서여진이 건주여진에게 멸망당하면서 자신들의 역사를 서술하여 후세에 남길 기회를 잃어버린 탓에 그에 관한 사료가 영성한 때문이기도 하다. 그러나 근래 울라의 마지막 버일러인 부잔타이의 후손들이 소장하고 있던 『울라의 하스후 버일러의 후손의 문서烏拉哈薩虎貝勒後輩檔冊』와 같은 족보가 발견되고, 여허나라씨 족보의 존재가 알려지는 등 새로운 사료의 발굴과 연구자들의 주목에 힘입어 해서여진의 역사가 종전보다 주목을 받으며 선명해지고 있다.[25]

해서여진은 16세기 중기에 울라, 하다, 여허, 호이파 네 개의 초기국가를 형성했다. 울라는 북류 송화강의 중류역에 위치했고 호이파는 북류 송화강 상류역의 최대 지류인 호이파강 연안에 위치했다. 하다는 요하의 남쪽 지류인 하다강 연안에, 여허는 요하의 북쪽 지류인 여허강 연안에 위치했다. 그러나 그들이 원래부터 그곳에서 살았던 것은 아니었다. 해서 4부 가운데 종주 격인 울라와 하다의 조상의 최초 거주지는 동류 송화강의 지류인 훌룬강忽喇溫江(현 흑룡강성 호란하) 유역이었다. 명대에 해서 4부를 훌룬hūlun. 扈倫, 胡籠, 呼倫, 忽喇溫 4부라고도 칭한 이유는, 그들의 최초 거주지가 훌룬강 유역이고 그들이 그곳에 세운 초기국가의 이름이 훌룬이기 때문이었다. 또한 명이 훌룬강과 그 인근 송화강 하류역에 거주한 여진족들을 통칭하여 '해서여진海西女眞'이라고도 부른 이유는 '하이시海西河'가 원대에 동류 송화강의 다른 명칭이기 때문이었다.

훌룬강 유역에 거주하던 해서여진인은 15세기 후기에 송화강 만곡부로 이동했고 이후 다시 서쪽과 남쪽으로 이주하여 16세기 중기에 울라와 하다를 형성했는데도 명은 이들을 계속 훌룬扈倫. 忽喇溫 혹은 해서여진이라고 통칭했다. 여진인 자신들도 해서 4부를 지칭할 때 '훌룬'이라고 불렀다. 누르하치는 울라, 하다, 여허, 호이파를 합쳐서 훌룬이라고 부르곤 했다. 조선은 해서여진을 '해서여진'이라고 부르는 경우도 있었지만 대개 '훌룬 우디거忽剌溫兀狄哈. 火剌溫兀狄哈'라고 부르거나, '훌룬야인忽剌溫野人' 혹은 단순히 '훌룬忽剌溫'이라고 불렀다. 특히 훌룬의 적통 계승 집단인 울라를 훌룬이라고 부르는 경우가 많았다.

원의 몰락기에 훌룬강 연안에 거주한, 훗날 울라와 하다를 건국한 일족의 시조는 나치불루nacibulu. 納齊卜祿(1367?~1427?)였다. 나치불루는 원나라에서 명나라로 교체되는 15세기 초기에 훌룬강 일대에서 상당히 강력한 세력을 구축했고 그 초기국가를 훌룬이라고 칭했다. 현재 그의 후손 가문에서 전하는 한문으로 기록된 족보인『울라의 하스후 버일러의 후손 문서』에 의하면, 나치불루의 가문은 그의 할아버지 때부터 시버족과 함께 거주했으며 대대로 시버의 수완 구왈기야Suwan Guwalgiya. 蘇完瓜爾佳 씨와 혼인관계를 형성했다. 그러다가 나치불루가 시버로부터 독립하여 자신의 독자적인 세력을 구축하고 훌룬국을 칭했다.

이 족보에서 나치불루는 "왜라손 나합랍 대마발 막륵근 파염 납랍씨

납제포록(納齊布祿 那哈拉 大媽發 莫勒根 巴壓 納拉氏 納齊布祿"으로 불리고 있다. '왜라손(倭羅孫'의 의미는 확실하지 않지만 여진어 홀룬hūlun의 음사일 가능성이 있다. 나합랍(那哈拉의 나(那. na는 수장이고, 합랍(哈拉은 여진어 할라hala의 음사로서 씨족 혹은 성(姓의 의미이며, 대마발(大媽發은 여진어 다마파da mafa의 음사로서 시조(始祖나 태조(太祖의 의미이다. 막륵근(莫勒根은 여진어 머르건mergen의 음사로서 용사 혹은 명사수(名射手의 의미이고, 파염(巴壓은 여진어 바얀bayan의 음사로서 부자(富者 혹은 귀인(貴人의 의미이다. 그러므로 나치불루의 호칭 전체를 해석하면 "훌룬의 시조 명사수 귀인 나라씨 나치불루"이다. 그의 호칭에서 명사수를 강조한 것이 이채롭다. 그와 같은 시기를 살았던 조선의 건국자 이성계나, 먼 과거에 고구려를 건국한 주몽이나, 훗날 후금을 건국한 누르하치 등 동북아시아의 건국자들이 한결같이 신궁이었고, 그들을 현창하는 수식에서 그것을 강조한 점이 공통적이다.

일설에는 그가 훌룬국을 세운 곳이 현재 길림시에서 30여 킬로미터 떨어진 울라가진(烏拉街鎭 일대, 즉 훗날 울라국이 건립된 지역이라고 한다. 그러나 나치불루의 후손들이 15세기를 거치며 남쪽으로 이동하여 울라 일대에 자리 잡은 사실을 고려하면 나치불루 시기에 훌룬국은 현재 울라가진이 아니고 그보다 멀리 동북쪽의 훌룬강 연안에 있었음이 확실하다. 나치불루의 활동 시기인 1406년(명 영락 4) 명은 훌룬강 유역에 탑산위(塔山衛를 설치하고 탑랄치(塔剌赤를 탑산위의 지휘동지(指揮同知에 임명했다.[26] 이 탑랄치가 나치불루와 동일인이라는 설이 있다. 또한 명 초기 해서여진의 대

훌룬 수장의 계보

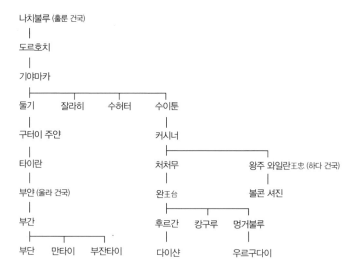

- 훌룬과 그로부터 파생된 하다와 울라 수장의 계보. 『청태조무황제실록』, 『만주실록』, 『팔기만주씨족통보』 등에서 전하고 있는 나치불루 후손의 계보는 각각 약간의 상이점이 있다. 나치불루의 후손, 즉 울라와 하다의 수장 일족의 가장 상세한 계보는 근래 발견된 『울라의 하스후 버일러의 후손 문서』이다. 이 계보도는 이러한 기록들을 참고하여 작성했다.

추장이었던 올자위兀者衛의 서양합西陽哈이나 탑산좌위塔山左衛의 지휘指揮인 불랄출弗剌出을 나치불루로 간주하는 설들이 있다. 그러나 이는 모두 사실이 아닌 것으로 보인다. 탑산위와 훌룬의 관계에 대해서는 나치불루의 증손자인 수허터를 언급하는 부분에서 설명하겠다.

1427년경 나치불루를 계승하여 훌룬의 수장이 된 자는 그의 아들 도르호치Dorhoci. 多爾和齊(?~1433)였다. 『울라의 하스후 버일러의 후손 문서』에는 도르호치가 '수장'이라는 의미의 여진어 '샹기얀sanggiyan, 商堅, 上江'을 호칭으로 사용했으며, 1,000여 리에 달하는 광대한 영역을 지배하며 훌룬국을 경영했고, 그 영역 내의 구한하위嘔罕河衛, 비하위肥河衛, 올자위兀者衛, 불제위弗提衛(호이파의 전신), 탑로목위塔魯木衛(여허의 전신)를 포괄하는 연맹의 수장이자 훌룬국의 국왕이었다고 기록되어 있다. 그렇게 강력한 국가가 명이나 조선 측의 기록에 부재한 것으로 보아 이 기록은 과장이 섞였을 것이다. 그러나 『만주실록』 등의 청대 기록에서 이 시기의 훌룬을 '훌룬국Hūlun gurun'이라고 표현한 것으로 보아 도르호치가 주위의 여러 부족들에 영향력을 미칠 정도로 상당히 강력한 부족 연맹 세력을 구축했음을 짐작할 수 있다. 『명실록』에 올자전위지휘동지兀者前衛指揮同知 합필탑哈必苔 혹은 합필합哈必合으로 기록되어 있는 자가 도르호치라고 생각된다.[27]

도르호치가 사망한 1433년 그의 장남 기야마카Giyamaka, 嘉瑪喀가 훌룬의 통치자 지위를 계승했다.[28] 기야마카는 『명실록』에 가목합加木哈이라고 기록되어 있으며,[29] 1444년(명 정통 8) 명에 의해 올자전위兀者前衛 지휘에 임명되었다. 기야마카가 사망한 후에는 그의 아들 둘기Dulgi, 都爾機(?~1493)가 훌룬의 수장 지위를 계승했다. 둘기는 『명실록』에 도리길都里吉이라고 기록되어 있으며,[30] 성화成化 연간(1464~1487)에 명에 의해 올자전위 도독에 임명되었다. 기야마카와 그의 아들 둘기 시대에 훌룬은 급속히 쇠퇴했다. 그 가장 큰 원인은 몽골의 침입이었다.

15세기에 해서여진은 몽골의 다양한 집단으로부터 공격을 받았다.

1400년대 초기에는 눈강 유역에서 거주하던 몽골 우량카이가 계속해서 여진을 공격했다. 이후 1430년대에는 동몽골 아수트부의 수장인 아루타이(?~1434)가 당시 강력한 세력을 구축한 서몽골 오이라트에게 공격을 받아 동쪽으로 밀리면서 해서여진을 공격했다. 그 후에도 몽골은 해서여진을 침략했다. 1430년대 중기부터 1440년대 중기까지는 몽골 우량카이 3위兀良哈三衛가 해서여진을 공격했다. 우량카이 3위는 몽골의 오지예트부, 옹리우드부, 우량카이부를 합쳐서 부르는 말이다. 세 부족이 1389년에 명에 의해 각기 복여위福餘衛, 태녕위泰寧衛, 타안위朵顔衛로 편제되었기 때문에 '3위'라고 칭했다. 명에서는 명과 가장 가까운 우량카이의 이름을 따라 3위를 '우량카이 3위'라고 불렀지만, 몽골에서는 자신들에 가장 가까운 북쪽 오지예트의 이름을 따라 '산전山前의 6천 오지예트Ölge-in jiryuyan mingyan Üjiyed'라고 불렀다. 1447년 우량카이 3위는 오이라트에게 참패를 당하고 세력이 위축되어 여진을 공격하지 못하게 되었다. 그러나 그 후에도 몽골의 다른 집단들이 해서여진을 공격했다.

1450년부터 1451년까지는 몽골의 대칸인 톡토부카Toγtoγa Buqa, 脫脫不花(재위. 1433~1452)가 해서여진을 공격했다. 이 공격으로 해서여진은 중요한 지도자 200여 명이 피살되는 심중한 타격을 입었다. 이 사건은 해서여진의 도피성 인구 이동을 일으켰고 이로 인해 이만주 등의 건주여진에까지 연쇄적 충격을 가했다. 해서여진의 인구 이동에 밀려 이만주가 조선으로 남하할까 우려한 조선이 예의 주시했을 정도로 이 사건의 파장은 컸다.[31] 10년 후인 1460년 조선에 입공한 니마차 우디거인들에게 조선 세조가 추장들의 안부를 묻자, 그들은 추장들이 몽골에게 모두 피살되었다고 대답했다.[32] 1450년 몽골의 여진 침공은 해서여진뿐 아니라 야인여진으로 분류되는 니마차인의 지휘자들까지도 피살되었을 정도로 피해가 심각했다. 해서여진은 여러 부류의 몽골에 의해 공격을 당할 때마다 부족 연맹을 강화해서 방어했고 한편으로는 공격을 피하기 위해 서남쪽으로 이동했다. 이런 과정을 겪으며 둘기가 이끄는 훌룬(올자전위)은 15세기 후기에 세력이 위축되었고, 훌룬강 유역을 떠나 송화강과 눈강의 합류 지역인 송화강 만곡부 지역으로 이동했다.

《 송화강 만곡부에서 》

1502년경 둘기의 동생인 수허터Suhete. 速黑忒는 명에 입조하여 탑산전위塔山前衛 도독에 임명되었다. 이때부터 수허터와 그가 이끄는 탑산전위의 세력이 강성해져서 훌룬의 적통 수장인 둘기의 세력을 압도했다. 연구자들은 탑산전위의 전신이 탑산좌위라고 추정해 왔다. 그러나 훌룬이 남서쪽으로 이동하고 그 일부가 분파되어 태어난 탑산전위는 그 전신이라고 추정된 탑산좌위와 위치가 달랐다. 탑산좌위는 훌룬강의 중상류 남쪽으로부터 현재 의란현依蘭縣의 서북 지역 일대에 있었다. 그러나 16세기 초에 새로 만들어진 탑산전위의 위치는 송화강의 만곡부인 현재 길림성 부여夫餘와 농안農安 일대였다. 탑산좌위에서 탑산전위로 이름이 바뀐 것도 그 위치가 바뀐 때문이었다.

일반적으로 연구자들은 울라와 하다의 기원이 1406년 설치된 탑산위 혹은 1446년에 탑산위에서 분리되어 설치된 탑산좌위에 있다고 설명하고 있다. 그리고 수허터가 탑산전위의 수장임을 근거로 수허터의 조상들, 즉 나치불루의 후손들이 탑산위와 탑산좌위의 수장들이었으리라 추정했다. 그러나 수허터가 탑산전위의 수장이었다는 사실이 반드시 그의 조상들이 탑산위와 탑산좌위의 수장이었음을 의미하는 것은 아니다. 탑산위의 지휘동지 탑랄치塔剌赤와 나치불루의 관계도 명확치 않거니와, 1446년 탑산위에서 분리되어 신설된 탑산좌위의 도지휘都指揮 불랄출弗剌出(?~1450. 『조선왕조실록』의 불랄취不剌吹) 또한 수허터의 조상 즉 나치불루의 후손들과 부합하지 않는다.

수허터 이전에 탑산좌위와 홀룬국의 수장 가문이 일치하지 않는 이유는 앞에서 언급한 대로 1450년부터 1451년 사이에 해서여진이 몽골 톡토부카 칸의 공격을 받아 궤멸되는 대참사를 겪은 때문이다. 이때 톡토부카의 공격으로 인해 해서여진 부족 가운데 가장 강력했던 올자위의 도독 랄탑剌塔과 비하위肥河衛의 도독 별리격別里格을 비롯한 수백 명의 해서여진 수장들이 살해당했다. 탑산좌위의 도지휘 불랄출도 이때 피살되었고 탑산좌위는 붕괴되었다. 그 후 홀룬국의 유력자인 수허터는 붕괴된 탑산좌위의 잔여 세력을 흡수하여 새로운 세력을 형성했으며, 명은 그 세력에 탑산전위라는 새로운 위衛를 인정해 주고 수허터를 그 수장에 임명한 것으로 생각된다. 다시 말해 탑산전위는 탑산좌위의 수장 일족이 분화되어 설립한 것이 아니고, 탑산좌위가 몰락한 후 수허터가 그 잔여 세력을 흡수하여 만든 새로운 위였다. 나치불루와 그 후손들은 탑산위 혹은 탑산좌위의 수장인 도지휘 불랄출의 일족과 다른 일족이다. 그러나 수장의 가문과는 별개로, 탑산전위가 탑산좌위의 부족민들을 흡수했고 그 세력과 올자전위가 모여서 홀룬을 구성하고 그것이 울라로 이어진 측면에서 보면, 탑산좌위가 울라국의 기원 세력 가운데 하나라고 해도 완전히 틀린 말은 아닐 것이다.

수허터는 송화강 만곡부에 자리잡고 송화강의 북쪽과 그 상류역의 부족들과 명의 교역로를 장악했다. 흑룡강 유역과 무단강(후르카강) 유역에 거주하는 부족들은 명의 개원開原에서 열리는 시장에 가기 위해서는 반드시 수허터의 영역을 지나야 했고 수허터는 교역로를 통제하여 이익을 획득했다. 이런 통제권은 수허터 자신이 교역로를 장악하고 세력을 보유한 것만으로 얻어지는 것이 아니고 명의 허가가 있어야만 했다. 명은 교역로의 통제권자에게 여진인이 명의 변경을 침입하거나 사람과 가축을 약탈하는 행위를 통제해 줄 것을 요구했고, 수허터는 그 요구에 부응함으로써 명의 신뢰와 교역로 통제권자의 자격을 획득했다. 일례로 수허터는 탑로목위塔魯木衛(여허의 전신) 지휘첨사인 치르가니Cirgani, 齊爾噶尼와 그의 아들 추쿵거Cukungge, 祝孔格가 명의 변경을 침입하자 교역을 차단함으로써 그들을 통제했다. 16세기 전기에 홀룬국의 실질적인 수장은 둘기의 후손이 아니고 탑산전위의 도독인 수허터였다.

둘기가 1493년 사망한 후 홀룬국의 수장 지위는 그의 셋째 아들인 구터이 주얀Gutei juyan, 古對珠延에게 계승되었다. 그러나 둘기와 마찬가지로 구터이 주얀의 세력은 삼촌인 수허터의 세력에 미치지 못했다. 이런 상황은 수허터가 사망한 후에도 변하지 않았다. 수허터가 사망한 후에 탑산전위의 수장 지위는 수허터의 동생 수이툰Suitun, 綏屯의 아들인 커시너 Kesine, 克錫納(?~1533)에게로 이어졌다.

커시너는 수허터에게 발급된 명의 칙서를 가지고 명에 입조했기 때문에 명의 기록에서 커시너를 수허터로 기록했고, 이 때문에 현재 많은 연구에서 커시너와 수허터를 동일인으로 다루고 있다. 그러나 그것은 오류로 생각된다. 커시너는 수허터의 조카였다. 1531년(명 가정 10) 커시너는 개원의 변외에서 준동하던 산적 맹극猛克의 세력을 진압했다. 맹극은 개원 동쪽에서 명과 부족민의 교역을 차단하고 있었기 때문에, 이 문제를 해결한 커시너에게 명은 하사품을 내리고 그를 우대했다. 훌룬국의 수장 구터이 주얀은 사촌형인 커시너에 비해 명성과 세력이 약했다.

1533년 훌룬국에 일대 격변이 발생했다. 커시너의 독주에 불만을 품은 그의 일족 바다이 다르한Badai darhan, 巴岱達爾漢(?~1534)이 커시너와 그의 장남 처처무Cecemu, 徹徹木(?~1533)를 살해한 것이다. 바다이 다르한은 도르호치의 둘째 아들 쇼주구Sojugu, 攝托의 아들로, 커시너의 5촌 아저씨 즉 당숙이었다. 쿠데타에 성공한 바다이 다르한은 탑산전위의 도독을 자임했으나 내부적으로 사람들이 그를 따르지 않았고 외부적으로 명은 교역을 중단시켰다. 1년 후 구터이 주얀은 군사를 동원하여 바다이 다르한을 공격했다. 바다이 다르한의 쿠데타는 성공한 지 1년 후에 진압되었고 그는 피살되었다. 쿠데타는 진압되었지만 1년을 사이에 두고 발생한 두 차례의 동란은 훌룬국을 크게 약화시켰다. 이 시기에 훌룬의 지도자급 인물

다수가 피살되거나 외부로 도주해 나갔다. 또한 동란은 해서여진 전체의 정권 지형이 바뀌고 하다국이 설립되는 원인이 되었다. 그 이유는 커시너가 피살되면서 그의 직계 후손들이 이곳저곳으로 도주했고, 그들이 훗날 하다를 건립한 때문이다. 바다이 다르한의 쿠데타로 인해 커시너의 후손들만 도주한 것이 아니고, 구터이 주얀과 그의 세력도 현재 길림시 인근의 울라가진烏拉街鎭 일대로 이동했다.

《 훌룬의 재건, 울라 》

　　내부 동란으로 인해 세력이 위축되어 유명무실해진 훌룬국의 수장 지위는 구터이 주얀 이후 그의 아들 타이란Tairan, 太蘭에게 계승되었고, 그 후 타이란의 아들 부얀Buyan, 布顏으로 이어졌다. 훌룬을 재건한 자는 부얀이었다. 그는 1561년에 송화강의 연안에 있는 홍니Hongni, 洪尼에 성과 궁궐을 축조하고 버일러를 자칭했다. 홍니는 현재 길림시 인근의 울라가진烏拉街鎭에 있었으며 원래는 '울라홍니Ula hongni, 烏拉洪尼勒'로 불린 곳이었다. 울라홍니의 울라는 여진어로 강江 혹은 강가沿江를 의미하고 홍니는 요새를 뜻하는 말이다. 이곳은 금대 해릉왕海陵王(재위 1149~1161) 시기에 울라 요새烏拉洪尼勒城가 축조된 후에 울라홍니 혹은 홍니로 불려왔다. 부얀이 울라홍니에 훌룬을 재건한 후 그 초기국가는 울라로 불리게 되었다. 울라성은 외성外城의 둘레가 6킬로미터에 이를 정도로 규모가 컸다. 부얀과 그의 후계자인 아들 부간Bugan, 布干의 통치 시기에 울라는 외부적인 세력 확장을 하지 않고 내치에 힘썼다. 외부적으로는 협력 세력인 하다에 의존하여 인근 몽골 세력의 침입을 방비했다. 부얀과 그의 후계자 부간 두 버일러가 통치하는 시기에 울라는 평화 기조를 유지했다.

이런 상황이 급변하여 여진 세계가 전쟁과 충돌로 진입한 것은 부간의 아들 만타이Mantai. 滿泰(?~1596)가 버일러를 계승한 후였다. 이때부터 울라는 급성장한 누르하치의 건주여진과 항쟁해야 했다. 만타이는 1593년에 모든 여진 세력이 연합하여 누르하치의 건주여진을 공격한 구러산 전투에 참전했으나 철저하게 패배하여 동생 부잔타이Bujantai. 布占泰(1568?~1618)를 누르하치의 포로로 남겨둔 채 퇴각했다. 이후 만타이는 외부적으로 건주여진의 압박에 시달렸고 내부적으로 폭정을 일삼았다. 1596년 만타이는 부족민의 유부녀를 약탈했고 분개한 부족민들에게 살해당했다.

만타이가 피살된 후에 울라의 버일러 지위는 그의 동생 부잔타이로 이어졌다. 부잔타이는 1593년에 일어난 구러산 전투에서 건주여진의 포로가 되어 4년간 억류되어 있다가 석방되어 형의 버일러 지위를 계승했다. 부잔타이는 울라의 마지막 버일러였다. 그의 버일러 재위기에 울라는 마지막 불꽃처럼 타올랐다. 부잔타이는 형 만타이의 딸인 아바하이Abahai. 阿巴亥(1590~1626)를 누르하치와 결혼시킴으로써 건주여진과 화친을 체결하기도 하고 한편으로는 맞서 싸우기도 하면서 양면정책을 구사하며 난국을 타개해 갔다. 팽창 일로의 건주여진에 맞서 부잔타이는 동부로 세력을 확대하여 동해여진을 세력권에 두었고 조선의 북방까지 공략했다. 1603년부터 부잔타이는 조선 함경도에서 거주하는 조선의 번호藩胡 여진인을 공략하여 그들을 울라의 세력으로 흡수하기 시작했다. 1605년에는 함경도 종성의 동관진을 함락하고 첨사 전백옥全伯玉을 살해했고, 이에 대응하여 출정한 조선군을 조선 육진에서 북쪽으로 140리 정도 떨어진 건퇴件退에서 격퇴했다.[33] 1605년에 부잔타이는 하다의 완 한처럼 한han 을 자칭했다. 그는 이 즈음 조선을 공격하여 교역을 열었고 조선의 직책 을 제수받기도 했으며 동해여진에 대해 세력을 확대했다. 한을 자칭한 것 은 이러한 성취를 배경으로 한 그의 자신감이 표출된 것이었다.

1607년에 울라의 성장은 중지되었다. 두만강 일대의 여진인을 흡수하 기 위한 부잔타이의 노력은 결국 같은 목적을 가지고 동진하던 누르하치 의 건주여진과의 무력 충돌로 이어졌다. 1607년에 동해여진 와르카부 피 오 성Fio hoton(현 훈춘시 삼가자만족자치향 고성촌三家子滿族自治鄉 古城村)이 건주여 진에 투항하자, 부잔타이는 피오성 주민의 소유권을 주장하며 건주여진 과 대규모 전투를 벌였다. 이 전투는 두만강의 남쪽 조선의 종성 오갈암 烏碣巖에서 벌어졌고 건주여진의 완승으로 종결되었다. 『만주실록』에 의 하면 울라군의 1만 병력은 오갈암에서 건주여진 3,000 병력에 의해 궤멸 되었다. 조선 경내에서만 울라군 3,000명이 사망했고 건주여진군에게 말 5,000필과 갑옷 3,000벌을 노획당했다.

오갈암 전투라고 불리는 이 전투는 조선 영역에서 일어났기 때문에 조 선에 의해 전투의 참상과 경과가 관찰되어 『조선왕조실록』에서 전하고 있 다.[34] 오갈암 전투에서 건주여진과 치열한 전투를 벌인 상대로 『조선왕조 실록』에 기록된 '홀라온忽喇溫'은 훌룬의 음역이며, 그 실체는 부잔타이가 이끈 울라의 군대였다. 『조선왕조실록』에서 부잔타이를 하질이何叱耳라고 기록하고 있는데, 이는 부잔타이의 여진어 칭호인 하스후 버일러Hashū beile(좌左버일러)의 하스후를 표기하기 위해 '하何'와 사이시옷을 나타내는 이두문자 '질叱', 그리고 '후hū' 음을 표기하는 '귀耳', 이 세 글자를 결합한 것이다. 부잔타이는 오갈암 전투에서 패전한 후에 여허와 협력하여 건주에 대항했지만 기울어진 대세를 돌이킬 수는 없었다.

1608년 건주여진은 울라의 수도와 가까운 이한산성Ihan alin hoton, 宜罕山城을 공격하여 함락했고, 울라의 군사 1,000명을 죽였다. 부잔타이는 더 이상 저항할 수 있는 동력을 상실했다. 1613년 누르하치는 직접 군대를 지휘하여 울라 공격전에 나섰다. 건주의 3만 병력과 우수한 지휘관들이 총출동한 거국적인 총공격이었다. 그 결과 울라는 군사 1만 명이 사망한 끝에 멸망했다. 해서여진의 적통이 멸망한 것이다. 9년 전인 1599년에 이미 하다가 멸망했고 바로 한 해 전인 1607년에는 호이파가 멸망했다. 이제 울라가 멸망함으로써 해서여진 가운데 유일하게 여허만 남게 되었다. 부잔타이는 여허로 망명했다. 훌룬으로부터 시작하여 2세기를 이어 온 울라의 오랜 역사가 종식되었다.

《 하다의 설립 》

하다부의 수립은 훌룬국 내부에서 발생한 권력 투쟁에서 비롯되었다. 앞에서 언급한 것처럼 1533년 훌룬국 탑산전위의 수장인 커시너와 그의 장남인 처처무가 일족인 바다이 다르한에게 피살되자, 훌룬국의 수장인 구터이 주얀은 일파를 이끌고 울라 지역으로 도주했고, 커시너의 직계 가족들도 훌룬으로부터 각지로 도주해 갔다. 그 가운데 가장 중요한 사람은 처처무의 동생인 왕주 와일란Wangju Wailan, 王忠(?~1552)과 처처무의 아들인 완Wan, 王台(?~1582)이었다. 왕주 와일란은 훌룬의 일부를 이끌고 하다강哈達河(현 요령성 서풍현西豊縣 소청하小淸河) 유역으로 피신하여 이처하다Ice hada, 亦赤哈達 지역에 요새를 세우고 거주하기 시작했다. 그가 바로 하다국의 설립자였다. 그의 조카인 완은 시버족 영역인 수이하성Suiha hoton, 綏哈城(현 길림시의 서쪽 25킬로미터 지점의 대수성大綏城)으로 도주했다. 완은 훗날 왕주 와일란을 계승하여 하다국을 최전성기로 이끈 자였다.

왕주 와일란은 하다강 유역에서 세력을 확대해서 하다국을 수립했다. 그가 자리 잡은 하다강 유역의 이처하다는 명의 광순관廣順關의 동쪽에 있는 정안보靖安堡(청대의 상양보尙陽堡)에서 다시 동쪽으로 70리가량 떨어진 곳으로, 명과의 교역에서 요충지였다. 광순관은 개원의 동쪽에 설치된 관문이었고, 개원의 서쪽과 북쪽에 각각 설치된 신안관新安關(현 개원시의 서북쪽 20킬로미터 지점 경운보慶雲堡 쌍루태촌雙樓台村)이나 진북관鎭北關(현 개원시 위원보威遠堡)과 함께 개원의 3대 관문이었다. 진북관은 개원의 북쪽에 있었기 때문에 명은 진북관을 북관北關이라고 불렀다. 반면 광순관은 진북관보다 남쪽에 위치했기 때문에 남관南關이라고 불렀다. 이 때문에 명과 조선은 광순관의 동쪽에 있는 하다를 남관이라고 부르고, 진북관의 동쪽에 있는 여허를 북관이라고 칭하기도 했다. 왕주 와일란이 하다강 유역에서 하다국을 발전시켜 가던 16세기 중기에 그 북쪽 여허강 유역으로 진입해 있던 탑로목위塔魯木衛도 여허로 불리며 성장하고 있었다. 왕주 와일란은 명과의 교역권을 확보하기 위해 북쪽의 여허와 치열하게 경쟁했다.

《 하다와 여허의 경쟁 》

여허는 해서여진의 다른 세 부인 울라, 하다, 호이파와는 설립자의 민족적 계통이 달랐다. 울라, 하다, 호이파의 시조는 여진인인 데 반해, 여허의 시조인 싱건 다르한Singgen Darhan, 星墾達爾漢은 몽골인이고 투메트라는 성을 가진 사람이었다. 『만주실록』과 『팔기만주씨족통보』에 의하면, 그는 15세기 중기에 서쪽으로부터 훌룬강 유역의 장Jang, 璋 지역으로 진입하여 나라Nara 성을 쓰는 집단을 멸망시키고 그 지역에 정착한 후 성을 나라로 바꾸었다.[35] 싱건 다르한이 훌룬의 나라 성씨 집단을 멸망시켰다는 기록을 몽골인이 현지의 여진인을 대체한 것으로 해석하면 안 된다. 이 기록은 싱건 다르한을 수장으로 하는 몽골인 집단이 훌룬의 나라 성씨 집단을 정복하고 절멸시킨 것이 아니라 양자가 제휴하여 혼성의 정권을 구성한 것으로 해석되어야 한다. 그렇지 않으면 싱건 다르한이 본래의 성인 투메트를 버리고 새로운 이주지의 토착 집단의 성씨인 나라를 사용한 사실을 설명할 수 없다.

싱건 다르한이 멸망시켰다는 훌룬의 나라 성 집단은 탑로목위이거나 그 일파인 것으로 추정된다. 탑로목위는 훌룬국과 관련 있는 탑산위가 설치된 1406년(명 영락 4)에 설치되었고, 타엽打葉이 그 지휘에 임명되었다. 훌룬국의 시조 나치불루와 탑산위의 지휘동지인 탑랄치를 동일시하는

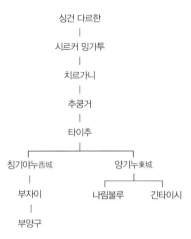

싱건 다르한
|
시르커 밍가투
|
치르가니
|
추쿵거
|
타이추
칭기야누西城   양기누東城
|
부자이   나림불루   긴타이시
|
부양구

설이 있는 것처럼, 혹자는 여허의 시조 싱건 다르한과 탑로목위의 수장 타엽을 동일인으로 간주한다. 그러나 그것은 사실이 아니다. 싱건 다르한의 활동 시기는 15세기 중기로서 타엽의 활동 시기보다 늦다. 이런 정황으로 보아 싱건 다르한은 서쪽으로부터 훌룬강 유역으로 진입해서 기존에 있던 탑로목위의 세력을 차츰 잠식해 간 것으로 보인다.

몽골인 싱건 다르한이 수립한 여허의 전신 부족은 훌룬강 유역의 여진의 땅에 세워졌고 여진인과 혼융하여 해서여진의 일부가 되었지만 그 몽골적 속성은 계속되었다. 여허는 다른 해서여진이나 건주여진과 달리 몽골어와 여진어가 혼합된 언어를 사용했다. 이런 여허 언어의 특이성은 먼 훗날 여허가 건주여진의 누르하치에 의해 멸망할 때까지도 계속되었다. 이 점에 대해 누르하치는 "여허와 우리는 다른 말을 쓰는 여진 나라이 다yehe, muse oci, encu gisun i jušen gurun kai"라고 명확히 말하고 있다.[36) 여허 는 몽골과의 관계에 있어서도 여진의 다른 집단보다 더 특별했다. 몽골의 마지막 대칸인 차하르부의 릭단 칸Ligdan Qutuɣtu Qan(1588?~1634)의 황 후인 수타이Sutai, 蘇泰는 여허의 마지막 버일러인 긴타이시Gintaisi, 金台石 (?~1619)의 손녀였다. 이러한 태생적 이질성 때문이었는지 아니면 명과의 교역권을 장악하기 위한 목적 때문이었는지, 혹은 두 가지 모두가 원인이 었는지 확실치 않지만 여허는 해서여진 내에서 하다와 계속 충돌했다. 울 라가 하다의 해서여진 내부에서의 실질적인 수장 지위를 인정하고 하다 와 평화로운 협력 관계를 유지한 것과는 대조적이었다. 여허와 하다가 끊 임없는 충돌을 멈춘 것은 훗날 누르하치의 건주여진 세력이 급성장해서 그 밖의 모든 여진 세력이 건주여진을 상대로 연합해야 하는 상황이 도래 한 16세기 말기였다.

싱건 다르한이 사망한 후 여허의 전신 부족의 수장 지위는 그의 아들인 시르커 밍가투Sirke Miggatu, 席爾克明噶圖가 계승했고, 그 후에는 시르커 밍 가투의 아들 치르가니Cirgani, 齊爾噶尼가 계승했다.[37) 치르가니는 1484년 (명 성화 20) 명으로부터 탑로목위 도지휘 지위를 인정받았다. 명 초기에 탑 로목위의 수장이던 타엽의 후손을 싱건 다르한의 후손이 대체한 것이다. 치르가니 시기인 15세기 후기부터 여허의 전신 부족인 탑로목위는 서남 쪽으로 이동하여 명의 개원의 북쪽 방면으로 상당히 접근했다. 이 이동은 앞에서 언급한 것처럼 훌룬강 유역의 여진인들이 대거 남서쪽으로 이동한 것과 같은 맥락에서 이루어진 것이었다. 치르가니는 명의 개원의 북쪽 지역에서 거주하면서 그들의 서쪽에 거주하는 여진인과 명의 교역을 가로막았고, 1506년경에는 개원 일대 변경을 지속적으로 약탈하였다. 아마도 그는 교역로에 위치한 지리적 이점을 살려서 명과 여진의 교역을 통제함으로써 이익을 획득하려고 의도했고, 그것이 여의치 않자 약탈전을 벌였던 것 같다. 결국 그의 시도는 실패했다. 명은 군대를 파견했고 치르가니를 공격하여 생포했다. 그는 개원으로 끌려가서 참수되었다. 치르가니의 수장 지위를 계승한 것은 그의 아들 추쿵거Cukungge, 祝孔格(?~1551)였다. 추쿵거는 『조선성종실록』 1491년(성종 22)조에 '흑룡강 야인의 두목 주공혁主孔革'이라고 기록된 인물임이 분명하다.[38]

추쿵거는 1500년대 초에 부족을 이끌고 여허강(현재 상류는 관하哈河, 하류는 청하淸河) 일대로 진입해서 자리잡았다. 여허의 전신 부족은 싱건 다르한 시기부터 존립했지만 여허라는 이름의 초기국가가 나타난 것은 추쿵거 시기부터였다. 새로운 거주지인 여허강 유역은 종전보다 명의 변경에 더 근접한 곳이었다. 추쿵거는 명의 변경을 공격하고 약탈하기 시작했다. 명과의 관계가 호전된 것은 그가 1519년(명 정덕 14) 명으로부터 탑로목위 도지휘 지위를 인정받은 때부터였다. 명으로부터 관직을 인정받았다는 것은 곧 명과 교역할 수 있는 권한을 인정받는다는 것을 의미했고, 명이 발급한 직함 증명서이자 교역 증명서인 칙서를 분배받는다는 것을 의미했다. 또한 인접 집단들과 칙서를 탈취하기 위한 투쟁의 장으로 뛰어든다는 것을 의미하기도 했다. 1551년 추쿵거는 하다의 왕주 와일란의 공격을 받아 피살되었다. 왕주 와일란이 추쿵거를 공격한 주요한 원인은 칙서를 탈취하는 데 있었다.

명의 기록에 의하면 당시 해서여진은 칙서 1,000통, 건주여진은 칙서 500통을 보유하고 있었다. 해서여진이 보유한 칙서 가운데 절반은 하다가 보유했고 절반은 여허가 보유했으며, 울라와 호이파는 칙서를 가지고 있지 않았다. 왕주 와일란은 추쿵거를 살해하고 그가 보유한 여허의 칙서를 강탈함으로써 해서여진의 모든 칙서를 차지했다.[39] 왕주 와일란은 칙서를 탈취하여 각 부락의 무역권을 통제함으로써 부를 축적했다. 훗날 그의 조카 완이 해서여진의 맹주를 너머 건주여진에까지 영향력을 미칠 수 있었던 것은 왕주 와일란이 축적한 경제적 기반 덕이었다. 명과의 교역을 장악하고 교역 증명서를 탈취하기 위한 전쟁은 여진을 분쟁 속으로 밀어 넣었다. 추쿵거는 그 기나긴 칙서 쟁탈전의 초기 희생양이었다. 훗날 누르하치가 주변의 집단들을 공격하고 정복한 원인도 칙서를 강탈하기 위한 측면이 컸다. 누르하치는 1599년 하다를 멸망시키면서 하다가 보유한 칙서 360통을 확보했는데, 따지고 보면 그 칙서의 일부는 원래 추쿵거가 보유했던 것이었다.

여허의 추쿵거가 사망한 지 한 해 뒤인 1552년 하다의 왕주 와일란은 하다 내부의 반란에 의해 피살되었다. 『만주실록』에 의하면 왕주 와일란의 아들 볼콘 셔진Bolkon šejin, 博爾坤舍進이 반란자를 제거하고 시버의 수이하성에 피신해 있던 사촌 형인 완을 불러서 하다의 수장으로 삼았다고 한다. 하지만 볼콘 셔진이 반란자를 제거한 후 자신이 부친의 지위를 계승하지 않고 사촌 형을 불러들여 버일러 지위를 계승시켰다는 점에서 이 기록은 모순적이다. 아마도 하다의 내부 반란자들을 제거한 것은 볼콘 셔진을 옹위한 왕주 와일란의 측근들이었고, 그들이 주도하여 완을 데려와서 나이 어린 볼콘 셔진을 대신하여 왕주 와일란을 계승하도록 했을 것이다. 완은 하다를 여진 세계 최강자의 위치에 올려 놓았다. 그는 누르하치이전에 여진의 통일에 가장 근접한 인물이었다. 완은 해서여진뿐만 아니라 건주여진과도 혼인을 통해 동맹을 체결해 갔고, 동고donggo, 棟鄂부와의 전쟁에서 열세에 몰린 건주여진에 군사를 원조함으로써 건주여진에 대한 영향력을 확대했다. 누르하치의 셋째 할아버지인 소오창가의 아들 우타이는 완 한의 사위였다. 누르하치도 따지고 보면 완 한의 사위였다. 누르하치의 둘째 부인인 컨저가 완 한의 양녀였던 것이다. 훌룬국의 정통 계승자이지만 세력이 쇠퇴한 부얀이 울라를 건립할 수 있었던 것도 완 한의 후원 덕이었다.

　추쿵거의 죽음은 여허와 하다를 대대로 충돌하게 만들었다. 추쿵거의 여허 버일러 지위를 계승한 그의 아들 타이추Taicu, 太杵(?~1588)는 하다의 통제에서 벗어나고 싶어 했고, 또한 아버지의 죽음에 대한 복수를 하고 싶어 했다. 그는 1558년에 하다를 공격했다. 하지만 타이추에게 불행하게도 완 한이 통치하는 하다는 당시 전성가도를 달리고 있었다. 타이추는 하다와의 전투에서 사로잡혀 피살당했다. 여허의 버일러가 2대째 하다에 의해 죽임당한 것이다. 타이추가 사망한 후 여허는 그의 조카인 칭기야누 Cinggiyanu, 清佳砮(?~1584)와 양기누Yangginu, 楊吉砮(?~1584) 형제가 이끌게 되었다. 두 사람은 동성東城(현 길림성 서평시四平市 엽혁진葉赫鎮의 서쪽 1킬로미터 지점)과 서성西城(동성의 서쪽 2킬로미터 지점)을 구축하고 각자 버일러를 자칭하며 여허를 분할하여 통치했다. 여허는 두 지휘자의 통치하에 강력한 세력으로 발전하기 시작했다. 칭기야누는 여동생인 온저 공주를 하다의 완 한과 결혼시키고, 양기누를 완 한의 딸과 결혼시킴으로써 대대로 하다와 충돌해 온 갈등의 역사를 종식시키고 평화를 모색하기 시작했다. 그러나 평화는 오래가지 못했다.

1582년 하다의 완 한이 사망했다. 여진의 평화는 완 한의 강력한 세력하에서 유지되어 왔다. 그의 말기에 지배력이 흔들리기 시작했지만, 여진의 모든 부족에 대한 그의 영향력과 평화 기조는 여전히 작동하고 있었다. 그러나 그 불안정한 평화조차 그가 사망한 후 산산조각이 났고, 그를 맹주로 하는 훌룬 연맹은 붕괴했다. 이후 하다는 내부적으로 계승 분쟁을 거치며 혼란에 빠졌고, 하다의 내부 분쟁에 해서여진 각 세력과 명까지 개입하면서 분쟁은 확산되고 장기화되어 갔다. 1583년부터 여진 각지의 크고 작은 수장들은 계속해서 충돌했다. 여진 내부의 분쟁과 혼란은 여진만의 문제로 그치지 않았다. 강력한 내부적 통제력이 사라진 상태에서 다양한 집단의 여진이 명의 변경을 침략하는 사건이 수시로 발생하게 되었다. 이에 대해 명은 요동총병관 이성량李成梁(1526~1615)의 대책을 채택했다. 이성량의 주장은 여진을 무력으로 진압하여 변경 침입의 원인을 제거하자는 것이었다.

명은 1583년부터 여진을 공격하기 시작했다. 그해에 이성량은 건주여진의 수장 중 한 명인 아타이Atai, 阿太(?~1583)를 공격하여 그의 구러 성을 초토화시키고 그를 죽였다. 이때 구러 성에 있던 아타이의 동생 아하이 Ahai, 阿亥의 부인은 누르하치의 큰아버지인 리둔의 딸, 즉 사촌 누이였다. 이 때문에 그녀를 구하러 구러 성에 갔던, 그러나 사실은 명나라 군대의 길 안내인으로 갔을 것으로 추정되는 누르하치의 할아버지와 아버지가 아타이 일족과 함께 구러 성 안에서 명군에게 피살되었다. 이 사건은 훗날 누르하치가 명에 무력 저항을 시작하는 원인의 하나가 되었다. 이성량의 강공 드라이브에서 여허도 예외가 아니었다. 앞에서 언급한 여허의 두 버일러인 칭기야누와 양기누는 1584년 칙서를 배급하겠다는 이성량의 유인에 빠져 그와 회견하러 왔다가 개원성 밖에 있는 관제묘에서 피살당했다. 그들의 증조부 치르가니부터 시작해서 4대째 연속해서 여허의 수장이 명이나 하다에 의해 피살된 것이다. 이어 1588년에 이성량은 여허를 공격하여 칭기야누를 계승한 부자이Bujai, 布寨(?~1593)와 양기누를 계승한 나림불루Narimbulu, 納林布錄(?~1609)를 압박했다.

이성량은 1582년 완 한이 사망한 후에 발생한 하다 내부의 계승 분쟁에도 개입했다. 이성량은 완 한의 손자인 다이샨Daišan, 歹商(?~1591)을 계승자로 지지하고, 다이샨의 강력한 라이벌인 그의 삼촌 멍거불루 Menggebulu, 孟格布祿(1565~1600)를 공격했다. 멍거불루는 울라의 영역인 현재 길림시 인근으로 도주했다. 또 다른 경쟁자인 다이샨의 삼촌 캉구루 kangguru, 康古嚕는 이성량에 의해 체포되어 감금되었다. 다이샨은 이성량의 지원을 받아 하다의 버일러에 등극했다. 그는 1589년 울라를 제외한 해서여진 3개 부와 건주여진의 수장들을 소집하여 완 한을 계승한 맹주의 지위를 확립했다. 울라는 멍거불루를 지지했기 때문에 회의에 참석하지 않았다. 다이샨이 건주여진의 지지까지 이끌어 낼 수 있었던 것은 두해 전인 1587년에 자신의 여동생인 아민 거거Amin gege, 阿敏格格를 누르하치와 결혼시키는 데 성공했기 때문이다. 즉 양자 사이에 혼인동맹이 결성된 것이었다.

당시 혼인동맹은 반드시 일대일로만 이루어진 것은 아니었다. 여허의 버일러 나림불루는 1588년에 자신의 두 여동생을 각각 하다의 멍거불루와 건주의 누르하치에게 결혼시켰다. 그전에도 여진 각 집단의 수장 가문들이 혼인을 통해 동맹관계를 형성하는 것은 일반적인 현상이었지만, 완 한의 강력한 통제력이 사라지고 만인이 만인을 상대로 투쟁하는 혼란기가 도래한 이때에 혼인동맹은 더욱 중요해졌다. 한 집단은 다수의 집단을 상대로 전방위적인 혼인동맹을 강화해야 했다. 또한 한 집단을 상대로한 번의 혼인을 하는 것만으로는 동맹의 확고한 결속력을 보장받기가 어려웠다. 훗날 누르하치는 일족의 딸 셋을 울라의 버일러 부잔타이와 혼인시켰다. 겹사돈을 맺는 것은 당연한 일이었고, 겹겹사돈의 체결이 필요했다. 혼인동맹의 인플레이션 시대가 도래한 것이다.

하다의 버일러 계승 집회가 있은 후 멍거불루는 울라의 지원하에 하다로 돌아왔다. 울라만이 아니라 사실상 여허도 그전부터 다이샨보다 멍거불루를 지지하고 있었다. 여허의 나림불루의 여동생이 멍거불루와 혼인하여 양자가 동맹을 체결한 원인도 있지만, 그 이전에 멍거불루의 어머니인 온저Onje. 溫姐가 여허의 전 버일러인 양기누의 딸이었다. 다이샨은 가까스로 버일러의 지위를 계승했지만 정적들에 둘러싸여 있었고 지위는 불안정했다. 그 불안정한 지위마저 오래가지 않았다.

1591년 여허의 부자이는 자신의 딸과 다이샨을 결혼시키겠다고 제안하여 다이샨을 여허로 오도록 유인한 후 암살했다. 멍거불루를 등극시키기 위한 암살이었다. 멍거불루의 다른 경쟁자였던 캉구루는 이미 병사했기 때문에 이제 그의 경쟁자는 없었다. 멍거불루는 하다의 버일러에 올랐다. 버일러가 결정되었다고 해서 하다의 국정이 안정된 것은 아니었다. 하다는 계승 분쟁의 과정에서 타격을 입고 쇠퇴했다. 하다 내부에서 벌어진 계승 분쟁은 명, 여허, 울라 등 주위 모든 세력의 침입과 간섭을 초래했다. 그 가운데 여허는 하다 계승 분쟁의 최대 수혜자였다. 최종적으로 멍거불루를 하다의 버일러에 등극시킨 여허의 나림불루와 부자이 버일러는 멍거불루의 후원자가 되었다. 다시 말해 하다가 여허의 영향권에 들어가게 된 것이다. 1591년부터 여허는 해서여진의 맹주로 올라섰다.

외부적 환경도 여허에게 유리한 방향으로 전개되었다. 여허의 세력이 확대되어 가던 1591년 이성량은 부패 등의 이유로 요동총병관 직위에서 해직되었다. 그의 해직과 함께 명의 여진 정책은 강경에서 유화로 급선회했다. 명은 해서여진의 새로운 강자 여허를 인정하고 지지함으로써 여허를 통해 전 여진을 통제하기로 결정했다. 울라는 하다의 수장 계승 문제에서 멍거불루를 지지하면서 여허와 입장을 같이하고 있었다. 울라의 버일러 만타이는 다이샨의 하다 버일러 재위기에 하다의 외곽을 공격함으로써 멍거불루에 대한 지지를 표명해 왔었다. 울라는 함께 멍거불루를 지지해 온 여허를 굳이 적대할 필요가 없었고 그런 역량도 없었다. 호이파는 내분으로 인해 외부의 분쟁에 개입할 여유가 없었다. 하다가 버일러 계승을 둘러싸고 내분에 휩싸여 있는 동안, 호이파 또한 내부적으로 버일러 계승전을 벌이고 있었다. 호이파의 버일러 왕기누가 사망한 후 그의 손자 바인다리Baindari, 拜音達里(?~1607)는 자신과 경쟁하던 숙부들 일곱 명을 모두 죽이고 버일러를 계승했다. 그러나 후유증이 심했다. 그의 계승에 반대하던 귀족들 다수가 여허로 망명한 것이다. 바인다리는 망명자들과 여허가 연합하여 자신을 공격할 가능성에 대비하여 주도적으로 여허의 나림불루에 동조했고 한편으로는 건주여진의 누르하치에게 영합했다.

여허가 여진 세계의 맹주로 등극하는 것을 위협할 만한 세력은 오직 누르하치의 건주여진뿐이었다. 완 한의 사망 이후 여허와 건주여진 두 세력은 급성장했고 필연적으로 양자는 충돌했다. 여허의 버일러 나림불루는 건주여진을 공격하기 위해 해서여진 4부뿐만 아니라 주셔리부와 너연부, 몽골 코르친과 시버, 구왈차까지 모두 아홉 개의 세력을 연합시키는 데 성공했다. 1593년 연합 세력은 3만의 병력을 동원하여 건주여진을 총공격했다. 이른바 '구부의 전쟁九部之戰' 혹은 구러산 일대가 주요 전장이었기 때문에 '구러산 전투'라고 불리게 되는 전쟁이 일어난 것이다. 전쟁은 건주여진의 완승으로 종결되었다. 여허의 버일러 부자이는 전사했고, 울라의 버일러 만타이의 동생 부잔타이는 포로가 되었다. 하다의 버일러 멍거불루와 코르친의 수장 밍간 등은 가까스로 도주하였다. 『만주실록』에 의하면 전쟁에서 죽은 구부 연합군의 병사는 4,000명이었다. 해서여진의 주요 수장들이 동원할 수 있는 최대치의 병력을 동원하고 직접 참전한 이 전투에서 완패한 후, 해서여진은 쇠퇴의 내리막길로 들어섰다.

1597년 해서여진 4부는 건주여진과 화친을 결의했다. 이때 여허의 버일러 부양구Buyanggū, 布揚古(?~1619)는 화친의 표시로 여동생을 누르하치와 결혼시켰다. 그러나 화친은 오래가지 않았다. 1599년 누르하치는 여진 통일의 장정을 시작했다. 그해 건주여진은 하다를 공격했고, 하다는 해서여진 가운데 가장 먼저 멸망했다. 하다의 마지막 버일러인 멍거불루는 생포되어 건주여진의 수도인 퍼알라에 끌려와 있다가, 누르하치의 비첩婢妾과 사통하고 대신인 가가이G'ag'ai, 噶蓋(?~1600)와 밀통하여 찬탈을 도모했다는 죄로 죽임을 당했다. 1607년에는 해서여진 가운데 가장 존재감이 약했던 호이파가 멸망당했다. 호이파의 바인다리 버일러는 방어를 위해 도성을 삼중으로 축성한 보람도 없이 누르하치의 공격을 맞아 패배했고 아들과 함께 살해당했다. 울라는 호이파가 멸망한 후에 6년을 더 버티다가 멸망했다.

해서여진 후기의 맹주였던 여허는 해서여진 가운데 가장 오래까지 버티다가 1619년에 멸망했다. 몇 년간이나마 건주여진이라는 거대한 파도 앞에서 방파제가 되어 여허의 멸망을 막아 준 것은 명이었다. 명은 1619년 10만의 대군을 동원하여 몇 년 전부터 아이신 구룬金國이라는 국호를 사용하고 있던 건주여진을 공격했다. 그러나 명의 공격이 완전히 실패하자 여허는 후원자를 상실했다. 명은 여허를 후원하고 지켜 주기는커녕 신흥 금나라 앞에서 자신의 안위를 걱정해야 하는 상황에 봉착했다. 그해 가을 누르하치는 여허를 공격했고, 동성의 버일러 긴타이시와 서성의 버일러 부양구는 피살되었다. 해서여진의 마지막 국가가 멸망한 것이다.

후금의 팽창과 동해여진

《 '동해'의 뜻 》

16세기 말기에 누르하치가 여진을 통합해 가기 시작한 이래 만주 지역 동부의 무단강(후르카강) 유역, 동류 송화강 유역, 우수리강 유역, 흑룡강 하류역 일대의 부족민들은 후금의 지속적인 공략 대상이 되었다. 명에서는 이들 만주 지역 동부의 광대한 지역에 거주하는 다양한 집단의 부족민들을 건주여진이나 해서여진과 구분하여 야인여진野人女眞이라고 통칭했다. 누르하치 시기에 건주여진인은 명나라가 야인여진이라고 부른 사람들을 '더르기 머더리Dergi mederi' 즉 '동해東海'라고 부르거나 혹은 '더르기 머더리 구룬Dergi mederi gurun' 즉 '동해 나라 사람'이라고 불렀다.

청 초기의 문헌에서 '동해dergi mederi'는 일반적으로 와르카, 후르카, 워지의 앞에 쓰였다. 예컨대 『만주실록』에서는 '동해 지역의 워지·와르카·

쿠르카 부dergi mederi goloi weji, warka, kūrkai aiman,[40] '동해 와르카부dergi mederi warkai aiman'[41]라는 명칭이 관용적으로 쓰였다. 다시 말해서 청 초기에 건주여진인은 만주 지역 동부의 여진인과 그 밖의 민족으로 구성된 부족들을 크게 와르카Warka, 瓦爾喀, 후르카Hurka, 虎爾哈, 워지Weji, 窩集의 범주로 나누어서 파악하고 있었다. 『만주실록』에서 '동해' 지역은 '동해 남부dergi mederi julergi golo'와 '동해 북부dergi mederi amargi golo'로 구분되기도 했다. 동해 북부의 사용례는 '동해 북쪽 지역의 후르가부dergi mederi amargi goloi hūrga i aiman'[42]와 '동해 북쪽 지역의 구왈차부dergi mederi amargi goloi gūwalcai aiman'[43] 등이 있다. 구왈차부가 송화강의 북부인 현재 후란하呼蘭河 근방에 위치했으므로 동해 북부는 대략 동류 송화강 일대와 그 북방의 흑룡강 유역을 가리켰다고 볼 수 있다. 동해 남부와 관련해서는 '동해 남쪽 지역의 후르가부dergi mederi julergi goloi hūrgai aiman'라는 용례가 보인다. 이 용례만으로 추정하면 동해 남부는 대략 동류 송화강보다 남쪽에 있는 무단강 일대를 중심으로 한 지역을 가리켰다.

　'동해'가 '동쪽 바다'를 뜻하는 어휘에서 만주 지역 동부를 가리키는 지명으로 전화했을 것임은 상식적 차원에서 추론 가능하다. 기록에서도 '동해'가 단순히 '동쪽 바다'의 의미에서 지역명으로 전화해 가는 단계의 다음 용례를 찾을 수 있다. '동해에 가까운 후르카국dergi mederi hanciki hūrha gurun',[44] '동해에 가까운 사견국使犬國, dergi mederi hanciki yendahūn takūrara gurun',[45] '동해 연안을 따라 거주하는 나라 사람dergi mederi jakarame tehe gurun',[46] '동해 쪽의 와르카dergi mederi ergi warka'[47]가 그 용례이다. 용례에서 보이듯이 아마도 '동해 가까운dergi mederi hanciki'에서 '가까운hanciki'을 생략하고, '동해 연안을 따라 거주하는dergi mederi jakarame tehe'에서 '연안을 따라 거주하는jakarame tehe'을 생략하면서 '동해Dergi mederi'가 지역명으로 정착했을 것이다.

청 태조 누르하치 시기에 와르카는 조선의 동북부 두만강 양안으로부터 북쪽으로 연해주 남부와 우수리강 상류역의 흥개호 남안까지 거주하는 여진인에 대한 호칭이었다. 『만주실록』에서는 와르카에 속한 지역으로 두만강 북쪽 일대의 안출라쿠Anculakū, 安楮拉庫와 도르기 비라Dorgi bira, 內河 그리고 훈춘 일대의 피오 호톤Fio hoton, 斐優城을 거론하고 있다. 후르카는 동류 송화강 양안을 중심으로 무단강(후르카강) 하류의 일란 할라Ilan hala(청대의 삼성三姓, 현 의란현依蘭縣)부터 동북쪽으로 흑룡강 하류역의 현재 러시아 영역 볼론호수Болонь, 博隆湖에 이르는 지역에 거주했고, 남쪽으로 우수리강 하류역과 무단강 연안의 닝구타 부근에서 와르카와 접하고 있었다. 워지는 무단강 상류역과 우수리강 상류역(연해주 남부), 그리고 북쪽으로 송화강 하류부터 우수리강 하류역에 걸쳐 거주한 부족민의 호칭으로 사용되었다. 그러나 여진어(만주어)로 '숲'을 의미하는 워지는 와르카 혹은 후르카와 연칭되어서 그 수식어처럼 쓰이는 경우가 많았고, 이때문에 워지의 부족 연합체로서의 실체는 연구자들 사이에 논란의 대상이 되어 왔다.

워지부의 실체를 둘러싼 혼란처럼 와르카와 후르카도 혼란스러운 문제가 있다. 청 태종 홍 타이지 시기부터 '와르카'와 '후르카'는 구분이 모호해졌다. 굳이 사용 빈도를 따지면 무단강 하류역과 동류 송화강 일대의 거주민은 후르카로, 우수리강 일대의 거주민은 와르카라는 이름으로 더 많이 불렸지만, 양자를 구분하지 않고 섞어 쓰는 경우가 흔히 보인다. 예컨대 1635년(청 천총 9)의 후금의 동해여진으로의 원정에 대한『청태종실록』,『만문노당』,『내국사원당』에서도 '와르카'와 '후르카'는 우수리강 일대 부족민을 가리키는 명칭으로 혼용되고 있다. 훗날 1658년(조선 효종 9, 청 순치 15) 이른바 제2차 나선정벌을 수행한 조선의 신유申瀏(1619~1680)는 과거 누르하치 시기에 후르카로 불렸던 무단강(후르카) 하류역의 주민들을 '왈가曰可' 즉 와르카라고 칭하고 있다. 이는 청 태종 시기부터 후르카와 와르카가 혼용된 상황이 반영된 결과일 것이다. 그런가 하면『내국사원당』숭덕 2년(1637)조 기록에서 조선의 함경도를 '와르카의 함경 지역Warka i šan jing golo'이라고 칭할 때의 와르카는 누르하치 시기의 용례가 이어진 사례이다. 역시 청 태종 시기에 쓰인『내국사원당』숭덕 3년(1638)조 기록에서 "하늘이 보우하시는 은혜로 한인·몽고·후르카·와르카 각지의 나라 사람이 귀부해 온다abka gosime wehiyere keside Nikan, Monggo, Hūrga, Warka baba gurun dahame jimbi"고 언급할 때의 후르카와 와르카는 누르하치 시기의 사용례가 홍타이시 시기까지 이어져서 양자를 분리하여 지칭하는 경우이다.

태종 홍 타이지 시기에 '와르카'와 '후르카'가 혼용되고, 때로는 분리되어 별개의 집단을 가리키기도 한 복잡한 현상의 원인으로 다양한 의견이 주장되어 왔다. 일본의 이마니시 슌주今西春秋는 야인여진의 여러 부족이 같은 지역에 뒤섞여 거주했기 때문에, 기록에 따라 하나의 부족이 와르카, 후르카, 워지에 상이하게 속하는 것으로 언급되었다고 설명했다.[48] 태조 시기와 태종 시기를 구분하여 '와르카'와 '후르카'의 혼용 현상을 해명하려는 주장도 있었다. 예컨대 타나카 카츠미田中克己와 아나미 코레히로阿南惟敬는 청 태조 시기에 두만강 일대와 우수리강 상류역의 와르카인 대부분이 이주당하고 팔기로 편입되면서 비어 버린 지역으로 태종 시기에 우수리강 하류역과 송화강 하류역, 흑룡강 하류역 일대에 거주하던 후르카가 이주해 와서 양자가 혼칭되는 원인이 되었다고 추정했다.[49] 중국의 동완룬董萬侖은 와르카가 이주했다는 데 대해서는 이들과 의견을 함께하지만 '와르카'와 '후르카'가 혼용되는 현상에 대해서는 다른 주장을 했다. 즉 그는 두만강 북방의 와르카인이 누르하치 시기에 대부분 후금에 복속되어 서쪽으로 이주했기 때문에, 이들이 태종기 숭덕 연간에 '와르카'로 기록된 것은 실제로 '후르카'의 오기誤記라고 주장했다.[50] 이러한 연구자들이 와르카와 후르카의 부족적 상이성에서 논지를 출발한 것과 달리, 마츠우라 시게루松浦茂는 와르카와 후르카를 동종의 집단으로 보았고, 양자의 혼재를 상이한 부족이 섞여 거주하는 것이 아닌 명칭의 혼용으로 보았다. 그래서 그는 태종기의 와르카와 후르카 양자를 과감하게 후르카라고 단일화하여 일괄 명명했다.[51]

《 후금의 동해여진 공략 》

　누르하치 시기부터 홍 타이지 시기까지 후금은 만주 지역 동부를 지속적으로 공략했다. 그 가장 중요한 목적은 인력을 조달하기 위해서였다. 17세기 초기에 후금이 세력을 확대하면서 명, 몽고, 조선과 대치해 갈수록 인구의 부족이 큰 문제가 되었다. 당시 후금은 직접 통치하의 총인구가 100만 명 미만이었다. 반면에 명의 인구는 약 1억 명이고 조선의 인구는 약 1,000만 명 정도였다. 인구가 적은 것은 끊임없이 전쟁을 치러야 하는 신생 국가의 존립을 위협하는 요소였다. 후금에게 인구의 증가는 국가의 성패가 걸린 문제였다. 동해여진인은 후금의 인구를 증가시키는 데 가장 좋은 집단이었다. 누르하치 시기와 홍 타이지 시기 동안 무력으로 포획하여 끌고 오거나 자진 이주한 동해여진인의 수가 10만 명을 상회할 정도로 동해여진은 양적으로 상당한 인구를 가진 집단이었다. 양보다 질은 더 좋았다. 동해여진인은 몽고인이나 조선인과 달리 여진어를 쓰는 집단이기 때문에 건주여진에 동화되는 것이 쉬웠다. 『내국사원당』과 『청태종실록』에 의하면, 1635년 1월에 흑룡강 중류역에 대한 대규모 원정이 시작되었을 때 태종 홍 타이지는 원정의 지휘관들에게 다음과 같은 지침을 내렸다. 이 지침은 동해여진 부족민과 건주여진인의 친연 관계와 후금에서 동해여진 부족민의 중요성을 잘 보여 준다.

너희가 이번에 원정 가는 지역의 사람들은 언어가 우리와 같다. 그들을 데려오면 우리의 동료로 삼을 수 있다. 공격할 때 너희는 이렇게 말하라. "너희의 조상은 본래 모두 우리와 한 나라 사람이라는 것이 책에 분명히 기록되어 있다. 너희는 그것을 모르고 스스로를 다른 사람으로 보고 있다. 우리 황상은 사람을 파견하여 상세히 알려주려고 했으나 여유가 없었다. 오늘 우리가 온 것은 너희를 배려한 것이다."[52]

누르하치가 만주 지역 동부로 세력을 확장하기 시작한 것은 1598년이었다. 그해 누르하치는 군사를 파견하여 두만강 북쪽 지역 와르카부의 안출라쿠Anculakū, 安楚拉庫와 두만강 북쪽 연안에 위치한 도르기 비라 지역 Dorgi birai golo, 內河路을 장악했다.[53] 안출라쿠는 조선에서 아치랑귀阿赤郎貴라고 부르는 부족이었다. 1607년에 누르하치는 와르카부 피오성Fio hoton 주민에 대한 소유권을 둘러싸고 해서여진의 울라와 충돌했다. 건주여진의 3,000명 병력은 두만강을 건너 조선의 종성 근처 오갈암에서 울라와 전투를 벌여 승전했다. 이 승리로 누르하치는 현재 훈춘 일대에서 울라의 세력을 일소하고 그 지역을 건주여진의 세력권에 두었으며, 피오의 500호 주민을 건주여진의 도성인 허투알라 일대로 이주시켰다.[54] 그해 6월에는 무단강 상류역에 거주하는 와르카의 허시허Hesihe, 오모호 수루 Omoho Suru, 퍼너허 톡소Fenehe Tokso를 공격했다. 이 지역에서 사람과 가축을 합산하여 2,000을 노획했고, 울라의 세력을 축출했다.[55] 2년 후인 1609년에는 명에 요청해서 조선에서 거주하는 와르카인 1,000여 호를 송환받았다.[56]

이후 누르하치는 피오성의 북쪽으로 수이푼강Suifun bira, 綏芬河을 거쳐 우수리강 상류역을 북상하며 공략을 진행해 갔고, 한편으로 피오성의 동쪽과 서쪽 지역으로도 공략을 확대해 갔다. 1609년에는 우수리강의 동쪽 상류인 후여강Huye bira 연안에 위치한 워지부의 후여 지역Huye golo, 瑚葉路을 복속시키고 사람과 가축을 합해서 2,000을 노획해 왔다.[57] 다음 해인 1610년에는 어이두Eidu. 額亦都(1562~1621)가 1,000명의 병력을 이끌고 가서 후여강의 서쪽 지역에서 무단강에 이르기까지 거주하는 워지부의 남둘루Namdulu, 那木都魯, 수이푼Suifun, 綏芬, 닝구타Ningguta, 寧古塔, 니마차Nimaca, 尼馬察 지역golo을 복속시켰다.[58] 1611년에는 우수리강의 서쪽 상류인 무런강Muren bira(현 중국 목릉하穆棱河 유역)에 거주하는 워지부의 무런Muren. 木倫과 우수리강 중류로 흘러드는 동쪽 지류인 현재 러시아 연해주의 비신강Bisin bira. 比金河 일대의 우르구천Urgucen, 烏爾古宸을 공략했다.[59] 같은 해에 현재 훈춘 서쪽 두만강 북안과 하이란강Hairan bira, 海蘭江 서쪽 일대에 있었던 후르카부의 자쿠타성Jakūta hoton. 札庫塔城을 함락시키고 1,000명을 죽였으며, 사람과 가축을 합산하여 총 2,000을 노획했다.[60] 이로써 건주여진의 세력이 우수리강 상류역 일대까지 확대되었다. 1614년에는 현재 연해주 블라디보스토크의 동부에 위치한 워지부의 야란Yaran. 雅蘭과 시린Sirin. 西林 지역을 공략해서 200호의 투항을 받고 사람과 가축 1,000을 노획했다.[61] 누르하치는 만주 지역 동부에서 1598년 안출라쿠를 복속시킨 이래 1614년까지 16년간 우수리강 상류역까지 공략 지역을 확장했다. 구체적으로는 남쪽의 두만강과 훈춘부터 북쪽의 흥개호 남안까지, 서쪽의 무단강 일대부터 동쪽의 동해까지의 지역에 산거하며 와르카, 워지, 후르카 등으로 불리던 여진 부족민들이 공략과 복속의 대상이었다.

　1615년부터 누르하치의 공략 대상은 우수리강의 중하류 쪽으로 북상하며 확대되었다. 그해에 건주여진의 2,000 병력이 현재 연해주의 동해 연안에 있었던 어허 쿠런Ehe kuren, 額赫庫倫과 구나카 쿠런Gūnaka kuren, 固納喀庫倫을 공격하여 성 안에서 500명을 죽이고 밖에서 300명을 죽인 후, 투항한 500호의 인구를 데리고 귀환했다.[62] 다음 해인 1616년에 건주여진은 국가를 수립하고 국호를 아이신 구룬Aisin gurun, 金國으로 정했다. 이 시기에 건주여진의 강력한 적이었던 해서여진 4부 가운데 하다, 호이파, 울라는 이미 멸망했고 여허만이 존속하고 있었다. 후금은 하다, 울라, 호이파를 멸망시키고 그곳의 인구를 허투알라 주위로 이주시켜서 자국의 세력을 신장했지만, 그만큼 강하게 명의 견제와 압력을 받게 되었다. 명에 저항하기 위해서는 더욱 많은 인구와 병력이 필요했다.

1616년 겨울의 원정은 북방의 흑룡강 유역과 그에 이어진 우수리강 하류역으로 확대되었다. 누르하치 시기에 흑룡강 유역까지 진출한 것은 이 원정이 유일했다. 원정의 지휘관은 1609년에 후여를 성공적으로 공략한 공적 덕분에 '다르한 히야Darhan hiya'라는 칭호를 수여받은 후르간Hūrgan(1576~1623)과 1593년 하다부 공격에서 세운 공적으로 '숑코로 바투루Songkoro baturu'라는 칭호를 수여받은 암바 피양구Amba fiyanggū(1559~1622)였다. 두 지휘관은 2,000명의 병사를 이끌고 흑룡강의 남쪽 울기얀강Ulgiyan bira 일대의 36개 마을을 항복시켰다. 이어 그들은 동결된 흑룡강을 건너 사할리얀부Sahaliyan aiman, 薩哈連部와 후르카부를 공격하여 11개 촌락을 항복시켰고, 뒤이어 1617년 1월에 우수리강 하류역 서안의 인다훈 타쿠라라부Indahūn takūrara golo, 使犬部, 노로 지역Noroi golo, 諾璺, 시라힌 지역Sirahin golo, 實喇忻의 수령 40명을 항복시켰다. 항복한 40명의 수령들은 이듬해인 1618년에 100호를 데리고 이주해 왔다. [63]

이후에도 부족민에 대한 공략은 계속되었다. 1625년에는 카르다Karda · 푸카나Fukana · 타유Tayu를 지휘관으로 하는 원정군이 후르카와 와르카에 출병하여 후르카의 112명과 와르카의 222명, 총 334명의 성인 남성을 투항시켜 데려왔다. [64] 그해에 1,500명 병사를 이끌고 와르카에 출병한 왕샨Wangšan, 旺善 · 다주후Dajuhū, 達珠瑚(1567~1629) · 처르거이Cergei, 徹爾格(?~1645)도 다수의 와르카 인구를 노획하여 왔다. [65] 누르하치는 노획한 부족민을 도성인 허투알라와 나중에는 심양의 주변으로 이주시켜 팔기八旗로 조직했다.

누르하치 시기에 후금은 남쪽으로 압록강과 두만강 유역까지, 동쪽으로 우수리강 유역까지, 북쪽으로는 흑룡강의 중하류역까지 광대한 지역을 세력권에 포함하게 되었다. 『구만주당舊滿洲檔』은 여허를 멸망시킨 1619년까지 누르하치가 확장한 국가의 강역을 다음과 같이 묘사하고 있다.

한인漢人 나라로부터 동쪽으로 해 뜨는 쪽의 동해東海에 이르기까지, 조선국으로부터 북쪽으로, 몽고국으로부터 남쪽으로, 주션(여진) 말을 쓰는 나라를 정복하고 항복시키기를 그해에 마쳤다. [66]

인용문에서 언급한 것처럼 누르하치는 1619년까지 해서여진 4부를 모두 정복했고 동쪽으로 연해주 남부와 우수리강 하류역까지 진출했다. 그러나 그것이 진출한 영역 전체에 대한 전반적이고 직접적인 지배를 의미하는 것은 아니었다. 러시아의 멜리코프는 누르하치 시기와 홍 타이지 시기에 후금이 만주 지역 변경의 부족민의 인구와 재산을 약탈하기만 했을 뿐 그곳을 지배하지는 않았다고 주장했다.[67] 그의 주장처럼 누르하치는 공략한 만주 지역 변경으로부터 다수의 인구를 중심지로 끌어왔을 뿐 현지에 군대를 주둔시키거나 직접적인 영역 지배를 시도하지 않았다. 그러나 영역 지배를 하지 않았다고 해서 양자의 관계가 일회성 약탈과 피탈만으로 규정되는 것은 아니다. 누르하치는 만주 지역 동부의 피정복 부족민 일부를 후금의 중심부로 이주시킨 후, 현지에 남은 부족민에 대해서는 그들로부터 조공을 받는 형식의 간접지배를 통해 세력권을 유지했다.

기록에서 나타나는 최초의 조공은 1599년의 사례이다. 『만주실록』에 의하면 1599년에 후르카 지역Hūrgai golo의 수령인 왕거Wangge, 王格와 장거Jangge, 張格가 100명을 이끌고 조공을 왔고, 후르카부의 대인大人, amban 보지리Bojiri가 조공했다.[68] 1611년에는 동해 후르카부의 자쿠타에서 조공을 왔고, 1618년에는 전년의 공략으로 복속된 인다훈 타쿠라라부使犬部, 노로부, 시라힌부에서 조공했다.[69] 그러나 조공이 부족민의 후금에 대한 영구적인 복속을 보장하는 것은 아니었다. 후르카의 보지리는 건주여진과의 결속을 공고히 하기 위해 그 귀족의 딸과 결혼까지 했지만 1616년 후금의 상인들을 살해한 후 사할리얀부 및 여타 후르카인들과 연대하여 반란을 일으켰다.[70] 누르하치 시기 부족민의 조공은 상황에 따라 반란으로 돌변할 수 있을 정도로 불안정했고 조공의 횟수나 지역도 훗날 청 태종 홍 타이지 시기와 비교하면 현격히 적었다. 그러나 청대에 조공과 그에 대한 상사賞賜를 통해 부족민에게 지배력을 관철하는 변민제도邊民制度의 초기 형태가 나타나기 시작한 것이 누르하치 시기이고, 그 지리적 영역이 국지적으로나마 우수리강 일대까지 포함한 것은 분명하다.

《 홍 타이지 시기의 세력 확장 》

청 태종 홍 타이지는 1626년 한에 즉위한 직후 조선을 공격하여 남방의 위협을 제거하고 차하르 몽골 및 명과의 전투와 대치를 계속해 가는 한편, 아버지를 이어 만주 지역의 북부와 동부의 부족민들에 대한 회유와 공략을 지속적으로 추진했다. 그는 무단강과 흑룡강 중하류역에 거주하는 후르카를 공략했고, 우수리강 중하류 연안과 현재 러시아의 연해주 일대에 거주하는 와르카도 공략해 갔으며, 누르하치 시기에는 원정 지역이 아니었던 흑룡강 상류역의 솔론까지 공격했다. 홍 타이지 재위기에 공격의 대상이 만주 지역의 북방과 동방으로 대폭 확대되었고, 후금의 중심부로 끌어오는 부족민의 수도 누르하치 시기보다 더욱 많아졌다.

1629년(청 천총 3)에 후금의 뭉가투Munggatu, 孟阿圖가 300명 병력을 이끌고 와르카를 공략했다.[71] 1631년(천총 5)에는 뭉가투와 우바하이Ubahai, 吳巴海 등이 만주 지역의 극동부인 동해 연안을 북상하여 어허 쿠런Ehe kuren, 額黑庫倫과 얼러 요오서Ele yoose, 厄勒約鎮를 공략했다.[72] 이때 노획하여 데려온 부족민은 남성 1,219명, 여성 1,284명, 아이 603명이었다. 우바하이는 이 원정의 공적을 인정받아 '바투루baturu' 칭호를 수여받았다. 다음 해인 1632년(천총 6) 말경에는 우바하이 등이 현재 러시아의 하바로프스크 인근의 우잘라Ujala, 兀札喇부를 습격하여 338명을 죽이고 포로 700명을 획득하여 다음 해인 1633년 초에 돌아왔다. 1633년(천총 7) 말부터 1634년(천총 8) 중반에 걸쳐 기스하Gisha, 季思哈(?~1662)와 우바하이는 300명 병력을 이끌고 조선과의 국경 부근과 섬에 거주하는 와르카부를 공략하여 남자 550명, 여자와 아이 1,500명을 획득했다.[73] 1635년 1월에는 우바하이와 깅굴다이Ginggūldai, 荊古爾代 등이 우수리강 중류의 동쪽 지류인 아쿨리강Akūli bira, 阿庫里河과 니만강Niman bira, 尼滿河(현 이만강) 유역으로 원정해서, 와르카의 부족장 푼더리Funderi를 포함하여 성인 남성 560명, 부녀자 500명, 아이 90명 등 1,000여 명을 데리고 귀환했다.[74]

후금군이 우수리강 중류역으로 원정한 것과 같은 시기인 1635년 1월에 홍 타이지 재위기 최초로 흑룡강 중류역에 대한 대규모 원정이 진행되었다. 머이런 장긴 바키란Bakiran, 霸奇蘭(?~1636)과 잘란 장긴 삼시카Samsika, 薩穆什喀(?~1643)는 병력 2,500명을 이끌고 흑룡강 중류역의 솔론과 후르카부를 공격하고 이듬해 7,302여 명의 주민을 데리고 귀환했다. 1635년은 우수리강 중류역과 흑룡강 중류역에서 획득하여 닝구타와 성경 일대로 데려온 인구가 1만 명에 육박할 정도로 인구 노획 원정이 치열한 한 해였다. 홍 타이지는 자발적으로 이주하거나 강제로 이주당한 부족민들을 만주팔기에 편입시키고 팔기제도의 확충과 정비에 힘썼다. 원래 새롭게 획득한 호구는 팔기의 각 구사gūsa, 旗가 고르게 나누어 소유하는 것이 통례였는데 1634년 11월부터 그 원칙을 폐지하고 구사마다 분배량을 균등하지 않게 배분하기 시작했다. 당시 홍 타이지는 557명의 와르카 장정을 배분하면서 자신이 소유한 양황기瓤黃旗에 가장 많은 200명을 배분함으로써 휘하 니루niru의 장정 수를 늘리고 다른 버일러들을 압도하는 강력한 세력을 구축해 갔다.

청 태종 천총 연간(1627~1636)에 후금(청)의 만주 지역 동부 부족민에 대한 공략과 지배는 닝구타(현 흑룡강성 영안시寧安市)에 후금 주둔군을 배치함으로써 전환기를 맞이했다. 동해여진의 영역이었던 닝구타는 1610년 누르하치에게 복속된 이후 그와 홍 타이지에 의해 해서여진, 동해여진 그리고 흑룡강 유역을 공격하기 위한 전진기지로 활용되었다. 닝구타에 정식으로 주방駐防이 설치된 것은 1636년(천총 10)이었다. 그러나 1625년(청 천명 10) 누르하치가 셋째 아들 아바이Abai, 阿拜(1585~1648)와 아홉째 아들 바부타이Babutai, 巴布泰(1592~1655)에게 닝구타에서 인력을 징발하여 데려오게 하고 병사를 닝구타에 남기라고 명령한 사실을 보면 정식으로 주방이 설치된 때보다 더 일찍부터 닝구타에 군대가 주둔했던 것 같다.[75] 1625년의 주둔이 일시적인 것인지 지속적인 것인지는 확실하지 않지만 적어도 1631년(천총 5)부터 병력이 지속적으로 주둔한 것은 확실하다. 이는 1637년(청 숭덕 2)에 홍 타이지가 머이런 장긴 우바하이에게 닝구타에서 6년간 주둔하고 있다고 말한 『청태종실록』의 기록에서 짐작된다.[76]

앞에서 열거한 원정 사례에서 보이듯이, 홍 타이지 재위기에 후금군은 후르카와 와르카로 거의 매년 원정을 했다. 그것이 가능했던 것은 닝구타에 주둔군을 배치했기 때문이다. 원정군의 일부가 닝구타의 주둔군으로 구성되었을 것임은 닝구타에 주재하던 우바하이가 원정군의 지휘관으로 계속 참전하는 것을 보면 짐작할 수 있다. 닝구타에 영구 주둔군을 배치함으로써 홍 타이지 재위기에 만주 지역 동부와 북부의 와르카와 후르카로 거의 해마다 원정하는 것이 가능했고, 또한 매년 원정하기 위해서 닝구타에 주둔군을 배치한 것이었다. 닝구타는 입관入關 전에 만주 변경 지역에 설치되었던 유일한 만주군의 주둔지이자 입관 후 강희 초기까지 유조변 밖 지역의 가장 중요한 주둔 도시였다. 닝구타는 홍 타이지 시기에 만주 변경 지역 대부분이 후금(청)에 복속된 후에도 광활한 만주 변경 지역의 다양한 부족민을 관리하는 일종의 총독부 도시로 기능했으며, 순치기에 여러 차례 벌어졌던 러시아와의 전쟁에서 후방 기지였다. 닝구타는 무단강 연안에 위치하고 하이란강과 인접해 있어서 물자가 풍부하고 수륙 양면에서 교통이 편리했다. 이러한 경제적, 지리적 이점을 보유한 닝구타는 후금(청)이 무단강과 우수리강 연안에 거주하던 부족민들과 북쪽으로 흑룡강 연안에 거주하던 부족민들을 공략하고 관리하기에 적합한 곳이었다.

2_새 역사의 시작, 만주의 탄생

누르하치는 1616년에 아이신 구룬(금국) 즉 후금을 수립했다. 신생 국가 후금은 1619년에 국가의 존망을 걸고 명과 조선의 연합군과 격돌했다. 이 사르후 전투는 동아시아 역사의 향방을 바꾸었다. 후금은 전투에서 완승했다. 이를 기점으로 명의 후금에 대한 전략은 방어전으로 전환되었고, 반대로 후금은 명에 대한 공세를 가속화해 갔으며 조선에 대해서도 우위를 점하게 되었다. 후금은 사르후 전투가 끝난 직후 여허를 멸망시킴으로써 여진 세계를 통일했고, 개원과 철령을 비롯한 명의 요동 방어선상의 기지도시들을 차례로 점령했다. 후금은 요동을 점령하면서 여진인만이 아니라 다수의 한인까지 지배하게 되었다. 누르하치는 1621년 수도를 허투알라에서 요양으로 이동하고 한인 지배를 본격화했다. 그러나 누르하치는 한인 지배에 실패했고 요양의 한인을 학살한 후 심양으로 수도를 이동했다. 그 후 누르하치는 여진과 한인의 공존 방식을 찾지 못한 채 사망했다.

홍 타이지는 누르하치를 이어 후금의 한에 즉위한 후에 후금을 여진인, 몽골인, 한인이 공존하는 다민족 국가로 발전시켜 갔다. 그는 누르하치가 노예화했던 요동의 한인을 평민으로 격상시켜서 처우를 개선했으며, 한인 지식인을 관료로 적극 기용했다. 누르하치 시기와 달라진 홍 타이지 시기의 국가적 지향은 심양의 궁궐 건축의 형식에도 반영되었다. 1635년 후금과 헤게모니 경쟁을 해 온 몽골의 대칸인 릭단 칸이 사망하고 그의 차하르 부민이 후금에 투항함으로써, 홍 타이지는 몽골의 대칸 지위를 차지할 수 있는 계기를 만들었다. 또한 후금의 직접 통치하에 들게 된 여진인과 한인의 수가 비슷해지고 몽골인도 상당수에 이르면서, 삼자가 공존하는 새로운 국가의 모델이 필요하게 되었고 동시에 국가의 핵심 민족인 여진의 정체성을 고민해야 하는 이중적인 상황이 도래했다. 그해에 홍 타이지는 주션(여진)이란 명칭을 폐기하고 만주를 공식 명칭으로 선포했다. 만주는 주션이 란 이름에 묻어 있는 상쟁의 기억을 일소한 새로운 민족공동체의 이름이었다. 이 러한 준비 작업을 마치고 1636년 홍 타이지는 다이칭 구룬(대청국)의 시작을 선포 했다. 대청국의 선포는 곧 만주와 몽골과 한인, 세 민족으로 구성된 다민족 국가 를 구성했음을 선포한 것이었다.

새로운 공동체인 만주는 과거의 주션과 달리 동해여진을 포함하지 않았다. 만 주는 팔기를 기반으로 했기 때문에 그에 소속된 건주여진과 해서여진 그리고 동 해여진의 일부를 가리켰다. 따라서 팔기에 속하지 않은 동해여진의 다수는 여진 의 일부였지만 만주에서 제외되었으며 청의 직접적인 지배하에 있지도 않았다. 청은 동해여진을 인력과 자원의 공급지로 활용했다. 청은 해마다 동해여진에 원 정하여 인력을 노획했다. 닝구타는 청 초기에 동해여진 내부에 설치한 유일한 주 둔지로서 동해여진 각지로 원정하는 군대의 후방기지 역할을 했다. 새로운 민족 공동체인 만주에 공동체 의식을 불어넣기 위해 청조는 후르카인의 전설적 시조인 부쿠리 용숀을 만주 공통의 조상으로 숭상하고, 부쿠리 용숀의 탄생지인 부쿠리 산을 장백산과 연결해 갔다.

사르후 전투와 후금의 비상

《 동아시아 역사의 전환점 》

　1619년 3월 만주에서 신흥 후금과 명·조선 연합군 사이에 향후 동아시아 역사의 향배를 바꾼 전투가 벌어졌다. 이른바 사르후Sarhū, 薩爾滸 전투였다. 이 거대한 전투가 벌어지기 전까지, 누르하치는 1583년 일개 소부락의 수장으로서 고작 수십 명의 인원을 기반으로 기병한 후 급속도로 여진 세계를 통합해 왔다. 그는 기병한 지 6년 만인 1588년까지 건주여진을 통일했다. 1593년에는 건주여진의 세력이 급속히 성장하는 것을 경계한 해서여진 4부와 몽고의 코르친 등 9개 부의 연합 공격전에서도 승리했다. 이후 누르하치는 1599년에 해서여진의 하다를, 1607년에는 호이파를, 1615년에는 울라를 합병했다. 해서여진을 합병해 나가는 동시에 동해여진에 대한 공세도 지속적으로 펼쳐 나갔다. 사르후 전투가 일어난 1619년에 누르하치는 해서여진 가운데 가장 강력한 여허를 제외하고 여진 세계 대부분을 병탄하거나 자신의 세력권에 둔 상태였다.

명은 지난 2세기 동안 여진을 산산이 분리시켜 관리함으로써 여진의 통합을 막아 왔지만, 이 정책은 작동하지 않게 된 지 오래였다. 이는 명 내부의 말기적 혼란상과 임진전쟁 등의 외부적 여파로 인해 여진에 대한 견제가 느슨해진 원인도 있고, 누르하치 세력의 확대와 성장이 너무 급속히 진행되었기 때문에 견제의 시점을 놓쳐 버린 때문이기도 했다. 조선은 건주여진의 성장이 심상치 않음을 일찍부터 감지하고 있었다. 조선이 1595년(조선 선조 28)에 신충일을 누르하치의 도성인 퍼알라에 파견한 것은, 표면상 건주와 통교하기 위한 사절임을 표방했지만, 사실은 누르하치를 중심으로 하는 여진 정세의 변화를 감지하고 정탐하려는 목적을 가지고 있었다. 신충일은 귀국 후에 「건주기정도기建州紀程圖記」를 작성하여 퍼알라의 제반 상황에 대해 조정에 상세히 보고했다. 그러나 사르후 전투가 벌어진 1619년의 후금은 신충일이 정탐한 1595년의 건주와 완전히 다른 국가였다.

그 사이 20여 년간 누르하치는 여진 세계의 대부분을 통합했고, 1603년에는 신충일이 다녀갔던 퍼알라에서 인근의 허투알라로 수도를 이전했다. 새로운 수도에는 병합한 각지의 여진인을 대거 이주시켜서 병력을 더욱 확충했다. 단순히 규모만 확대된 것이 아니었다. 과거에 여진인이 수렵할 때 10명 정도로 구성하는 임시 조직인 니루niru를 이 시기에 상설적인 군사조직이자 행정조직으로 재편한 것도 여진 사회의 구조를 뒤바꾼 일대 사건이었다. 새로운 니루는 과거의 수렵 조직 니루와 이름만 같을 뿐 성격과 규모는 완전히 달랐다. 규모는 1개 니루에 장정 300명으로 확대되었고, 니루의 수장인 니루 어전은 니루의 구성원들의 행정, 납세, 군사활동 등의 전반을 관리했다. 새로운 니루는 과거의 씨족과 촌락을 대체하는 국가의 기간 군사조직이자 행정조직이었다. 니루 약 25개를 총괄하는 조직인 구사gūsa, 旗는 국가의 최상급 조직이었고, 구사의 수장인 버일러들은 국가의 의사를 결정하는 최고위 권력자들이었다. 허투알라로 대거 이주된 여진인은 속속 니루로 조직되었다. 최초에 4개였던 구사에 4개의 구사가 증설되어서 총 8개의 구사, 즉 팔기八旗가 완성된 것은 1615년이다. 30여 년 전에는 전투에 동원할 수 있는 병사가 고작 수십 명이었으나 이제는 만 단위로 병사를 동원할 수 있었다. 사르후 전투가 일어나기 수년 전에, 누르하치의 국가는 인류사에서 보기 드물게 군사조직과 행정조직이 일체화된 완벽한 병영국가를 형성하고 있었다.

사르후 전투를 촉발시킨 직접적인 원인은 전년인 1618년 후금이 명의 요동 방어기지인 무순과 청하를 공격하여 함락시킨 사건이었다. 그전까지 명에 대해 순종적이고 수세적인 입장을 취해 오던 누르하치는 1618년 명에 대해 '일곱 가지 큰 원한nadan amba koro, 七大恨'을 선포하고 공격을 감행하여 무순과 청하를 함락시켰다. 두 도시는 명이 여진을 방비하여 요하의 동쪽에 구축한, 개원–철령–심양–요양으로 이어지는 방어선의 동편 전진기지였다. 두 도시의 함락은 곧 개원에서 요양으로 이어지는 방어선이 위협받는 것이고, 더 나아가 이 방어선상의 서쪽 후방에서 명의 요동도사가 주재하며 전방의 기지도시들을 통괄하는 본부 도시인 광령이 위협받는 것이었다.

명의 반응은 국내 정세의 혼란을 감안하면 즉각적이었다. 명은 즉시 전쟁 준비에 돌입하여 국내 각지에서 8만여의 병력을 동원했다. 그리고 파견에 소극적인 조선을 압박하여 동원한 조선 병사가 1만 3,000명, 해서 여진 가운데 마지막까지 후금에 저항하고 있던 여허에서 동원한 병사가 2,000명 정도 더해져서 총 10만의 공격군이 준비되었다. 명은 부대를 네 개로 분리하고 네 개의 진격로를 설정했다. 후금의 수도인 허투알라를 사면에서 포위 공격하여 일거에 섬멸하겠다는 전략이었다.

네 부대 가운데 주력은 서로군(좌익중로군, 무순로군撫順路軍)이었다. 서로군은 산해관, 보정保定, 계진薊鎭의 군대와 고원固原, 감주甘州, 섬서陜西의 병력을 포함한 약 3만 명으로 구성되었고, 무순을 출발하여 사르후를 거쳐 허투알라로 향할 예정이었다. 사령관은 산해관총병관 두송杜松(?~1619)이었다. 두송은 섬서陜西의 유림楡林 출신이었다. 그는 젊어서부터 영하寧夏와 섬서의 북부 전선에서 근무하면서 몽골과 무수한 전투를 치렀고 한 번도 패한 적이 없다던 맹장이었다.

북로군(좌익북로군, 개원로군開原路軍)은 개원의 요동병을 주축으로 하는 약 2만 병력으로 구성되었고, 주력인 좌익중로군과 사르후 부근에서 합류할 예정이었다. 북로군에는 요동병 외에 여허의 병력 2,000명이 합류할 예정이었다. 북로군의 사령관은 개원총병관 마림馬林(?~1619)이었다. 그는 산서 울주蔚州 출신이고 명의 명장인 마방馬芳(1517~1581)의 둘째 아들이었다. 마림은 대동참장大同參將 직을 거쳐 1599년 요동총병관에 발탁되었으나, 문학을 좋아하여 시와 서예에 능했고 이 때문에 문약하다는 세평이 있었다. 특히 맹장인 두송은 마림을 장군감으로 여기지 않고 무시했다.

남로군(우익중로군, 청하로군淸河路軍)은 요동진의 2만 5,000명의 병사로 구성되었다. 이 부대는 청하로부터 아골관鴉鶻關을 나가 허투알라로 향할 예정이었다. 남로군의 사령관은 요동총병관 이여백李如柏(1553~1620)이었다. 그는 수십 년간 요동에서 황제처럼 군림해 온 이성량의 둘째 아들이고 임진전쟁 당시 명의 지원군을 이끌고 조선에 파견 온 총사령관 이여송의 동생이었다. 이여백은 부친의 지위 덕에 무관으로 음사蔭仕한 후에 명의 서부 귀주貴州나 영하에서 근무했고, 나중에는 선부宣府에서 근무하면서 몽골과 전투를 벌이기도 했다. 또한 임진전쟁 때에 조선에도 파견되었던, 경험 많은 장수였다.

동로군(우익남로군, 관전로군寬奠路軍)의 사령관은 총병관 유정劉綎(?~1619)이었다. 이 부대는 산동山東, 절강浙江의 병력과 관전寬奠, 진강鎭江, 애양靉陽 등의 요동병으로 이루어진 약 1만 3,000명의 병력에, 조선의 병력 1만 3,000명을 더해 조직되었고, 관전에 집결한 뒤 동고를 거쳐 허투알라로 향할 예정이었다.

4로군 외에도 후방 기지인 요양과 광령에 후방군이 대기했다. 명군의 총사령관인 양호楊鎬(?~1629)는 심양에서 총지휘를 담당했다. 그는 지난날 정유재란 당시 조선으로 파견된 명군의 사령관이었다. 20년 만에 중요한 전투의 사령관직을 맡게 된 것이다. 4로군의 사령관 가운데 유정과 이

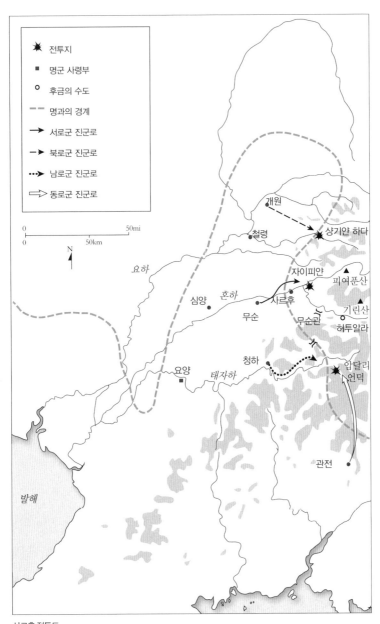

전투지

명군 사령부

후금의 수도

명과의 경계

서로군 진군로

북로군 진군로

남로군 진군로

동로군 진군로

0   50mi

0   50km

N

개원

철령

샹기얀 하다

요하

자이피얀

피여푼산

심양   혼하

사르후

기린산

무순   무순관

허투알라

청하

요양   태자하

압달리 언덕

발해

관전

사르후 전투도

여백도 지난날 임진전쟁 당시 조선에 파병된 장수였다. 전투 지역이 요동인 점을 감안하여 지리적으로 가까운 조선에서 전투를 수행해 본 경험자들이 사령관으로 선발된 것이었다. 이들은 전투 경험이 풍부했고 작전 지역에도 비교적 익숙했다. 그러나 요동에서 멀리 떨어진 각지에서 동원된 부대와 지휘관들은 요동이 낯선 땅이었다.

　반면 누르하치와 후금 장수들은 그들의 안마당인 작전 지역을 자신의 손금처럼 익숙하게 파악하고 있었고, 전투 경험은 명의 지휘관보다 훨씬 더 풍부했다. 누르하치는 1583년 기병한 후부터 무수한 전투를 치러 왔다. 국가의 행정조직과 군사조직이 일체화된 '병영국가'는 전쟁이 일상인 상태에서 나타날 수 있는 특이한 형태의 국가였다. 백전노장 누르하치가 취한 전략은 아군의 분산을 최소화하고, 분산하여 진격해 오는 적군을 하나씩 각개격파하는 것이었다. 이 전략은 적군의 움직임을 거의 실시간으로 파악하면서, 아군을 매우 빠른 속도로 기동시켜야만 성공할 수 있는 것이었다. 누르하치는 각지에 척후병을 파견하여 적군의 이동을 파악했고, 시시각각 입수되는 보고를 분석하여 후금병의 이동과 공격 지점을 결정했다. 이 전쟁에서 후금이 동원한 병력의 규모에 대해서는 이설이 많지만 대략 3~4만 명으로 추산된다. 누르하치의 기동전 전략은 절대적으로 열세인 병력을 감안할 때 불가피한 선택이었고, 결과적으로 탁월한 선택이었다.

《 **4일의 전투** 》

　흔히 이 전쟁을 '사르후 전투'라고 총칭하지만, 실제로는 사르후 외에도 주요 전장만 다섯 곳이었다. 전장이 다수이고 전쟁에 동원된 병력과 전투의 규모가 방대한 측면에서 볼 때, 이 전투는 전쟁이라고 불러야 더 적합할 것이다. 그러나 전쟁의 전 기간이 1619년 4월 14일부터 4월 17일까지 겨우 4일이라는 점에서, 이 전쟁은 전쟁이라고 부르기가 무색하리만큼 속전속결이었다. 사르후 전투의 전 과정은 각개 전투별로 크게 3단계로 나눌 수 있다.

사르후, 자이피얀, 기린산 전투

　1619년 4월 14일 두송의 서로군이 공격을 시작했다. 두송은 혼하를 건너 사르후를 점령하고 1만여 명의 병력을 배치한 후, 자신은 주력을 이끌고 후금군을 추격하여 다시 혼하를 건너 자이피얀을 공격했다. 자이피얀은 혼하와 숙수후강이 합류하는 곳에 위치한 천연의 요새지였다. 자이피얀의 산에는 오래전부터 여진의 보루가 설치되어 있었고 이곳에 오르면 두 강의 평야 유역이 한눈에 내려다보였다. 두송이 자이피얀을 노린 것은 전략적으로 현명한 선택이었다. 그러나 자이피얀의 후금 부대는 기민하게 후방의 기린산으로 후퇴했고, 두송은 후퇴하는 후금군을 추격하여 기린산을 공격했다. 누르하치가 허투알라의 주력군을 이끌고 사르후와 기린산이 보이는 구러에 도착한 것은 그날 저녁 무렵이었다. 누르하치보다 먼저 도착한 대버일러 다이샨과 버일러들은 기린산에 고립된 후금군을 구원하기 위해 기병 1,000명을 파견한 상태였다. 누르하치는 야음을 이용하여 사르후를 공격했다. 8기 가운데 사르후 공격에 6기가 동원되었고, 나머지 2기는 자이피얀의 명군을 감시했다. 후금군의 야습을 받은 사르후의 명군은 궤멸되었다. 후금군은 곧바로 사르후를 공격했던 6기와 자이피얀의 감시를 맡았던 2기와 기린산의 부대로 세 방향에서 두송의 부대를 공격했다. 자이피얀의 명군은 궤멸되었고 두송 등의 장수들도 전사했다. 허투알라, 사르후, 자이피얀으로 이어지는 작전 지역을 단 하루 만에 이동하며 공격을 전개한 후금의 기동력과 신속한 정보력은 놀라운 것이었다.

샹기얀 하다, 피여푼산 전투

두송의 군이 궤멸된 무렵, 마림馬林의 북로군은 샹기얀 하다에 도착해 있었다. 4월 15일에 서로군의 궤멸 소식을 들은 마림은 샹기얀 하다에 강력한 포진을 구축했고, 부하 장수 반종안潘宗顔이 지휘하는 북로군의 제2부대는 샹기얀 하다와 3리 정도 떨어진 피여푼산에 진영을 구축했다. 다른 부하 장수인 공염수龔念遂는 소수 병력을 이끌고 인근에서 진영을 배치했다. 북로군은 다른 세 부대와 연결되지 못하고 고립된 상태에서 다시 부대를 셋으로 분할하여 병력을 분산시킨 것이다. 후금의 다이샨은 300명을 이끌고 출발하여 마림군의 진영을 보고 누르하치에게 원병을 요청했다. 누르하치는 1,000명의 병사로 와훈 오모에 주둔하던 명 서로군의 전차부대 2,000을 궤멸시키고, 즉시 샹기얀 하다로 달려왔다. 양군이 격돌했고 전투는 혼전에 빠졌으나, 결국 속속 도착한 후금의 부대들이 참전하면서 명군은 붕괴되었다. 마림군은 패주했고 그 뒤를 추격하는 후금군에게 학살당했다. 이 참패의 와중에 마림의 두 아들인 마연馬燃과 마습馬熠은 전사했지만 마림은 개원까지 전력 도주하여 목숨을 부지했다. 피여푼에 주둔한 반종안의 부대는 참전의 시기를 놓쳤고, 마림군을 붕괴시킨 누르하치군은 피여푼으로 예봉을 돌렸다. 첫 전투는 고지에서 저지로 공격한 반종안군이 승리했다. 그러나 후금군은 마림군을 패퇴시킨 후 피여푼으로 집결하여 포위 공격을 했고 반종안군은 전멸당했다. 여허군은 개원 남쪽의 중고성中固城까지 내려온 상태였지만, 이 패전 소식을 듣고 철수하고 말았다.

압달리 언덕, 푸차 전투

누르하치는 명의 서로군과 북로군을 궤멸시킨 후, 전군을 허투알라로 철수시켜 동로군의 북상에 대비했다. 동로군은 유정劉綎의 본대가 앞서 진군하고, 강응건康應乾의 부대와 조선군이 뒤따랐다. 유정의 부대는 4월 15일에 동고에서 후금의 니루 어전 토보오가 이끄는 500명과 교전하여 50명을 죽이고 진격해 나갔다. 후금의 다르한 히야가 이끄는 선발대는 토보오의 잔여병을 흡수한 뒤, 와르카시 숲에 매복하고 유정의 부대가 지나가도록 내버려두었다. 유정의 부대는 10시경 다이샨이 이끄는 후금의 주력군과 만났고, 조금 후퇴하여 압달리 언덕에 포진했다. 이때부터 후금의 공격이 시작되었다. 다이샨과 홍 타이지가 이끄는 두 주력군이 압달리 언덕을 양면 공격했고, 후방에서는 다르한 히야가 습격했다. 명군은 삼면의 공격을 맞아 전멸했고, 유정도 그의 아들 유초손劉招孫과 함께 전사했다. 동로군의 본대를 전멸시킨 후금군은 푸차 들판으로 진격하여 동로군의 후위대인 강응건과 조선군을 공격했다. 강응건은 도주하고 조선군은 전투 끝에 투항했다.

이로써 불과 4일 만에 명의 4개 부대 가운데 3개 부대가 전멸해 버렸다. 유일하게 이여백의 남로군만이 온전하게 퇴각할 수 있었다. 사르후 전투로 인한 명의 손실은 막대했다. 명의 기록에 의하면 사망한 장수의 수가 314명, 병사가 약 4만 5,870명, 말이 약 2만 8,400필이었고, 살아남은 조선군은 부대 전체가 후금에 투항했다. 명으로 살아서 돌아간 병력은 약 4만 2,360명이었다. 사르후 전투는 국가의 형태를 막 갖추기 시작한 신생 국가 후금이 존망을 걸고 치른 전투였다. 그리고 후금은 살아남았다. 그 후 실패한 공격자는 추락하기 시작했고 살아남은 자는 비상했다. 사르후 전투를 기점으로 명과 후금의 우열 관계가 역전되었다. 전투 이후에 명의 요동 전략은 방어전으로 전환되었고, 반대로 후금은 공세를 가속화해 갔다. 후금은 전투가 끝난 직후 여허를 멸망시킴으로써 여진 세계를 통일했고, 개원과 철령을 비롯한 명의 요동 방어선상의 기지도시들을 차례로 공략해 갔으며, 조선에 대해서도 우위를 점하게 되었다.

사르후 전투는 만주족 역사의 한 분수령으로서 그 자체로 중요한 사건이지만, 또한 훗날 청나라가 대제국으로 성장한 후에 청의 통치자에게 정신적 자양분으로 작용하기도 했다. 사르후 전투 이후 100여 년이 지난

1775년에 건륭제는 『청태조실록』에서 이 전투를 서술한 부분을 읽었다. 그는 조상의 건국이 얼마나 지난한 과정을 거쳐 이루어졌는지 상기하면서, 타인들도 자신의 감동을 공유하기를 원했다. 그는 실록을 열람할 수 없는 일반인도 사르후 전투를 읽을 수 있도록 실록의 관련 기록을 정리해서 만문과 한문으로 글을 썼다. 글의 제목은「태조황제가 명나라 군대를 사르후산에서 크게 격파한 글太祖皇帝大破明師於薩爾滸山之戰書事文, Taidzu hūwangdi ming gurun i cooha be sarhū alin de ambarame efulehe ba」이었다. 건륭제는 글을 비석에 새겨서 사르후산의 서남면에 세웠다. 이 글은 1789년(청 건륭 54)에 출판된 『만주원류고』에도 실렸고, 훗날 그의 아들인 가경제 시기에 한문과 만문의 단행본 책으로도 간행되었다. 글의 말미에서 건륭제는 사르후 전투의 중요성과 그것이 후손들에게 영구히 소중하게 기억되기를 원하는 마음을 이렇게 적고 있다.

오호! 이 한 번의 전쟁으로 명나라의 국세가 더욱 약화되고, 우리나라의 군사력이 널리 알려졌으며, 요양을 함락하고, 심양을 점령하였으며, 왕업이 시작되고, 제업이 정착하였으니 이것이 어찌 쉬운 것인가? 이는 우리 태조가 하늘에 맹세하고 복수했기 때문이 아니겠는가? 태조는 형제, 아들, 조카 들과 함께 수족과 같은 대신들을 이끌고 친히 화살과 무기의 위험에 맞서서 지휘하셨다. 한때 성군과 현명한 대신들이 정성들이고 수고하여 큰 업적을 이룩하였다. 우리 대청의 억만 년의 기초는 실로 여기에서 시작되었다. 나는 이 실록을 읽으면서 한시도 존경과 사모와 슬픔의 마음이 일어나지 않을 때가 없고, 그때에 태어나지 못해서 태조의 가르침을 받고 힘을 다해 전투에서 말달리지 못함이 부끄럽다. 무릇 우리의 조상들은 이렇게 노력하여 천하를 얻었다. 자손들은 이 전투 기록을 보면서 천명을 영원히 이어 가고, 제왕의 업적을 보존하고, 정성을 다해 나라를 다스리고, 백성을 돌보라는 훈계를 생각하고, 전대의 실패를 거울삼는 마음을 가지라. 그러지 않으면 나의 자손이 아니다. 내가 사르후 전쟁을 책을 통해 보았다. 나는 실록이 귀하게 보존되어 일반 사람들이 쉽게 보지 못하기에, 특별히 그 일을 써서 우리 대청의 억만년 자손과 신민에게 보여 주어 모두 노력할 것을 기약하니, 우리 조상이 창업한 고생을 잊지 말기를 바란다.

해서여진의 최강자 여허의 마지막 날

《 폐허 》

사르후 전투가 끝난 지 불과 5개월 후에 누르하치는 해서여진 4부 가운데 유일하게 남은 여허를 공격하여 멸망시켰다. 여허의 마지막 두 버일러인 긴타이시와 부양구는 각자 여허의 동성東城과 서성西城에서 피살되었다. 동성과 서성은 여허강을 사이에 두고 3킬로미터 남짓 떨어져 마주 보고 있었다. 여허의 동성은 1573년에 축조되었고, 서성은 그보다 좀 더 이른 시기에 축조되었다. 두 성은 여허가 멸망하는 1619년까지 50년 정도 존속했다. 존속한 기간은 그리 길지 않지만, 그 기간의 후반기에 여허는 해서여진의 최강자였고 두 성은 여진의 중심이었다. 두 성으로부터 동쪽으로 멀리 떨어진 송화강 유역과 흑룡강 유역의 여진인들은 명의 변경 도시인 개원으로 교역을 하러 갈 때 반드시 이곳을 거쳐야 했고 이곳에서 숙박해야 했다. 여허의 두 성은 주위에 넓은 평야가 펼쳐져 있어서 농경이 가능했고, 상업의 중개지로서 인구가 북적이는 곳이었다.

지금은 그 모든 것이 사라져서 과거의 영화를 흔적조차 찾을 수 없다. 지면으로부터 5미터 정도 솟은 평평한 대지 위에 축조되었던 동성은 약 400년 전에 여허의 멸망과 함께 불타고 붕괴하여 기둥 하나 남기지 않고 사라졌다. 긴타이시는 성의 가운데에 있던 누각에서 항전하다가 패한 후 끈으로 목을 졸려 교살당했다. 여허가 멸망한 직후 여허 인구의 대다수는 남쪽으로 200킬로미터 남짓 떨어진 건주여진의 수도 허투알라 일대로 이 주당하여 팔기에 편입되었고, 여허의 수도인 동성과 서성 일대는 사람이 사라진 폐허가 되었다.

폐허가 된 지역은 여허만이 아니었다. 1601년 건주여진은 하다를 멸망 시킨 후에 하다의 인민을 모두 허투알라 일대로 이주시켰다. 그 결과 하 다는 성채의 200~300리 내에 인적이 끊겼다고 묘사될 지경으로 폐허가 되었다. 1607년 호이파를 정복한 때도, 1613년 울라를 정복한 때도 마찬 가지로 그 지역의 모든 사람을 데려왔다. 누르하치가 여진 세계를 통일 했다고 해서, 그것이 곧 후금이 복속된 지역을 통치하는 것을 의미하지 는 않았다. 일통된 여진에 대한 후금의 지배는 영역적 지배라기보다는 복 속된 인민을 후금의 중심지인 허투알라 일대로 이주시켜서 사람을 통치 하는 인민 지배의 성격이 강했다. 일반적으로 주장되는 것처럼 영역 지배 의 성립이 근대국가의 출발점이라면 후금은 확실한 전근대국가였다. 보 통 청나라나 만주족의 역사에 관심을 가진 독자라면 만주족 대부분이 중국으로 이주한 1644년 이후에 만주 지역이 인구가 텅 비어 버린 공간으로 변했다고 알고 있다. 그것은 절반만 맞는 말이다. 만주 지역은 이미 누르하치 통치기부터 인구 이동이 급격하게 일어나고 있었다. 누르하치는 정복한 만주 지역 곳곳의 인구를 건주여진의 중심지인 현재 요령성 동부에 집결시킴으로써 팔기의 몸집을 불리고 명과 정면 대결을 지속할 수 있었다. 그 대가로 입관하기 수십 년 전부터 요령성 동부를 제외한 만주 지역 곳곳은 인구가 사라진 황무지가 되어 갔다.

폐허가 된 여허의 흔적을 조선의 소현세자도 보았다. 소현세자는 심양에서 볼모 생활을 하던 중에 수렵하러 가는 청 태종 홍 타이지를 따라 여허에 왔었다. 여허가 멸망한 지 23년이 지난 1642년 3월의 일이었다. 『심양일기』에서는 여허의 옛터를 바라보는 소현세자의 탄식을 이렇게 기록했다.

오후에 사냥을 가다가 밤이 깊은 뒤에 넓은 들 가운데 와서 멈추니 북쪽에 폐허가 된 성이 동서로 두 곳이 있다. 동쪽 성은 긴타이시가 살고 서쪽 성은 부양구가 살던 곳인데, 전에 한이 이 두 추장을 습격하여 격파하고 그 부락을 노획하여 그 땅이 비어 있다. 두 성의 거리는 몇 리쯤 되는데 동쪽의 성은 벽돌로 쌓았고 서쪽의 성은 나무로 된 성이다. 지금은 폐기되어 사는 사람이 없고 앞 들의 토지는 매우 비옥한데 쑥이 하늘에 접하고 성 밖에는 사람들의 옛 집터가 많다.

《 최후의 저항 》

『만주실록』은 여허가 멸망하는 최후의 순간을 상세히 기록하고 있다. 그 이유는 멸망한 여허를 애도하거나 추념하는 데 있지 않고 청 황실이 조상의 전승을 기념하는 데 있었다. 그렇기 때문에 『만주실록』이 후금과 여허 사이에서 객관성을 유지하며 왜곡 없이 사실을 전하리라 기대하기는 어렵다. 그렇다 할지라도 이 기록만큼 이날의 사실을 상세히 전하는 기록도 달리 없다.

1619년 9월 26일 누르하치가 이끄는 후금의 군대는 수도인 허투알라를 출발하여 해서여진의 마지막 남은 나라인 여허를 공격하는 장도에 올랐다. 동아시아 역사의 향배를 바꾸어 놓은 사르후 전투가 끝난 지 불과 5개월 후였다. 누르하치는 여허의 동성과 서성을 동시에 공격하기 위해 군대를 둘로 분산했다. 여허의 서성을 공격하는 부대는 큰아들인 첫째 버일러 다이샨, 둘째 버일러 아민, 셋째 버일러 망굴타이, 넷째 버일러 홍 타이지에게 지휘를 일임했고, 그 자신은 다른 하나의 부대를 이끌고 동성을 공격하기로 결정했다. 여허 공격에 동원된 후금의 병력 수는 『만주실록』에 기록되어 있지 않다. 그러나 당시 누르하치 예하의 버일러들 가운데 가장 강력한 영향력과 군사력을 보유하여 4대 버일러duin amba beile라고 불리던 네 명의 아들과 조카를 모두 동원한 것을 보면, 후금이 이 공격에 총력을 기울였음을 짐작할 수 있다.

여허를 제외한 해서여진 모두는 이미 후금에 복속되었기 때문에 여허는 후금의 공격 앞에서 다른 해서여진 세력의 지원을 받을 수 없었다. 그러나 여허는 지난 수십 년간 해서여진의 핵심으로서 그 자체만으로도 무시할 수 없는 세력을 보유하고 있었다. 더욱이 명은 소규모이나마 여허를 군사적으로 지원하고 있었다. 명은 수개월 전 사르후 전투에서 대패했고, 국가 내외적으로 말기적 증상이 나타나며 쇠퇴 일로를 걷고 있었지만 여전히 강력한 대국이었다. 명은 사르후 전투가 끝난 후 여허의 몰락을 방어하기 위해 유격관遊擊官 마시헌馬時楠과 주대기周大岐를 총포병 1,000명과 함께 파견하여 여허 동성과 서성에 분산 주둔시키고 있었다. 따라서 후금의 여허 공격은 단순히 여허를 공격하는 것만을 의미하지 않았다. 수개월 전 사르후 전투에서 후금이 맞서야 했던 적이 명과 조선과 여허의 연합군이었듯이, 이 여허 공격은 여허와 명의 연합군에 대한 공격이었다. 그러나 수개월 전 사르후 전투 당시와는 상황이 완전히 달라져 있었다. 후금은 승전의 기세를 타고 있었고 명의 지원군은 소수였다.

후금군은 여허로 급속히 행군했다. 여허에게 방어를 준비할 시간을 주지 않으려는 의도였다. 후금군이 여허의 두 성 앞에 도착한 것은 9월 29일 새벽이었다. 200여 킬로미터의 거리를 단 3일 정도에 주파한 것이다. 후금군이 도착하기 전에 서성의 버일러인 부양구와 부르항구 형제는 정찰병으로부터 후금군이 공격해 오고 있다는 보고를 받고 방어 준비에 돌입했다. 성과 가까운 마을의 사람들은 성으로 들어갔고, 성에서 먼 곳의 마을 사람들은 산으로 들어가 피했다. 부양구와 부르항구는 9월 29일 새벽에 병사들을 이끌고 성의 서문 밖으로 나갔다. 이들은 서문 밖에 있는 구릉 위에 포진하고 막 도착한 후금군 앞에서 나팔을 불고 함성을 지르며 위세를 과시했다. 그러나 후금군의 규모와 기세에 압도되어 다시 성 안으로 후퇴하여 농성을 시작했다. 다이샨이 이끄는 후금군은 서성을 포위하고 공성전에 진입했다.

다이샨의 부대가 서성을 공격하는 것과 같은 시간에 누르하치가 이끄는 부대는 동성을 공격했다. 구구사瞿九思의 『만력무공록萬曆武功錄』에 의하면 여허의 동성은 외성과 내성이 이중으로 구축되어 있었다. 외성은 돌을 쌓은 석성이었으며 그 밖으로 목책이 둘러쳐져 있었다. 내성은 나무를 둘러친 목성이었다. 외성과 내성의 사이에는 세 겹의 참호가 있었다. 내성의 안에는 여허의 궁궐이라고 할 수 있는 팔각형의 누각이 있었다. 누르하치의 부대는 일단 외성을 파괴한 후 내성 앞에 포진했다. 후금군은 사다리와 방패차를 내성 앞에 배치한 후에 긴타이시에게 항복할 것을 요구했다. 긴타이시는 단호하게 거부했다. "우리는 한인漢人이 아니다. 사나이다. 너희에게 항복하느니 싸우다 죽겠다". 후금군은 즉각 공격에 돌입하여 빗발치는 화살을 방패차로 방어하며 사다리를 내성에 붙이고 공성전을 벌였다. 여허군은 활을 쏘고, 불과 돌을 던지고, 통나무를 굴리며 방어했다. 그러나 결국 내성은 함락되었고 여허군은 항복했다. 긴타이시는 처자식을 데리고 내성의 가운데 있는 누각에 올라가 최후의 농성에 돌입했다.

긴타이시는 항복하라고 외치는 후금군에게 후금의 다른 자는 믿을 수 없으니 자신의 외조카인 홍 타이지를 불러 달라고 요청했다. 외조카인 홍 타이지가 자신의 안전을 보장하는 말을 한다면 그것은 믿을 수 있다는 심산이었다. 그러나 긴타이시와 홍 타이지는 외삼촌과 조카 사이지만 일면식도 없었다. 더욱이 후금과 여허의 혼인동맹은 오래 전에 깨졌고 서로를 멸망시키는 것을 목표로 대결해 온 지 오래였다. 홍 타이지가 긴타이시의 외조카라고 해도 긴타이시를 도와 여허의 멸망을 막거나 긴타이시의 목숨을 구할 수 있는 상황이 아니었고 그럴 능력이 있는 것도 아니었다. 그러나 긴타이시는 혈연에나마 기대어 홍 타이지를 불러 달라고 요청하는 것 외에 쓸 수 있는 다른 카드가 아무 것도 없었다.

누르하치는 긴타이시의 요청을 받아들여서 서성을 공격 중인 홍 타이지를 불러 왔다. 그리고 홍 타이지에게 지침을 하달했다. "네 외삼촌이 네가 오면 누각에서 내려오겠다고 말하니 네가 가라. 그가 내려오겠다면 그렇게 하도록 하고, 내려오지 않으면 누각을 잘라서 넘어뜨려라".[77] 지침을 하달받은 홍 타이지가 긴타이시에게 갔으나 정작 긴타이시는 일면식도 없는 외조카 홍 타이지를 알아볼 수도 없었다. 홍 타이지라며 찾아온 자가 자신의 조카인지 아닌지 모르겠다는 긴타이시의 말을 듣고 홍 타이지와 함께 간 후금의 대신 피옹돈 자르구치와 다르한 어푸는 홍 타이지 본인이 맞다며 이렇게 말했다. "당신은 어찌 사람을 알아보지 못하는가? 보통 사람이 이렇게 빛나고 힘 있게 생겼겠는가?"[78] 피옹돈 등이 강변했지만 긴타이시는 또다시 홍 타이지가 자신에 대한 안전 보장을 누르하치로부터 위임 받아오지 못한 것 같다며 누각에서 죽겠다고 주장했다. 그러자 홍 타이지는 긴타이시에게 누각에서 내려 와서 투항해야 하는 이유를 조목조목 설명했다. 그러나 긴타이시는 홍 타이지의 설득에 따르지 않고 누각에서 내려오지 않았다.

『만주실록』은 이 부분에서 가필과 왜곡의 분위기를 풍긴다. "빛나고 힘 있게 생겼다"며 홍 타이지를 찬양하는 말과 홍 타이지가 긴타이시를 설득하는 언설에 지나치리만큼 많은 지면을 할애한 것은 『만주실록』이 누르하치의 위업에 대한 찬양가임에 못지않게 홍 타이지에 대한 찬미가임을 보여 준다. 특정한 개인에 대한 찬미가가 사실을 객관적으로 기록하기란 어려운 일이다. 농성 중에 보이는 긴타이시의 태도에 대한 묘사 역시 기록의 사실성을 의심하게 만든다. 『만주실록』에서 긴타이시는 삶을 보장받기 위해 계속해서 얄팍한 계책을 도모하는 비겁자로 묘사되고 있다. 그러나 이 기록에서 긴타이시의 태도에 대한 부차적인 서술을 제거하고 핵심만을 보면 그는 시종일관 누각에서 최후까지 싸우다 죽겠다는 자세를 견지하고 있다. 그의 이러한 태도에 대해서도 『만주실록』은 그가 누르하치로부터 목숨을 보장받지 못하는 막다른 상황에 몰려 유일하게 선택할 수 있는 대응이었던 것처럼 묘사하고 있지만, 그보다 더 중요한 사실은 긴타이시가 절망적인 상황에 처했어도 포기하지 않고 저항을 계속했다는 사실이다.

홍 타이지의 설득이 무위로 돌아간 후 긴타이시는 자신의 대신인 아르타시를 누르하치에게 보내어 안전을 보장받으려고 했다. 누르하치는 아르타시에게 긴타이시에 대한 안전을 보장해 주지 않았고, 오히려 아르타시가 과거에 주군을 사주하여 명나라와 함께 여허로 하여금 후금을 공격하게 만들었다고 질책한 후, 긴타이시를 데리고 오라고 아르타시를 돌려보냈다. 되돌아온 아르타시의 설득에도 불구하고 긴타이시는 항복하지 않았다. 홍 타이지에 이어 아르타시도 긴타이시를 설득하는 데 실패했다. 마지막으로 긴타이시를 설득하기 위해 보내진 자는 그의 아들 덜거르였다. 덜거르는 동성이 함락되는 와중에 부상을 입고 후금의 포로가 되어 있었다. 덜거르는 누각 아래에서 아버지를 향해 외쳤다. "우리는 싸워서 패했고 성을 빼앗겼습니다. 지금 누각 위에 있어 어찌하겠습니까? 내려오시지요. 죽이면 죽고 살리면 삽시다."[79] 아들의 설득에도 긴타이시는 내려오지 않았다. 그러자 긴타이시의 부인은 어린 자식들을 데리고 누각에서 달려서 내려왔다.

긴타이시는 소수의 병사들과 함께 마지막 전투를 준비했다. 후금군은 도끼로 누각을 찍어 부수기 시작했다. 그러자 긴타이시는 누각에 불을 질렀다. 저항할 수 없는 강력한 적에 맞서다가 더 이상 물러설 수 없는 상태에서 최후로 선택한 방법이었다. 불타는 누각에서 후금군이 뒤로 물러난 후에 긴타이시는 불에 그을려 화상을 입은 상태로 불타는 누각에서 빠져나왔다. 누르하치는 즉시 긴타이시를 잡아서 줄로 목을 매어 교살해 버렸다. 여허의 동성이 완전히 멸망한 순간이었다. 전해지는 이야기에 의하면 긴타이시는 죽으면서 건주여진을 저주했다고 한다. 그 저주의 내용은 훗날 여허의 여자 한 명이 건주여진에게 복수를 하리라는 것이었다. 그리고 여허의 그 후손 여성이 바로 먼 훗날 청나라 말기의 서태후라는 것이 저주 전설의 결말이다. 긴타이시의 저주와 그에 얽힌 전설이 비록 서태후가 여허의 후예인 사실에 기대어 빚어낸 호사가들의 가십거리에 불과하다 할지라도, 그 이야기가 여허와 건주여진의 치열한 상쟁의 역사를 대변하고 있고, 거기에 여허인의 원한이 스며 있다는 것은 사실이다.

《 여허의 멸망과 여진의 통일 》

동성이 멸망한 후 서성의 버일러인 부양구와 부르항구는 후금에 투항했다. 부양구와 부르항구 형제는 누르하치의 큰아들이자 첫째 버일러인 다이샨과 처남 매부 사이였다. 즉 형인 부양구는 다이샨의 손위 처남이고 동생인 부르항구는 다이샨의 손아래 처남이었다. 여허 동성의 긴타이시가 홍 타이지와 외숙질 사이였던 것처럼 여허 서성은 다이샨과 인척 관계에 있었던 것이다. 그래서 이들 형제와의 투항 교섭은 다이샨이 담당했다. 부양구와 부르항구는 다이샨에게 항복하는 조건으로 여허 성과 두 형제의 버일러 지위가 이전과 다름없이 유지되도록 보장하고 후금군이 철수할 것을 요구했다. 그러나 다이샨은 그 조건을 거부하고 두 형제의 목숨을 보장하는 조건만을 제시했다. 결국 부양구 형제는 후금에 투항했다. 그러나 투항한 후에 두 형제의 태도가 다이샨을 자극했다. 누르하치를 만나러 가라는 다이샨의 종용을 부양구는 거부했다. 결국 다이샨은 부양구를 말에 태워 말고삐를 잡아 끌어서 부양구를 누르하치에게 데려갔다. 그러나 부양구는 투항한 자가 정복자 수장에게 보이는 무릎 꿇고 엎드려 절하는 예를 행하지 않고 다리 하나만을 꿇었다가 일어서 버렸다. 또한 부양구는 누르하치가 하사한 소주 잔도 비우지 않고 입만 대었다가 떼어 버렸다. 마지막 순간에 완전한 복종을 거부한 것이다. 누르하치는 살려 준

은혜를 저버렸다며 밧줄로 부양구의 목을 졸라서 죽이게 했다. 그러나 동생인 부르항구는 인척 사이인 큰아들 다이샨의 체면을 생각하겠다며 살려 주었다. 여허 동성에 이어 서성도 완전히 멸망했고, 동성과 서성의 수장인 긴타이시와 부양구도 피살되었다.

여허의 두 성에 분산 주둔하고 있던 명나라의 군사 1,000명도 모두 피살되었다. 이후 여허국의 여러 성들이 계속해서 항복했다. 『만주실록』에서는 투항한 여허 백성에 대한 처리 과정을 다음과 같이 묘사하고 있다.

> 투항한 여허의 백성들을 전혀 동요시키지 않고 아버지와 아들·형제·부부·친척을 갈라놓지 않았다. 모든 물건을 침범하지 않고 전부 옮겨 가져가게 했고, 살집·경작할 밭·먹을 곡식·도구 등 모든 물건을 전부 주었다.[80]

그러나 이런 서술은 사실을 왜곡하거나 일면만을 강조한 것이다. 후금은 여허의 소규모 가족을 갈라놓지는 않았지만 씨족과 촌락을 해체하여 팔기의 여러 니루에 분산시켜 배치했다. 여허인을 대규모 집단으로 존속시킴으로써 발생할 반란의 가능성을 제거한 것이다. 후금의 여진 통일의 마지막 단계는 여허의 희생을 전제로 한 것이었다. 『만주실록』은 여허의 멸망을 서술한 부분의 마지막 단락을 이렇게 기록하고 있다.

> 여허국이 완전히 멸망했다. 그해 만주국의 태조 경기연 한은 동해로부터 서쪽으로 대명국의 요동의 변경에 이르기까지, 북쪽 몽고국의 코르친이 사는 끝 지역

눈강에서 남쪽으로 조선국의 변경 가까이까지, 같은 만주 말 쓰는 나라를 모두 정벌하고 항복시켜 통일을 마쳤다.[81]

만주의 탄생

《 **통일 이전의 여진** 》

'만주'라는 족명이 역사의 전면에 등장한 것은 아이신 구룬Aisin gurun,
금국金國의 2대 한han인 홍 타이지가 1635년 11월 22일(청 천총 9년 10월 13일)
에 '만주'를 유일한 족명으로 선포한 때부터이다. 그 전에도 만주라는 명
칭이 드물게 쓰이긴 했지만, 만주족의 전신은 자신들을 주로 주션Jušen이
라고 자칭했고, 명에서는 이들을 여진女眞 혹은 여직女直이라고 불렀다.
홍 타이지는 왜 '주션'이라는 명칭을 폐기하고 '만주'라는 명칭을 공포했으
며, '만주'라는 명칭은 어디에서 유래했는가? 이 의문에 답하기 위해 여진
이 통일되기 전의 시점으로 이야기를 거슬러 올라가자.

16세기 말기, 누르하치가 통일하기 직전의 여진은 현재 중국의 동북
지역과 러시아의 연해주를 포괄하는 광활한 지역에서, 초기적 형태의 국

가를 이루거나 부족 혹은 씨족 단위로 흩어져 거주하고 있었다. 명은 여진의 부족에 위衛와 소所를 설치하고, 부족장을 그 수장으로 임명하여 간접적으로 통제했다. 명은 15세기 중반부터 이들을 건주여진, 해서여진, 야인여진의 세 집단으로 구분하였다. 그러나 세 여진 집단의 하부에는 아이만aiman(부部이나 구룬gurun. 국國)으로 불린 여러 정치적 독립 집단이 존재했고, 때로는 이 하부 집단도 통일되지 못한 채 내부적으로 여러 씨족과 부족이 권력을 다투고 있었다.

건주여진은 압록강의 북쪽으로 혼하 상류부터 동가강에 걸쳐 거주했으며, 숙수후 비라Suksuhu bira, 蘇克素護河 · 후너허 비라Hunehe bira, 渾河 · 왕기야Wanggiya, 完顏 · 동고Donggo, 董鄂 · 저천Jecen, 哲陳의 5개 부로 나뉘어 있었다. 이 외에 백두산 북쪽 일대의 너연Neyen, 訥殷 · 주셔리Jušeri, 朱舍里 · 얄루기양Yalu giyang, 鴨綠江의 3개 부도 때로 건주여진의 일부로 분류되었다. 건주여진에 속한 여러 부는 정치적 독립체였고, 수장 가문 사이의 혈연적 친연 관계도 확인되지 않는다. 이 시기에 건주여진은 씨족을 단위로 하는 사회에서 벗어나, 여러 씨족이 하나의 마을에 거주하거나 하나의 씨족이 분화하여 여러 마을에서 분산 거주하는 지연적 형태의 거주로 발전해 있었다. 또한 생산의 면에서 수렵이나 목축, 그리고 채집 경제가 여전히 중요했지만 농업과 교역이 확산되어 가고 있었다. 농업과 교역이 증가할수록 사회적 계층의 분화가 촉진되어 갔고, 각 부 사이에 명나라와의 교역권을 둘러싸고 갈등과 마찰이 확대되어 가고 있었다.

해서여진은 훌룬 4부라고도 불렸으며, 울라 · 하다 · 여허 · 호이파의 4개

부로 구성되었다. 이들은 송화강의 하류 지역에서 거주했으며 건주여진보다 더 강력한 세력을 구축하고 있었다. 건주여진의 여러 부의 수장 가문 사이에 공통의 혈연적 기원이 보이지 않는 반면, 해서여진 4개 부의 수장 가문은 '나라Nara' 성姓, hala을 공유했다. 그러나 성을 공유했다고 해서 이들이 하나의 씨족에서 파생된 것은 아니었다. 기원의 측면에서 해서여진의 종주 격인 울라는 본래 명칭이 '훌룬'이고, 수장 일족의 성은 '나라'였다. 하다부는 울라부의 수장 일족의 일원이 독립하여 설립한 부였다. 호이파부의 시조인 앙굴리와 싱굴리는 본래 흑룡강 유역에서 거주하던 니마차부의 일원으로 '익더리'라는 성을 사용했으나, 송화강 유역으로 이주하여 '나라'로 성을 바꾸고 부를 설립했다. 여허부는 해서여진 4개 부 가운데 특히 이질적이었다. 여허는 몽골인인 싱건 다르한이 여허 강변으로 이주하여 성을 '나라'로 바꾼 후 세운 부였고, 이 때문에 종족과 언어 면에서 몽골과 여진이 섞인 독특함을 띠고 있었다. 훌룬 4부의 수장 가문들은 '나라' 성을 공유했고 연맹을 형성했지만, 각각의 부는 정치적으로 독립체였다.

야인여진은 무단강 일대와 그 동쪽의 오늘날 러시아의 연해주 지역에서 거주했다. 명이 야인여진이라고 부른 집단을 훗날 청대에 만주족은 동해 지역이라고 불렀다. 야인여진은 후르하·워지·와르카 등의 부로 나뉘어 있었고, 이 외에 여진과는 다른 계통인 북방 퉁구스계의 허저Heje, 赫哲·피야카Fiyaka, 費雅喀·오로촌Oroncon, 鄂倫春·캬카라Kiyakara, 哈克拉 등의 부족까지 포함되었다. 건주여진과 해서여진이 어느 정도 기원의 단일성과 내부 부족 간 관계의 긴밀성을 고려한 구분이었음에 반해, 야인여진은 건주여진과 해서여진을 제외하고 명으로부터 원거리에 위치한 다양한 집단을 통괄하여 하나의 범주에 넣은 무원칙한 구분이었다. 그럼에도 야인여진의 공통적인 사회상을 찾아보면, 이들은 주로 수렵과 어로를 영위했고, 건주여진이나 해서여진과 달리 씨족hala 단위의 거주가 유지되고 있었다. 따라서 야인여진에 포괄된 여러 부는 정치적 단일체라기보다 씨족들의 연맹체적 성격이 강했다.

여진의 통일은 비교적 단기간에 이루어졌다. 건주여진의 숙수후 비라부 출신의 누르하치는 1583년 기병한 후 수많은 전투와 능수능란한 외교를 통해 여진을 통일해 갔다. 그는 1588년까지 건주여진을 통일한 후, 뒤이어 해서여진과 야인여진을 하나씩 공략해 갔다. 1599년에 하다를, 1607년에 호이파를, 1611년에 야인여진의 일부를, 1613년에 울라를 병탄했다. 누르하치는 1616년 무렵 아이신 구룬의 건국을 선포한 후, 1619년에는 명과 조선 연합군의 대대적인 공격을 격퇴하고 같은 해에 여허를 멸망시킴으로써 마침내 여진 세계의 대부분을 통일하였다. 그러나 통일된 여진의 여러 부족들의 기원과 생활의 양태가 다양했고 정치적으로도 오랜 동안 분산되어 있었기 때문에, 합병된 이들을 단기간 내에 하나의 체제 속에 융합해 내는 일은 쉽지 않았다. 이 어려운 작업을 효율적으로 수행해 준 것이 바로 팔기 제도였다.

《 팔기의 조직 》

팔기는 누르하치가 1601년에 성인 남성 300명으로 니루를 조직하면서 시작되었다. 그러나 그전부터 니루라는 이름의 수렵 조직이자 전투 단위는 1니루에 성인 남성 10인 정도가 포함되는 작은 규모로 존재하고 있었다. 누르하치는 1601년 무렵 기존의 니루를 성인 남성 300명당 1니루의 큰 조직으로 확대시키고, 상시적으로 병사를 동원할 수 있는 군사 단위로 재탄생시켰다. 5개의 니루로 구성되는 잘란jalan과 그 상급 단위인 25개의 니루로 구성되는 구사gūsa가 언제 처음 만들어졌는지는 명확하지 않은데, 아마도 1601년 니루를 만들 때 함께 만들었던 것으로 추정된다. 이때에 황黃, suwayan, 홍紅, fulgiyan, 백白, sanyan, 남藍, lamun의 4개 구사가 조직되었고, 정복전을 거치며 건주여진에 복속되는 인구가 많아지면서 1615년에 양황鑲黃, kubuhe suwayan, 양홍鑲紅, kubuhe fulgiyan, 양백鑲白, kubuhe sanyan, 양람鑲藍, kubuhe lamun의 4개 구사가 증설됨으로써 모두 8개의 구사, 즉 팔기가 완성되었다. 이때 누르하치의 통치하에 포함된 모든 인구는 남녀노소를 막론하고, 심지어 노복까지 팔기의 구성원으로 등록되어 기인旗人, gūsai niyalma이 되었다. 따라서 흔히 말하듯이 팔기제를 군사제도라고 설명하는 것은 절반만 맞는 말이다. 팔기제는 군사제도였을 뿐만 아니라 행정제도이자 사회조직이었다. 다시 말해 팔기는 누르하치가 건설하고 확장시킨 국가 그 자체였다.

누르하치가 건주여진과 피정복 부족들을 팔기로 조직한 방식을 보면 팔기제가 여진의 융합에 얼마나 효과적으로 기능했는지 알 수 있다. 팔기는 오늘날의 군대처럼 징병되거나 모병에 응한 병사들을 개인 단위로 뒤섞는 방식으로 조직되지 않았고, 기존의 씨족이나 부족을 팔기의 기층 단위인 니루로 변형하는 방식을 통해 조직되었다. 즉 기존의 씨족장이나 부족장이 니루의 수장인 니루 어전nirui ejen에 임명되어서 과거에 자신이 관할했던 조직을 그대로 관할했던 것이다. 그러나 이 방식이 모든 부족에 동일하게 적용된 것은 아니었다. 누르하치는 자신에 대한 충성도나 반란의 가능성을 고려하여 부족마다 방식을 상이하게 적용하였다.

동해여진으로 만든 20개의 니루 가운데 본래 씨족이나 부족의 수장이 니루 어전으로 유지된 경우는 18개였다. 이를 보면 동해여진은 본래의 조직을 팔기 내에서도 대부분 그대로 유지했음을 알 수 있다. 누르하치의 본래 세력 기반인 건주여진의 니루 편성도 대체로 기존 조직을 기반으로 했고, 니루의 규모도 다른 여진보다 컸다. 그러나 통일 전쟁에서 저항이 심했던 해서여진은 이와 달랐다. 누르하치는 복속된 해서여진을 대대적으로 이주시키는 정책을 실시했을 뿐만 아니라, 해서여진이 자신들만의 니루를 구성하는 것을 경계했다. 해서여진은 자발적으로 누르하치를 따르거나 과거의 친교 관계를 유지해 온 소수를 제외하고 대부분은 조각조각 분리되어 건주여진 니루에 배속되었다. 팔기를 만든 초기에 총 239개의 니루가 설립되었는데, 96개는 건주여진인이 니루 어전이었고, 67개는 동해여진인이 니루 어전이었으며, 47개만이 해서여진인이 맡았다. 나머지 29개 가운데 16개는 몽골 니루였고, 13개는 분명치 않다.[82]

기존의 씨족과 촌락 구조를 깨지 않고 니루로 만들거나, 기존 구조를 깨고 니루를 만드는 두 가지 방식을 적절히 배합함으로써, 누르하치는 팔기를 청 초기 국가의 발전 과정에서 중앙집권적인 권력의 핵심으로 활용할 수 있었다. 니루의 규모는 다양했는데, 자발적으로 복종한 집단은 니루의 정원인 300명에 못 미치더라도 자체적으로 니루를 만들 수 있게 허락했고, 저항했던 집단은 분할하여 니루들의 구성원의 수를 맞추는 데 충원했다. 또한 혈연과 지연의 내부적 결합이 흔들리지 않고 니루로 이어진 경우에도, 니루를 각 구사에 나누어 배치함으로써 부족의 결합력을 크게 약화시켰다. 예컨대 외부와 섞이지 않은 자체적인 니루를 갖추었던 동해여진의 20개 니루 가운데 7개는 양황기에, 4개는 정황기에, 3개는 정홍기에, 2개는 양홍기에, 2개는 정백기에, 1개는 양백기에, 1개는 양람기에 소속되었다. 그리고 설사 부족이 하나의 구사에 소속되었어도 다른 잘란에 소속되어서 분리되기도 했다.[83]

　누르하치는 이런 방식으로 팔기를 조직함으로써 통일된 여진의 결합력을 강화하고 반란의 가능성을 제거하였다. 그러나 팔기만으로 통합이 완벽하게 이루어진 것은 아니었다. 특히 해서여진의 경우, 불만이 지속적으로 내재되어 있었던 흔적을 찾을 수 있다. 1912년 청조가 멸망한 후에 민간에서는 누르하치에게 정복당한 여허의 후손인 서태후가 청조에 복수해서 청이 망했다는 소문이 무성했었다. 이를 보면 건주여진에 대한 해서여진의 반감이 청조 내내 잠재해 있었음을 짐작할 수 있다. 흥미롭게도 이런 반감은 지금도 남아 있다. 국내에도 번역 소개된 류언밍劉恩銘의 소설 『누르하치전기努爾哈赤傳奇』가 중국에서 드라마로 제작되어 방영되었

청 말기의 팔기 기마병

을 때, 길림시 교외의 울라만족향烏拉滿族鄉에 사는 울라의 후손 주민들은 드라마에서 울라부의 수장 만타이가 악인으로 묘사된 것을 비판했다.[84] 이들에게 누르하치는 민족을 통일한 영웅이 아니고 조상을 학살한 침략자였다.

《 정체성 만들기 》

누르하치는 팔기를 통해 여진을 재구성하고 통합했지만 그것은 체제와 구조 면에 국한된 것이었다. 피정복 여진에 여전히 잠재해 있는 반감과 분열성을 없애기 위해서는 통합된 정체성을 만들어야 했다. 이때 누르하치가 강조한 것은 여진, 즉 주션과 여타 민족의 차별성이었다. 외부에 대한 차별성이자 내부에 대한 동질성을 강조하기 위해 누르하치는 주션의 동일한 언어나 생활양식 등을 거론했다. 여진 세계를 통일한 1619년에 누르하치는 이렇게 말했다.

> 한인 나라에서 동쪽으로 해 뜨는 쪽의 동해에 이르기까지, 조선 나라에서 북쪽으로, 몽골 나라에서 남쪽으로, 주션 언어를 말하는 나라가 금년에 완전히 평정되었다.[85]

동일한 언어를 강조하는 언설이 주션의 통합된 정체성을 강화하는 데 얼마나 효과를 발휘했는지는 의문이다.

문제는 주션의 통합만이 아니었다. 누르하치에게 투항하거나 정복되어 피통치민으로 흡수된 몽골인과 한인Nikan이 많아지면서 통치의 문제는 매우 복잡해졌다. 몽골인은 수도 적었고 큰 무리없이 팔기 내에 편제되어 독자적인 니루를 구성하게 되었지만, 요양 지역의 한인은 누르하치의 통치에 큰 실패를 안겼다. 누르하치는 요양을 점령한 후 1621년 수도를 허투알라에서 요양 옆의 동경성東京城으로 옮기고 대거 이주한 여진인을 한인과 동거시키는 정책을 시행했으며, 한인과 여진인의 동등한 대우를 표방했다. 그러나 한인의 저항과 도주가 속출하면서 요양에 대한 통치의 불안정성은 점점 증가해 갔다. 이 상황을 극복하기 위해 누르하치는 결국 요양의 한인과의 공존을 포기했다. 1625년 누르하치는 요양의 한인을 대거 학살하고 남은 한인은 노예화하였다. 그리고 수도를 요양에서 심양으로 후퇴시켰다. 명과 몽골 그리고 조선과 대치하고 있는 상황에서 누르하치가 요동의 안정적인 지배를 확립하기 위해 선택할 수 있는 방법은 명을 더 공격하는 것밖에 없었다. 그러나 누르하치는 아무런 성과를 거두지 못하고 오히려 영원성寧遠城 공격에서 중상을 입어 1626년에 사망했다. 주선의 내부적 통합을 강화하고 주선·몽골인·한인을 공존시키는 문제는 누르하치의 뒤를 이어 한에 오른 홍 타이지에게 부과된 과제가 되었다.

홍 타이지는 1626년 즉위한 후 과거에 노예화했던 요동의 한인을 일반 평민으로 격상시켜서 처우를 개선했으며, 한인 지식인을 관료로 적극 기용했다. 그리고 여진인과 한인의 거주지를 분리시키는 분거 정책을 시행함으로써, 과거 누르하치 통치기에 양자 간의 마찰과 충돌을 유발시킨 거주 공간적 요소를 제거했다. 그러나 이런 양자의 분리 통치에도 불구하고, 한인을 여진인·몽골인과 함께 국가의 주축적 구성원의 가운데 하나로 인정하고 중국식 제도를 도입함에 따라 이제는 한인 풍속의 영향으로 인해 여진의 상무성이 쇠퇴할 가능성을 걱정하게 되었다.

1635년은 아이신 구룬의 발전에 또 하나의 분수령을 맞은 해였다. 한 해 전에 홍 타이지와 상쟁하던 차하르의 수장이자 전 몽골의 대칸인 릭단 칸이 사망한 후, 이해에 릭단 칸의 아들 에제이가 홍 타이지에 투항해 온 것이다. 이로써 아이신 구룬의 직접 통치하에 들게 된 몽골인의 수가 대폭 증가했고, 주션의 한인 홍 타이지는 몽골의 대칸 지위까지 차지할 수 있는 계기를 얻게 되었다. 이제 아이신 구룬의 통치하에 들게 된 여진인과 한인의 수가 비슷해지고 몽골인도 10퍼센트 이상의 인구 비율을 점하게 되면서, 삼자가 공존하는 새로운 국가의 모델이 필요하게 되었고 동시에 국가의 핵심 민족인 주션의 정체성을 고민해야 하는 이중적인 상황이 도래했다.

1635년 11월 22일, 홍 타이지는 '주션'이라는 명칭을 폐기하고 '만주'를 공식적이고 유일한 족명으로 선포했다.

> 우리 구룬의 이름은 본래 만주, 하다, 울라, 여허, 호이파이다. 그것을 무지한 사람들이 주션이라고 부른다. 주션은 시버Sibe의 초오 머르건Coo Mergen의 일족이다. 그들이 우리와 무슨 관계가 있는가. 이후로 모든 이들은 우리 구룬을 본래 명칭인 만주라고 부르라. 주션이라고 부르면 벌을 줄 것이다.[86]

구룬은 만주어에서 '나라' 혹은 '나라 사람'을 의미한다. 앞의 유지諭旨의 첫 번째 문장에서 '만주'는 문맥상 건주여진에 해당한다. 이 유지의 내용을 해석하면, "건주여진의 본래 명칭은 '만주'인데 그간 주션이라고 잘못 불러왔으니 앞으로는 원래대로 '만주'라고 부르되 건주여진과 해서여진 4부를 합친 총칭으로 하고 '주션'을 사용하지 못하게 한다"는 것이다. 즉 과거에 건주여진의 본명이던 '만주'를 그간 '주션'이라고 불러온 사람들의 총칭으로 정한다는 것이다. 이 유지에서 홍 타이지는 사실을 왜곡하고 있다. '주션'은 무지한 사람들에 의해 잘못 쓰인 명칭이 아니었다. '주션'은 한어인 여진女眞, Nüzhen이나 여직女直, Nüzhi과 마찬가지로 원어인 주천 Juchen, Jurchen이 변화한 명칭으로서 여진인이 오랫동안 자신을 지칭해온 용어였고, 누르하치가 통치하던 시기에도 건주여진을 가리키거나 해서여진까지 포함하는 여진의 총칭으로 빈번하게 사용된 용어였다.

홍 타이지가 사실을 왜곡하면서까지 독존적 사용을 선포한 '만주'는 무엇을 가리켰는가. 『구만주당舊滿洲檔』이나 『내국사원당』 등의 청 초기 사료에서 '만주'는 누르하치 시기 1613년 기사에 처음 등장하여 만주 구룬 Manju gurun(만주 나라), 뇨즈 만주 구룬Nioi jy Manju gurun(여진 만주 나라) 등의 형태로 드물게 사용되었고, 홍 타이지 재위기인 천총 연간에 사용이 조금 늘어났으며 숭덕 연간부터 급격히 많이 쓰인다.

만주가 무엇을 가리키는지 지금까지 주장된 설을 크게 둘로 나누어볼 수 있다. 첫째, 일본의 칸다 노부오神田信夫 같은 학자들의 주장으로, '만주 구룬'은 누르하치가 건주여진을 통일한 후에 정한 국호이고, 이 국호가 1636년 대청국大淸國, Daicing gurun을 국호로 정하기 전까지 계속 쓰였다는 설이다. 이 설에 의하면 '주션 구룬'은 정식 국호가 아니라 '여진 민족의 국가'라는 의미이고, '아이신 구룬'은 명이나 조선과의 대외관계를 위해 정한 한어 국호인 '금국金國'을 만주어로 번역한 국호였다.[87] 둘째, 텅 샤오젠滕紹箴 같은 학자들의 주장으로, '만주'는 누르하치 시기에 그의 세력권을 주로 외부에서 부르는 타칭이었고 사용 빈도도 적었는데, 홍 타이지 재위 시기에 들어서 자칭과 타칭 양면으로 많이 쓰이는 족명이 되었다는 설이 있다. 이 설에 의하면 '아이신'은 대외적으로 쓰인 국명이자 족명이었다. 그리고 '주션'은 내부적으로 쓰인 국명이자 족명이고 '아이신'보다 더 보편적으로 사용된 명칭이었다.[88]

이 외에 '만주'의 어원과 유래를 밝히려는 시도가 오래 전부터 있어 왔다. 그 결과 '만주'는 산스크리트어 만주시리(문수보살)에서 유래했다느니, 건주建州의 발음이 변화한 결과라느니, 파저강(현 동가강)의 다른 이름인 마저강馬猪江의 '마저'의 변음이라느니, 파저강의 또 다른 이름인 포주강浦州江의 포浦 자가 만滿 자와 비슷해서 오독한 결과라느니 하는 수십 개의 설이 분분하다.[89] 그 가운데 가장 널리 알려져서 현재 많은 사람들이 사실이라고 알고 있는 것이 만주시리(문수보살)에서 '만주'가 유래했다는 설이다. 필자가 아는 한 이 설의 최초 유포자는 건륭제이고, 유포의 근원지는 『만주원류고』이다. 때문에 이 설은 허구라는 증거도 없지만 신뢰하기도 어렵다. 건륭제는 황당하게도 신라의 계림鷄林과 만주 지역의 길림吉林이 같은 곳이라고 주장했는데, 그 근거는 양자의 발음이 중국음으로 같다는 것이었다. 건륭제는 언어학까지 아우르는 자신의 박학다식을 자부했지만 사실 그는 이렇게 유사한 발음의 상이한 어휘들을 무모하게 등치시키곤 했다. 그러므로 만주와 만주시리의 관련성에 대한 건륭제의 주장을 액면 그대로 신뢰하기 어렵다. 결국 만주의 어원에 대한 여러 설 가운데 어느 것 하나 결정적인 것은 없다. 지금까지의 연구를 바탕으로 확실하게 말할 수 있는 것은, '만주'가 누르하치 통치 시기부터 그의 세력권 내의 여진인을 지칭하는 명칭으로 드물게나마 사용되었고 홍 타이지 재위 시기에 '주션'을 대체한 공식 집단명으로 선포된 후 사용 빈도가 대거 증가했다는 정도이다.

그렇다면 홍 타이지는 왜 '주션'을 폐기하고, 지칭의 범위가 '주션'보다 협소하며 사용 빈도도 낮았던 '만주'만을 사용하도록 선포했을까. 앞에서 말한 것처럼 홍 타이지가 밝힌 개칭의 이유는 의도적으로 왜곡된 것이고 그 외에 다른 이유를 말하지 않았기 때문에, 우리는 이 질문에 대한 답을 추정의 영역에서 찾아야 한다. 이 의문에 대해 가장 일반적으로 제시되어 온 대답은 '주션'이라는 용어의 의미가 변했기 때문에 이 명칭을 계속 족명으로 사용하기 어려워졌다는 것이다. 본래 '주션'은 족명 외에, 사회의 상류 계층인 '이르건irgen'과 노예인 '아하aha'의 중간에 있는 일반 인민을 가리키는 용어이기도 했다. 그런데 누르하치의 정복전이 계속됨에 따라 포로가 된 수많은 일반 백성인 '주션'이 노예화되면서 '주션'이라는 용어에 노예의 의미가 담기게 되었다.[90] 따라서 노예의 의미가 담긴 '주션'을 계속 족명으로 사용하는 것이 적절치 않기 때문에 '만주'로 족명을 개정했을 것이라는 것이 일반적으로 거론되는 족명 개정의 이유이다. 물론 이는 충분히 타당한 이유이다.

그러나 앞에서 언급한 것처럼 이 시기에 홍 타이지가 여진·한인·몽골인의 세 민족이 공존하는 새로운 국가 모델을 필요로 하면서, 동시에 통일 전에 다양하게 존재했던 여진을 융합시켜야 하는 이중의 고민을 맞게 된 상황을 고려하면, '만주'라는 명칭의 선포 이유에 대해 좀 더 거시적으로 눈을 돌려볼 수 있다. 즉 홍 타이지는 '주션'이라는 명칭을 폐기함으로써 그 이름에 묻어 있는 과거의 상쟁의 기억, 특히 건주여진과 해서여진의 상쟁의 기억을 일소하고, '만주'만을 사용함으로써 여진을 새로운 이름 아래 하나로 통합하고자 의도했던 것이다.

《 새로운 공동체 》

새로 만들어진 만주는 과거의 주션이 이름만을 달리한 것이 아니었다. 만주는 팔기를 기반으로 했기 때문에 그에 소속된 주션, 즉 건주여진과 해서여진 그리고 동해여진의 일부를 가리켰다. 따라서 팔기에 속하지 않은 동해여진의 다수는 여진의 일부였지만 만주에서 자연스럽게 제외되었다. 다시 말해서 만주는 과거의 여진과 범주가 달라진, 팔기를 기반으로 하는 새로운 민족공동체였다. 10년 후 중국으로 입관한 후에 만주는 과거의 여진과 범주만이 아니라 속성도 달라졌다. 만주의 업종은 농민, 사냥꾼, 어부, 상인 등에서 전업 군인으로 변화했다. 만주는 과거의 여진처럼 문화적으로 복합적이지 않았고, 국가가 선포한 기준, 즉 혈통이나 팔기에 대한 의무 등에 의해 정체성이 규정되었다.[91]

'만주'를 선포한 다음 해인 1636년 홍 타이지는 만주와 몽골의 왕들과 한인 무장들에게 추대되어 세 민족을 주축으로 하는 대청국의 황제에 즉위했다. 이 시기를 전후하여 만·몽·한의 삼분 체제가 팔기에 적용되어 갔다. 몽고 니루는 늦어도 1633년경에 정식으로 분리되어 몽고 구사 Monggo gūsa가 되었고, 한인 병사는 1637년에서 1642년 사이에 팔기 가운데 한군重軍, ujen cooha으로 조직되었다. 몽고 부대와 한인 부대가 독자적인 구사로 떨어져 나가면서 기존의 구사는 만주 구사Manju gūsa로 불리게 되었다. 1642년에는 팔기만주에 팔기몽고와 팔기한군이 더해짐으로써 24개의 구사가 창설되면서 마침내 완전한 팔기제가 구성되었다.

만주는 팔기를 기반으로 하는 민족공동체였기 때문에, 팔기에 새로 편입되는 병력이 생기면 만주의 범위도 확장되었다. 팔기만주에 편입되는 자격이 반드시 과거의 여진인에 국한된 것은 아니었다. 홍 타이지는 1634년부터 1640년까지 흑룡강 유역의 광대한 지역을 원정했고, 투항시킨 솔론, 에벤크, 오로촌, 다구르와 동해여진의 일부를 팔기만주의 일부로 편제했다. 즉 여진과 함께 북방퉁구스 계통의 이민족이 만주로 편입된 것이다. 이때 팔기에 편입된 이들은 '새로운 만주'라는 의미로 '신만주新滿洲, Ice Manju'라고 불렸다. 이들 신만주를 제외한 본래의 만주는 자연스럽게 '구만주舊滿洲, Fe Manju'로 불리게 되었다.

만주의 외연 확장은 이후에도 일어났다. 명나라를 점령하고 수도를 북경으로 옮긴 1644년 이후 전투가 계속되었기 때문에 병력의 충원이 잦았고, 청조는 필요한 병력을 자신들의 고토인 만주 지역에서 찾았다. 강희연간인 1671년부터 1677년까지 수차례에 걸쳐 만주 지역에서 1만 명 이상의 허저와 쿠야라인 성인 남성을 팔기로 편입시켰는데, 이때 편입된 이들도 모두 '신만주'로 불렸다.[92] 이처럼 만주는 필요에 따라 융통성 있게 외연을 확장해 갔다.

이후 만주족은 인류사에서 보기 드문 위업을 이룩했다. 중국을 정복해서 중원 왕조의 외피까지 입은 만주족은 티베트·신강·몽골까지 지배 영역을 확장했다. 만주족이 획득한 강역과 그것을 유지하기 위해 창안한 통치 기술은 현대 중국에 계승되었다. 이런 성취와 유산에도 불구하고 만주족은 역사에서 평가절하되어 왔다. 많은 사람들은 만주족이 중국을 지배하면서 압도적으로 많은 수의 한족과 우월한 중국 문화 속에서 자신들의 정체성을 상실하고 한족에 흡수되어 버렸다고 말한다. 그러나 그것은 사실이 아니다. 만주족은 청대에 자신들의 언어와 생활양식의 많은 부분을 상실해 갔지만, 한인과의 경계를 허물어뜨리지 않았고 만주족이라는 자의식과 정체성을 잃지도 않았다. 현재 만주족은 중국에서 '만족滿族'이라는 민족명으로 여전히 존속하고 있으며, 그 인구는 1,000만 명을 상회한다. 근래 이들은 각종 단체와 협회를 조직해서 만주족 문화의 유지와 부활을 도모하고 있다. '만주'가 지나간 과거의 주인공만이 아닌 '만족'의 전신으로서 오늘에 드리우고 있는 그림자의 실체로 주목받아야 하는 이유이다.

심양의 궁궐 건축과 정치

《 **누르하치의 몽골식 동로** 》

심양의 궁궐은 청 태조 누르하치 통치기의 말년인 1625년에 처음 건축되었다. 이후 태종 홍 타이지 재위기에 증축되고 훗날 건륭제 시기에 다시 증축되었다. 세 시기에 걸쳐 건축된 궁궐의 건물군은 모두 세 경역으로 나뉘며 각각 동로東路, 중로中路, 서로西路라고 불리고 있다. 세 경역의 건물군은 건축된 시기에 후금(청)이나 한(황제)이 직면했던 상황과 문화적 연원을 반영하고 있다.

누르하치Nurhaci(1559~1626)는 1583년 일개 소부락의 수장으로 기병한 후 급속도로 여진 세계를 통합했고 국가를 수립했으며 확장시켜 갔다. 1588년까지 건주여진을 통일했고, 1593년에는 해서여진의 여허, 하다, 울라, 호이파와 몽골의 코르친 등 9개 부의 연합군이 건주여진의 급속한 성장을 경계하여 공격했으나 그 전투에서도 승리했다. 이후 해서여진에 대한 공세를 강화한 누르하치는 1599년 하다를, 1607년에는 호이파를, 1615년에는 울라를 합병했다. 1616년에는 아이신 구룬金國의 수립을 선포했다. 명을 공격하기 시작한 것은 1618년이었다. 그해에 후금은 명의 변경 도시인 무순과 청하를 함락했다. 다음 해인 1619년에 후금군은 명과 조선의 연합군이 공격한 사르후 전투에서 압승했고, 승전의 여세를 몰아서 명의 개원과 철령을 함락했으며 해서여진 가운데 마지막 남은 여허를 멸망시켰다. 1621년에는 심양과 요양을 함락하고, 허투알라에서 요양으로 수도를 이동했다.

요양은 24리(12킬로미터)의 성곽 둘레를 자랑하는 요동 지역의 최대 도시였다. 요양은 명나라 사람들과 여진인에 의해 랴오둥遼東이라고도 불릴 정도로 요동의 대표 도시였고 광활한 요동평야의 중심지였다. 요동 지역의 두 번째로 큰 도시는 성곽 둘레 14리(7킬로미터)의 광녕廣寧이었고, 다음은 13리(6.5킬로미터)의 개원이었다. 심양은 둘레 11리(5.5킬로미터)로 네 번째 규모의 도시였다. 신생 국가인 아이신 구룬이 피정복 부락에서 끌어온 인구를 부양하고 국가의 규모를 확장하기 위해서는 산지에 위치한 허투알라에서 광활한 평야지대이자 농업생산의 중심지인 요양으로 천도하는 것이 필수적인 과정이었다. 누르하치는 기존의 요양성에서 동쪽으로 약 5킬로미터 떨어진 곳에 동경성東京城, Dung ging hecen, Dergi hecen을 건설하여 천도하고, 요양을 중심으로 요동 지역의 한인을 지배하기 시작했다.

요양에서의 한인 지배는 완전히 실패했다. 허투알라 일대에서 이동해 온 다수의 여진인을 요양의 한인들과 한 집에서 거주하도록 조치한 만한 동거滿漢同居 정책은 요양 한인의 반발과 저항을 야기했다. 한인은 우물에 독을 풀어서 여진인을 살해하는 방식으로 소극적 저항을 멈추지 않았다. 누르하치는 요양의 한인을 설득하지도 제어하지도 못한 상태에서 학살이라는 극단적 방법을 선택했다. 대규모의 학살이 끝난 후 누르하치는 약 5년간의 요양 생활을 청산하고 심양으로 수도를 이동하여 새로운 궁궐을 건축했다. 그러나 누르하치는 새로운 수도인 심양의 궁궐이 미처 완성되지 못한 상태에서 천도한 지 1년 6개월이 지난 1626년 8월에 사망했다. 후금 인구의 절반을 육박하게 된 요동의 한인을 통치하는 문제와 무력으로 정복되어 각지에서 끌려온 여진인들의 원한을 종식하고 내부적 통합을 구축하는 등의 온갖 문제는 다음의 한인 홍 타이지에 부과되었다.

누르하치 시기에 건축된 심양의 궁궐은 국가의 정무를 집행하는 정전正殿과 팔기의 수장인 버일러들이 각 기旗별로 사무를 관장하던 10채의 사무처 건물로 구성되었다. 정전은 건축 당시에 '암바 야문Amba yamun, 大衙門' 등의 다양한 이름으로 불렸지만 현재는 홍 타이지 시기에 정해진 명칭대로 대정전大政殿, Amba dasan i diyan이라고 부르고 있다. 팔기 사무처 건물은 '10채의 오르도'라는 의미의 만주어 이름인 '주완 오르도Juwan ordo'라고 불렸으며 한어로 번역되어 '십왕정十王亭'으로도 불렸다. 십왕정은 대정전을 중심으로 동측의 좌익왕정左翼王亭 · 양황기정鑲黃旗亭 · 정백기정正白旗亭 · 양백기정鑲白旗亭 · 정람기정正藍旗亭과 서측의 우익왕정右翼王亭 · 정

심양의궁궐

황기정正黃旗亭·정홍기정正紅旗亭·양홍기정鑲紅旗亭·양람기정鑲藍旗亭으로 구성되었다. 현재 대정전의 뒤에 남아 있는 란가고輦駕庫는 훗날 건륭기에 증축된 건물이다. 대정전과 십왕정으로 구성된 이 건물군을 현재 동로라고 부르고 있다. 누르하치 시기에 지어진 동로는 훗날 홍 타이지 시기에 건축된 건물군인 중로, 건륭기에 건축된 건물군인 서로와 대비한 명칭이다.

동로의 건물군은 중국식의 궁궐에 비유하면 정사를 집행하는 공간인 외조外朝에 해당한다. 중국식 궁궐에서 황제와 황후가 생활하는 사적 공간인 내정內廷에 해당하는 침소는 누르하치 시기에 동로에서 벗어나 북쪽으로 길을 건너 심양성 북문의 안쪽에 있었다. 즉 누르하치 시기의 심양 궁궐은 외조와 내정이 하나의 영역 내에 있지 않고 서로 떨어진 두 공간에 분리되어 있었다. 이 점이 중국식 궁궐 구조와 크게 다른 점이었다. 건물의 명칭도 한어가 아닌 만주어였다. 국가 통치의 핵심 건물인 정전의 이름은 다음과 같이 다양했다.

대정전의 명칭

명칭	의미	한문 번역 명칭	사용 시기
암바 야문 Amba yamun	큰 아문	대아문大衙門	1636년 이전
암바 다산 이 야문 Amba dasan i yamun	큰 정치의 아문	대정아문大政衙門	1636년 이전
자쿤 호숑고 오르도 Jakūn hošonggo ordo	여덟 각이 있는 오르도	팔각전八角殿	1636년 이전
암바 다산 이 디얀 Amba dasan i diyan	큰 정치의 전殿	대정전大政殿	1636년 이후
독공전 篤恭殿			1636년 이후

다섯 개의 명칭 가운데 앞의 세 이름인 암바 야문Amba yamun, 암바 다산 이 야문Amba dasan i yamun,[93] 자쿤 호숑고 오르도Jakūn hošonggo ordo[94] 는 누르하치 시기에 불렸던 원래 명칭이었다. 뒤의 두 이름인 암바 다산 이 디얀Amba dasan i diyan, 大政殿과 독공전篤恭殿은 누르하치의 후계자인 태종 홍 타이지 재위기인 1636년에 국가의 명칭을 다이칭 구룬으로 개칭하면서 만들어진 새로운 명칭이다. 이 명칭들을 살펴보면 누르하치와 홍 타이지 시기에 신생 국가인 아이신 구룬이 어떤 외부 문화를 흡수하며 성장해 갔는지를 알 수 있다.

'암바 야문'의 '야문'은 관청을 의미하는 한어 '아문衙門'이 유입되어 만주어화된 용어이다. '자쿤 호숑고 오르도'의 '오르도'는 본래 '칸의 텐트'를 의미하는 투르크어인데 몽고어로 유입되었다가 다시 만주어로 유입된 어휘이다. 몽고에서 오르도는 칸의 게르ger와 그 주변의 엘리트 기병의 게르들로 구성된 텐트 무리를 일컬었다. 때로는 가축 등의 부속시설까지 포함하는 칸의 부인들의 텐트 무리를 가리키기도 했다. 영어에서 가축 무리를 의미하는 어휘인 horde도 몽고어의 오르도가 유럽으로 유입되어 변형된 것이다.

'야문'과 '오르도'가 동시에 쓰인 것에서 보이듯이 누르하치가 국가를 수립해 가던 시기에 선진 문화를 흡수해 오는 원천은 중국과 몽고였다. 특히 몽고의 문화와 제도의 영향이 누르하치 통치기까지는 더 우세했다. 예컨대 누르하치 시기부터 쓰이기 시작한 만주 문자는 몽고문자를 그대로 도입하여 만주어의 음가를 기록한 것이었다. 또한 한·타이지·자르구치·바투루·다르한·히야 등 정치적 칭호나 이와 관련한 제도의 수많은 어휘와 운영 방식이 몽고에서 도입되었다. 물론 명으로부터의 영향도 있었다. 예컨대 누르하치는 명으로부터 총병관總兵官·부장副將·참장參將·유격遊擊·비어備禦라는 무관직 명칭을 한어 발음까지 도입하여 팔기의 각급 지휘관의 등급 명칭으로 활용했다. 그러나 누르하치 시기에는 대체로 몽고 문화의 영향이 명의 영향보다 우세했다.

동로의 건물들은 형태부터 배치까지 몽고 문화의 영향을 받았다. 대정전과 십왕전은 명칭부터 몽고의 '오르도'였고, 건물의 형태와 건물군의 배치도 중국식이 아닌 몽고식이었다. 대정전의 팔각 형태는 몽고의 원형 게르를 모방한 결과이다. 십왕전도 장방형이 아니라 정방형에 가까워서 원형 오르도의 변형된 형태로 생각된다. 십왕전의 배열은 매우 독특하다. 십왕전은 대정전을 중심으로 5채씩의 건물이 평행하게 배열되어 있지 않고 팔자형으로 사이가 점차 벌어져 가도록 배치되었다. 이러한 팔자형 배치는 중국이나 몽고의 궁궐에 없는 방식이다. 일반적으로 연구자들은 십왕전 건물군의 배치가 만주족이 수렵이나 전투 시에 텐트를 배치하는 방식을 모방했다고 언급하지만 반드시 그러한 것은 아니다. 만주족이나 몽고의 칸의 야영에서 텐트를 배치하는 방식은 칸의 텐트를 중심으로 부속 텐트들이 동심원을 그리는 형태였다. 따라서 동로 건물군의 팔자형 배치는 만주나 몽고의 칸의 텐트 배치 형식을 원형 그대로 따르지 않고 그것을 변형하여 만든 만주족의 독특한 방식이라고 할 수 있다.

《 홍 타이지의 중국식 중로 》

청 태종 홍 타이지는 1626년 9월에 누르하치를 계승하여 후금의 한에 즉위했고, 다음 해인 1627년부터 새로운 궁궐을 건축하기 시작했다. 새 궁궐의 터는 동로의 서쪽에 있던 자신의 왕부王府를 포함했다. 이후 약 6년의 기간을 거쳐 1633년에 대청문, 봉황루, 관저궁, 영복궁, 인지궁, 연경궁이 완성되었고, 1635년에는 청녕궁과 숭정전이 완공되었다. 새로운 궁궐이 완성된 후 홍 타이지는 그곳에서 정무를 집행했다. 기존의 궁궐인 동로는 담을 쌓아 새 궁궐과 분리시키고 대전大典의 의례를 거행할 때에만 사용했다. 홍 타이지 시기에 건축된 새로운 궁궐의 경역을 지금 중국에서는 '중로中路'라고 부르고 있다. 중로의 경역에는 홍 타이지 재위기 이후 100년 정도가 지난 훗날 건륭제 시기에도 여러 건물이 증축되었지만 기본 구조는 홍 타이지 시기에 완성되었다.

중로 건물군의 배치는 전형적으로 중국식 궁궐의 양식을 따르고 있다. 중로는 동로와 달리 외조와 내정이 하나의 경역 내에 위치했다. 외조는 궁궐의 전면에 배치되었고 내정은 후면에 배치되었다. 각 건물의 외형도 동로와 같은 원형 몽고 게르의 변형태가 아니라 장방형의 중국식 궁궐 건물 형태를 따랐다. 세부적으로 보면 만주 고유의 방식이 사용된 곳도 있다. 예컨대 건물 기둥의 장식을 중국식과 달리하여 용이나 봉황 등의 기수奇獸를 새긴 장식으로 입히고, 지붕의 일부에 황색 기와와 녹색 기와를 섞어 사용하고, 건물 내부의 난방을 쪽구들nahan, 炕로 하며, 청녕궁 앞에는 만주족 고유의 제사용 솟대somo i moo, 索倫杆, 神杆를 세우고, 궁의 기단을 높게 쌓았다. 그러나 전체적이고 거시적으로 보면 중로의 건축은 동로의 몽고식과 달리 중국식이었다. 국가의 최고 지도자가 국가를 통치하고 사생활을 영위하는 공간의 건축 형식을 과거와 다른 것으로 교체했다는 것은 단순히 그 건축의 형식이 바뀐 것만이 아니고 국가의 운영 방식이 바뀌었거나 그것을 표방했다는 것을 의미한다.

홍 타이지가 즉위한 직후에 직면한 가장 큰 문제는 자신의 권력을 강화하는 방안과 한인을 지배하고 그들과 공존하는 새로운 방식을 모색하는 것이었다. 홍 타이지는 이 두 가지 문제의 해결점을 중국식 제도의 부분적인 도입에서 찾으려고 했다. 누르하치는 홍 타이지를 후계자로 지명하지 않고 팔기의 버일러들이 공동으로 협의하여 국가를 통치하라는 말을 유언으로 남기고 사망했다. 홍 타이지가 계승한 국가는 팔기의 연맹체였고 그것은 여덟 개의 대부족이 연합한 것과 다를 바가 없었다. 아버지 누르하치는 창업 군주였고 자신이 아들들과 조카들을 팔기의 버일러에 임명했기 때문에 권력과 권위를 자신에게 집중시킬 수 있었다. 그러나 홍 타이지는 아버지와 같은 창업 군주가 아니었다. 홍 타이지는 자신과 함께 후금의 최고 권력자였던 다이샨, 아민, 망굴타이의 양해를 받아 한의 지위를 계승했다. 그렇기 때문에 아버지처럼 권력을 독점하지 못했고 무형의 권위도 없었다. 홍 타이지는 즉위한 후에 동로 대정전에서 다른 세 명의 버일러와 함께 의자 네 개에 나란히 착석해서 정무를 집행했다. 명목상 후금의 한은 홍 타이지였으나 실질적으로 한이 네 명 있는 것과 같았다. 홍 타이지가 아민과 망굴타이를 제거하고 다이샨의 전폭적인 지지를 끌어내어 권력을 자신에게 집중시킨 것은 1631년이었다. 그러나 정치적 라이벌을 제거하는 방식으로는 체계적으로 중앙집권적 정치체제를 구축하는 데 한계가 있었다. 홍 타이지에게 필요한 것은 황제를 중심으로 중앙집권이 이루어지는 중국식의 정치 방식이었다.

홍 타이지는 1629년(천총 3)에 문서처리 기구인 서방書房, bithei boo을 설립했고 이 기구에 한인 관료를 상당수 기용했다. 1631년(천총 5)에는 전형적인 중국식 정치제도인 육부六部, ninggun jurgan를 설치함으로써 국가 기구를 완비했다. 홍 타이지에게 직속된 기구인 육부는 국가의 대소사를 논의함으로써, 기존에 팔기의 버일러들이 공동으로 수행하던 국가 통치의 영역을 잠식했다. 육부의 업무를 총괄한 것은 6명의 버일러였지만, 그들 가운데 아바타이만이 홍 타이지의 형이고 나머지는 모두 홍 타이지의 아들과 조카였다. 육부는 홍 타이지에게 권력을 집중시키기 위한 기구였다. 육부의 각 부에는 계심랑啓心郞, mujilen bahabukū 4명을 설치했다. 계심랑은 명목상으로 팔기의 버일러들을 보좌하여 한어를 만주어로 번역해 주는 임무를 수행했지만 실질적으로는 버일러를 감시하는 임무를 수행했다. 1636년(숭덕 1)에는 명의 제도를 모방하여 감찰 기관인 도찰원都察院, uheri be baicara yamun을 설립했다. 도찰원의 임무는 황제에게 간언하고, 버일러와 대신들의 불법을 규찰하며, 육부를 감찰하고, 논의와 상주에 참여하며, 사건을 심리하는 것이었다. 도찰원도 버일러들의 권력을 잠식했다.

홍 타이지의 권력 강화와 중앙집권적 제도의 지향은 필연적으로 중국식 제도의 도입으로 이어졌고, 그 임무를 수행한 한인 관료를 통해 한어와 중국식 문화가 후금의 권력 핵심부로 유입되었다. 홍 타이지는 한인과의 공존을 위해 아버지 누르하치와는 다른 유화적 정책을 시행했다. 그는 즉위하자마자 요양 한인의 학살에 대해 아버지 누르하치의 오류를 비판했다. 이어서 누르하치가 노예화시켰던 한인을 평민으로 격상시켰으며 그들 가운데 지식인을 관료로 기용했다. 이들 한인 지식인 관료들은 중국식 문화를 후금에 도입함으로써 후금에 관료제를 정착시키고 후금을 중앙집권적 국가로 변화시킨 주역이었다.

1636년 홍 타이지는 국호를 기존의 '아이신 구룬'에서 '다이칭 구룬'으

홍 타이지 시기에 건설된 중로의 건물

한어 명칭	만주어 명칭	별칭	1636년 이전의 명칭	완공 시기 비고
대청문 大淸門	Daicing duka (대청문)	오조문午朝門	대문大門	1633(숭덕 6) 궁궐의 정문
봉황루 鳳凰樓	Funghūwang leose (봉황루)		대동루台東樓	1633(숭덕 6)
관저궁 關雎宮	Hūwaliyasun doronggo gurung (조화롭고 예의 있는 궁)	Hūwaliyasun doronggo boo (조화롭고 예의 있는 집)	동궁東宮 Dergi ergi gung	1633(숭덕 6) 신비 하이란주 처소
영복궁 永福宮	Enteheme hūturingga gurung (영원히 복 있는 궁)	Hūturingga boo (복 있는 집)	차서궁次西宮	1633(숭덕 6) 장비 붐부타이 처소
인지궁 麟趾宮	Da gosin i gung (최고 어진 궁)		서궁西宮	1633(숭덕 6) 귀비 남중 처소
연경궁 衍慶宮	Hūturi badaraka gung (복이 확대된 궁)	Urgun i boo (기쁨의 집)	차동궁次東宮 Dergi ashan i urgun i boo	1633(숭덕 6) 숙비 바트마 조오 처소
청녕궁 淸寧宮	Genggiyen elhe gung (맑고 평화로운 궁)	Genggiyen elhe boo (맑고 평화로운 집)	중궁中宮 Dulimbai gung	1635(숭덕 8) 국군푸진 제제 처소
숭정전 崇政殿	Wesihun dasan i diyan (높은 정치의 전)	Wesihun dasan i yamun (높은 정치의 아문)	정전正殿 Dulimbai yamun	1635(숭덕 8)

로 개칭하고, 만주족의 한이자 요동 한인의 황제이자 몽고의 대칸이 되었다. 이는 곧 만주족이 한인, 몽고인과 공존하겠다는 의지를 선포한 것이었고 다민족국가의 표방을 의미했다. 홍 타이지 시기의 이러한 변화는 심양 궁궐 중로의 건물명에 반영되었다. 누르하치 시기에 지어진 동로의 건물명은 본래 만주어이고 한어 이름은 그에 대한 당시나 후대의 번역어이

지만, 홍 타이지 시기에 지어진 중로의 건물명은 처음 명명될 때부터 만주어와 한어 이름이 동시에 지어졌다. 더욱이 일부 궁의 이름은 그 출처가 중국의 고전이었다. 관저궁關雎宮의 '관저'나 인지궁麟趾宮의 '인지'는 출처가 『시경』이었다. 관저궁과 인지궁의 만주어 이름인 '후왈리야순 도롱고 구룽(Hūwaliyasun doronggo gurung, 조화롭고 예의 있는 궁)'과 '다 고신 이 궁(Da gosin i gung, 최고 어진 궁)'은 한어 이름과 동시에 지어졌지만 순서를 엄밀하게 따지면 한어의 만주어 번역어였다. 새로운 궁궐이 만주식이 가미된 중국식으로 건축되고 그 건물들의 명칭이 동시에 만주어와 한어로 명명된 것은 홍 타이지 시기에 후금이 다민족국가로 변화하고 확장되어 가던 상황을 상징적으로 보여 준다.

홍 타이지 시기에 궁궐과 관련하여 후금이 다민족 국가로 확장해 간 사실을 잘 보여 주는 또 다른 사례는 중로의 다섯 궁에 거주하게 된 홍 타이지의 다섯 후비后妃의 출신지가 모두 몽고라는 점이다. 다섯 명 가운데 세 명은 1619년의 사르후 전투 이후에 후금과 협력 관계를 형성한 코르친 몽고에서 왔고, 두 명은 아바가부 출신으로 몽고의 대칸인 릭단 칸의 황후였다가 그가 사망한 후 홍 타이지와 재혼한 여성이었다.

청녕궁에는 몽고 코르친부의 수령인 망구스의 딸인 효단문황후孝端文皇后 제제(Jeje(1599~1649)가 거주했다. 그녀는 1636년에 중청녕궁국군푸진 中淸寧宮國君福晉, Dulimbai genggiyen elhe booi gurun i ejen fujin에 봉해졌다. 관저궁에는 코르친부의 수령인 자이사이 노얀의 딸인 민혜공화원비敏惠恭和元妃 하이란주Hairanju(1609~1641)가 거주했다. 그녀는 1636년에 동관저궁신비東關雎宮宸妃, Dergi hūwaliyasun doronggo booi hanciki amba fujin에 봉해졌다. 인지궁에는 몽고 아바가부의 도르지 어치커 노얀의 딸인 의정대귀비懿靖大貴妃 남중Nam jung, 娜木鍾이 거주했다. 그녀는 몽고의 대칸인 차하르부 릭단 칸의 황후였는데 1634년에 릭단 칸이 사망한 후 1635년 홍타이지와 재혼했고 1636년에 서인지궁귀대비西麟趾宮貴大妃, Wargi da gosin i booi wesihun amba fujin에 봉해졌다. 연경궁에는 몽고 아바가 부의 보디사이 추후르 타부낭의 딸인 강혜숙비康惠淑妃 바트마 조오Batma dzoo, 巴特瑪璪가 거주했다. 그녀는 릭단 칸의 황후였는데 1634년에 릭단 칸이 사망한 후 1635년 홍 타이지와 재혼했고 1636년에 동측연경궁숙비東側衍慶宮淑妃, Dergi ashan i urgun i booi ijishūn fujin에 봉해졌다. 영복궁에는 하이란주의 동생인 효장문황후孝莊文皇后 붐부타이Bumbutai(1599~1649)가 거주했다. 그녀는 1636년에 서측영복궁장비西側永福宮莊妃, Wargi ashan i hūturingga booi jingji fujin에 봉해졌다.[95]

《 건륭제의 중로 증축과 서로 건설 》

건륭제(재위 1735~1796)는 즉위한 후 심양 궁궐을 확장하기 시작했다. 건륭기 이전에 그의 할아버지인 강희제 시기에도 심양 궁궐의 청녕궁 등을 보수하기는 했지만 당시 공사는 기존 건물의 보수에 그쳤고 새로운 건물군을 증축하지 않았다. 그러나 건륭제 시기에는 기존의 건물 외에 많은 건물들을 새로 건축했다. 그의 재위기의 초기에는 중로의 빈 공간에 적광전이나 보극궁 등의 새로운 건물들을 증축했다. 이 건물들은 황제가 심양으로 순행할 때 숙박하고 집무하는 공간으로 활용되었다. 그의 재위 후기에는 중로의 서쪽에 가음당이나 문소각 등의 새로운 건물군을 건축하여 연극을 공연하고 사고전서四庫全書를 보관하는 등의 문화공간으로 활용하기 시작했다.

일반적으로 건륭제 시기에 건축된 중로와 서로의 건물군은 그가 심양으로 순행할 때에 숙박하거나 정무를 집행하기 위해 건축되었다고 말해진다. 그러나 강희제는 재위 기간 동안 심양으로 세 번을 순행했지만 궁궐을 증축하지 않았다. 이를 보면 순행이 반드시 궁궐 증축의 직접적인 원인은 아니다. 강희제가 청의 내부적 평정과 외부적 원정으로 분망하여 심양 궁궐을 증축할 수 없었다는 주장이 있지만 이 또한 설득력이 떨어진다. 왜냐하면 강희기의 후반기는 국정이 안정되어서 궁궐을 증축할 심적, 물적 여유가 있었음에도 증축 공사를 하지 않았기 때문이다. 이러한 사실은 황제의 순행과 함께 다른 동기가 작용하여 심양 궁궐이 증축되었다는 것을 암시한다. 즉 건륭제는 동순과 심양 궁궐에 대해 강희제와는 다른 목적과 생각을 가지고 있었고 그 때문에 궁궐을 증축한 것이다.

청대에 황제가 심양으로 순행한 동순東巡은 강희기에 3차, 건륭기에 4차, 가경기에 2차, 도광기에 1차 시행되었으며 부정기적이었다. 황제들은 동순하기에 앞서 언제나 그 목적을 "조상의 능묘에 참배하여 효도의 뜻을 보이는 것"이라고 밝혔다. 그것은 물론 사실이다. 황제들은 동순하여 조상의 능묘에 참배하고, 황제가 순행에서 일반적으로 시행하는 현지 관원에 대한 위로와 포상, 지역민에 대한 세금 감면 등의 다양한 활동을

건륭기에 증축된 중로의 건물

한어 명칭	만주어 명칭	별칭	건축 시기 용도 및 비고
적광전 迪光殿	Ijishūn eldendere deyen (순조롭게 빛나는 전)		1746(건륭 11)~1748 (건륭 13) 순행 시 군국기무 처리
보극궁 保極宮	Ten be karmara gurung (지고함을 보우하는 궁)		1746~1748 순행 시 후비의 침전 및 서재
계사재 繼思齋	Cibtui gūnihangge jai (깊이 생각하는 재)		1746~1748 순행 시 후비의 침전 및 서재
숭모각 崇謨閣	Bodogon be wesihulere asari (기획을 존숭하는 각)	Bodogon be wesihulere g'o (기획을 존숭하는 각)	1746~1748 순행 시 후비의 침전 및 서재
이화전 頤和殿	Hūwaliyasun be ujire deyen (조화를 기르는 전)		1746~1748 순행 시 황태후와 황자들의 거처
개지궁 介祉宮	Amba fengšengge gung (큰 복이 있는 궁)		1746~1748 순행 시 황태후와 황자들의 거처
경전각 敬典閣	Kooli be ginggulere asari (전례典例를 공경하는 각)	Kooli be ginggulere g'o (전례를 공경하는 각)	1746~1748 순행 시 황태후와 황자들의 거처
비룡각飛龍閣	Deyere muduri i asari (날아오르는 용의 각)		1746~1748
상봉각翔鳳閣	Deyere garudai i asari (날아오르는 봉황의 각)	상봉루翔鳳樓 Deyere funghūwang ni leose (날아오르는 봉황의 누)	1746(건륭 11)~1748
사선재師善齋	Sain be alhūdara jai (좋은 것을 본받는 재)		1746(건륭 11)~1748
협중재協中齋	Dulimba de acanara jai (중용에 맞는 재)		1746(건륭 11)~1748
태묘太廟	Taimiyoo(태묘)		1748(건륭 13)에 무근문에서 대청문 옆으로 이축

건륭기에 신축된 서로의 건물

한어 명칭	만주어 명칭	용도	건축 시기
희대戲臺		연극 무대	1781(건륭 46)~1783(건륭 48)
가음당嘉蔭堂		연극 관람과 연회	1781(건륭 46)~1783(건륭 48)
문소각文溯閣	Šu songkon asari	사고전서 보관	1781(건륭 46)~1783(건륭 48)
앙희재仰熙齋		황제의 독서와 집무	1781(건륭 46)~1783(건륭 48)
구간전九間殿		서적과 자기 보관	1781(건륭 46)~1783(건륭 48)

했다. 그러나 동순이 부정기적으로 시행된 점은 '조상 능묘 참배'라는 표면적 목적의 이면에 다른 목적이 있었다는 것을 암시한다.

청 황제의 동순의 목적은 표면의 목적과 이면의 목적으로 분리된다. 강희기 제1차 동순(1671, 강희 10)의 표면적 목적은 조상 능묘에 참배하여 천하의 통일을 고하겠다는 것이었고, 이면의 목적은 강력한 신권臣權에 대항하여 황제권을 확립하려는 것이었다. 제2차 동순(1682, 강희 21)의 표면적 목적은 오삼계의 반란을 평정한 성공을 조상에게 고한다는 것이었고, 이면의 목적은 러시아의 남침에 대비하여 만주 지역의 전투 준비를 강화하는 것이었다. 제3차 동순(1698, 강희 27)의 표면적 목적은 조상 능묘에 참배하며 준가르의 갈단을 평정한 공적을 보고한다는 것이었지만, 이면의 목적은 동순 노선상의 몽고 각 부와의 연합을 강화하는 것이었다. 강희기 동순의 이면의 목적은 시행 시기의 상황에 따라 각기 상이하다. 그러나 표면과 이면의 목적을 통합하여 구조적으로 보면, 표면의 목적은 언제나 조상 능 참배와 성공의 자신감을 표방하는 것이었다. 반면 이면의

목적은 시기마다 닥친 상이한 위기의 관리와 타개를 위한 것이었다.[96]

건륭제가 동순한 목적은 강희제와 달랐다. 건륭제는 24세의 나이에 즉위했기 때문에 대신들의 보정輔政을 거치지도 않았고, 재위 초기부터 황제 권력이 충분히 안정되어 있었다. 그는 황자 시기에 자타가 인정한 차기 황제감이었고, 강희기와 옹정기를 거치며 황제권을 위협하는 종실과 외척과 붕당도 거의 정리되었기 때문에 정적政敵조차 별로 없었다. 변경으로부터의 위협 면에서도 건륭제는 초기부터 안정권에 진입했다. 건륭 초기에 대규모 전투가 발생한 유일한 경우는 서남부의, 주로 귀주貴州에 거주한 묘족苗族과의 전쟁이었다. 건륭제는 황제에 즉위하자마자 묘족의 저항을 9개월 만에 완전히 진압했다. 서남부의 안정과 함께 서북부 변경도 건륭 초기에 평화기로 진입했다. 서북부에서 강희기와 옹정기 내내 청조를 위협했던 준가르와 1740년(건륭 5) 양국의 경계선과 무역 조건 등을 타협함으로써, 오랜 분쟁이 마침내 타결되었다. 준가르의 내분을 이용하여 준가르를 절멸한 것은 건륭 20년대에 일어난 일이었다. 건륭 초기에는 강희제의 2차 동순 때처럼 만주 지역에 대한 러시아의 침입 위기도 없었다.

건륭제가 재위 초기에 직면한 위기는 만주족의 위기에서 찾을 수 있다. 만주족의 위기는 두 방향에서 동시에 발생했다. 하나는 만주족의 상무성과 만주어가 쇠퇴하는 현상이 가시화되기 시작한 것이다. 다른 하나는 만주족의 경제적 기반이 붕괴하기 시작한 것이다. 전자의 위기, 특히 만주족의 정체성과 직결된 언어의 위기에 대해 건륭제는 만주족을 위

서양徐揚이 그린 「건륭남순도」의 일부

한 학교를 증설하고 만문서를 출판하는 등 교육을 강화했다. 건륭제만
큼 전 재위기에 걸쳐 만주어의 유지를 위해 분투한 황제는 달리 없었는
데, 그 이유는 역설적으로 건륭기에 만주어의 소실이 가장 현저했기 때
문이었다.

경제적 위기에 대해서는 단기간에 효과를 볼 수 있는 대책을 세우기가
용이하지 않았다. 청조는 입관 후 전 인구의 2퍼센트에 불과한 팔기인八
旗人을 유지하기 위해 매년 총 국가 재정의 25퍼센트 정도를 지출했지만,
시간이 지날수록 기인의 생활은 악화되어 갔다. 기인의 생계가 악화된 데
에는 사치나 낭비 같은 개인적 차원의 원인 외에 근본적으로 기인의 토지

상실과 팔기 인구의 증가라는 구조적인 원인이 있었다. 청조는 기인을 빈곤으로부터 구제하기 위해 다양한 방법을 동원했다. 기인의 부채를 탕감해 주고, 예비병인 양육병養育兵. hūwašabure cooha 직을 만들어서 무직자 기인인 한산閑散. sula을 기용하고, 일종의 투자기금인 생식은生息銀을 지방에 분배하여 팔기의 주둔지 내에서 각종 사업에 투자하고 그 수익금을 팔기 유지비로 사용하도록 했다. 그러나 이 모든 방법으로도 기인의 생계 악화는 일시적으로 완화되었을 뿐 근본적으로 해결되지 않았고, 때로는 오히려 기인의 나태함을 조장하는 부정적인 결과를 낳기까지 했다. 건륭제는 팔기제를 유지하기 위해 더 근본적이고 획기적인 방안을 강구해야

만 했다.

　그 해결 방안으로 청조가 주목한 곳이 만주 지역이었다. 청조는 만주족의 인구압과 무직자의 적체 문제가 가장 심각한 북경으로부터 무직자 기인의 일부를 만주 지역에 이주시키는 기획을 수립했다. 1744년(건륭 9)과 1745년(건륭 10)에 도합 1,000명의 기인을 현재 하얼빈 부근의 라린Lalin, 拉林과 알추카Alcuka, 阿勒楚喀에 이주시켰다. 이 이주는 건륭제가 제1차 동순을 시행한 후 바로 다음 해에 시행된 것이었다. 만주족의 이주와 맞물려 만주 전역에 한인의 유입을 차단하는 봉금封禁 정책이 1740년(건륭 5)부터 순차적으로 시행되었다. 1740년에는 성경에, 다음 해에는 길림에, 그다음 해에는 흑룡강 지역에 봉금이 선포되었다. 건륭 초기 수년간에 걸쳐 만주 지역은 만주족의 땅으로 봉금되고 만주족의 상무성과 언어와 기타 전통이 보전되어야 할 공간으로 규정되어 갔다.

　이렇듯 옹정기에 발생하여 건륭기로 이어진 만주족의 정체성과 경제의 위기 및 그것을 해결하기 위해 만주 지역을 대상으로 시행된 일련의 만주족 중심주의 정책들을 보면, 같은 시기에 시행된 건륭제의 제1차 동순의 원인과 목적이 자연스럽게 도출된다. 즉 1743년 건륭제의 동순은 만주족에게 닥친 정체성과 경제의 위기를 타파하려는 노력의 일환이었다. 만주족의 전통이 유지되고 있는, 혹은 그렇다고 규정하고 싶은 자신들의 고토에 황제가 직접 방문하는 것은 내지의 만주족에게 향후 추구해야 할 방향과 가치를 제시한 것이었다. 건륭제가 심양의 궁궐을 증축한 것은 만주족의 정체성을 재수립하고 조상의 고토인 만주 지역의 의미를 재발견하기 위한 중심 공간을 만들기 위해서였다.

건륭제가 심양 궁궐에서 시행한 행사 가운데 샤머니즘 제사를 지낸 사건은 만주족의 정체성 수립과 만주 지역을 연계하고 궁궐이 그 중심 공간으로 기능했음을 잘 보여 준다. 건륭제는 처음으로 심양에 순행한 1743년(건륭 8)에 궁궐의 청녕궁에서 샤머니즘 제사를 지냈다. 샤머니즘 제사는 한인의 관습과 구별되는 만주족 고유의 관습이었다. 강희제는 심양에 세 번 순행했지만 샤머니즘 제사를 지내지는 않았다. 그러나 건륭제는 청이 중국을 지배하기 위해 입관入關한 후 100년이 지난 1743년에 심양에서 황제가 참여하는 샤머니즘 제사를 부활시켰다. 만주족 고유의 관습을 심양 궁궐에서 시행한 것은 그가 쇠퇴해 가는 중국 내지內地 만주족의 정체성을 부활시키기 위해 만주 지역과 심양 궁궐을 활용한 방식을 보여 준다. 서로의 건물들을 연극의 공연과 사고전서 및 기타 서적들을 수장하는 거대한 도서관으로 구성한 것도 만주족 고토의 정치적 중심지가 문화의 중심지까지 겸할 수 있게 하고 그것이 만주족 정체성의 재수립에 기여할 수 있도록 기획한 건륭제의 구상이라고 할 수 있다.

두 곳의 닝구타, 청조의 발원지를 둘러싼 의도적 혼동

청대 만주족의 역사에서는 두 곳의 닝구타Ningguta, 寧古塔가 등장한다. 한 곳의 닝구타는 현재 흑룡강성 영안시寧安市에 있었다. 영안의 닝구타는 먼 과거에 발해가 건국한 곳이고, 누르하치 시기부터 후금이 동해여진을 공략하기 위한 기지 도시였으며 만주 지역 동부의 중심 도시였다. 그래서 조선에서는 두만강의 북방 만주 지역을 '영고탑寧古塔'이라고 통칭했다. 또 하나의 닝구타는 누르하치의 고향이자 후금 개국의 창업지인 현재 요령성 신빈현新賓縣 일대에 있었다고 알려져 있다. 청 초기 이래 두 곳은 청조의 발원지로 혼동되어 왔다. 왜 이런 혼동이 발생한 것일까.

《 영안의 닝구타 》

지금 중국 흑룡강성 영안寧安의 청대 지명은 닝구타였다. 이 곳은 먼 과거에 발해가 건국된 곳으로 발해의 다섯 수도 가운데 하나인 상경용천부上京龍泉府가 있었던 곳이었다. 조선 전기에 조선인은 이곳을 고주古州나 구주具州라고 불렀고, 그곳에 사는 여진인을 혐진우디거라고 불렀다. 『만주실록』에서 닝구타는 누르하치가 여진을 통일하기 전까지 동해여진 워지부의 영역이었다고 기록하고 있다. 누르하치는 동해여진을 본격적으로 공격하기 시작한 1610년에 닝구타를 공격하여 복속시켰다. 이후 누르하치와 그의 후계자 홍 타이지는 동해여진과 흑룡강 유역을 복속시키기 위한 공격을 지속적으로 전개해 갔다. 만주 지역 서부에 위치한 후금이 원거리에 위치한 만주 지역 동부의 동해여진을 자주 공략할 수 있었던 배경에는 닝구타가 있었다.

　후금은 닝구타를 동해여진을 공략하기 위한 후방 기지 도시로 활용했다. 닝구타에 정식으로 청의 주둔 기지인 주방駐防이 설치된 것은 홍 타이지가 국호를 대청국으로 개칭하여 선포한 해인 1636년이었다. 그러나 1625년(천명 10) 누르하치가 닝구타에서 인력을 징발하여 데려오고 병사를 닝구타에 남기라고 명령한 사실을 보면 정식으로 주방이 설치된 때보다 더 일찍부터 닝구타에 군대가 주둔했던 것 같다.[97] 누르하치와 홍 타이지는 동해여진의 곳곳을 복속시킨 후, 피정복민을 대거 허투알라와 심양을 중심으로 하는 현재 요령성 내부로 유입시켜 갔다. 동해여진 지역에 남아 있는 현지 부족민들에게는 후금(청)에 대해 복속의 태도를 유지하는 것이 의무로 부과되었을 뿐, 후금(청)이 이 지역의 부족민들을 직접 통치한 것은 아니었다. 따라서 부족민들이 청의 지배에서 이탈할 가능성이 상존했다. 닝구타는 그 가능성을 봉쇄하기에 매우 적절한 지리적 이점을 가진 지역이었다. 이곳은 부족민의 영역 내에 있었으며, 무단강 연안에 위치하고 하이란강과 인접해 있어서 생산되는 물자가 풍부하고 수륙 양면에서 교통이 편리했다. 이러한 경제적, 지리적 이점을 확보하고 있던 닝구타는 무단강과 우수리강 연안에 거주하던 부족민들과 북쪽으로 흑룡강 연안에 거주하던 부족민들을 관리하기에 적합한 곳이었다.

청이 1644년 입관한 후에도 닝구타는 여전히 중요한 곳이었다. 청은 입관한 후에 현재 요령성보다 약간 작은 영역을 빙 둘러서 울타리를 설치했다. 이 울타리는 버드나무 말뚝을 박고 참호를 파서 만들었기 때문에 만주어로는 부르가 자서burga i jase(버드나무 경계)라고 부르고, 한어로는 유조변柳條邊이라고 불렀다. 유조변은 그 동쪽 노선의 경우 청의 직접 통치 지역과 부족민의 영역을 구분하는 경계선이었다. 닝구타는 입관 직후 유조변 밖의 부족민 영역에 설치된 유일한 군사 주둔지였다.

순치기에 만주 지역의 북쪽에서 러시아와의 충돌이 발생함에 따라 닝구타 외에도 유조변 밖의 길림과 그 인근의 자매도시 격인 울라에 주둔군이 상주하기 시작했지만, 닝구타의 중요성은 여전히 지속되었다. 입관 직후 청은 만주 지역을 총괄하는 지휘관들의 지위와 체계에 대해 몇 차례의 개편을 단행했다. 개편안은 1652년(순치 9)에 최종적으로 정리되었다. 그 완결된 정리안은 유조변 안팎의 만주 지역을 진수성경경성총관鎭守盛京京城總管(1662년 이후의 명칭은 성경장군)과 닝구타총관寧古塔總管(1662년 이후의 명칭은 닝구타장군)이 분할하여 관리하는 것이었다. 다시 말해 유조변 밖의 부족민에 대한 지배를 담당하는 닝구타총관의 지위가 청조 개국의 고토로 숭앙되던 유조변 내부의 성경 일대를 총괄하는 진수성경경성총관의 지위와 같아진 것이었다.

순치기부터 러시아와의 충돌이 시작되면서 일시적으로 청조에게 닝구타의 중요성은 더욱 커졌다. 닝구타가 러시아와의 전쟁에서 후방 기지로 기능하기 시작한 것이다. 그러나 닝구타는 러시아와의 전투를 위한 후방 기지로 활용하기에는 지나치게 남쪽에 위치했고 다수의 인구를 수용하기에는 배후지의 생산력이 부족했다. 순치기에 조선군까지 동원해 가며 여러 차례 러시아의 남진하는 군대를 공격했지만 결정적 효과를 보지 못한 이유는 후방 기지인 닝구타에서 북쪽의 전투지까지 물자와 병력을 이동시키는 노선이 너무 길었고, 그 이전에 닝구타에 충분한 전투 물자를 비축하지 못한 원인이 컸다.

1676년(강희 15) 청 정부는 러시아와의 전쟁을 위한 새로운 후방 기지로 길림을 선정했다. 길림은 약사(Yaksa, 雅克薩, 러시아명 알바진)를 근거지로 하는 러시아를 방비하는 데 닝구타보다 거리가 가깝고 배후지의 경제적 생산도 닝구타보다 유리했다. 이때부터 닝구타의 인구와 물자는 길림으로 이동하기 시작했다. 1676년에 닝구타장군과 함께 닝구타의 주둔병 2,000명이 길림으로 이동했다. 이후 닝구타의 경제적 생산을 담당하던 유배범 수천 명도 대거 길림으로 이주했다. 길림은 유조변 밖 지역, 즉 만주의 변경 지역의 새로운 중심지가 되었다. 반면 오랫동안 만주의 변경 지역의 중심지였던 닝구타는 새로운 중심지 길림에 밀려서 그 중요성이 감소되기 시작했다. 러시아와의 충돌이 닝구타의 중요성을 일시 증가시켰다면 또한 바로 그 원인이 닝구타의 중요성을 감퇴시킨 것이다.

《 신빈의 닝구타 》

　두 번째의 닝구타는 누르하치가 후금을 개국한 지역인 허투알라 인근, 즉 현재 요령성의 신빈현 내에 있었다고 생각되어 왔다. 그러나 신빈의 닝구타는 청대에 기록된 누르하치의 사적과 관련한 문헌에서 전혀 등장하지 않는다. 청대에 만문과 한문으로 제작된 지도에서도 신빈현 일대에서 닝구타Ningguta, 寧古塔라는 지명을 찾을 수 없다. 신빈 일대에서 닝구타와 유사한 지명은 조선인 신충일이 남긴『건주기정도기』에서 '림고타林古打'라는 형태로 유일하게 나타난다. 신충일은 1595년(조선 선조 28)에 건주여진의 도성인 퍼알라Fe ala에 사신으로 파견되었다가 귀국한 후에『건주기정도기』를 썼다. 그는 이 기록에 수록한 지도에서 허투알라에서 약간 떨어진 소자하蘇子河의 상류역에 '지명림고타地名林古打'라고 기입했고, 소자하의 상류를 '림고타천林古打川'이라고 지칭했다. 엄밀히 따지면 림고타林古打가 닝구타Ningguta의 음역인지도 확실한 것은 아니다. 그러나 청대에 그리고 현재까지도 영안의 닝구타와 신빈의 닝구타가 착종되며 빚어져 온 혼란은 림고타가 닝구타의 음역이고 누르하치의 할아버지의 여섯 형제를 지칭하는 '닝구타의 버일러들Ninggutai beise'의 닝구타가 이 지명에서 비롯한 명칭이라는 가정에서 시작되었다.

　일본의 와다 세이和田淸(1890~1963)는 림고타가 닝구타의 음사이고 누르하치의 할아버지의 여섯 형제를 지칭하는 '닝구타 버일러들'의 닝구타가 이 지명과 관련 있다고 추정했다.[98] 그 유력한 근거는 신충일이 "누르하치가 지금 이곳(퍼알라)에서 거주하지만, 10년 전에는 림고타에서 거주했었다"고 기록한 것에 있다. 와다 세이는 누르하치가 퍼알라에서 세력을 키우기 전에 소자하의 상류역인 림고타에서 거주했고 그곳이 누르하치의 고향이며 그의 할아버지 형제들이 살던 곳이라고 추정했다. 다시 말해서 '닝구타 버일러들'의 닝구타를 신충일의 림고타와 일치시킨 것이다. 와다 세이처럼 많은 사람들이 '닝구타 버일러들'의 닝구타를 지명에 기인한 호칭으로 보아 왔다. 그러나 필자는 이와 다른 주장을 하고자 한다.

일반적으로 신빈의 닝구타는 『만주실록』과 같은 사료에 쓰인 누르하치의 할아버지의 여섯 형제를 부르는 '닝구타의 버일러들', '닝구타의 부部, ninggutai aiman' 등의 표현에서 유래한다고 생각되어 왔다. 그러나 '닝구타의 버일러들'이나 '닝구타의 부'의 닝구타는 지명으로 보기 어렵다. 이 경우의 닝구타는 '여섯'을 의미하는 만주어 '닝구ninggu'와 '머리'나 '수령'을 의미하는 만주어 '다da'의 고형태 내지 이형태인 '타ta'가 결합하여 '여섯 수령'을 의미하게 된 용어로 추정된다. 더 구체적으로 '닝구타의 버일러들'은 누르하치의 할아버지의 형제들 여섯 명을 가리키는 말이다. 그렇기 때문에 '닝구타의 버일러들'을 『만주실록』의 한문본에서는 '육왕六王'으로 번역하고 있다.

'닝구타의 버일러들'과 함께 그들의 인근에 살았던 세력자를 지칭하는 어휘를 보면 닝구타가 지명이 아니라 '여섯 수령'을 가리키는 말임이 더 선명해진다. 닝구타의 버일러들이 거주하는 곳 인근에 그들의 경쟁자로 기야후라는 사람의 일곱 아들과 쇼서나라는 사람의 아홉 아들이 있었다. 기야후의 일곱 아들은 '일곱 수령'이라는 의미로 '나단타nadan ta'로 불렸고, 쇼서나의 아홉 아들은 '아홉 수령'이라는 의미로 '우윤타uyunta'라고 불렸다.[99] 이처럼 당시 건주여진 씨족 집단의 형제들로 구성된 수장층을 명명하는 일반적 관행을 보면 '닝구타 버일러'의 닝구타의 의미가 선명해진다. '닝구타 버일러'의 닝구타는 '나단타'나 '우윤타'와 동일선상에 있는, 형제들의 수로 그들을 합칭하는 호칭이자 일족을 부르는 명칭이고, 지명에 기인한 명칭은 아닌 것이다. 만약 지명 림고타와 '닝구타 버일러들'의 닝구타가 관련이 있다면, 그것은 닝구타가 지명에서 유래한 것이 아니고 그 반대일 것이다. 즉 '닝구타 버일러들'이 거주했기 때문에 림고타라는 지명이 생겼을 것이다.

신충일이 퍼알라를 방문한 1596년으로부터 8년이 흐른 1603년에 누르하치는 도읍을 허투알라로 천도했다. 『만주실록』은 허투알라를 중심에 두고 환형으로 '닝구타의 버일러들' 여섯 형제들의 여섯 거주지를 지도로 그려 보여 주고 있다.[100] 그에 의하면 누르하치의 첫째 할아버지인 더시쿠의 거주지는 기오르차, 둘째 할아버지인 리오찬의 거주지는 아하 홀로, 셋째 할아버지인 소오창가의 거주지는 홀로 가샨, 다섯째 할아버지인 보올랑가의 거주지는 니말란, 여섯째 할아버지인 보오시의 거주지는 장기야였다. 그리고 친할아버지인 기오창가의 거주지는 허투알라였다. 허투알라는 훗날 1603년에 누르하치가 새로운 도읍지로 정할 곳이었다. 지도

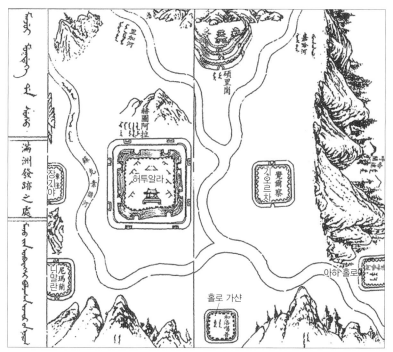

『만주실록』에 그려진 만주가 발흥한 곳. 닝구타 버일러들의 6개 거주지가 사각형으로 표시되어 있다. 가운데가 허투알라이고 그 오른쪽부터 시계방향으로 기오르차, 아하 홀로, 홀로 가산, 니말란, 장기야이다. 지도의 오른쪽이 서쪽이고 위쪽이 남쪽이다.

는 누르하치의 수도인 허투알라를 중심에 두기 위해 닝구타 버일러들의 실제 거주지의 위치를 왜곡하고 있지만 개략적으로 여섯 거주지의 위치를 보여 주고 있다.

《 의도적인 혼동 》

청대에 많은 사람들은 두 닝구타를 혼동하고 있었다. 그들은 닝구타 버일러들의 거주지가 영안의 닝구타라고 생각했다. 즉 그들은 '닝구타 버일러들'의 닝구타를 지명으로 생각했고 그 위치가 현재 흑룡강성의 영안이라고 착각했다. 그래서 그들은 누르하치의 여섯 할아버지가 흑룡강성 영안에서 거주했다고 오인했다. 예컨대 강희 연간에 활동한 양빈楊賓(1649~1720)은 그의 저서인『유변기략柳邊紀略』에서 영안의 닝구타에서 육조六祖가 흥기했다는 설이 있다고 소개했다. 일부 청대인은 그것이 오해라는 것을 알고 있었다. 예컨대 임길林佶(1660~1720?)이 편찬한『전요비고全遼備考』의 「영고탑寧古塔」에서는 육조의 거주지가 영안의 닝구타가 아니라고 분명히 밝히고 있다. 그러나 이런 오해는 지금까지도 간혹 이어지고 있다. 그러면 왜 이런 오해가 발생했고 지속된 것일까?

먼저 지리 지식의 부족이 이런 오해를 낳았을 가능성이 있다. 현재 우리는 정밀한 지도를 펼치고 누르하치와 그 할아버지들의 거주지를 신빈에 표기할 수 있으며 영안의 닝구타가 그곳과 얼마나 멀리 떨어져 있는 곳인지 쉽게 알 수 있다. 그러나 과거에 중국 내지에서 사는 사람이 머나먼 변경의 지리에 대해 상세히 모르는 상태에서 '닝구타 버일러'의 닝구타를 지명으로 오인하고 그 닝구타와 영안의 닝구타를 동일한 장소로 오해할 가능성은 다분하다.

오해의 원인에 대한 근래의 가장 흥미로운 설은 파멜라 크로슬리 Pamela Kyle Crossley에 의해 제기되었다. [101] 그녀는 두 닝구타의 혼동이 청조에 의해 의도적으로 만들어진 것이라고 주장했다. 다시 말해 청대의 만주족이 자신들의 조상에 관한 역사를 서술하면서 '닝구타 버일러'의 닝구타와 영안의 닝구타의 발음이 같은 점에 착안해서 신빈의 닝구타와 영안의 닝구타 두 곳을 같은 곳으로 서술했다는 것이다. 크로슬리는 청조가 역사를 서술할 때 사용한 이러한 방식을 '외형의 일치consistency of figuration'라고 명명했다. 그녀는 청조가 두 닝구타의 '외형의 일치'를 통해 청조의 발원지를 의도적으로 혼동시켰다고 보았다. 그리고 이러한 서술 방식이 18세기, 주로 건륭기에 청조가 대제국으로 발전하면서 그에 따라 변화한 통치 방식을 반영한다고 보았다. 크로슬리가 예시하지는 않았지만 실제로 건륭제는 신라의 계림을 발음이 같다는 이유로 길림과 등치시키기도 했고, 만주족의 만주라는 족명이 문수보살을 의미하는 산스크리트어 만주시리에서 기원한다고 주장하기도 했다. 크로슬리가 말한 18세기 청조의 '외형의 일치' 방식은 설득력 있는 논리이다. 그러나 닝구타의 경우 두 곳이 혼동되기 시작한 것이 청 초기부터이기 때문에 18세기 청조의 의도적인 '외형의 일치' 작업에 의한 혼동이라고 보기에 석연치 않은 점이 있다. 이에 대해서는 두 곳이 혼동을 일으키는 현상은 청 초기부터 이미 존재했고 18세기에 청조는 그 혼동 현상을 '외형의 일치' 작업에 이용했다고 본다면 이해 불가능한 것은 아닐 것이다.

장백산 신화 만들기

《 **장백산과 백두산** 》

　백두산은 한국인의 성산聖山이고 또한 만주족에게도 성산이었다. 한
국에서 백두산을 장백산이라고 부르면 안 된다는 논란이 있었다. 장백산
은 중국인이 부르는 이름이기 때문에 한국인은 한국의 이름인 백두산만
을 써야 한다는 논리였다. 그러나 장백산과 백두산은 백산白山, 태백산太
白山 등의 이름과 함께 중국과 조선 양쪽에서 모두 혼용되어 왔다.『신증
동국여지승람新增東國輿地勝覽』(1530)에서는 '백두산'을 대표 명칭으로 쓰고
'장백산'을 덧붙여 부기하고 있다.『조선왕조실록』에서는 백두산과 함께
장백산이란 명칭을 종종 사용했다.『조선숙종실록』은 "호인胡人이 백두산
이라고 칭하는데 그 산이 오래 희기 때문이다"라고 기록하고 있다.[102] 호
인은 만주인을 가리킨다. 그 만주인이 어디에 거주하는 자들인지, 그들

이 '백두산'이라고 발음했는지 아니면 '흰 머리 산'이라는 의미의 만주어로 '샹기얀 우주 이 알린'이라고 말했는지는 알 수 없지만 만주인이 백두산이라는 이름도 썼음은 분명하다. 또한 류건봉劉建封(1865~1952)이 『장백산강강지략長白山江崗志略』(1908)에서 기록한 것처럼 중국인이 백두봉白頭峰이란 이름을 쓰기도 했다. 장백산이란 이름을 중국인만이 아니라 조선에서도 쓴 것처럼 백두산이란 명칭도 조선의 전유물이 아니었다. 지금도 중국은 장백산 외에 백두산이란 명칭도 혼용하고 있다.

중국의 문헌에서 장백산이란 이름이 처음 보이기 시작하는 것은 12세기에 여진족이 세운 금나라 때이다. 그런데 그 시기에는 장백산보다 백산이란 이름이 더 일반적으로 쓰인 것 같다. 금나라의 역사를 기록한 『금사金史』에서는 여진족의 전통적인 강역을 백산흑수白山黑水라고 부르고 있다.[103] 즉 백산흑수는 북쪽의 흑룡강부터 남쪽의 백두산까지의 사이 지역을 여진족의 영역으로 인식한 데서 나온 표현이다. 훗날 16~17세기 만주족은 장백산을 '골민 샹기얀 알린Golmin šanggiyan alin'이라고 불렀다. 이는 '길고 흰 산'이라는 의미로서 장백산과 의미가 정확하게 일치하는 이름이다. 장백산이라는 한어 이름이 먼저 생겼는지, 아니면 '골민 샹기얀 알린'이라는 여진어 이름이 먼저인지는 알 수 없다. 그러나 그곳이 여진인의 전통적인 강역이었던 측면에서 보면 장백산은 여진어인 '골민 샹기얀 알린'을 의역한 한어 이름인 것으로 추정된다. 장백산은 만주 지역에서 최고봉이고, 광대한 산무리의 곳곳에 화산의 기기절묘한 경관을 가지고 있으며, 정상의 칼데라호인 천지는 장엄하다. 그렇기 때문에 장백산은 그 일대를 터전으로 살아온 민족들에게 언제나 특별하고 신령스럽게 여겨졌다. 이들은 장백산 자체를 신神으로 여겼다. 12세기 금나라는 1172년에 장백산을 흥국영흥왕興國靈應王에 책봉하고 1193년에는 개천굉성제開天宏聖帝로 책봉하여 숭상했다. 그 이전에 요나라를 세운 거란족은 자신들의 발상지가 장백산에서 멀리 떨어진 시라무렌강 유역이었음에도 불구하고 장백산을 백의관음白衣觀音이 거주하는 곳이라며 숭상했다.

《 부쿠리산과 장백산의 결합 》

17세기 초 후금(청)을 세운 만주족에게는 장백산이 그전보다 더 특별한 의미를 가졌다. 만주족은 장백산이 황실인 아이신 기오로씨의 조상이자 모든 만주족의 시조인 부쿠리 용숀의 탄생지라고 생각했다. 그렇기 때문에 1677년(강희 16)에 조상의 발상지를 답사한다는 명목으로 청조 최초의 장백산 탐사가 시행되었고, 그다음 해에 장백산을 장백산신長白山神. Golmin šanyan alin i enduri에 봉하고 매년 두 번 정기적으로 제사를 지내기 시작했다. 그러나 결론부터 말하면, 부쿠리 용숀의 탄생지와 장백산은 처음에 서로 아무런 관계가 없는 별개의 장소였다. 청조의 만주족 통치자들은 그들의 먼 과거의 전설적 조상인 부쿠리 용숀의 신화를 장백산이라는 탁월한 랜드마크에 연결해 갔다. 그 이유는 이 신령스러운 지리적 표상을 자신들의 왕조와 황실의 정통성을 빛내는 수단으로 활용하기 위해서였다.

청 황실 아이신 기오로씨의 시조인 부쿠리 용숀의 출생에 대해 청대에 편찬된 모든 관찬 사서는 그가 "장백산 동쪽에 있는 부쿠리산의 불후리 호수에서 하늘의 세 선녀 가운데 막내인 퍼쿨런의 아들로 태어났다"고 전하고 있다. 또한 『태조고황제실록』은 그 첫머리에서 "선세先世는 장백산에서 발상했다"고 선언하고 있다.[104] 그래서 청대에 만주족은 부쿠리산이 장백산맥의 여러 산 가운데 하나이고 불후리 호수는 백두산의 천지天池라고 생각했다. 또한 장백산은 만주족 황실의 조상의 발상지이자 모든 만주족의 발상지라고 믿어졌고 숭상되었다. 그러나 장백산과 부쿠리산은 한반도의 남북 거리만큼이나 멀리 떨어진 곳에 위치한 전혀 무관한 곳이었다. 불후리 호수도 백두산의 천지와는 무관한 호수였다. 또한 부쿠리 용손과 장백산이 청조(후금)가 설립된 누르하치 시기나 그 이전부터 아이신 기오로씨의 시조와 그 발상지로 숭배된 것도 아니었던 것 같다. 청 초기에 편찬된 『태조무황제실록』과 『태조고황제실록』과 『구만주당 천총구년舊滿洲檔 天聰九年』에 더해 지난 수십 년 사이에 그 존재가 알려진 만문 기록물인 「선先 겅기연 한의 훌륭히 행한 규범Nenehe genggiyen han i sain yabuha kooli」의 관련 기록들을 비교하면, 청 황실의 시조 신화가 만들어지는 과정과, 그 과정에 장백산이 유입되어 간 궤적을 시계열적으로 추적할 수 있다.

1635년(천총 9)은 여진인에게 만주라는 이름이 부여된 기념비적인 해였다. 이 해에 홍 타이지는 종래의 주션이라는 족명을 폐지하고 만주라는 새로운 족명만을 쓰도록 강제했다. 그전의 20여 년 동안 광대한 만주 지역에 분산되어 살아 가던 부족들은 속속 아이신 구룬(금국)이라는 국가 안으로 때론 자진하여 들어왔고 때론 강제로 통섭되어 살아가게 되었다. 그들이 하나의 나라 안에서 그 나라의 국인으로 살아가게 되었다고 해서 그들에게 전에 없던 소속감과 동질성이 갑자기 생겨날 수는 없었다. 특히 무력 정복되어 강제 흡수된 집단은 아이신 구룬에 적대감을 가지고 있었다. 홍 타이지에게는 이들의 동질성을 만들어야 할 필요가 절실했다. 이런 배경에서 만주라는 족명이 탄생했다. 만주족의 시조라고 하는 부쿠리 용숀이 만주족의 기록에서 처음 등장한 것도 바로 그 시기였다. 흑룡강 유역의 후르카부에 출병했던 후금의 군대가 1635년 6월 20일 심양으로 귀환했을 때, 후금군에 투항하여 함께 온 묵시커Muksike라는 후르카인은 다음과 같이 말했다.

> 나의 할아버지와 아버지는 대대로 부쿠리산 아래 불후리 호수에서 살았습니다. 우리 지방에는 글과 문서가 없고 옛날에 살았던 것을 차례대로 말하여 전해온 것에 의하면 그 불후리 호수에 하늘의 세 처녀 엉굴런, 정굴런, 퍼쿨런이 목욕하러 왔는데, 까치가 준 붉은 과일을 막내 처녀 퍼쿨런이 얻어 입에 머금자 목구멍으로 들어가서 임신하여 부쿠리 용숀을 낳았습니다. 그 일족이 만주 나라 사람입니다. 그 불후리 호수의 둘레는 100리, 사할리얀 울라(흑룡강)로부터 120~130리입니다. 나에게 두 아들이 태어난 후, 그 불후리 호수로부터 이주하여 가서 사할리얀 울라의 나르훈이라는 곳에서 살았었습니다.[105]

이 기록에 의하면 부쿠리 용숀이 태어났다는 부쿠리산 아래 불후리 호수는 흑룡강 인근이었고, 세 선녀와 부쿠리 용숀 탄생 신화는 그 일대에 사는 후르카인에게 대대로 구전되어 온 전설이었다. 그리고 그것이 1635년에 후르카 사람인 묵시커에 의해 후금(청)에 소개된 것이었다. 「황여전람도皇輿全覽圖」(강희 56)를 참조하면 묵시커 일족이 대대로 살았다는 부쿠리산과 불후리 호수의 정확한 위치를 점찍을 수 있다. 이 지도에는 흑룡강 서안의 흑룡강성黑龍江城, Sahaliyan ula i hoton(현 중국의 흑하시黑河市) 남쪽에 '부쿠리산Bukūri alin'이 명기되어 있다. 그리고 그곳에서 흑룡강을 건너서 더 동쪽으로 진입한 곳, 즉 현재 러시아의 블라고베셴스크Благовещенск 인근에 '불후리 호수Bulhūri omo'가 표기되어 있다. 부쿠리산에서 장백산까지의 거리는 대략 1,000여 킬로미터로서, 한반도 남단에서 북단까지의 거리와 비슷하다. 왼쪽 두 장의 지도를 보자. 전자는 장백산과 부쿠리산의 위치를 표기한 것이고, 후자는 「황여전람도」에서 부쿠리산 일대를 발췌한 것이다.

묵시커가 말한 부쿠리 용숀 시조 설화는 이후의 문헌에서 내용이 점차 상세해져 갔다. 부쿠리 용숀이 청 황실의 조상 계보에 유입된 것을 보여주는 최초의 기록은 홍 타이지 재위기인 천총 연간에 쓰여진 것으로 추정되는 「선先 경기연 한의 훌륭히 행한 규범」이다. 이 기록에서 부쿠리 용숀의 행적은 묵시커의 보고 내용보다 매우 상세하게 확장되어 있다. 그에 의하면 부쿠리 용숀은 불후리 호수에서 목욕하던 세 선녀의 막내 퍼쿨런의 아들로 태어나서, 그곳을 떠나 일란 할라Ilan hala, 三姓,(현 흑룡강성 의란현) 지역으로 이동했고, 그곳의 사람들에게 추대를 받아 어전ejen, 主人이

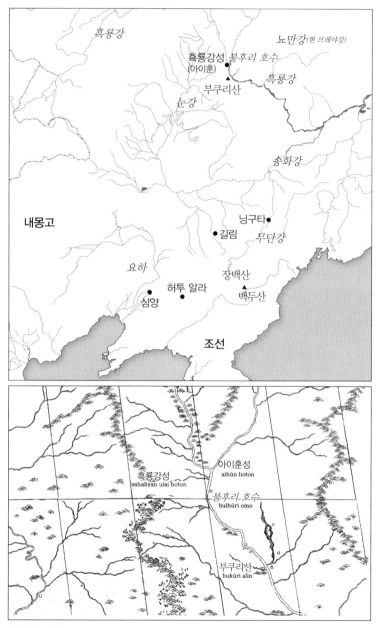

부쿠리산의 위치

되었다. 신화의 인물 부쿠리 용숀이 일란 할라로 이동한 것으로 서술됨으로써, 그는 누르하치의 6대조이자 일란 할라가 원거주지였던 실존 인물인 몽케테무르와 공간적으로 연결되었으며 그의 직계 조상으로 자리하게 되었다. 그러나 이 문헌에서 장백산은 아직 등장하지 않는다.

　부쿠리 용숀의 탄생지인 부쿠리산에 장백산이 첨입되어 결합하는 최초의 기록은『태조무황제실록』이다. 이 책은 1636년(숭덕 1)에 편찬되고 여러 번의 개수改修를 거쳐 1655년(순치 12)에 정본定本이 완성되었다. 책의 권1 첫머리에서는「선先 경기연 한의 훌륭히 행한 규범」에 기록된 부쿠리 용숀의 탄생 신화와 그의 일란 할라로의 이동과 몽케테무르로의 계보 연결을 그대로 서술하고 있다. 그러나『태조무황제실록』은 이 서술과는 달리, 부쿠리 용숀의 탄생 신화 앞에서 장백산의 지리적 배경을 서술하고, 그에 뒤이어 부쿠리 용숀의 탄생지인 부쿠리산을 서술하면서 위치를 설명하는 지리적 기준점으로 장백산을 삽입했다.

　　장백산은 높이 200리, 둘레 1,000리이다. 이 산의 정상에 호수 하나가 있는데, 이름은 타문이고, 둘레는 약 80리이다. 얄루·훈퉁·아이후 세 강이 모두 이 산에서 나온다. 얄루강은 산의 남쪽에서 나와서 서쪽으로 흘러서 요동 남쪽의 바다로 들어간다. 훈퉁강은 산의 북쪽에서 나와서 북으로 흘러서 북쪽 바다로 들어간다. 아이후강은 동쪽으로 흘러서 동쪽 바다로 들어간다. 이 세 강에서 각기 주보珠寶가 난다. 장백산은 산이 높고 땅이 차가우며 바람이 심하고 그치지 않기 때문에 여름에 주위 산의 짐승들이 모두 이 산에서 쉰다. 이 산은 부석浮石이 가

득 있고 동북의 명산이다.

○ 만주의 연원과 흐름

만주는 장백산의 동북쪽 부쿠리산 아래 호수에서 기원했는데, 그 호수의 이름은 불후리이다.[106]

이 서술을 논리적으로 분석하면 장백산은 부쿠리산의 방향을 알려주는 지표일 뿐 부쿠리 용손과 연결될 수 있는 근거와 개연성이 전혀 없다. 그전 홍 타이지 재위기부터 청(후금)은 후르카의 위치를 언급할 때 장백산을 방위의 기준으로서 습관적으로 사용해 왔기 때문에, 그러한 언어 습관이 부쿠리산을 언급하면서 자연스럽게 드러났을 가능성도 있다. 그러나 이 기록에서 장백산은 단순히 부쿠리산의 방위를 표시하는 지표로 쓰인 것에 그치지 않는다. 기록의 첫부분이 장백산으로 시작되었고 그 서술에 상당한 지면이 할애되었다. 이 기록은 장백산의 지리적 배경과 신비스러움에 대해 상세한 수치를 거론하며 자세히 서술한 후, 그 바로 뒷 단락에서는 장백산으로부터 무려 1,000킬로미터 이상 떨어진 곳에 있는 부쿠리산과 불후리 호수를 단순히 "장백산의 동북쪽에 있다"고 서술함으로써, 장백산을 부각시키고 장백산과 부쿠리산의 거리감을 의도적으로 희석시켰다. 결국 멀리 흑룡강 연안의 부쿠리산의 불후리 호수에서 태어난 부쿠리 용손이 마치 장백산 인근에서 태어난 것처럼 묘사되었고, '부쿠리산'과 '불후리 호수'를 기록에서 삭제하지 않으면서도 장백산과 부쿠리 용손과 아이신 기오로 씨족이 결합하게 되었다. 그러나 이 결합은 서술과 단락

편집의 힘에 의해 의도적인 모호함을 유발하여 독자의 오독을 유도한 것에서 비롯된 것이지, 장백산 자체를 청 황실이나 만주족의 발상지라고 규정한 것은 아니었다.

장백산을 조상의 발상지라고 확고하게 규정한 서술은『태조고황제실록』에서 보인다. 이 책은 1682년(강희 21)부터 편찬을 시작하여 1686년(강희 25) 2월에 완성되었으며 전체 10권으로 구성되었다.『태조고황제실록』의 첫머리는 "선세先世는 장백산에서 발상했다"는 선언적인 문장으로 시작한다.

> 선세先世는 장백산에서 발상했다. 이 산은 높이 200리, 둘레 1,000리이고, 나무가 지극히 높아서 웅장하며 상서로운 영기靈氣가 모여 있다. 산의 정상에 호수가 있는데 타문이라고 부르며, 둘레는 약 80리이고 근원이 깊고 흐름이 넓어 얄루·훈퉁·아이후 세 강의 물이 여기에서 나온다. 얄루강은 산의 남쪽에서 나와서 서쪽으로 흘러서 요동 남쪽 바다로 들어간다. 훈퉁강은 산의 북쪽에서 나와서 북쪽 바다로 들어간다. 아이후강은 동쪽으로 흘러서 동쪽 바다로 들어간다. 세 강은 기이한 물산을 품고 길러서 그곳에서 나는 진주는 세상의 보물이다. 그 산은 바람이 심하고 기운이 차가우며 기목奇木과 영약靈藥이 철에 따라 크게 자란다. 매년 여름에 주위 산의 짐승들이 모두 이 산에서 쉰다. 산의 동쪽에는 부쿠리산이 있고, 산 아래에는 연못이 있는데 불후리라고 한다.[107]

『태조고황제실록』은 첫머리 부분에서『태조무황제실록』과는 달리 장백산을 조상의 발상지라고 확실하게 규정했다. 또한 이 기록은 『태조무황제실록』의 서술과는 달리 장백산의 지리적 배경과 부쿠리 용숀 탄생 신화라는 두 개의 상이한 사실을 하나의 단락 안에서 하나의 사실처럼 자연스럽게 결합시키고 있다. 결국 이 기록에서 부쿠리산은 수많은 산으로 이루어진 장백산 산무리 가운데 하나가 되었고 그곳에서 태어난 부쿠리 용숀은 곧 장백산에서 태어난 것이 되었다. 이로써 장백산과 부쿠리산과 부쿠리 용숀 삼자가 완벽하게 결합했다. 후르카인 묵시커가 부쿠리 용숀 신화를 보고한 지 50년이 걸려서 청 황실 조상의 장백산 기원 역사 만들기가 『태조고황제실록』에서 완성된 것이었다.

3_만주족다움

1644년 청은 중국을 정복했고 수도를 심양에서 북경으로 이동했다. 이른바 입관入關이라고 불리는 이 역사적 사건을 통해 청의 약 100만 명의 인구가 중국으로 이동했다. 그 가운데 절반은 북경에 주둔했고 나머지 절반은 지방의 주요 도시와 요지에 분산되어 주둔하기 시작했다. 입관은 중국에 대한 청의 군사적이고 정치적인 승리였지만 만주족의 미래를 불투명하게 만들었다. 입관으로 인해 약 30여만 명의 만주족이 약 1억 명의 한인 사이에서 거주하게 되었다. 그 결과 만주족은 한인의 문화와 한어의 침식으로 인해 상무성과 만주어를 상실할 위기에 처했다. 입관 이후 만주족은 종족種族적으로도 변화가 발생했다. 1635년 '주션'을 대체하여 선포된 '만주'는 청의 직접 통치하에 있는 여진과 소수의 한인과 조선인 출신으로 구성되었다. 입관 이후에는 그 밖에 여러 종족 집단이 만주로 편입되었다. 강희기에 만주 지역의 동부와 북부의 다양한 퉁구스계 민족들이 팔기로 편입되어서 신만주라고 칭해졌고, 러시아와의 전투에서 포로가 된 소수의 러시아인도 팔기만주에 배속되었다. 건륭기에는 동투르키스탄의 소수 투르크계인을 팔기만주에 배속시키기도 했다. 때로는 팔기한군과 팔기몽고까지 포함한 '기인'이란 말이 '만주'와 동의어로 쓰이기도 했다. 청대에 만주는 계속 팔기 안에서 기인으로 유지되었지만 그 종족적 외연과 문화는 유동적으로 변화해 갔다.

만주족이 자신들의 언어와 문화를 그나마 지킬 수 있게 방어해 준 것은 한인과 분리되어 살아 간 폐쇄적 거주 형태였다. 입관 직후에 북경에는 50만 명의 만주를 포함한 기인이 모여서 거주했고, 지방에서는 팔기 주둔지인 만성滿城, Manju hoton에서 한인 거주지인 한성漢城, Nikan hoton과 벽으로 분리되어 거주했다. 이러한 분거 정책은 입관 전에 만주족과 한인의 충돌을 방지하기 위해 시행했던 제도가 경험칙으로 작용하여 입관 후에도 그대로 적용된 것으로 생각되지만, 본래의 목적이 무엇이었건 만주족의 언어와 문화를 유지하는 데 유리하게 작용했다. 그러나 만성 안의 팔기 주둔군과 그 가족들이 만성 밖의 한인과 완벽하게 분리되어 아무런 소통 없이 산다는 것은 현실적으로 불가능했다. 만주족은 생필품을 구입하거나 종교 활동을 하기 위해서 한인과 수시로 접촉하고 교류해야 했다. 그 과정에서 만주족에 대한 한인의 문화와 언어의 침식이 지속되었다. 만주족 통치자는 정책적으로 이 침식을 방어했다.

청대 만주족 통치자들은 만주족이 지켜야 할 고유의 덕목으로 만주어와 활쏘기를 강조했다. 그에 더해 부수적으로 만주족의 복식과 소박함과 순수함과 검소함 등의 기질적 고유성도 강조했다. 이를 지켜 나가기 위해 기인을 위한 학교를 설립하여 만주어를 교육하고, 대규모 수렵을 통해 군사 훈련을 시행하고 상무성을 함양했으며, 조상의 고토인 만주 지역의 숭고함을 예찬했다. 만주족의 정체성을 구성하는 요소들을 강화하기 위한 제반 정책은 입관 직후에 시작되어 건륭기에 정점에 이르렀다.

3장에서는 만주족이 자신을 한인과 구분되는 존재로 인식하게 해준 '만주족다움'의 요소들에 대해 서술한다. 만주족의 특질에 대해 기존에 연구자들이 다루어 온 만주어, 전투력, 샤머니즘의 문제와 함께 그간 잘 언급되지 않았던 씨족과 성명, 그리고 가추하 놀이까지 서술할 것이다.

만주족의 성명과 씨족

《 **만주족이 성을 쓰지 않는 이유** 》

1980~1990년대 홍콩의 최고 미녀 배우로 군림했던 관지림關之琳의 관關이라는 성을 보면 그녀가 청룡언월도를 휘두르던 관운장關雲長의 후예인가 싶다. 그러나 관지림은 만주족의 후손이다. 그녀가 태어난 곳은 홍콩이지만 그녀의 조상은 대대로 팔기의 양람기鑲藍旗에 속한 기인이었고 심양을 본적지로 두고 있었다. 그녀의 성인 관은 한족의 성이 아니고 만주족의 성인 구왈기야Gūwalgiya, 瓜爾佳를 축약한 것이다. 이처럼 만주족이 대기 본래의 성을 축약하거나 변형하는 방식으로 한족의 성처럼 보이게 만든 것은 대개 신해혁명이 일어난 1911년 이후이고, 그 가장 큰 원인은 청 말기와 신해혁명 시기에 한인의 만주족에 대한 적대감이 급격히 커진 때문이었다.

신해혁명 이전인 청대에는 만주족이 자신들의 본래 성을 일상 생활에서 사용했을 것 같지만 그렇지 않았다. 청대 만주족은 일상에서 자신들의 성을 거의 사용하지 않고 이름만을 사용했다. 심지어 조정에서 공식적으로 만주족의 성명을 기록하거나 불러야 할 때에도 역시 성은 거의 언급하지 않고 대개 이름만을 기록하거나 불렀다. 청대에 만주족의 성은 족보에만 기록되어 전해지는 박제화된 상징이었다. 청대에 만주족이 일상에서 성을 쓰지 않기 때문에 한인들은 만주족에게 성이 없다고 오해를 했는데, 이는 말 그대로 오해일 뿐이었다. 모든 만주족은 성을 가지고 있었다. 만주족이 일상에서 성을 사용하지 않은 원인은 그들이 국가를 세우기 전에 씨족 단위로 생활했던 시기의 관습이 청대 내내 지속된 때문이었다.

만주족의 조상인 여진족은 씨족이나 부족 단위로 흩어져 거주했다. 이 씨족을 여진어로 할라hala, 姓라고 했다. 할라는 하나의 씨족 집단을 가리킴과 동시에 성姓을 의미했다. 예컨대 지금의 흑룡강성 의란현은 청대 강희기부터 일란 할라Ilan hala로 불리거나 그 만주어의 의미를 번역하여 삼성三姓으로 불렸다. '일란 할라'라는 이름에서 세 씨족 집단이 거주한 곳이었음을 쉽게 알 수 있다. 관지림의 조상의 '구왈기야 할라'는 '구왈기야 씨족'이자 동시에 '구왈기야 성'을 의미했다. 할라의 명칭은 지명, 강 이름, 씨족의 토템 등에서 다양하게 가져와서 사용했는데, 구왈기야는 지명에서 유래한 이름이었다. 이처럼 같은 성의 씨족인들이 하나의 집단을 이루어 거주하고 그들의 생활 범위가 그 집단을 벗어나지 않는 상황에서 개인을 명명할 때에 성을 쓰는 것은 무의미했다.

16세기에 이르러 할라의 인구가 증가하면서 분화가 진행되었다. 즉 하나의 할라가 나뉘어서 따로 거주하는 두 개 이상의 동성同姓 씨족 집단이 생겨나기 시작한 것이다. 이렇게 할라에서 분화된 씨족 집단을 무쿤mukūn이라고 했다. 예컨대 구왈기야 할라는 수완 무쿤이나 여허 무쿤 등의 12개 무쿤으로 분화되었고, 구왈기야 앞에 분화된 거주지의 이름을 붙여 수완 구왈기야, 여허 구왈기야 등으로 무쿤을 표시하게 되었다. 건주 여진의 주요 씨족이었던 기오로 할라는 이르건 기오로, 수수 기오로, 시린 기오로, 통얀 기오로, 아얀 기오로, 후룬 기오로, 아하 기오로, 찰라 기오로의 8개 무쿤으로 분화되었다. 누르하치의 성인 '아이신 기오로'의 유래에 대해서는 여러 설이 분분하지만, 누르하치 일족은 이들 8개 기오로 무쿤과는 다른 계통의 씨족이었던 것 같다. 할라에서 분화되어 나온 무쿤역시 할라처럼 동일한 씨족의 구성원들로 구성된 혈연 집단이었다.

여진인의 집단은 농경이 확산되면서 성격이 더욱 복잡해졌다. 과거에 할라는 자주 이동하면서 살았으나 농경이 발전하고 정착 생활이 늘어나면서 촌락을 구성하게 되었다. 하나의 할라가 몇 개의 촌락에 분산되어 살기도 하고, 촌락에 다른 씨족인이 섞이기도 했다. 이러한 촌락을 여진어로 가샨gašan이라고 했다. 할라와 무쿤이 씨족 집단, 즉 혈연 집단이었음에 반해 가샨은 지연 집단이었다. 오늘날 학술적 개념으로 할라(무쿤)와 가샨을 혈연 집단과 지연 집단으로 분리하지만, 사실 할라(무쿤)와 가샨은 각기 별개의 집단이 아니고 서로 일부를 공유한 중복된 집단이었다. 다시 말해서 하나의 할라(무쿤)가 하나의 가샨을 구성하기도 하고, 두 개나 세 개의 할라(무쿤)가 하나의 가샨을 구성하기도 했다. 가샨은 지연 집단이지만 여전히 씨족적 성격이 강하게 남아 있었다. 물론 누르하치가 여진을 통일하고 국가를 세우기 전에도 여진의 몇몇 대수장들의 정치 중심지는 다수의 인구가 집중하여 씨족 집단의 성격에서 벗어나 있었지만, 그것은 특수한 경우였다. 할라가 분화했어도, 지연 집단인 가샨이 생겨났어도, 씨족과 그 영향력이 여전히 작동하는 한 여진인이 일상생활에서 성을 사용할 필요는 없었다.

누르하치가 만든 팔기제는 과거에 산산이 분산되어 있었던 여진을 하나의 체제 안에 녹여 낸 용광로였다. 누르하치는 귀순과 정복전을 통해 자신의 통치하에 들어온 모든 여진인을 팔기의 예하에 편제했다. 앞에서 말한 것처럼 니루, 잘란, 구사의 3단계로 편제된 팔기제는 여진의 조직성을 획기적으로 신장시켰다. 그 와중에 여허의 많은 씨족은 해체되기도 했다. 그러나 이렇게 팔기제를 통해 대대적으로 여진의 조직을 재편했어도 장구한 시간을 존속해 온 다수의 씨족은 살아남았다. 그 원인은 팔기제의 기층 단위인 니루를 편제할 때, 과거의 할라(무쿤)나 가샨을 단위로 했기 때문이다.

누르하치의 정복전에 강력히 저항하다 복속된 여진인은 기존의 조직을 완전히 해체시키고 구성원을 개인 단위로 여러 니루에 배속시켰지만, 그 외에 다수의 여진인은 과거의 혈연 조직과 지연 조직을 그대로 유지한 채 니루로 편입되었다. 하나의 혈연 집단의 사람 수로 하나의 니루를 만들 수 있으면 그렇게 했고, 대개 씨족장인 할라 다hala da, 姓長나 무쿤 다

mukūn da, 族長를 니루의 수장인 니루 어전으로 임명했다. 하나의 지연 집단 내에 몇 개의 혈연 집단이 있고 이를 합쳐서 하나의 니루를 만들면 대개 촌락장인 가샨 다gašan da, 鄕長를 니루 어전으로 임명했다. 씨족은 여진인이 팔기로 편제된 후에도 그 영향을 받지 않고 니루 속에서 존속되었다. 결국 팔기제가 만들어진 후에도 만주족이 일상에서 성을 사용해야 할 필요성이 생겨나지 않은 것이다.

청대 모든 니루에는 니루를 총괄한 니루 어전 외에 씨족 사회의 제도였던 할라 다가 존속하고 있었다. 이들은 신해혁명 후에도 일시 지속되었을 정도로 생명력이 강했다. 청대에 기인이 아이를 낳으면 반드시 니루 어전이나 할라 다에게 보고하고 등기했다. 만주족은 엄격한 족외혼제를 유지했다. 시간이 지나고 인구가 증가하면서 일족의 사람들이 서로를 모르게 되었고 전적으로 할라 다의 성씨에 대한 지식에 의존했으며 결혼할 때에 반드시 할라 다의 소개에 의존하여 족내혼의 발생을 방지하였다. 만주족은 청이 망할 때까지 전원이 니루 안에 있었다. 즉 씨족 시기부터 전해내려 온 혈연 집단과 지연 조직 안에서 생활했던 것이다. 이것이 청대 만주족이 일상에서 성을 사용하지 않은 원인이었다.

《 수명성 》

만주족은 이름의 첫음절을 마치 성처럼 사용하는 독특한 관행이 있었다. 예컨대 청대 건륭기의 관원인 나단주Nadanju, 那丹珠는 주위 사람들로부터 나대인那大人이라고 불렸다. '나대인'이라는 호칭을 보면 그의 성이

'나'인 것 같지만, 사실 그의 성은 '기오르차Giorca, 覺爾察'였다. 마찬가지로 동치 연간(1862~1874)의 고관이었던 뇨후루Niohuru, 鈕祜祿 성의 잘라풍가Jalafungga, 扎拉豐阿는 자대야扎大爺로 불렸다. 성인 '뇨후루'는 무시된 채 이름의 첫음절인 '자'가 '대야大爺'라는 존칭의 앞에 붙어 마치 성처럼 쓰였던 것이다. 청의 마지막 황제 푸이Pui, 溥儀(1906~1967)의 동생인 푸지에 Pujie, 溥傑(1907~1994)는 말년에 주위 사람들에게 푸라오溥老, Pu lao라고 불렸다. 푸지에의 본래 성은 당연히 청 황실의 성인 '아이신 기오로'였다. 때로 그는 편의상 '아이신 기오로'보다 진金, jin이라는 중국식 성을 주로 썼다. 그러나 주위 사람들은 그를 '진 라오' 혹은 '아이신 기오로 라오'로 부르지 않고, 이름의 첫 음인 '푸'를 성처럼 불렀던 것이다.

앞의 몇 사례들은 일대一代의 개인적 차원에서 이름의 첫음절이 성처럼 사용된 경우이지만, 이름의 일부가 아버지에서 아들과 손자로 대대손손 계승되면서 진짜 성처럼 사용되기도 했다. 만주족의 이런 독특한 방식의 유사 성姓을 중국 학계에서는 수명성隨名姓이라고 부른다. 즉 아버지의 이름의 일부를 자식이 계승하여 마치 성처럼 쓴다는 뜻이다. 아버지 이름의 일부를 따서 아들이 성처럼 사용하다 보니 많은 한인들은 만주족의 아버지와 아들이 상이한 성을 쓴다고 생각했었다. 그러나 그것은 오해였다. 만주족이 성을 일상에서 사용하지 않고 이름의 첫음절이 성처럼 불리다 보니 일어난 오해였던 것이다.

옹정기와 건륭 초기 청조의 국정을 주도했던 오르타이Ortai, 鄂爾泰 (1677~1745)는 시린 기오로Sirin Gioro, 西林覺羅 성을 가지고 있었다. 그의

오르타이의 가계도 1

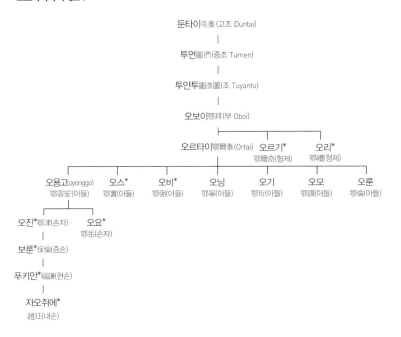

둔타이屯泰 (고조 Duntai)

투먼圖們 (증조 Tumen)

투얀투圖彦圖 (조 Tuyantu)

오보이鄂拜 (부 Oboi)

오르타이鄂爾泰(Ortai) 오르기* 오리*
　　　　　　　　　　　鄂爾奇(형제) 鄂禮(형제)

오용고(oyonggo) 오스* 오비* 오닝 오기 오모 오룬
鄂容安(아들) 鄂實(아들) 鄂弼(아들) 鄂寧(아들) 鄂圻(아들) 鄂莫(아들) 鄂倫(아들)

오진*鄂津(손자) 　오요*
　　　　　　　　鄂堯(손자)

보룬*保倫(증손)

푸키안*福謙(현손)

자오쥐에*
趙珏(내손)

• *는 한자 이름으로 추정한 만주어 이름의 발음임.

가계도를 그려 보면 '수명성'의 관행이 잘 보인다.

위의 가계도는 오르타이의 고조부부터 내손來孫까지 10대 직계를 열거한 것이다. 이를 보면 오르타이의 증조부 '투먼'과 조부 '투얀투'가 '투'를 성처럼 공유하고 있다. 그러나 '투'는 단 2대만으로 끝나기 때문에 계승된 수명성이 아니고 우연일 가능성도 있다. 오르타이 가문에서 대대로 계승된 수명성의 시작점이라고 확언할 수 있는 것은 그의 아버지 '오보이鄂拜'

오르타이의 가계도 2

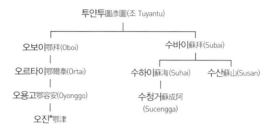

• *는 한자 이름으로 추정한 만주어 이름의 발음임.

이다. 오보이부터 '오鄂'는 오르타이 가문의 계승된 수명성이 되었다. 오르타이의 아버지부터 시작해서 손자까지 4대가 모두 이름의 첫 음을 '오'로 지어서, '오'를 마치 가문의 성처럼 쓰고 있다. 가계도에 표기하지는 않았지만, 오르타이의 조카들도 모두 이름을 '오'로 시작한다. 그러나 오르타이의 증손부터는 '오'라는 계승된 수명성이 사라지고 대대로 이름의 첫 음이 일치하지 않게 된다.

　수명성은 한 가문에서 하나 이상이 나타나기도 했다. 오르타이의 넷째 삼촌의 이름은 수바이Subai, 蘇拜였는데 그의 아들들의 수명성은 '수'였다. 다시 말해 '시린 기오로' 씨에서 '오'와 '수'의 두 수명성이 파생된 것이다.

　또 하나의 사례를 보자. 장기야Janggiya, 章佳 성의 악둔Akdun, 阿克敦 (1685~1756)은 강희, 옹정, 건륭 3대에 걸쳐 관직을 역임한 청조의 중신이

악둔의 가계도

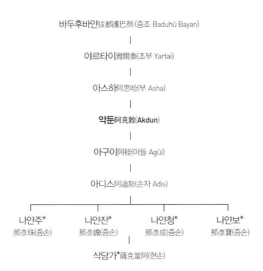

바두후바얀拔都隆巴顏 (증조 Baduhū Bayan)

야르타이雅爾泰(조부 Yartai)

아스하阿思哈(부 Asha)

악둔阿克敦(Akdun)

야구이阿桂(아들 Agūi)

아디스阿迪斯(손자 Adis)

나얀주* | 나얀잔* | 나얀청* | 나얀보*
那彦珠(증손) | 那彦瞻(증손) | 那彦成(증손) | 那彦寶(증손)

삭당가*薩克當阿(현손)

• *는 한자 이름으로 추정한 만주어 이름의 발음임.

었다. 그는 청조만이 아니라 조선에 있어서도 중요한 인물이었다. 악둔은 조선에 네 번이나 사신으로 온 조선통이었다. 그가 1725년 조선에 사신으로 왔을 때 조선의 풍물과 자신에 대한 영접 행사를 그리게 하여 제작된 「봉사도奉使圖」 20폭은 근래 발견된 매우 중요한 자료이다.

악둔의 가문에서 '아阿'가 성처럼 계승된 것은 그의 아버지 아스하부터 손자인 아디스까지 4대이다. 악둔의 증조부와 조부의 이름에서는 계승된 수명성이 보이지 않는다. 악둔의 아버지인 아스하부터 '아'라는 수명성이 보이기 시작하여 악둔의 손자 아디스까지 4대에 걸쳐 계승된다. 그러다가 악둔의 증손부터는 계승된 수명성이 사라진다.

오르타이의 가문과 악둔의 가문이 수명성을 계승한 것은 양자 모두 4대이고, 그 시기도 대략 비슷하다. 가문의 초기에는 수명성의 계승이 보이지 않는 점도 유사하다. 그러나 만주족의 모든 가문이 수명성을 사용한 것은 아니고, 두 가문과 유사한 시기에 수명성을 사용하고 그만둔 것도 아니었다. 수명성은 관행이었을 뿐 반드시 계승되어야 할 규범적인 강제력이 부가된 것은 아니었다.

수명성의 관행이 언제부터 시작되었는지는 명확하지 않지만, 대개의 사례를 보면 1644년 만주족이 중국 내지에 진입한 후에 발생하고 있다. 일반적으로는 만주족이 본래의 성을 일상에서 사용하지 않으면서 동시에 관직이나 존칭의 앞에 성을 붙이는 한인의 관습에 적응한 결과 수명성의 관행이 나타난 것으로 여겨진다. 이 때문에 혹자는 수명성의 관행을 만주족의 한화 현상의 하나라고 주장한다.

때로 1644년 입관을 하기 이전에도 여진인이 한인 사회 속에서 수명성을 쓴 사례가 보인다. 명 말기 1622년에 누르하치에 의해 함락된 광녕에서 수비守備로 재임하고 있던 석국주石國柱, 석천주石天柱, 석정주石廷柱의 석씨 삼형제는 명의 무관이었지만 원래 여진인이었다. 이들의 본래 성은 구왈기야였고, 증조부인 부하ㅏ哈는 명으로부터 건주위지휘에 임명된 사람이었다. 부하의 아들인 알숭가阿爾松噶는 부친의 직을 세습했다. 이어 알숭가의 아들, 즉 석정주의 아버지인 스한石翰 시기에 거주지를 명의 요동으로 옮긴 후 '석石'을 성으로 쓰기 시작했다. 석씨 삼형제의 수명성은 아버지인 '스한'의 이름의 첫 음을 따른 것이었다. 건륭제는 1704년(건륭 43)에 수명성을 만주족의 정체성을 훼손하는 관습이라고 비판했다. 그는 뇨후루Niohuru, 鈕祜祿 씨가 만주족의 성을 잊고 한인식으로 '낭郎' 성을 사용하고 있다고 질책했다. 그러나 그 후에도 수명성이 사용되는 관행은 사라지지 않았다.

《 이중 이름 》

수명성이라는 독특한 관행 외에 여진인에게는 '이중 이름'의 작명 관행이 있었다. 이중 이름은 두 개의 단어가 조합되어 하나의 이름을 구성하는 것이다. 이중 이름의 관행은 여진이 국가를 수립하고 만주라는 새로운 민족을 만들기 이전 시기에 유행했다. 일례로 아이신 기오로 씨의 신화상 조상인 부쿠리 용손Bukūri Yongšon부터 이중 이름이다. 또 다른 사례로 만주족의 샤먼의 이야기인『니샨 사만 이 비트허Nišan saman i bithe』에 나오는 아이의 이름인 서르구다이 피양구Sergudai Ffiyanggū가 있다. 피양구는 '막내'라는 뜻이고, 서르구다이는 의미를 알 수 없다. 이 아이의 아버지 이름도 이중 이름인 발두 바얀Baldu Bayan이다. 바얀은 '부자富者'라는 의미이고 발두는 의미를 알 수 없다. 누르하치가 기병한 초기에 그의 숙적이었던 니칸 와일란Nikan Wailan도 이중 이름의 전형적인 사례이다. 니칸은 '한인漢人'을 가리키는 만주어이고, 와일란은 한어인 외랑外郞이 만주어로 유입된 것으로 보인다. '니칸'이나 '와일란'은 그 본래 의미와는 관계없이 인명으로도 사용되었고 두 개가 합쳐져서 이중 이름이 되기도 했다. 해서여 진 하다부의 창시자인 왕주 와일란Wangju Wailan 역시 '와일란'이 포함된 이중 이름이었다.

이중 이름은 만주족의 초기 역사에서 나타나며 17세기 전기에 국가를 수립한 후부터는 점차 사라진다. 따라서 엄밀히 말해 이중 이름은 만주족 의 작명 관행이라기보다 여진족의 관행이었다는 표현이 적절할 것이다. 그리고 이중 이름이 만주족의 국가 수립과 길항 관계에 있었다는 추정이 가능하다. 누르하치는 1616년에 아이신 구룬의 설립을 선포하여 국가를 출범시켰고 이후 수십 년간 다양한 씨족과 부족이 아이신 구룬에, 나중 에는 다이칭 구룬에 편입되었다. 이 과정의 핵심은 공통의 문자와 공통의 언어를 만들어 내는 것이었다. 여진족의 이중 이름의 소멸은 이러한 만주 족과 만주어의 형성과 관련이 있을 것이다. 왜냐하면 이중 이름의 대부분 이 국가를 수립하기 전인 15~16세기에 보이고, 그 이름들의 의미가 여진 어나 몽고어로도 해석되지 않기 때문이다. 그러므로 이중 이름은 여진과 기타 다양한 퉁구스 씨족 및 부족의 작명 관행이었는데, 17세기 전기 만 주족과 그들의 국가가 수립되고 언어와 민족적 정체성을 통합해 가는 과 정에서 소멸되었다고 볼 수 있다.

수렵과 군사 훈련

《 **여진인의 수렵** 》

　　만주족 혹은 그들의 전신인 여진인은 전투력과 상무 정신을 숭상했다. 『금사』에 의하면, 요나라를 세운 거란인은 "여진의 군대가 1만 명이 되면 대적할 수 없다"[108]고 평했다. 여진인의 전투력은 강했고 따라서 여진 부족들의 통합은 주변 국가나 민족에게 두려운 일이었다. 주변 민족의 평가뿐만 아니라 여진인 자신들도 전투력과 불굴의 상무 정신을 자신의 특질로 인식했다. 1619년 청 태조 누르하치가 해서여진의 여허를 공격할 때, 여허의 수장인 긴타이시는 투항을 종용하는 누르하치에게 "우리는 한인 漢人이 아니다. 너희와 같은 사나이다. 우리에게도 손이 있다. 너희에게 항복하느니 싸우다 죽겠다"[109]고 말하며 투항을 거부했다. 여진의 후신인 만주족은 그들이 세운 청이 17세기를 거치며 제국으로 팽창한 후에도 자신들의 고유한 정체성과 특질로 국어國語, gurun i gisun인 만주어와 함께 전투력의 상징인 활쏘기騎射, niyamniyan를 강조했다.

여진인의 강력한 전투력은 수렵을 통해 배양되었다. 수렵은 생산의 한 방식이자 군사 훈련이었다. 부족 시기 여진인의 생산은 지역에 따라 상이하지만, 대체로 농경과 수렵과 어로와 채집을 병행하는 혼합 경제였고, 그 가운데에서도 수렵이 중요했다. 17세기 초 누르하치가 여진을 통일하고 후금을 수립한 시기부터 점차 농경의 비중이 커져 갔지만, 수렵은 여전히 여진인의 주요 산업이었다. 때로는 여성도 수렵에 참여했다. 1619년에 벌어진 사르후 전투에서 후금의 포로가 되어 여진 사회를 관찰하고 돌아온 조선인 이민환李民寏에 의하면, 후금의 여성은 채찍을 쥐고 말을 달리는 것이 남자와 다름없었고 조금이라도 짬이 나면 바로 남편을 따라 나가 사냥을 했다.[110] 수렵을 통해 얻은 짐승의 가죽과 고기는 의생활과 식생활에서 중요한 부분을 차지했다. 따라서 그들은 일상 생활에서 활 등의 병기에 익숙했고, 또한 그래야만 생존할 수 있었다.

부족 시기에 여진인은 씨족마다 혹은 마을마다 10명 정도의 성인 남성으로 조직된 니루라는 수렵 조직을 운영했다. 니루는 '큰 화살'을 뜻하는 여진어이고, 화살은 여진인의 지휘권을 상징했다. 수렵철이 되면 장정들이 모여서 수렵 조직을 구성하고 유능한 자를 수장으로 선출한 후에, 지휘권을 일임한다는 의미로 각자의 화살 한 개씩을 수장에게 주었기 때문에 수렵 조직을 니루라고 칭했다. 니루의 수장은 '니루의 주인'이라는 의미로 '니루이 어전nirui ejen'이라고 불렀다. 수렵이 끝나면 니루는 해체되었다. 1601년 누르하치는 팔기제를 만들면서 임시성 수렵 조직인 니루를 300명 장정으로 구성되는 상설적인 군대 조직이자 사회 조직으로 확대하여 팔기의 기층 단위로 조직했다. 팔기는 군대 조직이자 사회 조직이었고 신생국 후금의 국가 조직 그 자체였다. 그러므로 팔기의 기층 단위인 니루가 수렵 조직을 기반으로 구성된 것은 부족 시기 여진의 수렵 전통이 신설된 국가에서도 중요하게 계승되었음을 암시한다.

수렵의 규모는 1616년 아이신 구룬이 건국된 후에 더욱 커져 갔다. 이 시기의 수렵단의 규모를 확실하게 알 수는 없지만 과거의 수십 명에 비할 수 없을 정도로 크게 확대되었을 것임은 분명하다. 북방 민족이 국가를 수립하면 수렵의 규모가 수만 기騎에 달할 정도로 거대하게 확대되는 것은 일반적인 현상이었다. 수렵의 유형은 만주어로 '아바aba'라고 부르는 몰이사냥이었다. 몰이사냥 즉 포위수렵인 '아바'는 몇 명 단위로 소소하게 진행하는 사냥이나 어로인 '부트하butha, 漁獵'와는 달랐다. 포위수렵은 수백 혹은 수천 명의 참가자들이 숲을 포위하고 점차 포위망을 좁혀서 짐승을 한곳으로 몬 후에 활로 쏘아 죽이거나 때려잡는 초대형 수렵이었다. 이렇게 포위망을 형성하여 수렵하는 것을 만주어로 '아바 아발람비aba abalambi' 혹은 '아바 사람비aba sarambi'라고 했다.

국가를 수립한 후에도 수렵은 생산활동의 일부로서 중요했고, 군사 훈련의 방식으로서도 중요했다. 또한 부족 시기를 막 벗어나 신생 국가의 통치자가 된 누르하치와 지배층의 권력을 강화하는 일환으로서도 중요했다. 아이신 구룬의 건국을 선포한 지 7년이 지난 1623년에 누르하치는 대신들 각자가 수렵단을 조직해서 사냥을 나가고 수렵물도 각자 취하던 기존의 관례를 폐지하고 통치 집단 내부의 사냥물 분배 제도를 다시 규정했다. 새로운 규정에 의하면 사냥물을 분배받을 자격과 분배량은 생산에 참여했는지의 여부나 공헌도에 의해 결정되는 것이 아니고 사회적 지위에 의해 결정되었다. 다시 말해 기존에 수렵물을 집단 균분하던 전통을 등급별 분배 제도로 바꾸고 더 나아가 귀족 집단의 특권을 공고히 했다. 또한 이런 방식으로 수렵물의 분배권을 노동 집단으로부터 점차 자신에게 집중시켜 국가에 대한 지배권을 강화해 갔다.

누르하치와 홍 타이지 통치기를 거치며 만주족에게 농경이 확산됨에 따라 수렵은 기존의 중요한 경제적 의미를 잃어 갔다. 그러나 만주족 통치자는 수렵 활동을 방기하지 않고 1년에 3~4번 대규모의 수렵을 진행했다. 한번 수렵을 나가면 최소한 3~4일에서 길게는 20~30일까지, 평균 10일가량 수렵을 했다. 수렵하는 계절은 대부분 겨울 농한기였고 때로는 봄과 가을에도 했다. 5월에 하는 경우는 드물었고 6월에는 수렵을 하지 않았다.

홍 타이지는 1630년에 심양의 동쪽에 대규모 수렵장aba hoihan, 圍場인 성경위장盛京圍場을 설치했다. 성경위장은 내부에 작은 수렵장 100여 곳이 산포해 있었고, 일반 백성은 허가 없이 개간을 하거나 수렵을 할 수 없었다. 성경위장을 설치한 목적은 그곳에서 잡은 짐승의 고기와 가죽을 왕실에서 사용하기 위한 것이기도 했고, 또한 수렵을 통해 팔기 병사들의 전투력을 향상시키려는 훈련을 위한 것이기도 했다. 수렵보다 농경이 경제에서 더욱 중요해졌음에도 만주족 통치자가 수렵을 여전히 중시한 이유는 그것이 군사 훈련이기 때문이었다. 홍 타이지는 수시로 출병과 수렵을 함께 거론하면서 이 두 가지를 질서 있게 하면 큰일을 이룰 수 있다고 말했다. 수렵은 군사 훈련과 같은 방식으로 진행되었고 엄격한 규율을 지켜야 했다. 무질서가 용납되지 않았고, 짐승을 몰아서 포위한 진을 끊는 행위, 전답을 짓밟는 행위, 나무를 벌채하는 행위가 금지되었다. 수렵하는 도중에 도둑질을 하는 행위에 대해서도 무겁게 처벌했다.

《 전투력의 쇠퇴 조짐 》

1644년에 만주족과 몽고인과 요동의 한인으로 구성된 약 100만 명의 청의 인구는 산해관을 통해 중국으로 이동했다. 흔히 '입관'이라고 불리는 이 사건은 만주족의 생산 활동과 그에 따른 직업과 수렵 관습을 변화시켰다. 만주족은 입관 전에 만주 지역에서 생산 활동과 군사 훈련을 병행했으나 중국으로 이주한 후에는 순수한 전업군인이 되었다. 약 100만 명의 기인 가운데 50만 명 정도는 북경에 배치되었고 나머지 50만 명은 서안, 강녕(남경), 형주, 항주 등 중국의 주요 도시들에 배치되었다. 중국에는 이들이 수렵할 수 있는 드넓은 수렵 터가 부족했을 뿐만 아니라, 팔기 병사 혹은 만주족이 더 이상 산업으로서의 수렵을 할 필요가 없었다. 팔기 병사는 전업군인이 되어 국가로부터 일정량의 생계용 전답을 지급받았고 전답에 딸린 노비나 피고용 농민을 관리하기만 하면 되었다. 지급할 전답이 없는 지역에 배치된 팔기 병사에게는 월급이 지급되었다. 팔기 병사의 월급은 청 인구의 대다수를 차지하게 된 한인들이 납부하는 세금으로 충당되었다.

입관 후 주둔지의 기인이 수렵을 하지 않는다 해도 당장 팔기의 전투력에 문제가 발생하지는 않았다. 주둔 도시에서 활쏘기 등의 군사 훈련을 정기적으로 시행했으며, 청의 정복 사업이 지속되었기 때문에 실전을 통해 전투력을 유지할 수 있었다. 순치기(1643~1661)에 남명정권南明政權(1644~1661)과 전투를 지속했고, 이어 강희기(1654~1722) 전기에는 남방의 삼번의 난三藩之亂(1673~1681)과 북방 초원의 준가르와의 전쟁이 기인들에게 계속 일자리와 전투 경험을 제공해 주었다. 주방의 기인들은 이러한 군사 활동에 자주 동원되었다. 서안, 형주, 항주, 남경 주방의 병사들은 남부 및 남서부의 전투에 참여했고, 서안 등 북방 주방의 병사들은 준가르와의 전투에 참전했다.

그러나 강희기를 거치며 청의 국내외 상황이 안정되면서 팔기의 전투력이 쇠퇴하는 조짐이 나타나고 그에 대한 우려가 점차 심각해졌다. 또한 청의 광대한 영역에 분산 배치된 팔기병이 전투에 전원 투입된 것은 아니었다. 때문에 모든 주둔지에 배치된 팔기병의 전투력이 고르게 유지되지 못했다. 특히 광주나 항주 같은 남방의 주둔지에서는 다른 주둔지보다 더 이른 시기인 강희 초기부터 전투력의 쇠퇴 현상이 나타났다. 강희제를 포함하여 청의 황제는 팔기를 습관적으로 '국가의 근본國家根本, gurun i fulehe da'이라고 불렀다. 명의 군대를 계승하여 청대에도 유지된 한인 군대인 녹영綠營, niowanggiyan turun i kūwaran은 그 수가 팔기 병사의 세 배인데도 청의 황제는 이들을 '국가의 근본'이라고 부르지 않았다. 그러므로 팔기 전투력의 쇠퇴는 청의 황제에게 청나라와 황실의 쇠퇴와 동일시되었다. 강희제가 팔기의 전투력 쇠퇴를 막고 전투력을 유지할 수 있는 방법은 그의 조상인 누르하치와 홍 타이지가 했던 것처럼 수렵을 적극적으로 확대하는 것이었다.

《 새로운 수렵 터 무란위장 》

1681년(강희 20) 강희제는 대규모의 팔기 부대를 이끌고 순행 겸 수렵을 위해 장성 북쪽 내몽고로 떠났다. 강희제는 카라친과 옹니우트 몽고에 속한 하룬 골Qalayun gool, 즉 한어로 번역하여 열하熱河라고도 불리는 지역에서 몽고인들과 함께 수렵을 했다. 수렵을 마친 후에 그는 해마다 대규모의 팔기 병사를 이끌고 이곳에 와서 수렵을 하는 기획을 추진하기 시작했다. 정기적으로 수렵을 하기 위해서는 대규모 수렵장이 필요했다. 카라친과 옹니우트의 수령들이 수렵 터를 헌납했다. 무란위장이 설립된 것이다. 무란위장은 카라친 몽고에게서 헌납받은 광대한 지역에 설치되었다. 무란위장의 규모는 둘레가 1,300여 리, 동서 300여 리, 남북 200여 리였다. 무란위장은 동쪽으로 카라친 영토와 접하고, 서쪽으로는 차하르, 남쪽으로는 승덕부承德府, 북쪽으로는 바린과 케식텐에 접하고, 동북으로는 옹니우트와 접했다. 이 지역은 산림이 울창하고 작은 하천들이 밀집되어 흐르고 온대기후에서 서식하는 수많은 동식물이 분포했다. 무란위장의 주위에는 감시 초소인 카룬을 40개 설치해서 백성들의 접근을 막았다. 무

카스틸리오네 등이 그린「목란추선도木蘭秋獮圖」의 부분. 포위열을 완전히 연결하여 사슴을 포위열 안에 몰아 넣고 잡는 광경을 묘사하였다.

란위장은 지형과 동식물의 분포를 기준으로 67개(나중에는 72개)의 작은 사냥터로 다시 세분되었다.

사실 강희제의 희망은 무란위장만이 아니라 중국 전역의 팔기 주둔지에서 수렵을 정례화하는 것이었다. 1684년(강희 23) 강희제는 서안, 수원, 남경, 항주, 형주의 주방 장군들에게 지역에서 사냥을 시행하라고 명했다. 당시 중국 내지의 주요 도시들 부근에는 무란위장과 같은 양질의 수렵 터가 없었기 때문에 강희제의 명령이 실제로 시행되었는지는 의문이다. 그러나 최소한 무란위장의 수렵은 활성화되고 정례화되어 갔다. 강희제가 사망한 후 옹정제 시기에는 무란위장 수렵이 중단되었지만 그 후 건륭제 시기에는 수렵이 다시 부활했다. 건륭제는 해마다 1만 명 이상의 대규모 수렵단을 이끌고 무란위장에 와서 포위수렵을 시행했다. 이 수렵을 가을에 시행한다고 해서 추선秋獮이라고 했고, 만주어로는 사하담비 sahadambi 혹은 와머 아발람비wame abalambi라고 했다. 무란위장 수렵은 1681년(강희 20)부터 1820년(가경 25)까지 140년간 70번 시행되었다.

무란위장에서 거행된 포위수렵의 구체적인 모습에 대해서는 아이신기오로 종실인 자오리엔昭槤(1776~1830)의 『소정잡록嘯亭雜錄』에서 잘 묘사하고 있다. 자오리엔에 의하면 무란위장의 수렵은 일반적으로 내지의 만주족뿐만 아니라 무란위장과 가까운 몽고 카라친 등에서 동원된 1,000여 명의 몽고인도 참여했다. 포위수렵은 전 인원을 5개의 부대로 분할하여 길게 날개를 펼친 형태로 진행되었다. 5개 부대의 가운데에는 중군中軍. fere이 위치하고 황색 깃발로 지휘 표식을 삼았다. 그리고 중군을 기점으로 부대를 좌익과 우익의 두 익翼, meiren으로 나누고 각기 홍색과 백색 깃발로 지휘 표식을 삼았다. 두 익의 끝에는 다시 부대가 배치되었는데 이 끝부분 부대를 만주어로 우투리uturi(말단)라고 했다.[111] 이를 도식화하면 다음과 같다.

날개meiren - 말단uturi

중군fere -

날개meiren - 말단uturi

다섯 개의 부대는 들판이나 숲을 둘러싸고 포위열을 만들어 나아갔다. 이렇게 포위망을 형성해 가는 단계를 한어로 행위行圍라고 하고 만주어로는 아담비adambi라고 했다. 포위열의 양 끝의 두 우투리가 황제가 자리잡고 있는 곳인 간성看城 앞에서 만나면서 완전한 포위망을 형성하게 되는데, 이를 우투리가 만난다는 뜻에서 만주어로 '우투리 아참비uturi acambi'라고 불렀고 한어로는 '합위合圍'라고 했다. 두 우투리가 완전한 포위망을 만들기 위해 서로를 향해 빠른 속도로 달려 가는 것을 '우투리 펵심비uturi feksimbi'라고 했다. 이렇게 완전하게 형성된 포위망의 둘레는 숲의 크기에 따라 30리, 50리, 70리로 다양했다.

합위한 후에 우투리의 병사들은 모자를 벗고 채찍질을 하며 '말라가'라고 외쳤다. 말라가는 몽고어로 모자를 가리킨다. '말라가'를 몽고인만 외쳤는지 만주인도 똑같이 몽고어로 '말라가'라고 외쳤는지 알 수 없으나,

몽고어 '말라가'에 해당하는 만주어는 '마할라mahala'로서 양자의 의미와 발음이 유사했기 때문에 의사소통에 문제가 없었을 것이다. 만약 이 수렵 현장에 조선인이 있었다 해도 이들의 '말라가'가 모자를 의미한다는 것을 눈치로 알 수 있었을 것이다. 몽고어 '말라가'와 만주어 '마할라'에 해당하는 조선어 역시 음과 의미가 유사한 '마흐레'였기 때문이다.

'말라가'라는 고함 소리가 중군에 세 번 전달되면 중군은 포위망이 완전히 만들어졌음을 알고 깃발로 포위망을 압축할 것을 지시했다. 지시를 받은 병사들이 어깨가 서로 닿을 정도로 포위망을 바짝 좁히면 비로소 활을 쏘아 짐승을 잡기 시작했다.

수천 명의 병력이 5개 부대로 분할하여 광범위한 지역에서 본부의 깃발 지휘에 따라 일사분란하게 포위망을 형성하고 활을 쏘는 것은 곧 군사 훈련이었다. 자오리엔이 평한 것처럼 만주족의 포위수렵은 한나라나 당나라의 황제가 황실 수렵 터인 상림上林이나 여산驪山에서 수렵했던 것과는 달랐다.[112] 만주족의 수렵은 오락이 아니고 군사 훈련이었던 것이다.

청 황실의 샤머니즘 제사

《 황실의 탕서 독점과 굿의 금지 》

샤머니즘은 누르하치가 국가를 수립해 가던 초기부터 복속된 여진인을 통합하는 수단으로 활용되었다. 누르하치는 기병한 후 여진족의 다른 경쟁 부족을 격파한 뒤에 그들의 씨족 수호 신령을 모신 사당인 탕서 tangse, 堂子를 파괴했다. 결국 자기 씨족의 수호 신령을 모신 누르하치의 탕서가 다른 모든 씨족의 탕서를 대체했다. 다만 누르하치 편에 동참한 부족은 자신들의 신령을 모시는 것이 인정되었다. 이후 1636년에 태종 홍타이지는 오직 황실만이 탕서 제사를 지내고 민간의 모든 탕서 제사를 지내지 못하도록 규제했다. 일반인은 집안의 서쪽 벽에 워처쿠wececku라고 부르는 제단을 만들어 족보와 조상의 초상을 모셔 두는 것으로 탕서를 대신해야 했다. 이런 과정을 거쳐 탕서는 황실이 독점한 사당이 되었다. 성경에는 대동변문大東邊門 밖, 지금의 당자가堂子街에 탕서가 있었다. 북경에도 탕서가 지어졌다. 1644년에 순치제가 성경을 출발해서 미처 북경에 도착하기도 전인 9월에 북경의 동장안문東長安門 밖에 탕서가 건설되었다.[113] 황실이 여진족의 다양한 씨족신을 숭배하는 탕서들을 없앰으로써 탕서를 독점하고 유일화했다는 사실은 누르하치 시기와 홍 타이지 재위기를 거치며 탕서 제사 등의 샤머니즘이 정치적으로 황실의 지위를 높이고 동시에 여진인(만주족)의 통합된 정체성을 만들기 위한 도구로 활용되었음을 말해 준다.

홍 타이지는 탕서 제사를 황실이 독점하는 조치를 반포하는 동시에 야제野祭, 즉 굿을 금지시켰다. 물론 굿이 폐지되었다고 해서 샤먼saman이 없어진 것은 아니었다. 샤먼은 굿이 폐지된 후에도 여전히 규범화한 샤머니즘 제사를 주관했다. 그러나 샤먼이 굿판에서 신과 인간을 이어 주는 통로로서 격렬한 신내림과 엑스터시를 보여 주는 광경은 청의 중심 지역에서 공식적으로는 더 이상 존재하지 않게 되었다. 그런 강력한 권위는 황제만이 가져야 했다. 굿이 금지되면서 만주족의 샤머니즘은 적어도 공식적으로는 실내나 마당에서 시행되는 규범화된 제사인 가제家祭만 남게 되었다.

청 황실의 가장 중요한 샤머니즘 제사는 탕서 제사와 곤녕궁(입관 전은 청녕궁) 제사였다. 탕서 제사가 궁궐 밖에서 시행된 샤머니즘 제사였다면, 곤녕궁에서 열리는 제사는 궁중에서 시행된 샤머니즘 제사였다. 곤녕궁에서 거행된 제사의 형식은 탕서 제사와 유사했다. 곤녕궁 제사에서는 탕서 제사와 마찬가지로 하늘신과 조상신뿐만 아니라 석가모니, 관음보살, 관제關帝 등 외부에서 도입된 신도 숭배의 대상이 되었다. 그러나 만주족 고유의 신인 조상신이나 부뚜막신jun ejen 등은 워처쿠라고 불린 반면, 외래의 신은 언두리enduri라고 불려서 양자가 구분되었다. 많은 신이 제사의 대상이었지만 가장 중요한 신은 역시 조상신이었다.

혹자는 청조의 샤머니즘에 외래의 신이 유입되고 무당이 굿을 하는 대신에 의례화된 제사를 지내는 것으로 변화한 점 때문에 만주족의 샤머니즘은 더 이상 샤머니즘이 아니고 의례화된 제사였다고 주장한다. 그러나 샤머니즘이 의례화된 제사가 된 것을 샤머니즘에서 만주족의 고유한 문화적 특질이 사라진 것으로 해석해서는 안 된다. 샤머니즘 제사의 대상에 외래의 신이 자유롭게 유입되고 가능한 모든 신이 숭배되는 것은 원래부터 샤머니즘의 본령이었다. 샤머니즘이 전례화 혹은 제사화되었다 해도, 제사 자리에서 참석자들이 휴대용 칼로 제사고기를 잘라 먹는다거나, 솟대에 제물을 바치는 등 과거 만주족 샤머니즘의 고유한 의식의 일부는 제사 속에서 여전히 존속하고 있었다. 또한 샤머니즘 제사에서는 만주족의 고유한 신들이 숭배되고 있었고, 샤먼의 주문과 방언은 축문祝文으로 변질되었을지라도 여전히 만주어로 살아남아 있었다. 만주어를 잃어 가던 만주족 샤먼이 샤머니즘 제사에서 만주어 축문을 뜻도 모른 채 외우는 일이 발생하고 있었지만, 그렇다 해도 그 행위 또한 한인은 하지 않는 만주족만의 문화였다. 더욱이 샤머니즘에 유가와 불교의 의례 형식이 혼입되었는지 아닌지의 사실적 측면보다 더 중요한 것은 인식적 측면의 문제였다. 만주족은 샤머니즘 제사를 자신들만의 고유한 전통으로 인식했다.

건륭제는 만주족의 전통을 부흥시켜 갈 때 수렵과 전투력 그리고 만주어를 강화했고, 그에 더해 샤머니즘 제사를 강조했다. 그 이유는 샤머니즘 제사가 전투력이나 만주어와 함께 만주족을 만주족답게 만드는 요소라고 생각되었기 때문이었다. 건륭제는 1747년(건륭 12)에 다양한 종류의 샤머니즘 제사의 격식과 축문들을 정리하여『만주인의 제신祭神하고 제천祭天하는 규정서Manjusai wecere metere kooli bithe』라는 제목의 만문서를 편찬했다. 청대의 많은 만문서들이 처음부터 한문본과 함께 편찬된 것과 달리 이 책은 최초에 만문만으로 출판되었다. 이 책은 그 후 30여 년이 지난 1780년(건륭 45)에『만주제신제천전례滿州祭神祭天典禮』라는 제목으로 한역漢譯되었다. 이런 사실은 만주족에게 샤머니즘 제사가 얼마나 강하게 고유의 전통으로 인식되었는지를 보여 주며, 건륭기의 샤머니즘 제사에 대한 황실 의례서를 만드는 일이 만주어 강화 정책과 연계되어 진행되었을 가능성까지 보여 준다. 이러한 샤머니즘 제사가 조상의 고토인 성경에서 황제의 참석하에 거행된다면 그 의미는 더욱 큰 것이었다.

《 황제의 샤머니즘 제사 》

건륭제는 1743년에 성경으로 순행을 갔다. 이 순행 기간 동안 11월 13일(음력 9월 28일)부터 11월 17일(음력 10월 2일)까지 성경 궁궐의 청녕궁淸寧宮, genggiyen elhe gurung에서 제사를 지냈다. 만주족이 1644년 입관하면서 북경 자금성의 곤녕궁으로 옮겨졌던 성경 청녕궁의 샤머니즘 제사가 100년 만에 황제 참석하에 다시 이루어진 것이었다. 『청고종실록』에는 이 청녕궁 제사에 대해 11월 13일과 11월 15일 이틀 간 건륭제가 "청녕궁에 가서 제신祭神했다"[114]고 간단히 기록되어 있을 뿐 제사의 상세한 상황이 서술되어 있지 않다. 또한 11월 16일 대제大祭와 11월 17일 제천祭天의 시행 여부에 대해서는 아예 언급이 없다. 그러나 성경 총관내무부總管內務府에서 작성한 문서인 「흑도당黑圖檔」에 기록된 제수품의 일별 소모 목록을 보면, 이때 청녕궁 제사가 예비 제사 격인 보제報祭에 이어서 본 제사인 대제大祭와 제천祭天의 순서와 격식에 따라 충실히 거행되었음을 알 수 있다. 그래서 우리는 『만주제신제천전례』 등에 기록된 제사의 일반적 격식과 「흑도당」과 『청고종실록』을 참고하여, 11월 13일부터 11월 17일까지 거행된 청녕궁 제사의 일정과 광경을 재구성할 수 있다.

청녕궁 제사는 격식에 따라 제신祭神. wecembi과 제천祭天. julesi bumbi 혹은 metembi이 순서대로 거행되었다. 이 가운데 제신은 보제報祭. uyun jafambi 혹은 uyun jafame wecembi와 대제大祭. ambarame wecembi로 구성되었다. 11월 13일과 15일 이틀간은 보제가 거행되었고, 11월 16일에는 대제가 거행되었으며, 11월 17일에는 제천이 거행되었다. 청녕궁(곤녕궁) 제사는 탕서 제사와 마찬가지로 보제와 대제를 막론하고 제사가 있는 날이면 아침제사인 조제朝祭. erde wecembi, 저녁제사인 석제夕祭. yamji wecembi가 거행되었다. 조제의 주요 제사 대상은 부처와 관음보살, 관제였고, 이들의 제위祭位. weceku는 청녕궁의 실내 서쪽 벽의 정중앙에 모셔져 있었다. 석제는 만주족의 부족신과 조상신과 성신星辰이 제사 대상이었고, 이들의 제위는 청녕궁 실내의 북쪽 벽이나 서북쪽 모서리 쪽에 모셔져 있었다. 석제 때에 등불을 모두 끄고 실내를 캄캄하게 만들어 제사를 진행하면, 그것을 배등제背燈祭. tuibumbi라고 했다.

보제와 대제가 있는 제사일 새벽에 황제는 길복吉服을 입고 청녕궁 실내의 서쪽 벽에 있는 제위 앞에서 무릎을 꿇었다. 황족의 부인들 중에서 선발된 샤먼은 북神鼓. tungken, 칼神刀. halmari, 방울腰鈴. siša을 들고 만주어로 신가神歌와 신사神詞를 외우고 주위 사람들은 비파와 삼현금 등의 악기를 연주했다. 이 첫 단계의 의식이 끝나고 황제는 신위神位에 절을 했다. 그 후에 검은 돼지를 희생으로 바치는 의식이 이어졌다. 돼지를 산 채로 청녕궁 안에 끌고 와서 서쪽 구들의 제단에 놓고, 제사를 주관하는 샤먼이 돼지 귀에 물이나 술을 부었다. 이 물이나 술을 만주어로 중슌jungšun이라고 했고, 그 행위를 "중슌을 붓는다jungšun suitambi"고 했다. 물이나 술이 귀에 묻은 돼지가 귀와 머리를 털면, 신이 강림하여 제물을 받았다고 여기고 황제가 다시 감사의 큰절을 올렸다. 이어 돼지를 죽이고 털과 발굽과 내장 등을 즉석에서 제거한 다음에, 부위별로 몇 개의 큰 덩어리로 잘라서 실내의 북쪽 구들에 설치된 솥에 넣어 절반 정도만 익히고 꺼냈다. 그리고 반숙된 돼지고기를 제단 위에 다시 돼지 모양으로 맞추어 놓고, 샤먼이 신에게 고기를 바치고, 향을 사르고, 술을 올렸다. 이때 황제는 다시 큰절을 올렸다.

그 후 고기를 다시 솥에 넣어 마저 익힌 후에, 한 덩어리를 청녕궁 남쪽 마당 한가운데 있는 솟대神竿. somo i moo, solon, siltan moo 위의 쇠접시hiyase에 올려서 신의 화신인 까치에게 바쳤다. 이 행위를 만주어로 '오요 가임비oyo gaimbi'라고 했는데, 직역하면 '꼭대기에 가져다둔다'는 의미이다. 나머지 고기는 제사에 참여한 황제 이하 대신과 시위 들이 각자 휴대한 작은 칼로 직접 잘라서 먹었다. 제사에 쓴 고기는 제사고기祭神肉. amsun i yali라고 하여 궁문 밖으로 가지고 나갈 수 없었고, 전부를 참석자들이 제사 자리에서 먹어야 했다. 원칙적으로 제사고기는 양념 없이 맨고기만 익혀야 했기 때문에 맛은 없었을 것이다. 11월 13일과 15일 이틀 간의 보제에서 잡은 돼지는 여덟 마리였다. 즉 하루에 네 마리씩 잡아서 조제에 두 마리를 쓰고 석제에 두 마리를 썼다. 11월 16일의 대제에서는 총 네 마리를 잡았다.

11월 17일에는 제천이 거행되었다. 이때의 제사 대상은 하늘 신天神. abkai enduri이었고 제사는 청녕궁의 남쪽 마당에서 진행되었다. 제천의 첫 단계는 향과 떡 등의 제수품을 마당의 솟대 앞에 늘어놓아 신에게 바치는 것이었다. 다음 단계로 샤먼은 제사祭詞를 외우고 황제는 솟대 앞에 무릎 꿇고 큰절을 했다. 그리고 돼지를 잡아서 피, 내장, 고기를 솟대 위에 설치된 쇠접시에 올렸다. 뒤이어 고기를 익혀 솟대의 쇠접시에 올린 제물을 교체했다. 제사가 끝날 무렵에는 돼지의 목뼈ildufun giranggi를 솟대 위에 매달고, 다시 고기와 곡식을 솟대 접시에 올렸다. 제사를 지내는 동안에 마당에 설치된 솥으로 밥을 지어서 참석자들이 고기와 함께 먹는 것으로 제천 의식은 끝났다. 이날 제천 의식에서 잡은 돼지는 한 마리였다.

건륭제는 11월 16일 대제를 지낸 후, 제사에 참석한 왕들에게 만주족 전통의 상실에 대해 불만을 터뜨리고 훈계했다. 이 자리에서 특히 건륭제의 사촌동생인 이친왕怡親王 홍효弘曉는 제사고기를 잘라 먹을 때 쓰는 소도小刀를 휴대하지 않은 잘못으로 곤욕을 치러야 했다. 건륭제는 제사 예법을 잃어버린 황족을 비판했을 뿐만 아니라, 만주족 고유의 전통을 잃지 말라고 훈계했다.[115] 건륭제는 성경에 머물면서 청녕궁 제사를 거행한 외에도 다양한 활동을 했다. 그는 동순 기간에 성경 5부部 관원의 임용 방식을 개편했다. 성경의 관원을 전원 경사에서 임용하여 성경에 파견하는 기존의 방식에서 절반을 현지인으로 기용하는 방식으로 바꾸었다. 그리고 성경의 각급 관원과 종실 들에게 포상을 내리고, 세금을 감면하기도 했으며, 조선이 파견한 사신을 접견하기도 했다. 그러나 건륭제 동순의 기본적인 목적을 가장 뚜렷하게 보여 주는 행사는 역시 만주족의 정체성을 강화하기 위한 청녕궁에서의 샤머니즘 제사였다.

만주족의 말구종, 쿠툴러

《 조선의 거덜과 만주족의 쿠툴러 》

　조선 시대에 말을 끄는 하인을 '거덜'이라고 했고, 이를 한자로는 '구종驅從' 혹은 '구종배驅從陪'라고 했다. 조선의 사복시司僕寺에서 말 관리를 담당하던 종7품의 잡직 종사자들도 거덜이라고 했는데, 이들의 정식 관칭은 견마배牽馬陪였다. 이들 거덜들은 평소에 말을 관리하다가 궁중의 귀인이나 상전이 말을 타고 행차할 때면 말고삐를 잡고 행차의 앞에서 '물렀거라'를 외치며 위세를 부렸다. 때로는 이들이 공무에 개입하여 농간을 부리기도 했다. 1513년(조선 중종 8)에는 견마배가 소송인의 뇌물을 받고 관아에 소장訴狀 올리는 일을 중간에서 농단하여 말썽을 빚은 사건이 있었다.[116] 거덜인 견마배의 관품과 신분은 보잘것없지만 그들이 모시는 상전을 배경 삼아 호가호위를 일삼은 것이다. 그래서 이 거덜에서 허세를 부린다는 의미의 '거들먹거리다'는 말이 파생되었다. 또한 거덜은 거들먹거리며 어깨를 흔들었기 때문에 여기서 '흔들리다'는 의미가 파생되었다. 그래서 '거덜마'는 '거덜이 끌거나 타는 말'을 뜻하기도 하고 '흔들거리는 말'을 뜻하기도 했다. 또한 거덜의 '흔들리다'는 뜻에서 '살림이 흔들려서 파탄나다'는 의미의 '거덜나다'는 용어도 생겨났다.

그러면 '거덜'이란 말의 연원은 무엇일까? 한국어의 말馬에 대한 다양한 용어들이 고려 말기에 몽고에서 수입되었듯이, '거덜'이란 용어도 고려 말기에 몽고에서 들어온 것으로 짐작된다. 몽고어에서 말을 끄는 사람을 '쿠투치kötöči'라고 한다. '쿠투치'의 '쿠투'는 '말을 끌다'는 의미이고 이 어휘가 조선어 '거덜'의 연원으로 생각된다. '쿠투치'의 '치'는 '사람'을 의미하는데, 이 역시 한국어에 남아 있다. 지금 한국어에서 '이 치', '저 치', '갖바치' 등에 남아 있는 '치'가 바로 몽고어의 '사람'을 의미하는 '치'에서 왔거나 어원을 함께하는 어휘이다. '쿠투치'라는 말은 고려에만 전해진 게 아니었다.

만주어의 말馬에 관한 수많은 용어들도 한국어와 마찬가지로 대다수가 몽고어에서 유입되었다. 조선어의 '거덜'과 같은 뜻의 어휘인 만주어 '쿠툴러kutule'도 몽고어 '쿠투치'로부터 유래했다. 쿠툴러는 몽고어 쿠투치와 마찬가지로 '말을 끄는 사람'이란 뜻이다. 이 용어는 만주어에서 동사형 어미 '–mbi'와 결합하여 '말을 끈다'는 의미의 동사형 '쿠툴럼비 kutulembi'로도 쓰였다. 한문으로는 고도륵庫圖勒 혹은 고독립孤獨立이라고도 음사했고 때로는 의역하여 근마인跟馬人, 사졸廝卒, 공마노控馬奴, 근역

跟役 등으로 쓰기도 했다. 『만문노당』에서 쿠툴러를 때로는 쿠투시kutusi 라고도 썼다. 아마도 몽고어 쿠투치의 원래 발음이 만주어에 강하게 남아 있는 현상일 것이다.

만주족의 쿠툴러도 조선의 거덜처럼 기본적으로는 말을 관리하고 끄는 일을 했다. 그러나 만주족은 기병 위주의 전쟁이 잦았기 때문에 쿠툴러의 사회적 기능과 역할이 조선의 거덜보다 훨씬 복잡하고 컸다. 북방 민족은 기병을 위주로 군사조직을 구성했기 때문에 이들 사회에는 후금 이전부터 말을 전문적으로 관리하는 계층이나 신분이 있어 왔다. 10~12세기 거란족이 세운 요나라의 병제에서는 정군正軍 1명에 일반적으로 2명의 말 관리인이 붙어 있었고, 이들은 전투 시에 전투병으로도 기능했다. 금나라의 병제에서는 정식 전투병을 정군正軍, 정병正兵 혹은 갑군甲軍이라고 칭했고 이들을 따르는 자들을 여진어로 아리희阿里喜라고 했다. 여진어의 아리희는 만주어에서 '부副'를 뜻하는 '일히ilhi'와 상통한다. 즉 금대의 아리희는 정군을 따르는 자로서 주로 말관리를 담당했다. 원대에는 쿠투치가 그러한 일을 맡았다.[117]

《 전쟁의 보조 인력 》

강희기에 출판된 만주어사전 『어제청문감御製清文鑑, Han i araha Manju gisun i buleku bithe』은 쿠툴러를 '따르는 노복dahame yabure ahasi'이라고 설명한다. 청 초기 조선인도 이와 유사하게 인식하여 『심양일기』에서 쿠툴러를 '종인從人'이라고 칭하고 있다. 이런 규정에서 알 수 있듯이 쿠툴러는 원래 노복들이 담당했고 전쟁이 일어나면 팔기의 기병을 수행하여 참전했다. 쿠툴러는 참전하여 말을 관리했을 뿐만 아니라 물을 긷고 밥을 짓는 등의 온갖 잡일을 담당하면서 주인을 모셨다. 전쟁에서 승리하여 약탈을 할 때도 쿠툴러가 중요했다. 쿠툴러가 많을수록 약탈품도 많이 챙길수 있었던 것이다. 또한 쿠툴러는 전세가 불리해지거나 전투 병력이 부족할 때는 곧바로 전투병으로 전환해서 쓸 수도 있었다. 쿠툴러는 평시에 말을 관리했지만 전시에는 다목적 용도의 전시 인력으로 활용되었다.

쿠툴러는 기인 가운데 상당히 큰 비율을 차지하고 있었다. 사르후 전투에 참전했다가 패전하여 1619년부터 1620년까지 17개월 간 허투알라에 억류되었던 조선인 이민환이 기록한『건주문견록』에 의하면 당시 후금에 전투가 발생하면 기인의 집마다 노비 4~5명이 앞다투어 출정하려고 했다. 『심양일기』에 의하면 홍 타이지 시기에 전투가 일어나면 병사 1명당 4~5명의 구토리驅土里가 정해졌다. 구토리는 쿠툴러를 음사한 것이다. 다시 말해 누르하치 시기와 홍 타이지 재위기에 전쟁이 일어나면 병사 1명당 쿠툴러 4~5명이 따라붙어 출정했다는 것이다. 그러나 이 기록의 신빙성에는 의문이 있다. 1648년(순치 5) 통계에 의하면 팔기에서 만주남정男丁은 5만 5,330명이고 몽고 남정은 2만 8,785명으로 양자를 더해약 8만 4,000명이고, 그들이 점유한 한인 노복 장정은 21만 명이었다.[118] 즉 만주와 몽고 남정 1인이 약 2.5명의 한인 노복 장정을 보유했다. 순치연간의 통계를 기준으로 보면 팔기병 1명에 쿠툴러 4~5명이 따라가기에는 팔기병이 보유한 노복의 수가 너무 적다. 입관 전에는 대규모 약탈 전쟁이 잦았기 때문에 팔기의 장정 1명이 4~5명의 노복을 소유하는 것이 흔했다. 그러나 팔기 장정이 노복을 여러 명 소유했다고 해도 전쟁에 이들을 모두 데리고 나가는 것은 현실적으로 어려웠다. 노복을 전쟁에 데리고 나가면 농경을 망치기 때문이었다. 당시 농경은 노복이 담당했고, 주인인 팔기병은 주로 전쟁을 담당했다. 그러므로 앞의 기록에서 보이는 것처럼 병사 1명이 4~5명의 쿠툴러를 데리고 전쟁에 나가는 것은 현실적으로 어려웠을 것이다.

홍 타이지 시기의 전투에 동원된 팔기 기병과 그들을 수행한 쿠툴러의 비율을 『청태종실록』의 관련 기록을 통해 검토해 보면 흥미롭다. 당시 수십 명 정도가 동원되는 소규모 전투에서는 팔기병과 쿠툴러의 비율이 대개 2 대 1 정도이고, 1,000명 이상이 동원되는 대규모 전투에서는 그 비율이 대략 1 대 1이었다.[119] 훗날 강희 연간에 준가르를 공격할 때도 기병과 쿠툴러의 비율이 1 대 1이었다. 전투의 규모에 따라 기병과 쿠툴러의 비율에 차이가 발생하는 원인은 소규모 전투는 단기간이고 활동 범위가 협소하며 강력한 기동성을 필요로 하는 반면, 대규모 전투는 장기간이고 이동거리가 길어서 더 많은 쿠툴러가 필요하기 때문이었다. 또한 대규모 전투는 대개 약탈전이었기 때문에 노획물을 약탈하고 운반하기 위해서도 더 많은 쿠툴러가 필요했다.

1644년 청조가 중국으로 진입한 후에도 상당 기간 동안 출병하는 병사와 쿠툴러의 비율이 1 대 1로 유지되었다. 물론 이 비율은 평균이 그렇다는 것이지 모든 팔기병 개개인에 적용되는 비율은 아니다. 기인 병사 간에도 경제력에 차이가 있었다. 경제적으로 여유가 있는 병사는 여러 쿠툴러를 대동하여 출병할 수 있었지만 빈곤하여 간신히 말 한 마리 가지고 출병하는 병사는 쿠툴러를 대동하기 어려웠다. 또한 팔기의 장교와 일반 병사 간에도 차이가 있었다. 중국제일역사당안관에 소장된 옹정 연간『군기처만문월접당軍機處滿文月摺檔』의「출병인 수 기록 문건出兵人數淸單」(날짜 미상)에 의하면 대신大臣은 쿠툴러 24명을, 쿠와란 다kūwaran da, 營長는 8명을, 잘란 장긴jalan i janggin, 參領은 6명을, 폰더 보쇼쿠fonde bošokū, 驍騎校는 3명의 쿠툴러를 데려갔다. 병정은 2명당 쿠툴러 1명을 데려갔다. 그러나 같은 직급이라도 경제력의 개인적 차이에 따라 대동하는 쿠툴러의 수가 달랐을 것이다.『수군기행隨軍紀行』에 의하면 강희 초기에 삼번의 난을 진압하기 위해 운남 지역으로 출정했던 '정서오'라는 만주 기인은 지위가 잘란 장긴인데 8명의 쿠툴러와 말 20필을 데리고 출병했다.[120] 이렇듯 개별적인 사례는 대동하는 쿠툴러의 수가 개인의 경제력과 직급에 따라 다양했음을 말해 주지만, 평균적으로 강희기까지는 출병하는 병사와 쿠툴러의 비율이 대략 1 대 1이었다.

이 비율은 옹정기와 건륭기에 들어서 크게 변화하게 된다. 종래 1 대 1이었던 병사와 쿠툴러의 비율이 옹정기부터 대략 2 대 1의 비율로 바뀐다. 즉 병사 2명당 쿠툴러 1명으로 바뀌었다. 그 원인은 팔기의 노복이 감소한 현상과 관련이 있다. 입관한 후 노비의 공급원이던 약탈 전쟁이 줄어들면서 노비의 수가 감소했고, 새롭게 충원되는 노비는 적었다. 따라서 자연히 쿠툴러를 담당할 인력도 크게 부족해졌다. 또 하나의 원인은 많은 쿠툴러가 전쟁에 참여하면서 전공을 세워 자유민의 신분을 획득한 것이다. 전시에 쿠툴러를 전투병으로 활용하기 위해 청 정부는 일종의 유인책을 만들었다. 그것은 전쟁에서 잘 싸운 쿠툴러를 노예 신분에서 해방시켜 주는 것이었다. 이렇게 해방된 쿠툴러는 주인의 호적 아래에 준독립적인 호적을 따로 만들어서 등록하거나 소속 니루의 예하에 독립적인 호적을 만들어서 등록했다. 이들을 '새로 개설한 호戶'라는 의미에서 개호開戶, dangse araha boigon라고 했다. 개호는 원래의 정규 기인인 정호正戶, jingkini boigon나 정호의 자식들이 분가하여 만든 영호另戶, encu boigon보다 기인으로서의 등급이 낮았지만 어쨌거나 노예에서 벗어난 일반 기인이었다. 이 외에 쿠툴러를 담당할 인력이 줄어든 또 하나의 원인은 팔기에 속한 노비가 팔기 밖으로 탈출하여 한인 속으로 섞여 들어간 것이었다. 결국 쿠툴러는 점차 줄어들게 되었다.

쿠툴러의 부족 현상을 맞아 전시에 인력을 고용하여 쿠툴러의 일을 맡기는 현상이 생겨났다. 쿠툴러로 고용되는 인력 가운데 한산閑散, sula이 큰 비중을 차지했다. 한산은 팔기 내에서 직책을 받지 못한 무직자 기인이었다. 기인의 인구가 급증하면서 한산의 수도 급증했고 이들이 푼돈을 받고 쿠툴러의 일을 담당한 것이다. 물론 팔기 내에 남아 있는 노복들이 여전히 쿠툴러를 담당하기도 했다. 입관 전과 직후에는 쿠툴러를 노예만이 담당했으나 시간이 흐르면서 피고용인이 쿠툴러를 담당하게 되고 심지어 팔기의 직을 받지 못한 정규 기인까지 쿠툴러를 담당하게 되어 쿠툴러 신분의 다양화 현상이 나타났던 것이다.

얼음 위의 만주족

《 빙상 대회와 군사 훈련 》

만주 지역은 한반도보다 춥고 결빙기가 길다. 한국에서 겨울철 북풍을 뜻하는 삭풍朔風이란 말은 곧 만주 벌판에서 불어오는 차디찬 바람을 가리킨다. 자연히 만주족은 눈과 얼음 위에서 생활하는 기간이 길었고, 때로는 오락과 전투가 얼음 위에서 이루어졌다. 『만문노당』은 누르하치 시기에 개최된 대규모 빙상 경기의 광경을 전하고 있다. 이 흥미로운 빙상 대회가 열린 것은 1625년(천명 10) 2월 8일, 그해의 정월 초이틀이었다. 이날 누르하치는 만주, 몽고, 한군팔기의 여러 버일러와 관원과 그들의 부인들까지 이끌고 얼어붙은 태자하太子河 위에서 대규모 빙상 체육대회를 개최했다. 버일러들은 시위, 병사 들과 함께 얼어붙은 강 위에서 축구를 했다. 이때의 축구는 오늘날의 축구처럼 정교한 규칙이 없었고 공중에 던

진 공을 먼저 잡는 자가 이기는 단순한 경기였다. 우승자에게는 상금이 주어졌다.[121]

남자들의 축구가 끝난 후에는 부인들이 나와서 빙상 달리기 시합을 했다. 누르하치와 그의 부인들은 얼음 위의 한가운데에 자리 잡고 있고, 만주족 여성 선수들은 양쪽으로 나뉘어 서 있다가 출발 신호와 함께 중앙의 골인 지점을 향해 뛰었다. 골인 지점에는 금과 은을 20냥, 10냥씩 묶어서 18곳에 놓아두고 선착순으로 고액을 잡게 했다. 부인 선수들은 골인 지점의 금은을 향해 전력을 다해 뛰었을 것이다. 만주족 여성들의 달리기가 끝난 후 몽고 타이지들의 부인들이 달리기를 했고 그 후에는 몽고의 소小타이지들의 부인들이 경주했다. 몽고 부인들의 상금은 만주 부인들보다 약간 적었다. 등수 안에 들지 못해서 상금을 획득하지 못한 선수들에게도 소액의 상금이 주어졌다. 일종의 위로금이었다. 누르하치는 경기를 관람하면서 얼음 위에 미끄러져 나뒹구는 부인 선수들을 보며 즐거워했다.

이런 빙상 경기는 오락을 위한 것만이 아니고 전투 훈련을 겸한 것이었다. 누르하치는 전시에 썰매로 이동하는 속도전 부대를 운용하기도 했으며, 겨울에 북방으로 정복전을 갈 때에는 병사들에게 톱니가 달린 나무신을 신도록 해서 행군 속도를 높이기도 했다. 『청어적초清語摘抄』에 의하면 누르하치가 머르건성墨爾根城(현 흑룡강성 눈강현)에서 몽고 바르구트巴爾虎特 부족에게 포위되었을 때 장군인 비고렬費古烈이 지휘한 부대는 포위를 풀기 위해 스케이트화를 신고 얼어붙은 눈강嫩江 위로 하루에 700리(약 350킬로미터)를 달렸다고 한다.[122] 비고렬이 실존 인물인지 의문이고, 또한 아무리 스케이팅을 잘한들 서울에서 대구까지의 거리를 하루에 달렸다는 것도 믿기 어렵지만, 어쨌거나 이 부대는 오늘날의 스키부대의 전신인 셈이다.

때로는 결빙된 바다 위에서 전투가 벌어지기도 했다. 1626년 후금군이 명의 영원성을 공격하자 산해관의 명나라 군대는 후금을 측면 공격하기 위해 해로를 통해 영원성에서 남쪽으로 80킬로미터 정도 떨어진 각화도 覺華島(현 국화도菊花島)로 이동하여 집결했다. 각화도에 도착한 4만 명의 명나라 군대는 얼어붙은 바다 위에 진영陣營을 세우고 얼음을 잘라서 15리에 걸친 긴 참호를 만들었다. 결국 후금의 몽고인 장수 우너거Unege의 부대가 공격하여 결빙된 바다 위의 전투는 명군의 패배로 종식되었다.[123] 상대적으로 따뜻한 남쪽 나라에서 사는 한국인은 어떻게 빙판 위에서 전투까지 벌일 수 있는지 의아스러워할 수도 있겠다. 그러나 북방의 얼어붙은 빙판은 상상 외로 단단하다. 러일전쟁 때에 러시아는 동방의 전장으로 병력과 물자를 급송하기 위해 1.5미터 두께로 얼어붙은 바이칼 호수 위에 임시 철도를 부설했다. 얼음이 깨어지는 것을 우려하여 빙판 위를 달리는 기차는 저속으로 운행되었지만 북방의 빙판이 육중한 철로와 기차를 버틸 정도로 단단하다는 것은 충분히 입증되었다.

《 황제의 빙희 》

1644년 만주족이 중국으로 진입한 후 황제가 주최하는 빙상 운동은 누르하치 시기의 대규모 빙상 대회보다는 축소되었다. 그러나 빙상 운동의

김곤의 「빙희도」

전통은 계속 유지되다가 건륭기에 전성기를 맞았다. 건륭제는 해마다 겨
울에 북경 자금성의 서쪽에 있는 북해北海에서 팔기군의 빙상 대회를 개
최했다. 이를 '빙희冰嬉'라고 불렀다. '빙희'는 청조 이전에도 중국에 있었
던 어휘였고 단순히 '빙상의 오락'을 가리켰다. 그러나 청대에 만주족 황
제가 개최한 빙희는 성격이 특수했다. 청대의 빙희는 단순한 오락이 아니
라 형식을 갖춘 일종의 빙상 전투 훈련이자 황제의 참관하에 진행된 빙상
사열이었다. 청대에 빙희는 '국속國俗'으로 일컬어졌고 법규집인 『대청회
전大淸會典』에 그 격식이 기록되었다. 다시 말해 청대의 빙희는 국가적 차

원에서 제도화된 행사였다.

　지금 우리는 빙희의 광경을 손에 쥘 듯이 생생하게 볼 수 있다. 북경 고궁박물원에 소장된 두 폭의 「빙희도冰嬉圖」와 「자광각사연도紫光閣賜宴圖」에 빙희의 모습이 상세하게 묘사되어 있기 때문이다. 두 폭의 「빙희도」 가운데 한 폭은 건륭기 궁정 화가인 장위방張爲邦과 요문한姚文瀚이 그렸고, 다른 한 폭은 그보다 이전 시기에 김곤金昆, 정지도程志道, 복륭안福隆安이 그렸다. 「자광각사연도」는 요문한姚文瀚이 그렸다. 「빙희」 가운데 김곤 등이 그린 것을 통해 당시의 광경을 상상해 볼 수 있다. 이 그림은 세로 35센

티미터, 가로 578.8센티미터의 거작으로 당시 빙희의 광경을 생생하게 보여 준다.

빙희는 매년 겨울 음력 12월 8일경에 자금성의 서쪽에 있는 호수인 북해北海에서 열렸다. 빙희를 개최하기 전날 밤에 검사관이 북해의 얼음이 단단하게 얼었는지를 검사했다. 얼음을 파고 깨뜨려 봐서 그 소리가 돌을 치는 것처럼 단단하게 들리면 다음 날 예정대로 빙희를 개시했다. 빙희의 스케이트 선수로 선발된 병사의 수는 팔기의 각 기에서 200명씩, 총 1,600명 정도였다. 이들은 자신이 소속된 기旗, gūsa의 색의 옷을 입고 무릎에는 보호대를 대고 철제 칼날이 장착된 스케이트화를 신었다. 당시의 스케이트화는 단순해서 나무판 아래에 휘어진 형태의 강철 칼날을 붙인 것이었다. 스케이트화에는 끈이 달려 있어서 그것을 신발에 둘러 묶으면 완성되는 것이었다. 빙판 위에는 문이 세워졌고 그 문에 깃발이 설치되었기 때문에 기문旗門이라고 불렸다. 기문의 두 기둥 사이에 걸쳐진 도리에는 알록달록 선이 그려진 공이 매달려 있었다. 공은 선수들이 스케이팅을 하면서 활을 쏘아 맞추어야 할 표적이었다. 빙판의 한쪽에는 황제의 화려하고 거대한 썰매가 있었다. 황제의 썰매가 일종의 사열대였다. 황제의 썰매 주위에는 팔기의 고위 관료들이 사열단으로 도열해 있었다.

빙희가 시행되는 날 아침에 황제가 호수에 도착하여 썰매에 자리잡고 앉으면 사방에서 폭죽을 터뜨리며 빙희의 시작을 알렸다. 그러면 황제의 썰매로부터 2~3리 떨어진 호숫가에 세워진 큰 깃발 아래에서 대기하고 있던 100여 명의 선수들이 일제히 전속력으로 황제에게 활주해 왔다. 이

것이 당시 '창등搶等'이라고 불렸던 스피드 스케이팅이었다. 이들의 활주 속도가 너무 빨라서 자력으로 급정지하기가 어려웠기 때문에 황제 측근의 시위들이 이들을 잡아서 정지시켜 주었다. 선수들은 활주를 멈춘 후에 황제에게 무릎 꿇고 절을 했다. 우승자와 준우승자에게는 황제가 포상을 했다.

빙희에는 스피드 스케이팅인 창등뿐만 아니라 오늘날의 피겨 스케이팅에 해당하는 '잡기雜技'와 빙상 축구인 '창구搶球'도 종목으로 포함되어 있었다. 피겨 스케이팅 선수들은 그림에서 보이듯이 등에 자신의 소속 기의 깃발을 묶은 기수旗手와 활을 맨 사수射手로 나뉘었다. 빙희가 시작되면 기수와 사수가 한 명씩 번갈아 가며 빙판으로 미끄러져 나아가 기문을 향해 활주하면서 각종 기술을 시연했다. 그림을 자세히 보면 스케이터의 자세가 제각각이다. 봉황이 날개를 펴듯이 두 팔을 펼친 봉황전시鳳凰展翅 자세, 뒤로 활주하는 과로기려果老騎驢 자세, 물 찬 제비처럼 팔을 벌리고 상체를 굽힌 후 고개를 들어 위를 쳐다보는 연자희수燕子戲水 자세, 곧추선 상태로 다리 하나를 들고 외다리로 활주하는 금계독립金鷄獨立 자세 등이 보인다. 이 가운데 가장 난이도가 높은 자세는 피겨 스케이팅의 스파이럴 기술에 해당하는 연자희수였을 것이다. 선수들은 피겨 스케이팅을 펼치면서 기문에 매달린 공을 표적으로 활을 쏘았다. 말을 타며 활을 쏘는 기사騎射를 만주어로는 니얌니얀niyamniyn이라고 했다. 피겨 스케이팅의 활쏘기는 육상의 니얌니얀이 얼음판 위로 옮겨 온 것이었다. 피겨 스케이팅에서 우수한 스케이팅 기술과 활쏘기 능력을 선보인 자는 스피드 스케이팅과 마찬가지로 포상을 받았다.

가경기(1796~1820) 이후 빙희는 건륭기의 화려하고 웅장한 모습과 전투 훈련으로서의 목적을 잃어버리고 점차 황실의 오락성 겨울놀이로 쇠퇴해 갔다. 동시에 황실과 만주족의 빙희 문화가 차츰 민간으로 유행되어 갔다. 청 말기 서태후 시기에 황실의 후비后妃들과 왕부王府의 부인들 사이에 썰매 타기가 유행했는데 썰매의 호화스러움이 심했다. 일반 백성들도 호화스럽지는 않지만 썰매를 즐기게 되었다.

청대 만주족의 스케이팅 관습은 청조가 멸망한 후에도 여전히 겨울철 오락으로 유지되었다. 신해혁명이 일어난 후에 중화민국中華民國의 북경 시민이 된 만주족은 겨울이 되면 종종 조양문朝陽門에서 출발하여 얼어붙은 수로를 따라 활주하여 이갑二閘을 지나 로하潞河로 진입해서 북경의 동남쪽 교외 통주通州까지 가서 그곳 특산인 삭힌 두부醬豆腐를 한 사발 사들고 북경으로 돌아오곤 했다. 북경 시내에서 통주까지의 거리가 대략 20킬로미터 정도이니까 빙상으로 마라톤을 즐긴 셈이다.

청대에 해마다 빙희가 열렸던 북해는 1925년부터 일반인에게 개방되었고 겨울이면 스케이팅을 즐기는 북경 시민들로 북적이게 되었다. 1930~1940년대에 북해에서 스케이팅을 즐기던 우퉁쉬엔吳桐軒이라는 노인은 뛰어난 스케이팅 실력으로 유명해서 당시 활빙의 왕이라는 뜻의 류빙왕溜冰王으로 불렸다. 빙판 위에서 활주하는 그의 기력과 실력은 청년 같았고, 다리 하나를 치켜들고 활주하는 이른바 조천등朝天蹬 기술, 즉 스파이럴을 선보이면 주위에서 탄성을 질렀다고 한다. 그는 우퉁쉬엔이라는 이름으로 알려져 있지만 사실 그의 본래 성은 우야吳雅였고 만주족이었다. 그는 청 말기에 정백기正白旗 제3참령參領 제2좌령佐領의 호군護軍 출신이었다. 우야 통쉬엔은 청조가 길러 낸 마지막 세대의 스케이터였다.

만주족의 놀이, 가추하

《 '노름하는 깍뚝 뼈' 》

'가추하gacuha, 嘎出哈' 혹은 '가라하galaha, 嘎拉哈'는 직육면체 모양으로 생긴 포유류의 발목관절뼈를 지칭하는 만주어이다. 또한 가추하는 청대에 만주족이 이 뼈를 던지며 노는 놀이의 이름이기도 했다. 조선의 만주어 사전인 『한청문감漢清文鑑』에서는 가추하를 '노름하는 깍뚝 뼈'라고 설명했다. '노름'은 오늘날 한국에서 사행성 짙은 도박이라는 의미가 강하지만 이 사전에서는 단순히 '놀이'의 의미이고, 깍뚝 뼈는 깍뚜기처럼 육면체 모양으로 생긴 뼈라는 뜻이다. 가추하를 한어로는 배식골背式骨이라고 했다. 이 놀이 도구를 만들 때 주로 양이나 돼지의 뼈를 많이 사용했다. 돼지의 관절뼈로 만든 가추하는 특히 롤로lolo라고 하고, 소나 사슴의 관절뼈로 만든 것은 로단lodan이라고 불렀다.

가추하는 만주족만의 놀이는 아니었다. 만주 지역 북부의 오로촌족이나 허저족 같은 민족도 만주족의 가추하와 같은 놀이도구와 놀이가 있었다. 오로촌의 경우는 개의 관절뼈를 가추로 사용했다. 몽고인은 만주족의 가추하를 '샤가'라고 부르며 많이 즐겼고 오늘날에도 즐기고 있다. 현재 러시아의 칼믹 몽고인들도 가추하를 '스카치키'라고 부르며 전통놀이로 즐기고 있다. 몽고인만이 아니라 중앙아시아의 민족들도 이 뼈를 가지고 만주족의 가추하와 유사한 놀이를 즐기거나 점을 치는 데 사용해 왔다. 예컨대 키르키즈인은 가추하 놀이를 추코라고 부르고, 카자흐인은 아슥이라고 부르며, 타지크인은 아슉, 투르크인은 아식이라고 부른다. 카자흐인의 아슥은 놀이 도구이기도 했지만 현악기의 기러기발로 활용되기도 했다.

청대에 한인도 만주족의 영향을 받아 가추하를 즐겼다. 중국어로 놀이를 즐기는 것을 '완玩'이라고 한다. 예컨대 마작을 하는 것을 '완마쟝元麻將'이라고 표현한다. 그런데 가추하의 경우에는 '가추하 놀이를 한다'는 말을 한어로 표현할 때에 '완玩'이라는 동사를 쓰지 않고 '추아欻'라는 동사를 사용했다. '추아'는 원래 가추하 놀이를 즐길 때 입으로 내는 소리를 나타내는 의성어였으나 동사로 쓰이게 되었다. 그래서 '가추하 놀이를 한다'는 말을 청대에 '추아구즈얼欻骨子儿', '추아가추하欻嘎出哈' 혹은 '추아가라하欻嘎拉哈'라고 표현했다.

가추하는 남녀노소 모두가 즐길 수 있었으며 실내건 실외건 장소에 크게 구애받지 않는 놀이였다. 그러나 어린이와 여성 들이 겨울철 실내에서 만주족의 쪽구들 위에 옹기종기 앉아서 즐기는 것이 가추하 놀이의 가장 일반적인 모습이었다. 『만주실록』에 의하면 누르하치도 적군 수장의 어른답지 못한 유치한 행위를 폄하하면서 "두 아이가 가추하를 서로 다투는 것 같다"고 말했다. [124] 만주족이 가추하로 노는 방식은 매우 다양했다. 대체로 청대의 가추하 놀이는 세 가지 방식으로 나뉘었다.

《 게임의 세 가지 방식 》

피트험비fithembi(튕기다, 彈背式骨)

다양한 가추하 놀이 가운데 가장 단순하고 많이 즐겼던 방식으로 일종의 '알까기'가 있었다. 이 방식은 여러 개의 가추하 뼈를 바닥에 흩뿌려 놓고 두 명이나 여러 명이 둘러앉아서 손가락으로 자기의 가추하 뼈를 튕겨서 다른 사람의 가추하 뼈를 맞히는 것으로 승부를 결정하는 것이다. 이렇게 손가락으로 가추하 뼈를 튕기는 것, 혹은 그렇게 '알까기'로 진행하는 가추하 놀이의 방식을 만주어로 피트험비fithembi라고 불렀고, 한어로는 '탄베이스구彈背式骨'라고 했다. 손가락으로 자기의 가추하를 튕겨서 상대의 가추하를 맞힐 때 상대의 가추하 모두를 무조건 겨냥하는 것이 아니었다. 자신이 튕기는 가추하와 목표로 하는 상대의 가추하의 보이는 윗면의 종류가 일치해야 했다.

바닥에 던져진 가추하 뼈는 보이는 윗면의 형태에 따라 다양한 조합을 만들어 냈다. 가추하 뼈는 육면의 형태가 모두 달랐다. 가추하 뼈의 긴 양쪽 끝은 형태가 둥글기 때문에 그 세로의 두 면으로는 바닥에 설 수 없고,

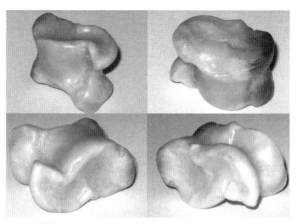

가추하의 네 면

다른 네 개의 면으로 설 수 있었다. 간혹 가추하가 세로로 서는 경우도 있었고 이를 만주어로 공곤gonggon이라고 했지만 그것은 매우 드문 경우였고, 네 면으로 서는 것이 일반적이었다. 그런데 이 네 면의 형태도 고르지 않고 울퉁불퉁 제각각이었다. 네 면에서 대체로 두 면은 면적이 조금 좁고 다른 두 면은 상대적으로 면적이 넓었다. 그래서 네 면은 확률적으로 자주 나오는 면과 그렇지 못한 면이 구분되었다. 네 면에는 각기 이름이 있었다. 그 이름은 지역마다 시기마다 약간씩 달랐다.

　강희기와 옹정기에 활동했던 서란徐蘭은 『새상잡기塞上雜記』에서 가추하의 네 면을 쩐얼珍兒, 궤이얼鬼兒, 베이얼背兒, 샤오얼梢兒이라고 기록했다. 물론 이 이름들은 한어이고 본래의 이름은 만주어였다. 쩐얼은 만주어로 알추alcu 혹은 쇼르다이šordai이고 가추하를 바닥에 던졌을 때 가장 나올 확률이 적었다. 궤이얼은 군얼輥兒이라고도 했고 만주어로는 토카이tokai나 타바taba였으며 쩐얼보다는 나올 확률이 약간 컸다. 베이얼은 만주어로 머커meke이고 궤이얼보다 나올 확률이 더 컸다. 샤오얼은 만주어로 처커ceke라고 하고 나올 확률이 네 면 가운데 가장 컸다. 나오기 어려운 면부터 쉬운 순으로 정리하면 알추alcu,珍兒 ― 토카이tokai,輥兒,鬼兒 ― 머커meke,背兒 ― 처커ceke,梢兒이다. 당연히 나오기 어려운 패를 던진 사람이 나오기 쉬운 패를 던진 사람보다 점수를 더 받거나 게임의 다음 순서로 먼저 진입하는 우선권을 얻을 수 있었다. 이러한 네 면의 명칭도 모든 만주족에게 획일적으로 정해져 있던 것이 아니고 지역마다 시기마다 약간씩 상이했다. 청나라가 망하고 민국 시기가 되면 앞의 네 이름 가운데 군얼은 컹얼坑兒로 불리고, 샤오얼은 뤼얼驢兒이라고 불리게 되었다.

대개 네 개의 가추하 뼈를 한 벌로 사용했는데, 바닥에 던져진 네 개의 가추하 뼈는 네 개 모두 알추가 나올 수도 있고, 네 개 모두 처커가 나올 수도 있고, 아니면 네 개가 모두 다른 면을 보일 수도 있었다. 비유하면 윷놀이에서 모가 나오거나 윷이 나오거나 그 중간의 도, 개, 걸이 나오는 것과 유사하다. 가추하는 윷놀이보다 윗면의 형태에 따라 조합되는 경우의 수가 더 많지만, 패를 네 개 사용하고 각각의 패에 따라 전체 패들이 유기적으로 연동하여 조합을 만들어 가는 점에서 윷놀이와 상당히 닮았다.

칸잠비kanjambi(던져 맞히다. 打背式骨)

앞의 '알까기' 방식이 주로 실내에서 이루어졌다면 실외에서 이루어진 가추하 놀이 방식도 있었다. 이 방식은 상대의 가추하 뼈를 멀리 세운 다음에, 자신의 도구를 던져서 상대의 가추하 뼈를 맞혀서 따먹는 것이었다. 상대의 가추하 뼈를 향해 던지는 도구는 대개 뼈에 납을 채워 넣은 납작한 도구인 쿠르쿠kurku. 鉛碼兒나 납작한 돌인 파거page. 石餠子를 사용했다. 이렇게 상대의 가추하 뼈를 맞혀서 따먹는 놀이 방식을 만주어로는 칸잠비kanjambi라고 불렀고 한어로는 '따베이스구打背式骨'라고 불렀다. 『한청문감』에서는 칸잠비를 "깍뚝뼈 맞히다"라고 설명하고 있다. 한국의 놀이로 치면 '비석치기'와 비슷하다.

양빈楊賓(1649~1720)은 『유변기략柳邊紀略』에서 칸잠비의 방식에 대해 언급하고 있다. 양빈은 강희기에 무단강변의 닝구타에서 유배 생활을 하고 있던 아버지를 보살피기 위해 고향인 절강성浙江省 산음山陰을 떠나 오랜 기간 닝구타에서 생활했기 때문에 그곳의 만주족 풍속을 잘 알고 있었다. 그에 의하면 닝구타에서 칸잠비 방식의 가추하를 즐긴 것은 주로 남자아이들이었다. 당시 양빈이 보았던 닝구타의 가추하는 사슴의 관절뼈로 만들었고 뼈의 빈 구멍에는 주석이나 아연을 채워서 무겁게 했다. 이렇게 만들어진 가추하 뼈를 땅 위에 세 개나 다섯 개 정도 쌓으면 상대는 멀리에서 가추하 뼈를 던져서 그것을 맞혔다. 던져서 가추하를 맞힌 사람은 쌓였던 가추하 뼈들을 모두 가졌지만, 만약 못 맞히면 거꾸로 자기 가추하를 하나 내놓아야 했다.

닝구타에는 많게는 1,000개의 가추하 뼈를 가진 녀석도 있었고 적게 가진 녀석도 100개는 가지고 있었다. 겨울철 농한기에는 어른들도 칸잠비 가추하를 즐겼다. 닝구타는 농사도 지었지만 수렵이 생업의 중요한 부분을 차지하고 있던 지역이었다. 무거운 가추하를 던져서 목표물을 명중시키는 것은 이 지역에서 단순히 놀이이기만 했던 것이 아니고 수렵의 훈련이기도 했다. 양빈은 닝구타의 가추하 놀이에 대해 서술하면서 가추하를 '가추하嘎出哈'가 아니라 '가스하嘎什哈'라고 표기했다. 이 표기로 짐작컨대 닝구타에서는 가추하가 '가추하'로 발음되지 않고 '가스하'로 불렸던 것 같다.

텁커점비tebkejembi(떨어지는 것을 받다. 抓背式骨)

가추하 놀이를 하는 또 하나의 방식은 마치 한국의 주사위놀이와 공깃돌놀이를 결합시킨 것 같은 형태이다. 이 방식은 바닥에 펼쳐진 가추하 뼈를 손으로 움켜쥔다고 해서 한어로 '주아베이스구抓背式骨'라고 불렀다. 만주어로는 떨어지는 것을 받는다는 의미의 텁커점비tebkejembi라고 했는데, 그 이유는 손에 가추하 뼈를 쥔 상태에서 공중에 던져진 다른 물체를 받아 쥐는 것이 이 방식의 규정이기 때문이었다. 그래서 텁커점비를 한어로는 말碼을 받는다는 의미에서 '지에마얼接碼兒'이라고도 했다.

텁커점비 방식에는 가추하 뼈 네 개가 한 벌로 구성되어 사용되었다. 가추하로 승부를 결정하려는 두 사람 혹은 그 이상의 사람들은 먼저 네 개의 가추하 뼈를 바닥에 던졌다. 가추하 뼈를 가장 먼저 던지는 사람을 웅구unggu라고 했다. 웅구는 만주어로 '첫 번째'를 의미하며 가추하 놀이에서는 가추하 뼈를 첫째로 던지는 사람을 가리키는 말이었다. 웅구는 한어로는 '터우쟈頭家'라고 번역되었다. 웅구에 이어 두 번째로 가추하 뼈를 던지는 사람을 다할리dahali라고 했다. 다할리는 만주어에서 '뒤를 따르는 자'라는 의미인데 도박판이나 가추하 같은 놀이에서는 두 번째로 나서는 사람을 가리켰다. 다할리는 한어로 '얼쟈二家'라고 했다.

바닥에 던져져서 펼쳐진 네 개의 가추하 뼈 앞에서 다음으로 할 일은 같은 면이 나온 가추하 뼈를 훑어보고 파악하는 것이었다. 이어서 동전이나 동전처럼 생긴 납작한 돌맹이를 공중에 던지고 재빨리 같은 면이 나온 가추하 뼈들을 손에 움켜쥐고 떨어지는 동전을 받았다. 같은 면이 나온 가추하 뼈가 많을수록 성공하기가 어려웠다. 공중에 던진 물체를 받지 못하면 벌칙으로 자신의 가추하 뼈를 하나 내놓아야 했다. 이 방식은 한국의 공깃돌 놀이에서 공깃돌 하나를 공중에 던지고 바닥에 놓인 돌을 쓸어 움켜쥐며 떨어지는 돌을 받는 것과 비슷하다. 가추하 놀이에서 사용하는 뼈는 네 개이기 때문에 한국의 공깃돌보다 한 개가 적지만, 공중에 던지는 말을 가추하 뼈 외에 별도의 동전으로 사용하여 총 다섯 개의 말을 쓰는 것도 공깃돌과 유사하다.

이상에서 청대 가추하의 가장 일반적인 세 가지 방식에 대해 설명했지만 이 외에도 다양한 방식이 있었다. 지금도 중국의 동북 지역의 사람들은 가추하를 즐기고 있고 그 방식과 게임의 룰은 지역에 따라 다양하다.

만주어의 유지와 쇠퇴

《 만주어를 지키기 위한 노력 》

　만주어에 대한 한어의 영향을 청조가 처음 걱정하기 시작한 것은 홍 타이지 재위기인 천총 연간(1627~1635)이었다. 이때는 만주족이 일상 언어생활에서 만주어를 상실해 간 것은 아직 아니었지만, 한어가 부분적으로나마 만주족 사이에서 확산되기 시작한 것은 분명했다. 당시 후금의 지배 영역이 과거 명의 지배 영역이자 한인 거주 지역인 요동과 요서 지역으로 확대되면서 만주어와 한어의 조우는 갈수록 확대되어 갔다. 그 결과 만주족의 일상 언어생활에 한어가 유입되었고, 뿐만 아니라 후금의 통치하에 유입된 다수의 한인과 한인 관료들이 후금이 중국식 제도를 도입하고 응용할 수 있게 하는 인력으로 기능하면서 국가 행정 면에서도 한어의 영향이 확대되어 갔다.

중국의 관직명인 총병總兵, 부장副將, 참장參將, 유격遊擊, 비어備禦는 이미 1620년 누르하치가 명의 무관 제도를 도입할 때부터 후금의 제도에 유입되었다. 이들은 적당히 만주어화되어 쭝빙구완dzung bing guwan, 푸쟝 fujiyang, 찬쟝ts'anjiyang, 요기iogi, 버이요구완bei ioi guwan으로 쓰이고 있었다. 1625년 후금의 수도를 심양으로 천도한 것도 한어의 영향을 증가시킨 또 하나의 원인이었다. 심양 곳곳의 거리 이름과 각종 고유명사는 만주족이 심양을 점령하고 그곳으로 천도했다고 해서 곧바로 만주어로 바뀌지 않았다. 만주어와 한어가 전면적으로 조우하기 시작한 지 십수 년이 지난 1634년 홍 타이지는 만주어를 우선시해야 하는 당위성을 역설했다. 그의 웅변은 거듭 보아도 명문이다.

내가 듣기에 국가는 하늘의 명을 받아 창업함으로 각기 제도가 있고 남의 제도를 따르지 않으니, 국어를 버리고 도리어 타국의 언어를 익히는 경우는 없다. 일은 처음을 잊지 않음으로써 오래 전해질 수 있고 영구히 바뀌지 않는 것이다. 몽고의 여러 버일러들은 스스로 몽고의 언어를 버리고 이름을 모두 라마를 본떠서 결국 국운이 쇠락했다. 지금 우리나라의 관명은 모두 한문으로 된 옛 명칭을 쓰고 있다. 좋은 점을 알면서 따르지 않는 것과 나쁜 점을 알면서 없애지 않는 것은 모두 좋지 않다. 짐이 기업基業을 계승하여, 어찌 우리나라의 제도를 바꾸어 다른 나라의 것을 따를 수 있겠는가. 이후에 우리나라의 관직명과 성읍의 이름을 모두 우리나라 말로 바꾸어야 한다.[125]

이런 인식하에 홍 타이지는 당시 무관직인 총병, 부장, 참장, 유격, 비어를 모두 만주어로 개칭했고 동시에 각각의 관직에 세부적으로 다시 등급을 설정했다. 총병관은 우주 저르기 궁uju jergi gung, 一等公으로, 일등총병관은 우주 저르기 암반 장긴uju jergi amban janggin, 一等昂邦章京으로, 이등총병관은 자이 저르기 암반 장긴jai jergi amban janggin, 二等昂邦章京으로, 삼등총병관은 일라치 저르기 암반 장긴ilaci jergi amban janggin, 三等昂邦章京으로, 일등부장은 우주 저르기 머이런 이 장긴uju jergi meiren i janggin, 一等梅勒章京으로, 이등부장은 자이 저르기 머이런 이 장긴jai jergi meiren i janggin, 二等梅勒章京으로, 삼등부장은 일라치 저르기 머이런 이 장긴ilaci jergi meiren i janggin, 三等梅勒章京으로, 일등참장은 우주 저르기 장긴 이 장긴uju jergi janggin i janggin, 一等甲喇章京으로, 이등참장은 자이 저르기 잘란 이 장긴jai jergi jalan i janggin, 二等甲喇章京으로, 유격은 일라치 저르기 잘란 이 장긴ilaci jergi jalan i janggin, 三等甲喇章京으로, 비어는 니루 이 장긴niru i janggin, 牛彔章京으로 개정되었다.[126)]

그 결과 니루 장긴을 제외한 각 급을 3등급으로 나누어 모두 13등급의 만주어 관직명이 만들어졌다. 이는 명의 군관직이 총병 등의 5등급으로만 구성되고 세부적인 3등급 분할은 없었던 것과는 상당히 달랐다. 다시 말해 명의 무관제를 수용하되 후금 자체적인 변화를 가미한 것이었다. 이 13등급의 무관제는 군대의 실제 지휘관 명칭이 아니고 일종의 관작官爵이었다. 현재의 개념으로 따지면 호봉에 비유할 수 있겠다. 그래서 기존의 팔기 각급 부대장인 구사 어전, 머이런 어전, 잘란 어전, 니루 어전은 5등급의 중국식 무관제가 도입된 후 사라진 것이 아니고, 구사 어전은 총병관에, 머이런 어전은 부장에, 잘란 어전은 참장과 유격에, 니루 어전은 비어에 제수되어 두 관직 체계의 명칭을 모두 보유했다. 관직명뿐만 아니라 당시 수도인 심양을 '번성한 도시'라는 의미의 만주어 '묵던 호톤Mukden hoton, 盛京'으로 개칭하고, 과거의 수도였던 '허투알라'는 '흥성한 도시'라는 의미의 만주어 '연던 호톤Yenden hoton, 興京'으로 개칭한 것도 이때였다.

이로부터 1년여 후인 1636년 7월 8일 홍 타이지는 공문서 용어나 심양의 지명 등의 세밀한 부분까지 만주어를 사용할 것을 지시했다.

우리나라가 사례事例를 모르던 때에 말로 명령을 내린 것이든 글로 쓴 것이든 상하귀천을 구분하지 않았다. 고금의 사례를 보면 윗사람이 말하는 것과 아랫사람이 답하는 것을 모두 별도로 구분했다. 이제 상하를 구분하여 정한다. 이후로 글을 지어 보고하는 자가 한han에게 올리면 '언두링거 한 더 워심붐비enduringge han de wesimbumbi(성스러운 한에게 올린다)'라고 하라. 친왕親王·군왕郡王·버일러 들에게 올리면 '합샴비habšambi(소청한다)'라고 하라. 대신에게 올리면 '알람비alambi(고한다)'라고 하라. 한의 말은 글로 쓰든 그냥 구두로 하든 '한 이 허서han i hese(한의 지늠)'라고 하라. 한이 어떤 말을 하는 것은 '허서 워심부하hese wasimbuha(지늠를 내렸다)'고 하라. 아랫사람이 한에게 묻거나 답하는 것을 '기순 워심붐비gisun wesimbumbi(말을 올린다)'라고 하라. 갖가지 창고를 '멍군 이 쿠menggun i ku(은고銀庫)', '울린 이 쿠ulin i ku(재물 창고)', '저쿠 이 쿠jeku i ku(곡식 창고)'라고 하라. 키요kiyoo(큰 거리)를 '후다이 바hūdai ba(장사하는 곳)', 푸설리

puseli(상점)를 '후다이 보오hūdai boo(상점)', 여러 곳에서 사용하는 가축을 '보이곤 이 주르간 이 우지러 아둔boigon i jurgan i ujire adun(호부에서 기르는 목축 떼)'이라고 하라. 기요찬giyoocan. 교장敎場(연병장)을 '초오하 투와라 야문cooha tuwara yamun(병사를 보는 아문)'이라고 하라. '샤진šajin(법)'은 불법佛法을 의미하므로 이후로 국법을 샤진이라고 하지 말고 우리나라의 말로 '파푼fafun'이라고 하라. 대신大臣들을 '허르겅거hergengge(관직에 있는 자)'라고 부르지 말고 '하판hafan(관원)'이라고 부르라. '도오람비doorambi(본받다)'라는 말은 몽고어이므로 이후로 글을 쓸 때나 그냥 말을 할 때나 도오람비라고 하지 말고 모두 '알후담비alhūdambi(본받다)'라고 하라. 외번外藩의 투항한 몽고에서 보내는 사람을 사신使臣, elcin이라고 부르지 말고, 그들이 말과 재물을 보내오면 '말과 재물을 가지고 절하러 왔다'고 하고, 청원하러 오면 '상언上言하러 왔다'고 하라.[127]

　　이 유지에서 키요kiyoo, 교橋는 당시 성경의 팔문八門 앞의 대가大街를 부르는 한어 명칭이었다. 한어에서 만주어로 막 유입되기 시작한 키요나 기요오찬이란 어휘를 쓰지 말라는 명령은 아마 당시 만주족도 충분히 수긍했을 것이다. 그런데 푸설리나 도오람비와 같은 용어까지 사용하지 못하도록 한 금지령을 당시 만주족이 납득했을지 의문이다. 푸설리는 상점을 의미하는 한어 '포자鋪子'에서 유래한 용어지만, 누르하치 시기의 만문 기록에서도 빈번하게 보일 정도로 만주족이 오랫동안 사용해 왔고 형태와 발음이 원래의 한어와 달라진 만주어화된 용어였다. 도오람비도 몽고어인 도오람duuramui에서 유래한 용어이지만 만주어의 동사형

어미 –mbi가 붙은 것에서 알 수 있듯이 이미 만주어화된 용어였다. 이렇게 만주어화된 한어와 몽고어 어휘도 쓰지 못하게 규제한 면에서 이 명령은 상당히 과격했고, 과연 이 조치가 만주족의 실생활에서 준수되었는지 의문스럽다. 그러나 중요한 것은 명령의 실효성보다 홍 타이지가 이렇게 과격한 명령을 내릴 정도로 만주어의 보존에 대해 예민하게 촉각을 곤두세우고 있었다는 것이다. 홍 타이지는 건륭제 이전까지 전투력과 만주어를 주축으로 하는 만주족의 전통에 가장 민감했고 그 쇠퇴의 가능성을 가장 심각하게 우려한 황제였다. 그 이유는 그가 만주족과 몽고인과 한인이 공존하는 국가 체계를 처음 만든 장본인이고, 그로 인해 만주족의 전통이 쇠퇴할 가능성에 대해서 심각하게 고민했기 때문일 것이다.

1644년의 입관은 한인에 대한 만주족의 군사적이고 정치적인 승리였지만 만주어의 미래를 불투명하게 만들었다. 팔기몽고와 팔기한군까지 모두 포함하여 약 100만 명의 남녀노소 기인이 입관했고, 그 절반은 북경에 주둔했고 나머지 절반은 지방의 주둔지로 분산되어 주둔하기 시작했다. 약 30만 명의 만주족이 약 1억 명의 한어 구사자들 사이에 섞인 것이다. 그나마 만주어의 존속에 다행이라면 북경에는 수십만 명의 만주어 언중이 모여서 거주했고, 지방에서는 만주족이 주둔지인 만성滿城, Manju hoton에서 한인 거주지인 한성漢城, Nikan hoton과 벽으로 분리되거나 지역적으로 멀리 떨어져 거주한 것이었다. 이러한 분거 정책은 입관 전에 만주족과 한인의 충돌을 방지하기 위해 시행했던 제도가 경험칙으로 작용하여 입관 후에도 그대로 적용된 것으로 보이지만, 본래의 목적이 무엇이었건 만주어의 유지에 유리하게 작용했다. 그러나 만성 안의 팔기 주둔군과 그 가족들이 만성 밖의 한인과 완벽하게 분리되어 아무런 소통 없이 산다는 것은 현실적으로 불가능했다. 만주족은 생필품을 구입하거나 종교 활동을 하기 위해서 한인과 수시로 접촉하고 교류해야 했다. 그 과정에서 만주어에 대한 한어의 침식이 지속되었다. 문제는 만주족 통치자가 정책적으로 이 침식을 어떻게 방어하느냐는 것이었다.

순치제는 한인 관료와 그 문화에 친화적이었지만 만주어의 보존에는 단호한 태도를 보였다. 1653년(순치 9) 누르하치와 그의 형제들의 직계 후손인 종실宗室, uksun을 교육시키기 위한 종학宗學, uksun i tacikū과 누르하치의 아버지 탁시의 형제의 직계 후손인 기오로覺羅, gioro를 위한 기오로학覺羅學, gioro i tacikū이 설립되었다. 종실은 열 살이 되면 종학에 입학해서 만주어를 배워야 했다. 1654년(순치 10) 순치제는 많은 종실이 만주어를 배우지 않고 한어를 배운다는 것을 알게 되었다. 그는 종실에게 한어의 영향력이 커지는 것을 막기 위해 한문을 공부하는 것을 금지시켰다.

만주어의 미래에 대한 홍 타이지의 우려는 입관 후 서서히 현실화되어 갔지만 입관 직후의 상황은 양호했다. 순치기에 주요한 만주어 관직명을 한어로 의역하거나 새로 정했지만 그것은 행정의 편의를 위한 것이었지 만주어 관직명을 폐기한 조치가 아니었다. 행정과 일상 언어생활에서 만주족은 여전히 만주어를 사용했다. 만주족이 한인을 통치하기 위해서는 한어가 필요했지만 그 문제는 각 부원部院과 장군將軍의 관청에 통역과 번역을 담당하는 통사通事, tungse를 배치함으로써 해소되었고, 한어와 만주어를 둘 다 구사하는 다수의 팔기한군도 만주족이 한인을 통치하는 데 있어 언어적으로 유용한 인적 자원이었다. 입관 직후에는 통사가 부족했기 때문에 국자감國子監에서 한인 관원과 만주 관원의 자제들을 선발해서 한어와 만주어를 교육시켜 통역 인력을 양성했다. 이 시기에는 소수의 통사 외에 만주족이 한어 구사 능력을 키워야 할 동기가 없었다. 한어가 자연스럽게 만주어로 유입되었지만 당시까지는 만주족의 일상 언어생활에 큰 변화가 발생한 흔적은 없다. 강희 초기 오보이Oboi, 鰲拜가 섭정하던 시기에도 만주어는 여전히 청 조정과 행정의 제일 언어였다. 오보이의 만주족 우선주의도 이 시기에 만주어가 잘 유지된 한 요인이었을 것이다.

《 쇠퇴의 시작 》

이런 상황이 변화한 것은 1669년(강희 8) 강희제가 친정親政을 시작하면서부터였다. 강희제는 만주족이 한어를 구사하지 못해서 발생하는 한인 통치의 문제점을 해결하기 위해 만주족에게 한어를 습득할 것을 요구했다. 이때 만주어가 쇠퇴할 가능성은 고려되지 않았다. 이 시기는 입관한 지 20여 년이 지난 후로, 만주 지역에서 태어나고 자라서 중국에 입관한 만주족이 여전히 만주어를 사용하며 만주족의 주력으로 활동하고 있었다. 따라서 당시까지는 만주족이 만주어를 구사하는 것은 당연한 일이었고 만주어의 쇠퇴를 걱정할 만한 현상이 아직 나타나지 않았기 때문에 이런 발상이 가능했을 것이다. 또한 강희제 자신이 만주어·몽고어·한어를 자유롭게 구사했기 때문에 만주족이 한어를 습득함으로써 발생할 수 있는 만주어의 쇠퇴 가능성을 고려하지 못했을 수도 있다. 강희제가 만주족 관원에게 한어의 습득을 강조한 것이 만주어를 무시하려는 의도는 아니었지만 결과적으로는 그렇게 되었다.

1671년(강희 10) 3월 5일에 강희제는 각 아문에 배치되어 있던 통사를 모두 폐지하는 조치를 단행했다. 강희제는 이 조치를 시행하면서 만주족 관원이 모두 한어를 알고 있으니 통사를 폐지해도 무방하다고 말했지만 그것은 사실이 아니었다. 연로한 만주족 관원은 여전히 한어를 구사하지 못했고 이들이 통사의 보조 없이 한문으로 작성된 공문을 처리하는 것은 불가능했다. 1675년(강희 14) 절강순무浙江巡撫 직에 있던 만주정백기인滿洲正白旗人 다두達都의 사퇴 건은 그 좋은 사례이다. 다두는 연로하고 한어를 모른다는 이유로 절강순무 직을 사퇴했고 대신 자신의 후임으로 절강 포정사浙江布政使인 젊은 한군기인 진병직陳秉直을 추천했다. 모든 통사를 폐지하라는 유지와 다두의 사임과 같은 사례는 직접적으로는 한어를 잘하지 못하는 만주 관원의 경력을 위협했고 간접적으로는 그들이 자신의 관직을 유지하기 위해 한어를 배우도록 강제했다. 강희기 중엽에는 고위 관원을 선발하는 기준으로 한어의 구사 능력이 이전보다 더 중시되었고, 만문을 한문으로 번역할 수 있는 만주족 관원은 승진에 유리한 위치를 점하게 되었다.

1689년(강희 28) 강희제는 이번원理藩院의 업무를 기록하는 데 한자도 부수적으로 사용하는 것을 허락해 달라는 도찰원부도어사都察院左都御史 마치Maci, 馬齊의 요청을 수락했다. 그전에 이번원에서는 만문과 몽문만을

붓을 들고 있는 강희제

사용해서 기록을 작성했었다. 이 조치로 인해 마침내 중앙정부에서 한문을 사용하지 않았던 유일한 부서였던 이번원으로 한어와 팔기한군 관원이 유입되기 시작했다. 강희제는 한인을 더 잘 지배하기 위해, 그리고 아마도 만주족이 두 언어를 모두 잘 구사하리라는 만주족의 언어 능력에 대한 과도한 믿음 탓에 만주족과 한인 인구수의 현격한 차이와 두 언어로 축적된 문화의 격차 때문에 발생할 만주어에 대한 한어의 침식 가능성을 간과했다. 결국 만주어의 쇠퇴는 강희 중엽부터 표면으로 드러나기 시작했다.

1708년(강희 47) 완성된 만주어 사전『어제청문감Han i araha Manju gisun i bulekū bithe』의 서문에서 강희제는 만주 글을 잘 정비하고 반포하여 멀리 원방까지 따라 쓰게 하고 천대 백대까지 영원히 남기고 태양, 별, 은하수처럼 천지 사이에서 영원히 유지되게 하자고 말했다. 만주어와 만주 문자의 미래에 대한 거창한 포부를 밝힌 것이다. 그러나 이때 이미 만주어가 소실되어 가고 있음을 같은 책의 서문에서 강희제 스스로 말하고 있다.

오경五經과 사서四書를 이미 번역한 외에 강목綱目의 조목을 다시 풀이하는 등 정사政事에 관한 모든 중국 고전의 만주어 번역을 마쳤다. 이제 옛 노인들과 장자長者들이 없어질 지경에 이르러, 세세한 말과 은밀한 뜻이 점차 분명치 않게 되고 있다. 잘못을 따르고 그른 것을 본받으니, 풍속을 상세히 고찰하지 않아서 일부 말이나 글은 잃어버린 것이 있으며, 성음聲音을 익히기도 바르지 못한 지경에 이르렀다. 나라의 글은 아주 중요한 일에 관련되어 있다. 정사政事와 문장

文章이 모두 글에서 나오는 것이니, 세세히 연구하여 분명히 정하지 않으면 무엇을 따라 행할 것인가.[128]

　만주어의 쇠퇴 현상은 강희 중엽부터 표면으로 드러났지만, 만주족이 만주어보다 한어를 더 많이 쓰기 시작한 것이 어느 시기인지 특정하기는 어렵다. 미야자키 이치사다宮崎市定는 만주족이 옹정기까지는 일반적으로 만주어를 사용했으나 건륭기부터 급격히 모어를 상실했다고 보았다.[129] 만주어의 쇠퇴 문제를 연구한 핸슨 체이스Hanson Chase는 강희 초기에 만주어의 쇠퇴가 시작되었고, 강희 후기에는 한어가 만주족의 주 언어가 되었다고 보았다.[130] 그러나 만주족의 주 언어가 바뀐 시기는 북경과 지방이 달랐고 또 지방의 각 주방駐防의 상황도 균일하지 않았다. 또한 같은 지역에서도 개인마다 편차가 있을 수도 있었다. 논자에 따라 만주어의 상실 시기를 상이하게 말하는 이유는 이렇게 지역마다 다른 상황을 강조하기 때문이다. 따라서 이 문제에 접근하기 위해서는 각 지역의 사례를 최대한 많이 수집해서 종합적으로 판단해야 한다. 1980년대 이후 중국의 여러 당안관檔案館에서 외부에 공개하기 시작한 청대 당안檔案까지 참고하여 좀더 많은 사례를 분석한 근래의 연구들에 의하면 대체로 경사가 지방의 주방보다 더 나중까지 만주어를 유지했고, 지방에서도 가장 대규모 주방인 서안의 만주어가 다른 주방보다 더 나중까지 유지되었다. 그리고 경사의 만주족 사이에서 만주어와 한어의 균형이 역전되기 시작한 것은 옹정기부터인 것으로 보인다.

18세기 **만주어**의 역설

《 **만주어와 한어** 》

만주족이 1644년 입관한 후에 그들의 모어인 만주어 속으로 한어가 침투해 들어갔다. 그러나 만주족이 만주어를 상실해 가는 현상이 당장 가시화된 것은 아니었다. 그 이유는 북경에 수십 만 명의 만주족이 모여 살았고, 지방의 주둔지에서도 만주족 주둔군은 한인과 격리되어 만주족끼리 모여 살았으며, 만주족과 한인의 통혼도 금지된 결과 만주족의 문화적 응집력과 존속성이 유지되었기 때문이다. 그러나 거주 공간과 사회적인 측면에서 만주족과 한인을 분리하는 정책이 한어의 침식으로부터 만주어를 영구히 보호해 주지는 못했다. 한어는 지속적으로 만주어 속으로 침투해 들어갔다. 그 결과 입관한 지 100여 년이 지난 18세기 중후기에 대다수의 만주족이 만주어를 말하지 못하고 한어를 모어로 사용하게 되었다. 그래서 우리는 한어가 만주어 속으로 침투했고 그 결과 만주어가 쇠퇴하고 결국 소멸해 버렸다고 생각한다. 그러나 엄밀히 말해서 한어의 침투가 곧 만주어의 쇠퇴를 의미하는 것은 아니다.

한국어의 경우 수천 년간 중국으로부터 한어와 한문이 유입되고 또 근대에 일본에서 만들어진 수많은 한자 신조어가 유입되었다. 그 결과 발음을 한국식으로 바꾼 무수한 한어와 일본식 신조 한자어가 한국어 전체 어휘의 다수를 점하고 있다. 어휘의 비율만을 기준으로 보면 한국어는 한국어라기보다 한국식으로 변형된 중국어라고 불러야 맞다. 그러나 본래 모습에서 멀어져 버린 한국어를 우리는 여전히 한국어라고 부르고 있으며, 무수한 외국어의 유입을 한국어의 쇠퇴 현상이라고 말하지 않고 발전이라고 칭한다. 다시 말해 외국어의 유입이 곧 한국어의 쇠퇴가 아니며, 오히려 외국어의 유입은 한국어의 부족한 부분을 보완해 주어서 한국어를 발전시켜 준 동력이 되는 것이다.

자언어가 타언어의 영향으로 인해 쇠퇴했는가 발전했는가 하는 판단은 자언어가 타언어에 완전히 흡수되지 않고 본래의 모습을 어느 정도 유지했는가가 그 기준이 된다. 막대한 타언어가 유입되었어도 자언어가 본래 모습을 일부라도 갖추고 있으면 타언어는 자언어 발전의 동력이 되는 것이고, 그 반대로 자언어를 완전히 상실해 버리면 타언어는 자언어의 쇠퇴와 소멸의 원인이 되는 것이다. 만주어의 경우는 한어의 유입이 지속된 결과 만주어 언중이 완전히 한어 언중으로 변화해 버렸기 때문에 한어의 유입과 침투가 곧 만주어의 쇠퇴의 원인으로 인식되고 있다. 그래서 이 판단에는 만주어의 상실 시점을 기준으로 하여 한어의 유입을 만주어 쇠퇴의 원인으로 규정하는 환원론적 시각이 내재해 있다. 그렇다면 판단의 시점과 시각을 바꾸어 보자. 만주족이 만주어를 상실하기 전인 18세기 초기, 즉 옹정기 내지 건륭 초기 정도를 기준점으로 설정하여 만주어와 한어의 관계를 판단한다면, 우리는 한어가 반드시 만주어에 대해 공격자이고 침투자이고 상극자인 것만은 아니고 오히려 그 반대로 한어가 만주어의 보완자였다고 상정할 수도 있을 것이다. 다시 말해 적어도 만주족이 일상생활에서 만주어보다 현격히 한어를 많이 사용하게 된 18세기 중후기 어느 시기 이전까지는 만주어에 대한 한어의 유입이 만주어를 쇠퇴시킨 것이 아니고 오히려 만주어를 더욱 풍성하게 만들어 주고 있었다는 것이다. 그 과정에서 만주족은 한어의 유입 앞에서 피동적으로 그 세례를 받았던 것만은 아니었다. 그들은 적극적으로 한어를 만주어 속으로 유입시키고 녹여 나가기도 했다.

만주족이 입관하여 다수의 한인 속에서 소수자로 살아가기 전인 홍 타이지 시기부터 만주족 통치자들은 한어에 침식당해 만주어가 쇠퇴할 가능성을 우려했다. 그러나 실상을 보면 만주족 통치자들은 만주어가 쇠퇴할 가능성보다 만주족이 한어에 무지하기 때문에 한인을 제대로 통치하지 못할 가능성을 더 걱정했다. 만주어가 사라질 수도 있다는 걱정이 현실로 대두하기 시작한 건륭기 이전까지 황제들은 만주족에게 만주어를 지키는 것과 함께 한어를 배울 것을 권장했다. 만주족은 만주어와 한어를 모두 잘하면 승진에서 유리한 위치를 점할 수 있었다. 황제들은 만주족에게 무예만이 아니라 문화 면에서도 일정 수준에 이르기를 원했다. 옹정제가 만주족에게 한인 문사들을 흉내 내서 한어로 얼치기 시를 짓고 논다고 호되게 비판한 사례를 보면 황제는 만주족이 지나치게 한어에 빠지는 것을 원하지 않았다. 그러나 황제는 만주족이 한어에 지나치게 무지하여 한인의 비웃음거리가 되는 것도 원치 않았다. 시기에 따라 차이는 있지만 대체로 만주족 통치자들이 만주족에게 원한 것은 그들이 만주어를 기본으로 하고 거기에 더해 한인을 통치할 수 있는 정도로 한어를 적당히 익히는 것이었다. 그러나 중국 안에서 중국 문화를 접하고 수용하며 살아가면서 주 언어를 만주어로 유지하기에는 만주어 사용자의 수가 부족하고 어휘도 너무 부족했다.

《 문어의 발전과 구어의 쇠퇴 》

만주어는 중국에서 사는 만주족이 일상생활에서 만주족끼리 서로 대화할 때 사용하기에는 부족함이 없었을지 몰라도, 수천 년간 축적되어 온 학문과 문물과 제도와 사물에 대한 방대한 양의 한어를 담아 내기에는 턱없이 어휘가 부족했다. 중국을 지배하면서 명명해야 할 개념과 사물들은 증가해 가는데 만주어로는 그것을 쫓아가지 못했다. 만주어에 부재하기 때문에 만주어가 담지 못하게 된 중국의 개념과 어휘는 한어 발음 그대로 만주어 속으로 유입되기 시작했다. 만주족 통치자들은 이 위기에 대처해야 했다. 그래서 그들은 기존에 없는 만주어 어휘를 새로 만들어 나갔다.

만주어에 없는 한어를 번역하여 새로운 만주어 어휘를 만드는 작업은 입관 후 꾸준히 진행되었지만, 그 작업이 가장 활발하게 이루어진 것은 만주어 상실에 대한 위기감이 최고조로 증폭된 건륭기였다. 1771년(건륭 36) 출판된 『어제증정청문감御製增訂清文鑑, Han i araha nonggime toktobuha Manju gisun i bulekū bithe』은 강희기에 출판된 『어제청문감』을 증보한 만주어 사전이지만 체례와 수록된 어휘의 수를 보면 완전히 새로운 사전이라고 할 수 있다. 『어제증정청문감』에는 『어제청문감』에 없는 5,000여 개의 만주어 어휘가 더 수록되었는데, 그 가운데 상당수가 기존에 없는 새로 만들어진 만주어 어휘였다. 이 외에도 건륭기에 『청문휘서清文彙書, Manju gisun i isabuha bithe』(1751년), 『청자회전清字會典, Manju hergen i uheri kooli bithe』(1769년), 『청문보휘清文補彙, Manju gisun be niyeceme isabuha bithe』(1786년) 등의 만주어 사전과 문법서들이 간행되었다. 만주족이 실제 언어생활에서 사용하는 만주어와 한어의 비중이 역전되어 가던 그 시기, 그리하여 입관 전부터 황제들이 우려해 오던 자언어의 상실 가능성이 실제 현실에서 일어나고 있던 바로 그 시기에, 역설적으로 만주어의 문법과 어휘의 확장과 문어로서의 완성도는 괄목할 정도로 발전해 갔다. 청대에 출판된 완성도 높은 많은 만문 문헌들은 만주족의 언어생활에서 만주어가 몰락해 가던 건륭기에 편찬되었다. 건륭기는 만주어의 구어가 쇠퇴하면서 동시에 문어가 발전해 가던 기묘한 시대였다.

기존의 만주어에 없는 새로운 어휘를 만드는 작업의 사례로 먼저 지명을 거론할 수 있다. 청대에 요동 즉 현재 요령성에 해당하는 지역의 지명은 대략 요하遼河를 기준으로, 그 서쪽은 한어 지명이고 동쪽은 만주어 지명이었다. 다시 말해 명대의 지명이 청대에도 그대로 존속되고 있었다. 심양 같은 경우 청(후금)이 점령하고 그곳으로 수도를 이전하면서 명칭을 '성盛하다'는 의미의 만주어 묵던Mukden으로 개정하고 그것을 한어로 번역하여 성경盛京이라고도 했지만, 그것은 특수한 사례였다. 만주족은 한어 지명을 부를 때 약간 만주어화한 한어 음 그대로 불렀다. 예컨대 요동의 금주金州를 진저오Jin jeo 혹은 긴저오Gin jeo라고 불렀고 그 발음대로 만주 문자로 표기했다. 금주錦州도 금주金州와 마찬가지로 '진저오' 혹은 '긴저오'라고 불렀다. 이렇게 한어 발음으로 말하고 쓰던 한어 지명들의 뜻을 만주어로 번역하여 지명을 개정해 나가는 작업이 건륭기에 진행되었다.

금주부錦州府는 '비단'을 뜻하는 만주어 중긴Junggin으로 고쳐서 중긴 푸Junggin fu로 개정하고, 금현錦縣도 중긴 히얀Junggin hiyan으로 개정했다. 요양遼陽은 '요하遼河의 양달'이라는 의미의 만주어 료오하 안투Liyooha antu로 고쳤다. 복주復州는 '반복한다'는 의미의 만주어를 사용하여 다훙가 저오Dahūngga jeo로 의역했다. 영원주寧遠州는 '먼 곳을 안녕하게 만든다'는 의미의 만주어인 골로키 닉톤 오부러 저오Goloki nikton obure jeo로 개정했다. 의주義州는 '의롭다'는 의미의 만주어인 주르강가 저오Jurgangga jeo로 고쳤다. 요주耀州는 '빛난다'는 의미의 만주어 얼덩거 저오Eldengge jeo로 개정했다. 승덕현承德縣은 '덕을 받는다'는 만주어인 어르더무 알리하 히얀Erdemu aliha hiyan으로 고쳤다. 해성현海城縣은 '바다의 성城'을 의미하는 만주어 머더리 호톤 이 히얀Mederi hoton i hiyan으로 고쳤다. 개평현蓋

平縣은 '태평하게 뒤덮는다'는 의미의 만주어 타이핀 이 얼버쿠 히얀Taifin i elbeku hiyan으로 개정했다. 영해현寧海縣은 '바다가 안녕하다'는 의미의 만주어 머더리 닉퉁가 히얀Mederi niktongga hiyan으로 개정했다. 수암성岫岩城은 '가파른 성城'이라는 의미의 만주어 서허훈 호톤Sehehun hoton으로 개정했다. 웅악성熊嶽城은 '곰 산봉우리 성城'이라는 의미의 만주어 러풍거 하다 호톤Lefungge hada hoton으로 개정했다. 우장성牛莊城은 '소의 마을 성城'이라는 의미의 만주어 이항가 가샨 호톤Ihangga gašan hoton으로 개정했다.[131]

지명 외에 만주어 어휘를 확장해 간 또 다른 방식을 살펴보자. 구관조에 해당하는 한어는 구욕鸲鹆이고 만주어는 키옹구허kiongguhe였다. 문제는 한어에서 구관조를 가리키는 어휘가 구욕鸲鹆 외에도 팔가八哥, 팔팔조咧咧鳥, 알구鴶鴝, 유조黝鳥, 다화자多花子, 혜조慧鳥, 한고寒皋, 구욱鸲鹆 등이 있었다는 것이다. 만주어로는 구관조의 다양한 한어 이름을 표기할 수 있는 방법이 없었다. 이 문제를 해결하기 위해 만주족은 키옹구허를 기준으로 삼아 새로운 어휘를 만들어 나갔다. 이 방식은 지명을 만드는 방식보다 복잡했다. 새로운 만주어 지명은 한어 지명을 만주어로 의역하는 방식으로 만들어졌다. 그렇기 때문에 새로운 만주어 지명을 읽으면 그 의미가 명료하게 해석된다. 그러나 구관조 등의 한어 동식물 어휘에 대응하는 새로운 만주어 어휘를 만드는 것은 한어의 발음과 의미를 모두 활용하여 두 개 이상의 단어를 축약하고 합성하여 하나의 단어로 만드는 방식으로 진행되었다. 이렇게 만들어진 단어는 기존에 없는 완전히 새로운 단어였다.

예컨대 팔가八哥는 앞 글자의 한어 음절 바ba와 구관조를 의미하는 만주어 키옹구허kiongguhe의 뒷 음절을 결합하여 방구허bangguhe라는 만주어를 만들어서 번역했다. 팔팔조叭叭鳥 역시 앞 음절인 바ba와 키옹구허의 뒷 음절을 결합하여 바르버허barbehe라는 만주어가 만들어졌다. 알구鴶鴝는 그 앞 음절인 지아jia가 만주식으로 변형된 기야giya와 키옹구허의 뒷 음절을 결합하여 기양구허giyangguhe라는 새로운 만주어로 번역되었다. 구욕鴝鵒은 앞 음절인 취qu를 만주식으로 변형한 키ki와 만주어 키옹구허를 합성하여 킹구허kingguhe라는 신조 만주어로 번역되었다. 이런 사례들은 모두 발음만을 합성하여 만들어진 것이다.

발음만을 합성하는 방식 외에도 한어 어휘의 의미를 번역하여 만주어와 합성하여 새로운 단어를 만드는 방식도 사용되었다. 예컨대 구관조의 또 다른 명칭인 혜조慧鳥는 앞의 혜慧를 만주어로 지혜롭다는 의미의 수러sure로 번역하고 거기에 키옹구허를 합성하여 숭구허sungguhe라는 신조어로 번역되었다. 한고寒皋의 경우는 앞의 한寒을 춥다는 의미의 만주어 샤후룬šahūrun으로 의미를 번역한 후에 거기에 키옹구허를 합성하여 샹구허šangguhe라는 신조어로 번역되었다. 유조黝鳥는 앞의 유黝를 검다는 의미의 만주어 카라kara로 번역한 후에 거기에 새를 의미하는 만주어 처치커cecike를 연결하여 카라 처치커kara cecike라는 신조 만주어로 번역되었다.

앞에서 예시한 경우는 신조된 만주어 어휘의 극히 일부이다. 이 외에도 대량의 만주어 어휘가 한어에 대응하여 새로 만들어졌다. 만주족이 남긴 방대한 문헌들을 검토하다 보면 모어를 지키고 발전시키려는 그들의 노력에 경탄하게 된다. 그러나 문제는 이렇게 만들어진 대량의 어휘들이 만주족의 실제 언어생활로 이어지지 않았다는 것이다. 새로 만든 만주어 어휘를 보급하는 것은 고사하고 점차 소실되어 가는 기존의 만주어를 지키는 것도 시간이 흐를수록 더욱 어려워졌다. 청조는 기인의 학교 교육을 통해 만주어를 지키려고 노력했지만 그조차 만주족 통치자들의 기대에 부응하지 못했다. 결국 18세기 말기를 지나며 만주어는 새로 만들어진 신조어로 풍성해졌지만 일상 언어생활에서는 점차 사라져 가는 역설적인 상황을 맞게 되었다.

4 _국가를 넘어 제국으로

17세기 초 만주 지역의 일각에서 건립된 청은 그 후 약 150여 년 동안 지배 영역을 끝없이 팽창해 갔다. 청은 입관하기 전에 내몽고의 여러 부족을 복속시켰다. 1644년 입관한 후에는 중국 전역을 정복했다. 강희기에는 서몽고 준가르의 침공에 직면한 동몽고 칼카를 자진 복속시켰고 티베트를 영향권에 두었다. 18세기 중엽에 마침내 신강 북부의 준가르와 남부의 알티샤르 지역을 정복함으로써 청은 역대 중국 왕조가 보유한 적이 없던 초유의 강역을 형성하였다. 청은 명보다 두 배 이상의 강역을 경영했다. 청은 하나의 거대한 정치체가 그 내부에 중국, 몽고, 티베트, 만주 지역, 신강 위구르 등의 다양한 정치체를 포함한 제국이었다. 청은 광대한 강역과 다양한 백성을 단일한 체제로 지배하지 않았다. 강역 안의 다양한 민족들에게는 각자의 풍속과 규정과 전통이 적용되었다. 한인에게는 명의 제도가 적용되고, 기인에게는 팔기의 제도가 적용되었다. 몽고와 티베트와 신강의 무슬림에게도 각자의 법과 제도가 적용되었다. 그러나 청 제국을 구성한 각 민족이 자민족의 법과 관습에 의해 살아갔다고 해서 청이 그들을 방치한 것은 아니었다.

청은 광대한 영역의 주요 거점에 군대를 주둔시켜서 각 민족을 제어했다. 중국에는 입관 직후에 20개의 영구 주둔지가 설치되었고 그 후 계속 증설되었다. 몽고에는 울리아스타이, 호브드 등의 요지에 주둔지가 있었고, 신강에는 우루무치와 일리 등지에 있었으며, 티베트에는 라싸에 있었다. 만주 지역에는 성경, 닝구타, 길림, 머르건 등지에 주둔지가 있었다. 청이 직접 지배하고 일체화되어 간 중국을 제외하면 가장 중요한 피지배자는 몽고였다. 몽고는 청과 만주족의 협력 파트너이자 잠재적 위협 요소였다. 그렇기 때문에 철저히 관리해야 할 대상이었다. 청은 몽고를 동맹 세력으로 유지하기 위해 다양한 방식의 안정망을 설치했다. 그중 혼인은 동맹을 유지하기 위한 가장 기본적인 방법이었다. 또한 몽고인 귀족의 자제를 북경으로 데려와서 교육시킴으로써 청 황제에 대한 충성도를 제고했다. 청 황제가 열하에 가서 몽고 왕공들과 함께 수렵을 하면서 친선 관계와 인간적 친밀도를 강화하기도 했다. 몽고를 내부적으로 분산시키고 통합력을 약화시켜서 청에 대한 잠재적 위협을 제거하기도 했다. 청은 복속된 몽고를 출간盟과 호슌旗 단위로 세분하고, 호슌에 '자삭'이라는 명칭의 수장을 임명했다. 그 후 자삭에게 행정과 사법상의 실권을 부여해서 칸의 통합적 권력을 대거 약화시켰다. 몽고는 청 제국 체제 안에서 분할되어 갔다. 티베트와 신강의 무슬림도 몽고만큼은 아니지만 만주 황제의 관심과 지배의 대상이었다. 청의 건설자이자 지배자인 만주족은 청 제국의 다양한 민족을 정복하고 변화시켰다. 그러나 만주족과 그들이 만든 청의 제도와 전통 또한 제국 체제의 다양한 문화와 결합하거나 그 영향을 받아 변화했다.

4장에서는 만주족이 청 제국의 다른 민족과 조우하면서 새로운 제도와 문화가 발생하고 그것이 변화한 현상에 대해 서술한다. 입관한 직후에 황제의 직속 기구인 내무부가 만들어지는 과정을 통해, 청이 새로운 정착지에 적응하면서 노정된 문제와 명의 환관 제도를 수용하는 방식을 살펴본다. 이어서 열하가 몽고에 대한 청의 지배와 연대를 강화하는 정치중심지로 작용한 역사를 서술하고, 열하에 구축한 외팔묘가 제국적 지배 체제를 상징하는 방식에 대해 살필 것이다. 또한 청대의 화폐가 경제적 통화의 기능을 넘어 제국과 그 지배의 상징물로 활용된 측면을 논한 후, 청의 군사 문화가 건물로 표출된 자광각에 대해 서술한다. 그 후 시위 제도가 청조와 몽고의 연계를 강화해 준 측면을 조명하고 만주족 사이에 관우 신앙이 확산되어 간 현상과 원인에 대해 조망할 것이다.

1800년의 청 제국

알바진

네르친스크

오논 강

오르콘 강

만주

케룰렌 강

송화강

흑룡강

고비 사막

내몽골

요하

허하오터

심양(묵던)

북경

발해만

황하

제남

황해

개봉

청 제국

무창

상해

양자강

동중국해

복주

대만

광주

남중국해

조선

동해

일본

1800년의
청 제국

◨	수도
◉	성도와 주요 도시
●	기타 도시

▬ ▬ ▬ 청 제국의 국경(1800년)

▬ ▬ ▬ 지방의 경계

──── 현재 중국의 북쪽 경계

〜〜〜〜〜 만리장성(1500년 이후)

0   500킬로미터

0   500마일

권력의 재편

《 내무부와 보오이 》

1644년부터 중국을 지배하기 시작한 청은 과거 명의 각종 제도를 폐기하지 않고 활용했다. 그러나 청이 명의 모든 제도를 답습한 것은 아니다. 또한 입관 이전 자신들의 고유한 제도를 전면적으로 명의 제도에 맞추어 변화시킨 것도 아니다. 청은 입관 전부터 만·몽·한으로 구성된 다민족 국가의 성격을 가지고 있었고, 이 다양한 민족적 요소들은 팔기라는 독특한 조직을 통해 유기적으로 연결되어 하나의 틀 안에서 작동하고 있었다. 청이 중국을 통치하게 되었다고 하여 만주족이 수십 년간 발전시켜 온 팔기와 그 내부의 다양한 조직들을 명의 방식으로 고칠 수는 없었고 그럴 필요도 없었다. 청은 팔기 조직과 기인들을 명의 기존 제도의 상부에 결합시켜 갔다. 기인들은 입관 전과 마찬가지로 팔기 안에서 그 구성원으로 온존하면서, 동시에 중국식 행정제도 속에 들어가서 한인과 함께 관직을 담당했다. 즉 입관 전에 팔기를 골격으로 하여 구성되었던 청이라는 국가의 시스템이 중국에 진입한 후에도 중국식 행정제도의 상부에서 입관 이전과 마찬가지로 작동하게 된 것이다.

중국의 역사가인 멍선孟森은 팔기를 '국가 안의 국가國中之國'라고 칭했다.[132] 그 이유는 팔기의 구성과 작동 시스템이 하나의 국가를 방불케 할 정도로 복잡하고 독립적이어서 그 실체를 이해하기가 어려웠기 때문이다. 그러나 그것이 바로 청의 탁월한 점이었다. 청은 만주족 고유의 국가 체제인 팔기와 중국의 국가 행정 체제를 하나의 국가 체제 안에서 결합시켰고 상이한 두 체제를 효율적으로 운용했다. 제도의 창설과 운용 면에서 청의 또 다른 탁월한 점은 중국을 지배하는 현실에 맞추어 입관 전에 없었던 새로운 제도들을 창안한 것이었다. 내무부內務府는 그 가운데 하나로, 만주족 고유의 조직과 중국식 제도에서 각각 일부가 결합하여 명과 청 황실 어디에도 없던 새로운 기구로 등장한 것이었다. 입관 직후 내무부가 만들어지는 과정은 청이 중국에 진입한 후 새로운 정착지에 적응하는 과정에서 노정된 문제들을 함축하고 있다. 또한 내무부를 창설하는 과정은 입관 직후에 만주족 통치 계층 내부에서 황제권과 신권이 충돌하는 과정이기도 하고, 청이라는 국가의 향후 정치적·문화적 지향점에 대한 그들의 가치관이 충돌하는 사건이기도 했다.

내무부는 만주어로 '도르기 바이타 버 우허리 카달라라 야문dorgi baita be uheri kadalara yamun(안의 일을 모두 관리하는 아문)'이라고 하며, 청대 궁정의 의식주와 관련한 온갖 잡다한 일상적 업무들을 수행하고 황실의 재정을 총괄한 기구였다. 내무부라는 한어 명칭이 제정된 것은 1679년(강희 18)이었다. 그전에 순치제 시기에는 궁정의 잡무를 환관의 기구인 심삼아문十三衙門과 팔기의 보오이 니루booi niru, 包衣佐領, 包衣牛錄가 담당했다. 그보다 더 전인 청 태종 시기에는 궁정의 잡무를 보오이 니루가 담당했고 그 조직을 한어로 '내부內府'라고도 칭했다. 즉 내부는 내무부의 전신이었다.

내부의 보오이 니루는 청 태종 홍 타이지가 장악하고 있던 상삼기上三旗, dergi ilan gūsa(즉 양황기·정황기·정백기) 예하의 하층민인 보오이들로 구성되었다. 상삼기의 보오이 니루는 내부를 구성했고, 내부가 청 궁정의 살림을 전담하면서 '보오이 니루'라는 조직명은 내부 혹은 훗날의 내무부와 거의 동일하게 쓰이게 되었다. 그러나 엄밀히 말하면 보오이 니루와 내부의 외연이 일치하는 것은 아니었다. 보오이 니루는 '도르기 니루dorgi niru, 內佐領'라고도 불렸으며, 상삼기에만 있었던 것이 아니고, 버일러들이 소유한 하오기下五旗, fejergi sunja gūsa(즉 양백기·정홍기·양홍기·정람기·양람기) 각각에도 부속되어 있었다. 다시 말해 여덟 개 구사의 보오이 니루 가운데 상삼기의 보오이 니루만이 내부를 구성했던 것이다.

보오이들은 입관 전 요동에서 청의 포로가 된 한인으로 구성되었다고 일반적으로 알려져 있지만 실제 세부적인 구성을 보면 한인뿐만 아니라 만주인과 조선인 등이 모두 포함되어 민족적으로 매우 다양했다. 그들은 구사의 주인인 버일러나 황제의 개인 재산이었다. 즉 보오이는 팔기의 지배자들에게 신분이 예속된 노복이었다. 보오이 니루 외에 팔기의 일반 니루인 '툴러르기 니루tulergi niru, 外佐領' 즉 외니루의 구성원들은 보오이와 달리 자유민이자 일반 평민이었다. 보오이 니루의 보오이가 궁정에서 노복이 수행하는 온갖 잡일을 하게 된 연유는 그들의 신분이 노복이기 때문이었다.

《 환관의 제한적 부활 》

청이 1644년 입관한 후에도 북경 자금성의 일상 업무는 상삼기의 보오이 니루에서 담당했다. 이 상황이 변화한 것은 황제를 초월한 권력을 보유했던 섭정왕 도르곤Dorgon(1612~1650)이 1650년(순치 7) 12월에 장성 북쪽의 카라호톤에서 사냥을 하다가 갑자기 사망하고 순치제가 친정을 시작한 시점이었다. 순치제는 친정을 시작하면서 황제의 권력을 강화하려고 했다. 그러나 그가 청조 지배층의 권력의 핵심인 팔기를 장악하기란 어려웠다. 갓 친정을 시작한 십 대 중반의 어린 순치제가 전장에서 일생을 단련한 백전노장의 아저씨뻘, 할아버지뻘의 왕공 대신들이 직할하고 있는 팔기에 자신의 권력을 침투시키는 것은 불가능했다. 또한 왕공 대신들의 정치 참여를 통제한다거나 그들의 정치적 발언권을 봉쇄하는 것도 불가능했다. 그것은 왕공 대신들의 무력적 반발을 부르게 될 첩경이었다. 이러한 제약적인 상황에서 순치제가 선택한 방법은 과거에 명의 황제들이 정규 제도의 제약을 넘어서 황제권을 팽창시키려고 할 때 동원했던 방법을 부활시키는 것이었다. 그것은 환관을 대거 기용하고 그들을 수족으로 부리는 기구의 역량을 강화하는 것이었다.

순치제는 1653년(순치 10)에 명의 환관 조직인 이십사아문二十四衙門을 모방하여 십삼아문十三衙門을 창설하자고 역설했다. 이에 대해 왕공 대신을 비롯한 모든 신하들이 즉각적으로 반발했다. 십삼아문이 황제의 권력을 강화함으로써 신권을 위축시키리라는 불안감이 반발한 이유의 전부는 아니었다. 청 초기의 신하들은 만주족이건 한인이건 명의 멸망이 환관의 폐해로부터 비롯되었다는 역사의 교훈을 공유하고 있었다. 이들은 부정부패의 상징인 환관이 만주족 황실에서 다시 부활하는 것을 용납할 수 없었다. 이들의 반발에도 불구하고 순치제는 자신의 구상을 강력하게 추진했다. 그는 반대자들을 설득하기 위해 십삼아문의 지휘권을 전적으로 만주족 대신에게 부여해서 환관이 정치에 절대 개입하지 못하게 하겠다고 선포했다. 실제로 순치제는 차후 십삼아문의 설치와 운영에 대한 권한을 만주족 대신 소니Soni. 索尼(1601~1667)에게 부여했다.

1654년(순치 11) 소니의 지휘하에 십삼아문이 창설되었다. 십삼아문은 순치제가 지속적으로 조직을 정비하면서 각각의 이름이 약간 변경되기는 했지만 기본적으로 사례감司禮監, 어용감御用監, 어마감御馬監, 내관감內官監, 상의감尙衣監, 상선감尙膳監, 상보감尙寶監, 사설감司設監, 상방사尙方司, 석신사惜薪司, 종고사鍾鼓司, 병장국兵仗局, 직염국織染局이었다. 명의 멸망과 함께 사라졌던 환관들은 십삼아문의 설치와 함께 청의 궁정 안에서 다시 부활하게 되었다. 십삼아문을 설치했다고 해서 기존의 잡무 조직인 보오이 니루를 궁정 밖으로 이동시킨 것은 아니었다. 기존의 보오이 니루의 보오이들은 새로 충원된 환관들과 함께 십삼아문의 각 부서에서 근무했다. 즉 십삼아문의 설치는 궁정의 잡무 처리 방식을 질적으로 개편한 조치일 뿐만 아니라 순치제가 지근거리에 두고 부릴 수 있는 인력과 조직이 양적으로 배가된 것을 의미했다. 고위 관원들은 십삼아문이 설치된 후에도 계속 반발했다. 1655년(순치 12) 순치제는 환관의 폐해를 방지한다는 철패鐵牌를 주조하여 자금성 안에 세움으로써 신하들의 반발을 불식시키고 십삼아문을 지속적으로 정비해 갔다.

순치제는 명의 환관 조직을 부활시켜 십삼아문을 설치했을 뿐만 아니라 한인 관료와 중국 문화에 대해서도 친화적인 태도를 보였다. 그의 이러한 성향이 반드시 개인적인 취향과 선호의 감정에 기인한 것 같지는 않다. 당시 황제권을 강화하기 위해 전심했던 순치제가 오랜 역사를 통해 제도적으로 황제권을 강화해 온 중국의 방식에서 만주족 지배층의 분권적 권력 구조를 타파하고 황제 일인에게 권력을 집중시킬 수 있는 방법을 모색했을 것임은 쉽게 짐작할 수 있다. 그러나 순치제의 중국 문화에 대한 친화적인 태도로 인해 만주족 제일주의를 고수하던 보수적인 만주족 지배층은 불만을 품게 되었다. 보수적 지배층에게 다행스럽게도 순치제는 십삼아문을 설치한 후 6년이 지난 1661년 1월 7일 스물넷의 나이에 병사했다. 십삼아문을 설립하고 그 조직을 정비해 가던 유일한 세력이 사망한 것이다.

순치제가 사망한 후 왕공대신들은 그가 남긴 거추장스러운 유산을 신속하게 폐기해 갔다. 만주족 왕공들은 순치제의 후계자로 그의 아들인 여덟 살의 현엽玄燁을 즉위시키고, 내대신內大臣인 소니, 숙사하Suksaha, 蘇克

薩哈(?~1667), 어빌룬Ebilun, 鄂必隆(?~1673), 오보이Oboi, 鰲拜(?~1669) 네 명을 보정대신輔政大臣으로 임명했다. 그리고 십삼아문을 즉시 폐기했다. 이어 십삼아문을 대체하여 궁정의 일상 업무를 수행할 새로운 기구로 내무부를 조직했다. 내무부라는 명칭이 정식으로 쓰이기 시작한 것은 훗날 1679년(강희 18)부터이지만, 그 조직 안에서 일하는 주체가 환관에서 보오이 니루의 보오이들로 대거 물갈이된 것은 순치제가 사망한 직후였다. 따라서 내무부가 출범한 시기를 1661년으로 보아도 큰 무리는 없을 것이다. 내무부가 창설된 후 십삼아문의 환관이 모두 자금성 밖으로 축출된 것은 아니었다. 그들 중 일부는 내무부에 부속된 하부 기구인 경사방敬事房에 남아서 황제와 황후·비빈들의 잠자리를 관리하는 임무를 수행했다. 그러나 강희기 경사방에 남은 환관의 수는 고작 400명에 불과했다. 명 말기에 환관의 수가 10만 명에 달했음을 감안하면 청 궁정의 환관은 양적으로 그 존재감이 미미해졌다. 명대처럼 환관이 방대하고 강력한 조직과 황제의 신임을 기반으로 절대 권력을 휘두르는 현실이 재현될 여지는 순치제의 사망과 함께 사라졌다.

《 홍루몽과 보오이 》

내무부는 기본적으로 궁정의 잡다한 업무를 수행하는 조직이었으나 그 활동이 궁정 안에만 국한되어 있지 않았다. 내무부의 보오이들은 자금성 내부의 모든 살림을 관리했고 나아가 자금성 밖에 산재한 황실의 수입원과 재산을 관리했다. 이들은 북중국과 심양 일대에 산재해 있는 황실의 장원莊園을 경영하고 그 수입을 관리했으며, 황실이 주관한 교역을 담당하기도 했다. 만주 지역에서 생산된 인삼과 소금을 전매하고, 동전을 주조하기 위한 일본과의 구리 교역을 담당한 것도 이들이었다. 보오이는 황실에서 소비하는 직물과 도자기의 생산을 관장했으며 전국의 세관을 감독하기도 했다. 몽고 이곳저곳에 산재해 있던 황실 소유의 목장을 경영한 것도 내무부였다. 내무부에 소속된 보오이들의 형식적 신분은 기인 가운데 하층이었고 명대의 환관처럼 무소불위의 권력을 휘두르지는 못했지만, 그들의 일부는 내무부의 전국적이고 다양한 활동의 주체로서 황제의 수족이 되어 관료제의 상위에 군림했다. 그 가장 잘 알려진 사례는 중국 최고의 소설로 손꼽히는 『홍루몽紅樓夢』의 저자 조설근曹雪芹(1715?~1763?)의 가문일 것이다.

조설근 가문의 내력은 내무부의 보오이들이 형성되고 발전한 과정을 잘 보여 준다. 조설근의 가문은 만주정백기滿洲正白旗의 보오이 니루에 속했다. 그 전에 조설근의 5대조인 조석원曹錫遠과 그의 아들인 조진언曹振彥은 명 말기에 심양에서 근무하던 명의 군관이었다. 이들은 1621년 누르하치의 공격으로 심양이 함락되자 후금의 포로가 되었고, 만주족의 노복인 보오이 아하booi aha로 전락하여 누르하치의 여덟째 아들이자 훗날의 청 태조인 홍 타이지 휘하의 구사에 배치되었다. 그의 후손이 청 황실의 내무부에서 일하게 될 운명이 이때 결정된 것이다. 당시 조진언의 아들인 조새曹璽(1620?~1684)는 두세 살의 나이로 만주족의 노복 어린이가 되었다. 1644년 스무 살 남짓의 조새는 청의 입관과 함께 북경으로 이주했다.

당시 그는 만주정백기의 보오이였다. 자세한 이력은 명확하지 않지만 조새는 입관 후에 궁정의 허드렛일뿐만 아니라 전장에서도 활동하여 전공을 세운 것 같다. 그는 청 황실의 수많은 보오이들 가운데 특별히 두각을 나타냈고 황제와 각별히 깊은 관련을 맺었다. 그의 아내인 손孫씨가 훗날 강희제가 될 현엽의 유모였던 점은 그가 여타 보오이들과는 구분되는 존재였음을 보여 준다. 조새는 1662년(강희 1) 무렵 남경南京 일대의 비단 생산을 총감독하는 강녕직조江寧織造 직에 임명되어 남경에서 거주하기 시작했다. 조새의 강녕직조 직은 그의 아들 조인曹寅(1658~1712)에게 세습되었다. 조인은 조설근의 할아버지였다.

조씨 가문이 북경을 떠나 남경에서 거주한다고 해서 황제와 조씨 가문의 주인과 보오이의 관계가 끝난 것이 아니었다. 조씨 가문은 남경에서 비단 생산을 감독하면서 황실의 재산을 증식했고, 강남 지역의 정치적 동향과 관리들의 움직임을 감시하여 황제에게 사적으로 보고했다. 강희제와 조인은 주인과 노복이자, 황제와 관리였으며, 또한 한 엄마의 젖을 먹은 형제와 같은 복합적인 관계였다. 1699년(강희 38)에 강희제는 그의 재위 기간 중 세 번째로 강남 지방을 순행하다가 남경에서 조인의 집에 들러 그의 노모를 만났다. 강희제는 조인의 모친이자 자신의 유모였던 손씨를 보고 '내 집의 노인吾家老人'이라고 부르며 기뻐했다.[133] 이 말을 만주어로 옮기면 '미니 보오이 삭다mini booi sakda' 정도가 될 것이다. '내 집의 노인'의 '집의'라는 말이 바로 '보오이'라는 명칭의 기원이기도 하거니와, '내 집의'라는 표현은 보오이가 일반 관원이나 백성과 달리 황제와 사적인 영역에서 관계를 맺는 사람이라는 것을 보여 준다. 일반 관원이 황제와 공적인 영역에서 관계를 맺는 것과 달리 보오이들은 황제와 사적 영역에서 관계를 맺었고 사적 관계는 공적 영역으로 발전하기도 했다.

조인의 가문은 옹정제의 즉위와 함께 몰락하기 전까지 강희제의 총애와 비호 아래 남경에서 엄청난 세도가로서 부귀영화를 누렸다. 그 화려함은 『홍루몽』에 잘 묘사되어 있다. 그러므로 보오이 니루의 보오이들과 청 황제의 특수한 관계를 모르면 『홍루몽』의 배경을 전혀 이해할 수 없다. 때로는 만주족의 문화와 언어를 모르기 때문에 『홍루몽』의 언어를 이해하지 못하기도 한다. 예컨대 『홍루몽』에 등장하는 '섬저暹猪'라는 단어는 한자로 해석하면 의미를 알 수 없다. 이 어휘는 '떨어지다'는 의미의 만주어 '시함비sihambi'를 '시안暹'으로 음사하고 거기에 한어인 '돼지 저猪'를 합성한 것이다. '시함비'는 '돼지의 털이 떨어지다'는 의미의 만주어인 '울기얀 푸니여허 시함비ulgiyan funiyche sihambi'가 축약된 것이다. 그래서 결국 '섬저'는 '털과 내장을 제거한 통돼지'를 의미한다. 이런 어휘들은 보오이의 가문이 만주인과 한인의 언어와 문화가 혼용된 복합적인 특징을 가졌음을 보여 주는 일례라고 할 수 있다.

청 제국의 비공식 수도, 열하

《 카라호톤과 열하의 행궁 》

　1702년(강희 41) 7월에 강희제는 북경을 출발한 후 장성의 관문인 고북
구古北口, Moltosi duka를 통과하여 북방을 순행하면서 카라친 몽고의 영
역인 '하룬 골Qalayun gool'에서 묵었다. 그는 1676년(강희 15) 이래 여러 차
례 북경에서 무란위장까지 수렵하러 왕복했지만, 이곳에서 묵기는 처음
이었다. 그리고 이때 하룬 골에 행궁을 건설하기로 결심했다. 하룬 골은
북경에서 북쪽으로 장성 너머 250킬로미터 떨어져 있으며 몽고어로 '뜨
거운 강'이라는 뜻이다. 이곳에 겨울에도 얼지 않을 정도로 미지근한 물
이 흐르기 때문에 몽고인이 하룬 골이라고 불렀고, 한어로는 열하熱河라
고 번역되어 불리고 있었다. 훗날 옹정제 시기부터는 중국식의 이름인 승
덕이라고도 불리게 될 곳이었다. 강희제는 행궁 건설을 결심한 다음 해인

1703년에 열하에 행궁을 건설할 것을 명했다. 열하 일대의 토지 소유자인 카라친부의 타이지 울라다이Uladai는 강희제에게 행궁 건설용 토지를 헌납했다.[134]

즉시 공사가 시작되었다. 총책임자는 직예총독直隸總督 갈리G'alii, 噶禮(?~1714)였다. 이후 5년간의 공사 끝에 1708년(강희 47) 열하행궁熱河行宮이 완공되었다. 그러나 이때 완공된 열하행궁은 행궁의 일부였다. 이후에 열하행궁은 장기간에 걸쳐 단속적으로 증설되어 갔다. 개략적으로 공사 기간을 강희기의 2기와 건륭기의 2기, 총 4기의 89년간으로 구분할 수 있다.

강희기의 제1기 공사는 1703년(강희 42)부터 1708년(강희 47)까지 진행되었다. 이 시기에는 열하행궁의 주전主殿인 담박경성전澹泊敬誠殿 등의 주요 건물의 건설과 함께 정원의 기본적인 구조가 완성되었다. 정원은 땅을 파서 호수를 만들고 흙을 호수 옆에 쌓아서 동산을 만들어서 조성되었다. 당시 만들어진 호수는 총 8개였다. 산장을 둘러싼 10킬로미터의 담장도 세워졌다. 이 기간의 공사로 피서산장 남쪽의 궁전 구역, 동남쪽의 호수 구역, 동북쪽의 평지 구역, 서북쪽의 산지 구역으로 구성되는 행궁의 구조가 완성되었다. '열하행궁'이라는 이름이 정해진 것도 이 기간이었다. 행궁이 완성된 후에 강희제가 무란위장에 가는 길에 묵는 경우가 많아지고 몽고 수장들의 알현을 이곳에서 받는 일도 잦아지자 행궁의 증설 공사를 시작했다. 강희기의 제2기 공사는 1709년(강희 48)부터 1713년(강희 52)까지 진행되었고, 이 기간에 전각들이 증설되었다. 1711년(강희 50) 강희제는 열하행궁에 피서산장避暑山莊, Halhūn be jailara gurung이란 명칭을 부여했다.

건륭제는 즉위 후 처음 피서산장을 방문한 1741년(건륭 6)부터 공사를 시작했다. 건륭기의 제1기 공사는 1741년(건륭 6)부터 1754년(건륭 19)까지 진행되었다. 이 기간에 기존의 건물들을 보수하면서, 피서산장의 여의호 如意湖 가운데 조성된 섬인 여의주如意洲 내부와 주위에 다수의 건물을 신축했다. 청작방青雀舫과 송학재松鶴齋 등이 이 기간에 건설되었다. 제2기 공사는 1755년(건륭 20)부터 1790년(건륭 55)까지 진행되었다. 이 시기 공사의 특징은 피서산장의 주변 산지 구역에 외팔묘外八廟라고 불린 다수의 거대한 사찰들을 지은 것이다. 피서산장의 궁전들은 작고 소박했으나, 외팔묘 사찰들은 규모가 거대하고 화려했다. 특히 건륭 20년대에 서몽고 준가르를 정복하고 티베트 불교 세계와의 교류가 더욱 긴밀해지면서 피서산장의 사찰들은 건설의 계기와 건축의 형식에서 그 영향을 받게되었다.

북경과 무란위장의 사이에는 열하 외에도 많은 행궁이 건설되었다. 청의 황제가 북경에서 출발하여 장성의 고북구를 나가서 무란위장까지 가려면 최소한 10여 일이 소요되었다. 때문에 북경에서 무란위장까지 가는 도중에 필요한 음식과 숙소 문제를 해결하기 위해 두 곳 사이에 다수의 행궁이 필요했다. 강희기에 총 25개의 행궁을 건설했고 건륭기에 4개를 더 세웠다. 청대의 기록과 현대 연구자들은 이 행궁들을 '행궁行宮'이라고 부르고 있다. 그러나 25개가 모두 행궁이라고 불릴 만한 규모와 격식을 갖춘 것은 아니었다. 궁과 정원을 갖춘 행궁다운 행궁은 카라호톤Kara

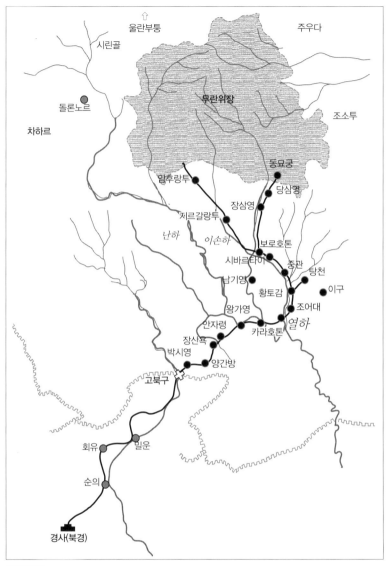

행궁 분포도

hoton, 喀喇河屯과 열하 두 곳뿐이었다.

열하에 피서산장이 세워지기 이전에, 순치기와 강희기 중반까지 황제의 북순에서 가장 중요한 행궁은 카라호톤 행궁이었다. 카라호톤은 열하의 남서쪽의 난하灤河와 이손하伊遜河가 합류하는 지역에 있었다. 이곳은 지금 행정구역으로는 승덕시承德市의 난하진灤河鎮이다. 카라호톤의 '카라'는 '검다'는 의미의 몽고어이고 '호톤'은 '도시'를 의미하는 몽고어 '호트'가 만주어화한 어휘로, 청대 한문 기록에서는 객라하둔喀喇河屯이나 객라성喀喇城으로 음사되어 쓰이거나 흑성黑城으로 의역되어 쓰였다. 카라호톤 행궁의 건설이 처음 시작된 것은 청이 입관한 후 6년이 지난 1650년(순치 7)이었다. 당시 섭정왕이었던 도르곤Dorgon, 多爾袞(1612~1650)은 "요, 금, 원나라 때에 변외에 상도上都가 있었던 것처럼 변외에 작은 성城을 건설하여 편리하게 왕래하자"[135]고 제안하고 공사를 시작했다. 도르곤은 행궁이 완공되는 것을 보지 못하고 그해에 카라호톤에서 사망했다. 공사는 궁전 건물만 완성된 채 중단되었다가 1651년에 순치제의 명령으로 완전히 중지되었다. 당시 남명과의 전투가 계속되던 상황에서 청은 카라호톤 행궁의 공사비를 더 이상 감당하기 어려웠다.

카라호톤 행궁은 그로부터 50여 년이 지난 1701년(강희 40)에 확장 공사가 시작되어 1704년(강희 43)에 마무리되었다. 확장된 행궁은 난하灤河를 사이에 두고 세 개의 구역으로 구성되었다. 난하 남안의 궁전 구역, 난하 북안의 별서別墅 구역, 난하 가운데의 섬인 소금산小金山의 정원 구역이 그것이다. 카라호톤 행궁이 조성된 후에 주위에 궁람사穹覽寺, 임소관琳霄

觀, 공묘孔廟, 문창사文昌祠, 용왕묘龍王廟, 용모묘龍母廟, 재신묘財神廟, 박신묘雹神廟, 약왕묘藥王廟, 정묘사靜妙寺, 어서사御書寺 등 17곳의 사묘寺廟가 건립되었다. 카라호톤 행궁은 열하행궁이 건설되기 전인 순치기와 강희제 중기에 북순에서 중요한 기능을 담당했다. 순치제는 1651년(순치 8) 5월에 카라호톤에서 묵었고, 강희제는 확장 공사가 진행되던 1702년(강희 41)부터 1707년(강희 46)까지 6년간 해마다 카라호톤에서 15일 정도를 묵었다. 훗날 열하행궁에서 이루어진 몽고 왕공과의 회견이 순치기부터 강희 중기까지는 카라호톤에서 이루어졌다. 열하행궁이 완성된 후 강희제의 주요 숙박지 및 몽고 왕공과의 회견지는 카라호톤에서 열하로 이동했고, 카라호톤은 점차 쇠퇴해 갔다. 그러나 그 중요성이 열하에 비해서 상대적으로 감소했을 뿐, 카라호톤은 열하 인근의 주요 도시로 계속 존속했고, 옹정기와 건륭기에는 팔기병이 배치되기도 했다. 카라호톤 행궁은 수렵을 위한 숙박지와 회견지로서의 기능적 측면에서, 그리고 궁전과 별서와 사묘로 이루어지는 구조적 측면에서 열하행궁의 초기 모델이라고 할 수 있다.

《 적대자이자 동맹자인 몽고 》

강희제가 1703년(강희 42)에 열하에 피서산장을 설립한 목적과 그 기능을 『열하내속중국급행궁주방시말기熱河內屬中國及行宮駐防始末記』에서 다음과 같이 밝히고 있다.

황상은 해마다 순행하여 고북구 변경을 나가서 곧 이 길로 갔다 돌아왔다. 피서
산장에서 머물다가 여기에서 무란으로 들어가서 몰이사냥을 하는데, 첫째 병마
兵馬를 훈련시키고, 둘째 몽고인과 친화를 이루기 위해서이다. 이것이 성조인황
제聖祖仁皇帝가 변경 밖으로 순행하여 무란에 들어가 몰이사냥한 뜻이다.[136]

다시 말해 피서산장을 설립한 첫째 목적은 무란위장과 연계하여 수렵
을 통해 팔기의 전투력을 유지하기 위한 공간을 만드는 것이고, 둘째 목
적은 여러 몽고 부족과의 우호관계를 유지하는 거점으로 활용하려는 것
이었다. 무란위장에서의 수렵은 피서산장을 건설하기 22년 전인 1681년
(강희 20)부터 시행되기 시작했다. 피서산장의 건립은 무란위장 수렵을 더
체계적이고 대규모로 시행할 수 있는 베이스 캠프를 만드는 것이었다. 강
희제는 피서산장을 설립한 후 매년 무란위장에 가서 수렵했다. 그의 계승
자인 옹정제는 강희 말기에 방만해진 국정과 재정을 정돈하며 내치에 치
중하느라 재위기 13년 동안 피서산장과 무란위장에 가지 않았다. 그러나
그는 무란위장에서의 수렵이 황실과 만주팔기에 중요하다는 사실을 인
식하고 있었고, 이렇게 유언을 남겼다. "나의 후손들은 아버지 강희제를
본받아서 무란위장에서 무술을 연마하는 가법家法을 잊지 말라."[137] 건륭
제는 60년간의 재위 기간 동안 49차례나 무란위장에서 수렵을 했다.

피서산장이 지닌 몽고 지배의 거점으로서의 성격은 건륭제의 언급에
서 잘 나타난다. 건륭제는 할아버지인 강희제가 새외塞外에 피서산장을
건립한 목적은 유람이 아니라 국가의 기틀을 영구히 유지하기 위한 것이

라고 밝혔다.[138] 그리고 자신이 피서산장에 가는 목적은 강희제를 본받아서 먼 곳과 가까운 곳에 사는 모든 사람들을 회유하고 안정시키는 데 있다고 말했다.[139] 건륭제가 말한 먼 곳과 가까운 곳에 사는 사람들이란 대부분 몽고인을 가리킨다. 다시 말해 건륭제가 밝힌 피서산장의 설립 목적은 원방과 근지의 모든 몽고 부족들과 우호적인 관계를 수립하고 안정적인 지배체제를 유지하기 위해 필요한 공간적 거점을 만드는 것이었다.

청 황제가 팔기의 군사 훈련의 일환으로 수렵을 시행하는 장소가 반드시 무란위장이어야만 했던 것은 아니었다. 무란위장이 수렵 터로서 짐승의 분포 밀도나 기후 등의 조건이 매우 우수한 것은 사실이지만, 그 외에도 수렵할 곳은 많았다. 북경 인근의 남원南苑도 210평방킬로미터의 작지만 우수한 수렵 터였고, 성경 일대에도 우수한 수렵 터들이 있었다. 그런데도 강희제가 굳이 장성 북방의 몽고인 유목지에 있는 무란위장을 선택한 이유는 청조와 몽고의 관련성을 제외하고 설명할 수 없다. 부족 시기이건 국가를 설립한 후이건 만주족의 역사에서 몽고는 언제나 중요한 요소였다. 몽고는 후금(청)이 북방민족 세계에서 주도권을 장악하고 유지하기 위해 복속시켜야 할 적대자였고 동시에 제국을 경영하기 위해 협조를 받아야 할 동맹자였다.

여진이 후금을 수립하던 17세기 초에 몽고는 지리적으로 남몽고, 북몽고, 서몽고로 나뉘어 있었다. 남몽고는 고비사막의 남쪽에 분포하기 때문에 한어로는 막남몽고漠南蒙古라고 불렸고, 이를 몽고인 자신들은 '남몽고'라는 의미의 '옴누트 몽골Ömnöt Monggol'이라고 했다. 남몽고는 내內칼카

5부(바린, 자루트, 옹기라트, 바유트, 오지예트), 잘라이트, 두르베트, 나이만, 무밍간, 울라트, 카라친, 우주무친, 차하르, 투메트, 오르도스 등의 부로 이루어져 있었는데 누르하치와 홍 타이지 시기를 거치며 청에 복속되었다. 가경기(1795~1820) 이후 남몽고는 만주어로 '도르기 몽고Dorgi Monggo'라고 불리고, 한어로 내몽고內蒙古라고 불렸다. 남몽고는 지금 중국의 내몽고자치구에 해당한다.

북몽고는 고비사막의 북쪽에 분포하기 때문에 한어로는 막북몽고漠北蒙古라고 불렸다. 몽고인 자신들은 '북몽고'라는 의미의 '아루 몽골Aru Monggol'이라고 했다. 북몽고는 16세기까지 칼카부의 유목지였고, 이들이 17세기 초기에 자삭투 칸부, 투시예투 칸부, 세첸 칸부, 알틴 칸부로 분할되면서 네 개의 부가 거주했다. 1667년에 알틴 칸부가 서몽고 오이라트에 의해 멸망당했기 때문에, 강희제 초기에는 나머지 세 개의 부만 있었다. 청은 북몽고를 내몽고와 대비하여 만주어로는 툴러르기 몽고Tulergi Monggo, 한어로는 외몽고外蒙古라고 불렀다. 북몽고는 지리적으로 지금의 몽골국에 해당한다.

서몽고는 오이라트 몽고를 가리키며, 고비사막의 서쪽 지역, 즉 동쪽으로 알타이산맥부터 서쪽으로 일리강伊犁河 유역에 이르는 지역에서 유목했기 때문에 한어로는 막서몽고漠西蒙古라고 했다. 오이라트는 준가르, 호쇼트, 토르구트, 두르베트, 호이트 등의 부로 구성되어 있었다. 열하에 피서산장을 설치하던 강희기 중반에 남몽고(내몽고)와 북몽고(외몽고)가 이미 청에 복속되어 있었던 것과 달리, 서몽고는 준가르가 주력이 되어 현재의 중국 신강성 북부의 일리강 연안을 중심으로 남쪽으로는 타림분지의 알티샤르Alti Shahr(카쉬가르, 우쉬, 악수, 양기히샤르, 야르칸트, 호탄) 지역과 북쪽으로는 카자흐 남부의 세미레체 지역까지 지배하는 거대한 준가르 제국을 건설하고 있었다.

몽골 세계 제국은 14세기부터 쇠퇴했으나 여전히 내륙아시아의 최대 지배 세력이었다. 여진은 부족 시기에 수시로 몽고의 침입을 받았다. 예컨대 1450년대 몽고의 대칸인 톡토부카 칸은 해서여진을 침공하여 수많은 여진인을 학살했다. 이 사건은 해서여진인이 훌룬강 일대에서 명나라의 요동 쪽으로 대규모 민족이동을 하는 계기가 될 정도로 여진에 큰 영향을 미쳤다. 여진과 몽고의 관계에서 충돌만 있었던 것은 아니었다. 여진은 때로 몽고인과 혼용하여 새로운 집단을 만들기도 했다. 해서여진의 여허는 몽고인과 여진인이 결합하여 형성된 집단이었다.

문화의 전파와 영향도 두 집단 사이에서 발생했다. 부족 시기 여진에게 몽고는 문화적 자양분을 공급하는 원천이었다. 일례로 여진인은 늦어도 14세기부터 몽고 문자를 도입하여 사용했다. 그러나 당시에는 여진어를 몽고어로 번역하고 그것을 몽고 문자로 기록하는 불편한 방식이었다. 여진인의 이 번잡한 문자 생활은 1599년부터 몽고 문자로 여진어를 직접 음사해서 기록하면서 비로소 종식되었다. 문자만이 아니라 다양한 어휘들이 몽고에서 여진으로 유입되었다. 만주어의 목축업과 관련된 많은 어휘들 가운데 80~90퍼센트가 몽고어에서 유입된 것이다. 신앙에 있어서도 만주족의 기오로 씨족이 숭배한 신들 가운데 카툰('왕비'의 뜻)과 노얀('귀족'의 뜻)이 몽고에 기원을 두고 있다. 인명도 몽고어에서 가져온 경우가 많았다. 누르하치의 아들 더걸러이Degelei(조끼), 조카 지르갈랑Jirgalang(행복), 조카 아민Amin(생명) 등이 몽고어 이름이었다. 누르하치 시기부터 본격적으로 여진에 유입된 티베트 불교 또한 초기에는 몽고를 경유하여 유입되었다. 누르하치가 국가를 수립하던 시기에 가장 중요한 몽고의 영향은 선진적인 정치제도였다. 한han, 타이지taiji, 자르구치jargūci, 바투루baturu, 다르한darhan, 히야hiya 등의 정치적 칭호나 어휘, 그리고 그에 관련한 제도가 몽고에서 여진(만주)으로 도입되었다.

강국이자 문화의 시혜자인 몽고와 열세의 수혜자인 여진(만주)의 관계가 역전된 것은 17세기 초 누르하치와 홍 타이지 시기였다. 이 시기에 남몽고(내몽고)가 후금에 복속되었다. 1606년 내칼카 5부의 하나인 바우트부의 엉거더르 타이지는 누르하치에게 '쿤둘런 겅기연 한Kundulen genggiyen han(공경스러운 영명한 임금)'이라는 존호를 헌상했고, 이때부터 누르하치는 '한' 칭호를 사용하기 시작했다. 몽고의 유력한 부족장이 '한' 칭호를 헌상하고 누르하치가 그것을 사용하게 된 것은 여진이 몽고와의 관계에서 우세를 점하게 되었음을 알리는 신호였다. 1635년에 차하르가 후금에 복속된 것은 만주와 몽고의 관계가 역전되었음이 명확해진 사건이었다. 차하르는 칭기즈칸의 적통 후계자 즉 전체 몽고의 대칸인 릭단 칸이 통치하는 부였다. 후금의 공격 끝에 차하르의 릭단 칸이 호흐노르青海로 이동하다가 사망하자, 릭단의 아들 에제이(?~1641)는 몽고 대칸의 권위를 상징하는 전국옥새傳國玉璽를 바치며 후금에 투항했다. 이로써 홍 타이지는 칭기즈칸의 계승자로서의 정통성을 확보하게 되었다. 차하르의 투항은 만주족의 국가인 후금이 만주와 몽고와 한인이 공존하는 다민족 국가로 진입하는 계기가 되었다. 다음 해인 1636년 홍 타이지는 기존의 아이신 구룬Aisin gurun, 金國에서 다이칭 구룬Daicing gurn, 大淸國으로 국호의 변경을 선포하고, 자신이 만주인의 한이자, 몽고인의 대칸이자, 한인의 황제임을 선언했다. 그러나 이 시기 청에 복속된 것은 내몽고만이었고, 외몽고와 서몽고는 청과 교류했지만 지배권 밖에 있었다. 또한 청에 복속을 맹세한 내몽고의 부일지라도 그에 대한 청의 지배력이 완전히 공고한 것은 아니었다.

1675년(강희 14)에 일어난 차하르의 반란은 몽고에 대한 청의 지배가 불안정함을 드러냈다. 1644년 입관한 후에 청은 남명정권(1644~1661)과 전투를 지속했고, 이어 삼번의 난(1673~1681)을 진압해야 했다. 중원의 통치가 불안정하자 외몽고와 서몽고의 부들은 사절단의 파견을 중지하기도 하고, 이전에 복속된 내몽고의 부部가 반란을 일으키기도 했다. 차하르는 홍 타이지 시기에 청에 복속되어 만주족의 협력자가 되었지만 동시에 잠재적인 위협 세력이기도 했다. 그 위험이 표면으로 터진 것이 1675년 3월에 차하르의 수장 부르니(1654~1675)가 일으킨 반란이었다. 차하르의 반란은 북경과 차하르의 인근 지역인 성경을 심각하게 위협했다. 북경은 삼번을 진압하기 위해 다수의 병력을 남방으로 보냈기 때문에 방어가 취약했다. 강희제는 차하르의 공격을 방어하기 위해 팔기 정규군과 코르친 등의 몽고군과 함께 북경 팔기의 노비와 무뢰배까지 동원할 정도로 위기에 몰렸다. 차하르의 반란은 그해에 진압되었지만 강희제는 재발을 방지하기 위해 조치를 취해야 했다. 반란 집단인 차하르 유목민은 요서의 의주義州 일대로부터 서북쪽의 산서성 북쪽의 장성 밖 척박한 지역으로 강제 이주되었다.

차하르의 반란은 강희제로 하여금 몽고 부족들에 대한 통제와 친화 관계를 더 주도면밀하게 진행하도록 이끌었고 나아가 무란위장과 피서산장을 설립하게 만들었다. 강희제가 처음으로 내몽고로의 북순을 시행한 것은 차하르의 반란이 일어난 다음 해인 1676년(강희 15)이었다. 몽고 부족에 대한 친화 관계와 통제력을 제고함으로써 반란의 재발을 방지하는 것이 이 북순의 목적이었을 것이다. 1681년(강희 20) 그는 세 번째로 내몽고로 북순했고 무란위장을 설립했다. 1683년(강희 22) 이후 그는 매년 무란위장에 가서 수렵하면서 내몽고 48개 호슌旗의 수령들과 회견했다.

청과 몽고의 결합은 준가르와 상쟁하는 과정에서 외몽고 칼카까지 확대되었다. 청은 1681년 삼번의 난을 진압하는 데 성공했으나, 뒤이어 1688년(강희 27)부터 1697년(강희 36)까지 10년간 서몽고 준가르와의 전쟁으로 불안정한 시기를 보내야 했다. 전쟁의 최초 원인은 칼카의 내분에 있었다. 1660년대 초기에 칼카의 자삭투 칸부와 투시예투 칸부 사이에 속민의 귀속권을 두고 마찰이 일어났다. 1687년 말 투시예투 칸 차군도르지는 자삭투 칸 사라의 영지를 공격하여 그를 살해했고, 이때 준가르의 수장 갈단의 동생인 도르지잡이 자삭투 칸의 곁에 있다가 피살되었다. 이 사건은 준가르의 갈단이 투시예투를 공격하는 계기가 되었다.

갈단은 1688년(강희 27) 봄에 투시예투 칸의 영지를 공격하기 시작했다. 갈단의 공격은 동생의 죽음에 대한 복수전 차원을 벗어나 북아시아 전체의 세력 판도가 재편될 정도로 확전 일로를 달렸다. 갈단은 투시예투 칸의 영지를 공격한 지 2년 후 오르혼강과 톨강 유역까지 점령했고 더 동진하여 만주 지역 쪽으로 진군해 갔다. 청은 준가르군에 쫓겨 남하한 수많은 몽고인을 원조하다가 마침내 참전을 결정했다. 1690년(강희 29) 북경에서 300킬로미터 정도 북방에 위치한 울란부퉁(현 요령성 적봉시赤峯市)에서 청과 준가르의 첫 번째 전투가 벌어졌고 뚜렷한 승패 없이 끝났다. 이어 1696년(강희 35)부터 1697년(강희 36)까지 강희제는 몽고 초원으로 세 차례의 친정에 나섰다. 1697년 청군에 쫓긴 갈단이 알타이산맥의 산중에서 사망함으로써 10년간 몽고 초원에서 벌어진 극심한 혼란은 일단락되었다.

전쟁의 와중에 청과 몽고의 관계에서 획기적인 사건이 일어났다. 1691년에 칼카가 돌론노르(현 내몽고 다륜多倫)에서의 회맹을 통해 청에 복속하기로 결정한 것이다. 칼카의 복속은 청에게 가해져 왔던 북방으로부터의 위협이 약화되는 계기가 되었을 뿐만 아니라 북방 유목국가와 남방 농경국가가 대립해 왔던 동아시아의 장구한 권력 구도가 깨어진 역사적인 사건이었다. 그러나 차하르의 반란에서 보이듯이 몽고가 복속을 맹세했다고 해서 그것이 영구히 유지되는 것은 아니었다. 정세가 변화하면 몽고는 청이 구축한 제국적 질서를 벗어나서 청의 안전을 위협할 수 있었다. 청은 이를 방지하고 몽고를 동맹 세력으로 유지하기 위해 다양한 방식의 안정망을 설치했다.

첫째는 혼인이었다. 혼인은 누르하치 시기부터 후금(청)이 몽고와 동맹 관계를 형성하기 위해 사용한 가장 전통적인 방식이었다. 청은 황제와 황족의 딸을 몽고의 왕공 귀족과 결혼시키고, 황제와 왕공은 몽고의 공주와 혼인함으로써 동맹 관계를 강화해 갔다. 이 방식은 양자의 동맹에 효과적이었다. 일례로 누르하치와 홍 타이지 시기를 거치며 만주에 최초로 복속된 코르친은 일찍부터 이루어진 양자의 지속적인 혼인 관계로 인해 청 제국의 건설과 유지에 핵심적인 집단이 되었다. 그러나 혼인이 동맹 관계를 완벽하게 보장해 주는 것은 아니었다. 예컨대 앞에서 언급한 차하르의 부르니는 홍 타이지의 둘째 딸인 마카타Makata(1625~1663)의 아들이었다. 다시 말해 마카타가 차하르의 수장인 에제이와 결혼하고 에제이가 사망한 후 그의 동생인 아부나이Abunai(?~1675)와 재혼해서 낳은 아들이 부르니였다. 부르니의 반란은 혼인동맹이 효력을 상실한 경우였다. 동맹 관계와 지배력을 유지하기 위해서는 더 다양한 기제가 필요했다.

둘째, 몽고를 분산시켜서 세력의 집중을 방지하는 것이었다. 청은 복속된 몽고를 촐간盟과 호슌旗 단위로 세분하고, 각각의 호슌에 '자삭'이라는 명칭의 수장을 임명했다. 막남몽고(내몽고)는 내자삭몽고Dorgi jasak i Monggo, 內札薩克蒙古로 불렸으며, 6촐간 49호슌으로 나뉘었다. 막북몽고(외몽고)와 막서몽고는 외자삭몽고Tulergi jasak i Monggo, 外札薩克蒙古라고 불렸으며 막북몽고는 4촐간 86호슌으로, 막서몽고는 9촐간 61호슌으로 구획되었다. 자삭에게 행정과 사법상의 실권을 부여해서 기존의 아이막部의 수장인 칸의 통합적 권력을 약화시키는 것이 자삭과 호슌 설치의 핵심 목적이었다.

셋째, 몽고인 귀족층에 대한 교육이었다. 청은 몽고 왕공의 자제들을 북경으로 데려와서 만주 자제들과 함께 교육시키고 장성한 후에 현지로 돌려보내서 부친의 직을 계승시키는 방식을 활용했다. 북경에서 교육받은 몽고인 귀족은 청과 만주 황제에 대한 충성도가 강했다. 칼카 몽고의 귀족층은 북경에 와서 청 황제를 지근거리에서 보좌하는 시위대신으로 근무하는 경우가 많았다. 특히 칼카 4부 가운데 청조와 가장 관계가 긴밀했던 사인노얀 칸부의 경우, 그 부의 개창자인 체렝Ts'ereng,策稜(1672~1750) 이후 그의 후손들이 대대로 북경에 와서 어전대신御前大臣, gocika amban과 영시위내대신領侍衛內大臣, hiya kadalara dorgi amban 직을 역임했다.

넷째, 청 황제가 몽고의 왕공들을 직접 만나서 위엄을 보이거나 인간적 친밀도를 높이는 것이었다. 강희제는 몽고 부족들을 제어하고 우호관계를 유지하기 위해 몽고 왕공들을 자주 접견하려고 했다. 그러나 몽고 왕공들은 천연두의 전염을 두려워하여 북경에 오는 것을 꺼렸다. 만주어로 마마mama라고 하는 천연두는 만주인에게도 몽고인에게도 공포의 대상이었다. 강희제는 몽고인이 천연두에 전염될 위험을 피하게 하려고 장성 이북의 피서산장에서 몽고 왕공들과 만났다. 몽고 왕공들과의 만남은 접견만으로 끝나는 것이 아니었다. 청의 황제들은 몽고 왕공들을 접견한 후에, 그들이 이끌고 온 수렵단과 함께 무란위장에 가서 수렵을 하고, 잔치를 벌이고, 씨름을 하며 친목을 도모했다. 피서산장과 무란위장에서 이루어지는 황제의 제반 행사와 활동은 몽고를 제어하고 그들과의 동맹관계를 유지하는 핵심적인 기제였다.

《 북방 지배의 중심 》

　강희제나 건륭제는 열하 피서산장이나 무란위장에 대해 많은 글을 남겼다. 그러나 이들의 글에서 열하의 전략적 중요성과 몽고 부족들을 제어하는 기능을 직접적으로 서술한 것을 찾기 어렵다. 이들의 글에서 묘사되는 청 황제와 몽고 부족들의 관계는 통제나 지배보다 화친에 초점이 맞추어져 있다. 이는 몽고를 사실상 제어하지만 표면적으로는 화친이라고 표현해야 양자의 관계를 유지하기에 유리하다고 판단한 청 황제와 정부의 입장이 반영된 결과일 것이다. 반면 청대의 사학자인 조익趙翼(1727~1814)은 황제가 해마다 가을에 수렵하는 목적이 팔기병의 군사 훈련에만 있지 않고 사실상 몽고 각 부에게 위협감을 느끼게 하여 통제하고 반란을 일으키지 못하게 하려는 데 있다고 명확히 말하고 있다.[140]

　열하의 지리적 중요성과 그곳에서 몽고를 제어하는 전략성에 대해 예리하게 기록한 것은 조선인 사절이었다. 연암 박지원朴趾源(1737~1805)은 1780년 건륭제의 70회 생일을 축하하기 위해 파견된 사절단의 일원으로 열하를 방문했다. 그는 『열하일기』에서 황제가 장성 이북에 있는 피서산장에서 정무를 관장하는 것은 북경의 신하들이 말을 타고 달려와서 상주하도록 함으로써 말안장에서 떠날 겨를이 없도록 하여 긴장을 유지시키려는 의도라고 서술했다. 박지원은 열하의 위치가 몽고를 제어하기에 유리한 곳이고 열하에서 몽고를 제어하지 못하면 요동이 혼란스러워질 것이고, 그것은 청이 천하의 왼팔을 잃는 것이라고 보았다. 그리고 황제가 열하에서 묵는 명분은 피서이지만 사실은 그 자신이 변경 지역을 직접 방어하고 있는 것이라고 말했다.[141] 박지원은 열하의 전략적 중요성과 함께 청 황제의 북순의 목적이 피서보다 몽고의 제어에 있다는 것을 간파했다.

유득공柳得恭(1749~1807)은 1790년에 건륭제의 80회 생일을 축하하기 위해 열하에 다녀온 후에 열하의 가장 중요한 기능에 대해 이렇게 말했다.

> 열하의 형세를 보니, 동쪽으로 요동과 통하고 서쪽으로 이슬람과 통하며, 북쪽으로 몽고를 제압하고 남쪽으로 천하를 제어한다. 이는 강희황제가 고심한 일이었다. 피서산장이라고 표현한 것은 이를 언급하기 꺼려한 때문이었다.[142]

유득공은 피서산장이라는 명칭이 몽고의 제어를 기저에 둔 열하의 정치적 목적과 기능을 드러내지 않기 위해 강희제가 고안한 수사이거나 위장이라고 보았다.

피서산장이 위치한 난하 유역은 중원과 몽고 초원을 연결하는 중요한 교통로였다. 강희제는 1681년(강희 20)부터 1701년(강희 40)까지 북순을 하며 무란위장에서 수렵을 했을 뿐만 아니라 만주 지역의 길림과 내몽고 서부 지역을 순행했다. 그 목적은 러시아의 남하를 저지하고 준가르의 갈

1754년의 「열하연회도」

단의 동향을 파악하기 위한 것이었다. 이때 강희제는 주로 열하를 경유
했다. 1690년(강희 29) 준가르와 청이 최초로 전투한 곳인 울란부퉁Ulan
Butung, 烏蘭布統도 무란위장과 피서산장의 인근이었다. 1691년 칼카가 청
에 복속하기로 결정한 회맹이 열린 돌론노르는 무란위장에서 불과 45킬
로미터 떨어진 곳에 있었다. 돌론노르가 회맹의 장소로 결정된 이유는 이
곳이 고비사막을 둘러싼 여러 몽고 부족들이 모이기에 적당한 거리에 위
치한다고 생각했기 때문이었다.

강희기 이후 열하에 팔기병을 배치한 것은 피서산장과 무란위장 수렵 장을 관리하는 일과 함께 이러한 열하의 전략적 중요성이 작용한 결과였다. 강희 시기에 화기영火器營, tuwai agūrai kūwaran의 조총병 1,000명이 열하에서 주둔했었다. 이들이 임시 주둔했는지 영구 주둔했는지는 명확하지 않다. 열하에 영구 주둔하는 주방병을 처음 배치한 것은 옹정제였다. 옹정제는 즉위한 이듬해인 1725년(옹정 2)에 열하의 1,000명 조총병을 철수시키고 북경에서 병사 800명을 파견하여 열하에 영구 주둔시켰다. 이들을 관리하기 위해 총관總管, uheri da 1명, 익장翼長, galai da 2명, 좌령佐領, nirui janggin 8명, 효기교驍騎校, funde bošokū 8명이 설치되었다.[143] 800명 병력이 열하에만 배치된 것은 아니었다. 열하의 주방駐防은 피서산장 한 곳만이 아니고, 카라호톤, 화유구樺榆溝, 무란위장까지 포함했기 때문에, 800명의 병사는 열하에 400명, 카라호톤에 200명, 화유구에 200명이 나뉘어 주둔했다.[144]

1738년(건륭 3)에는 지휘관을 승격시키고 병사를 증설하여, 북경의 1,200명의 병사를 증원 파견했다. 기존의 800명에 더해 총주둔군은 2,000명이 되었고, 그 안에 조총병 500명이 포함되었다. 주둔군의 증설에 맞추어 총관 직을 없애고 부도통副都統, meirein i janggin 1명을 설치하여 팔기를 통할하게 했다. 그리고 기의 니루마다 협령協領, gūsai da, 좌령, 방어防禦, tuwašara hafan i jergi janggin, 효기교 등의 관원을 설치하여 니루의 업무를 나누어서 처리하게 했다. 또한 관마官馬 500필을 늘려서 500명의 조총병이 타는 데 사용하게 했다. 1763년(건륭 28)에 다시 총관總管 2명을 설치했다. 이후 계속 주둔병을 증설했다. 1767년(건륭 32)에는 팔기만주 주방병이 총 1,595명이었고 몽고 병사는 405명이었다. 카라호톤에는 협령 1명과 병사 400명이 주둔했다. 화유구에는 이때 협령 1명이 배치되어 있었으나 이후에 폐지되었으며, 영최領催와 마갑병馬甲兵이 200명이었다. 무란위장에는 총관 1명과 병사 1,000명이 주둔했다. 1810년(가경 3)에 열하부도통 직을 폐지하고 도통都統, gūsa be kadalara amban을 설치했다. 열하 도통의 관할 지역은 승덕부承德府와 내몽고의 조오 우다Juu Uda, 昭烏達와 조소투Josotu, 卓索圖 2맹盟이었다.

강희제는 1676년(강희 15)에 최초로 북순해서 열하 일대를 순행했고, 1677년(강희 17)에는 카라호톤 일대를 순행했다. 이후 1681년(강희 20) 무란위장을 설치한 해부터 사망할 때까지, 준가르 공격전에 참전한 두 해를 제외하고 매년 북순을 해서 무란위장에서 수렵을 했다. 1703년(강희 42)에 열하에 피서산장이 건설된 후에는 피서산장과 무란위장이 황제의 북순에서 하나의 연계된 활동 공간으로 결합되었다. 강희제가 무란위장에 간 것은 41차례, 열하로의 순행을 포함하여 북순을 한 것은 총 57차례으로 추산된다. 옹정제는 13년간의 재위 기간 동안 북순을 하지 않았다. 건륭제는 북순을 재개하여 60년의 재위기와 3년간의 태상황 시기 동안 51차례 피서산장에 갔다. 그 가운데 무란위장에서 수렵한 것은 40차례였다. 그의 아들 가경제는 25년간의 재위기 동안 19차례 피서산장에 갔고, 피서산장에서 61세로 사망했다. 가경제를 마지막으로 청의 황제는 더 이상 무란위장 수렵을 하지 않았지만 열하에 가는 것은 중단되지 않았다.

황제가 북경을 출발하는 것은 4월부터 7월 사이였다. 강희제는 대개 4월이나 5월에, 건륭제는 6월이나 7월에 북경을 출발했다. 북경으로 돌아오는 것은 9월이나 10월이었다. 황제가 피서산장과 무란위장에 머무는 기간은 길게는 6개월, 짧게는 3개월 정도였다. 황제의 연간 활동 공간 가운데 피서산장과 무란위장이 점하는 비중은 매우 컸다. 1780년(건륭 45)에 건륭제가 머문 장소와 기간을 분석하면 다음 페이지의 표와 같다. 이 해에 건륭제는 남순南巡 여행에서 115일, 북경에서 114일, 무란위장과 열하에서 88일을 소요했다. 열하에서 머문 기간에 이동 일정까지 포함하면 무려 114일이다. 거의 4개월에 육박하며 1년의 약 3분의 1이었다.

건륭제가 열하에서 지내는 기간은 2개월에서 6개월까지 해마다 달랐다. 때로는 특정한 사안에 대처하기 위해 열하에서의 체류 기간을 단축하기도 했다. 예컨대 열하로 북순했다가 열하에서 성경으로 동순을 하는 경우에는 열하에 머무는 기간을 최단으로 줄이기도 했다. 1743년(건륭 8)의 북순은 열하를 거쳐 무란위장에서 수렵한 후에 곧바로 동진해서 내몽고 아오한을 거쳐 심양으로 가는 노정이었다. 즉 북순과 동순이 연결된 노정이었다. 이 순행에 소요된 기간은 총 107일이었는데, 열하에서 머문 기간은 1743년 9월 1일부터 6일까지 불과 6일간이었다. 북순에 연결하여 동순까지 시행해야 하는 특수한 상황에서 그에 맞추어 열하에서 머무는 시간을 최소화한 것이다. 그러나 북순과 동순을 연계시킨 경우는 건륭 재위기 60년 동안 1743년(건륭 8)과 1754년(건륭 19)의 두 차례에 불과했다. 건륭제의 북순은 대부분 피서산장과 무란위장만을 목적지로 했고 그곳에서

1780년(건륭 45) 건륭제가 머문 장소와 기간

날짜 (연월일)	장소	일수
1780. 1. 5 − 1. 15	북경	10
1. 16 − 6. 10	여행(남순)	115
6. 11 − 6. 15	북경(원명원)	4
6. 16 − 6. 20	북경(자금성)	4
6. 21 − 6. 22	북경(원명원)	1
6. 23 − 6. 29	여행(북경−열하)	6
6. 29 − 9. 25	열하	88
9. 26 − 10. 16	여행(열하−북경)	20
10. 17 − 10. 21	북경(원명원)	4
10. 22 − 11. 10	북경(자금성)	19
11. 11 − 11. 17	북경(원명원)	6
11. 18 − 1781. 1. 23	북경(자금성)	66

최소 3개월 내지 최대 6개월까지 지냈다.

열하에서 지내는 기간이 길었기 때문에 건륭제가 피서산장에서 집행하는 정무의 양도 많았다. 황자들과 종친들과 문무대신들이 황제를 수행하여 피서산장에서 머무르며 정무를 집행했다. 북경의 관료는 처리해야할 방대한 보고서와 문서를 가지고 수시로 피서산장으로 달려왔다. 정무뿐만이 아니라 번부藩部와 외국에서 오는 수많은 사절들의 접견도 열하에서 이루어졌다. 몽고의 부들은 매년 여름에 열하에서 황제와 만났고, 그외에 특별한 사안이 있을 때에 티베트, 위구르, 부루트(키르키즈), 카자흐, 코칸드, 부하라, 바닥샨, 아프간, 조선, 류큐 등 각지에서 오는 사절들이 이번원의 주관하에 열하에서 황제를 알현하는 의례를 거행했고 연회가 열렸다. 특히 건륭제의 생일인 9월 25일은 그가 열하에 머무는 기간이었기 때문에, 건륭기에 황제의 생일인 만수절萬壽節의 축하 연회는 40여 년간 언제나 열하에서 열렸고 수많은 축하사절들이 열하로 모였다.

건륭기에 열하는 청 제국이 포괄하는 모든 민족들에 대한 청의 지배를 확인하고 그들과의 연대를 강화하는 정치중심지였다. 열하에 대한 근래의 주목되는 연구는 구미에서 진행되었다. 신청사New Qing History 학파로 불리는 일군의 연구자들은 청을 중원 왕조만이 아닌 내륙아시아의 전통선상에 위치한 왕조로 파악하고, 열하를 청의 내륙아시아 지배가 이루어진 핵심 공간으로 보고 있다.[145] 필립 포레Philippe Forêt와 닝차Ning Chia는 열하가 공식적으로 수도로 불리지는 않았지만 청 제국의 '제3의 수도' 역할을 했다고 주장했다.[146] 청의 공식적 수도는 북경과 성경이었지만, 열하는 이 두 도시에 준하는 비공식적 수도 기능을 수행했다는 것이다. 이블린 로스키Evelyn S. Rawski도 "북경이 제1의 수도였고 성경이 상징적인 수도였다면 승덕은 상징적인 동시에 실용적인 이유에서 여름 수도였다"고 언급했다.[147] 임계순은 열하를 청의 '제2의 정치중심'이라고 표현했다.[148]

열하를 수도라고 칭할 수 있는지에 대해서는 논란의 여지가 있다. 열하는 국가의 수도가 보유해야 할 공식적인 요건들, 즉 국가의 강역 전체를 경영하기 위해 고정적이고 상설적으로 운용되는 행정부서와 건물과 인력, 상시적으로 국가의 다른 도시들과 연결되어 인력과 물자가 유통하는 네트워크 등이 결여되어 있었다. 그러나 열하가 내륙아시아의 민족들에 대한 청의 지배를 확인하고 그들과의 연대를 강화하는 정치중심지였고 여름에 국한하여 수도의 기능이 작용하는 공간이었음은 분명하다.

제국의 상징, 외팔묘

《 청 황제의 다면성 》

열하는 건륭기에 그전보다 더 내륙아시아 민족들의 정치중심지로 발전해 갔다. 청은 건륭제 시기에 최대의 강역을 형성했다. 1750년대 후반에 서몽고 준가르를 멸망시킴으로써 청나라는 동북 지역, 중국, 몽고, 신강, 티베트로 구성된 청 제국을 완성했다. 건륭기 청이 형성한 강역과 다민족국가의 면모는 열하의 대규모 불교 사찰들로 표현되었다. 피서산장의 주위에 다수의 초대형 사찰들이 건축되었고 중국과 몽고 각지와 티베트에서 온 900여 명의 승려들이 거주했다.

청의 황제는 청 초기부터 내륙아시아의 지배 종교인 티베트 불교를 후원했다. 그 목적은 티베트 불교를 지원함으로써 내륙아시아의 정치적 헤게모니를 장악하는 데 있었다. 청의 황제는 거대한 제국을 통치하기 위해 자신을 다양한 신민에 맞추어 여러 형태로 표현하는 데 능숙했다. 황제는 만주족의 한han일 뿐만 아니라 한인에 대해서는 유가적 성왕聖王이자 황제皇帝였고, 몽고에 대해서는 칭기즈칸의 정통을 계승한 대칸이었고, 티베트에 대해서는 극락정토의 불법을 현세에 펼치는 차크라바르틴轉輪法王이었다. 청 제국의 황제는 다면성simultaneity을 띠고 다양한 유형의 백성을 통치했다.[149] 청의 황제는 상이한 여러 정치체제의 통치 중심이자 왕중왕이었고, 하나의 국가 안에 공존하기 어려운 다양한 문화와 종교를 한 몸에 모아서 구현했다. 황제의 다면성 가운데 열하와 관련하여 가장 중요한 얼굴은 몽고의 대칸과 불교의 수호자의 모습이었다.

건륭제는 다면성을 가장 전형적으로 보여 준 황제였고, 불교에 가장 깊이 경도된 황제였다. 그는 판첸라마에게 수계受戒했고, 불교의 판테온 속에서 자신을 문수보살文殊菩薩, Bodhisattva Manjusri의 화신으로 간주했다. 그는 일생 동안 문수신앙의 성지인 오대산을 여섯 차례나(1746, 1750, 1761, 1781, 1786, 1792) 방문했고, 방문할 때마다 한 달 넘게 머물렀다. 건륭제는 정치적 목적을 위해 티베트 불교를 활용했을 뿐만 아니라 그 자신이 신심 깊은 불교 신자였다.[150] 열하의 대규모 사찰군은 청이 내륙아시아 지배를 확대해 가는 과정과 건륭제의 불교에 대한 신앙심이 결합하여 나타난 것이었다.

《 승리의 표상, 외팔묘 》

열하의 초대형 사찰은 모두 12곳으로, 부인사溥仁寺, 부선사溥善寺, 보

갑옷을 입고 말을 탄 건륭제

녕사普寧寺, 보우사普佑寺, 안원묘安遠廟, 보락사普樂寺, 보타종승지묘普陀宗乘之廟, 광안묘廣安寺, 수상사殊像寺, 나한당羅漢堂, 수미복수지묘須彌福壽之廟, 광연사廣緣寺이다. 이 사찰들은 1713년(강희 52)부터 1780년(건륭 45)까지 67년간에 걸쳐 피서산장의 동쪽과 북쪽 산기슭에 건설되었다. 이 가운데 부인사와 부선사만 강희기에 지어졌고 나머지 10곳은 모두 건륭기에 건설되었다. 12개 사찰 가운데 8개인 부인사, 부선사, 보녕사(보우사를 부속 사찰로 포함), 안원묘, 보타종승지묘, 수상사, 수미복수지묘, 광연사가 외팔묘였다. 그러나 때로는 광의로 12개 사찰 전부를 외팔묘라고 통칭하기도 했다. 외팔묘라는 명칭은 청 정부가 설립한 열하의 8개 사찰이 장성 고북구의 밖에 있다는 의미로 지어진 것이고, 북경 일대의 32개 사찰과 대비한 이름이었다.

외팔묘는 청 정부에서 승려를 파견하고 북경의 이번원 소속의 라마인 무처喇嘛印務處에서 승려의 월급과 자금을 지급해서 운영된 일종의 국립 사찰이었다. 열하 현지에서 외팔묘 전체를 관할하는 것은 보녕사에 주재하는 감포mkhen po,堪布였다. 감포는 티베트 불교에서 주지를 의미했다. 감포의 관할하에 외팔묘 각각의 사찰을 관할하는 것은 다-라마da lama, 達喇嘛였다. 다-라마는 수석을 의미하는 만주어 '다da'와 승려를 의미하는 산스크리트어 '라마ama'를 합쳐 만든 명칭이었다. 12개의 사찰 외에도 열하에 건립된 소규모의 민간 사찰이 다수 있었고, 불교 사찰 외에 민간종교 시설까지 계산하면 수는 더욱 많아진다.

외팔묘 사찰들의 대부분은 청이 강희기부터 건륭기까지 내륙아시아에

외팔묘

명칭	별칭	만주어 명칭	건설 연도	숭배 대상 (불상의 양식)	건립 계기	양식
*부인사	전사前寺	Gosin akūnara juktehen	1713 (강희 52)		강희제 60세 기념. 몽고 귀족의 집회 장소	• 중국식
*부선사	후사後寺	Sain akūnara juktehen	1713 (강희 52)	불상 (티베트식)	강희제 60세 기념. 몽고 귀족의 집회 장소	• 중국식
*보녕사	대불사 大佛寺	Gubci nikton juktehen	1755 (건륭 20)	천수천안관음 (티베트식)	준가르 평정 기념	• 전반부 중국식 • 후반부 티베트식 • 티베트 삼예사 모방
*보우사		Gubci aisire juktehen	1760 (건륭 25)	석가모니	독송용 건물	• 중국식 • 보녕사 옆에 건설
*안원묘	일리묘 伊犁廟	Gorokingge be elhe obure muktehen	1764 (건륭 29)	녹도모綠度母 (티베트식)	몽고 다쉬다와부 이주 기념	• 몽고식 • 준가르의 쿨자사 모방
보락사	원정자 圓亭子	Gubci sebjengge juktehen	1766 (건륭 31)	만다라 (티베트식)	카자흐와 키르키즈 사절단 거주	• 중국식과 티베트식 혼합
*보타종승지묘	소포왈라궁 小布達拉宮	Budala i tob šajin i muktehen	1771 (건륭 36)	촌카파	건륭제 60세 생일 축하와 톨구트부 왕공의 진공 기념	• 티베트식 • 라싸의 포탈라궁 모방
광안사	계대사 戒台寺		1771 (건륭 36)	불상 (티베트식)	수계 의식을 거행하는 장소	• 티베트식
*수상사	건륭가묘 乾隆家廟	Manjusiri lakšangga juktehen	1774 (건륭 39)	문수보살		• 중국식 • 오대산 수상사 모방
나한당		Argat i tanggin	1774 (건륭 39)	나한		• 절강 해녕 안국사 모방
*광연사			1780 (건륭 45)	불상 (티베트식)		• 중국식
*수미복수지묘	판첸행궁 班禅行宫	Sumiri alin i adali hūturi jalafungga muktehen	1780 (건륭 45)	석가모니	6세 판첸라마의 강경과 거주지	• 티베트식 • 티베트 시가체의 타시룬포사 모방

*는 협의의 외팔묘

대한 지배를 완성해 가는 과정에서 특정한 사건들을 기념하여 만들어졌다. 그러므로 외팔묘는 중국과 북방의 초원 세계를 모두 지배하는 청의 제국적 성격을 상징한다. 이를 일차적으로 건물의 외형과 건물들의 배치 형식, 즉 건축 양식에서 확인할 수 있다. 외팔묘의 건축 양식을 중국식, 티베트식, 양자의 혼합식의 세 종류로 구분할 수 있다. 중국식이란 건물의 외형과 함께 건물군을 중국 전통의 형식에 따라 산문山門·천왕전天王殿·종루鐘樓·고루鼓樓·대웅보전大雄寶殿·동배전東配殿·서배전西配殿의 순서로 배치한 것을 가리킨다. 티베트식이란 건물의 외형이 티베트식인 것과 함께 건물들을 만다라의 형태로 배치한 것을 가리킨다.

일반적으로 부인사, 부선사, 수상사, 나한당, 광연사는 중국식 사찰로 구분되고, 보타종승지묘, 수미복수지묘, 광안사는 티베트식 사찰로 구분되며, 보녕사, 보우사, 안원사, 보락사는 중국식과 티베트식의 혼합형으로 구분되고 있다. 그러나 이 구분은 개략적인 것이다. 외팔묘 사찰의 건물 외형은 중국식이라고 해도 내부의 장식이나 불상의 배치에 티베트식이 도입되었고, 티베트식이라고 해도 순수한 티베트식이 아니고 중국적 건축 양식이 혼입되어 있다. 그러므로 거시적으로 보면 외팔묘의 수많은 건물군은 중국식과 티베트식을 혼용한 새로운 건축 양식을 구현하고 있다. 외팔묘의 혼융된 새로운 건축 양식은 중국과 내륙아시아를 함께 지배하게 된 청의 제국적 지배 체제를 상징한다.

《 외팔묘의 건설 》

　　외팔묘의 건설과 관련한 가장 중요한 사건은 1680년대 강희 중기부터 1758년 건륭 초기까지 약 70년간 진행된 청과 준가르의 상쟁과 준가르의 멸망, 그리고 그 결과 내몽고와 외몽고에 이어 서몽고와 티베트까지 완전하게 청의 제국적 지배질서 안으로 편제된 것이었다. 강희제는 1690년대에 준가르의 갈단을 패퇴시키고 외몽고 칼카를 자진 복속시킴으로써 준가르로부터의 위협과 몽고의 통일을 차단할 수 있었다. 그러나 준가르는 갈단이 사망한 후에도, 그의 조카인 체왕 랍단(재위 1697~1727)의 지휘하에 동투르키스탄 북부의 일리강 일대를 중심으로 하고 남쪽으로 동투르키스탄 남부의 타림분지와 북쪽으로 카자흐 남부의 세미레체 지역까지 지배하는 제국을 유지하며 세력을 증강시켜 갔다. 17~18세기에 중앙유라시아에서 거대한 제국을 형성해 간 것은 청과 러시아만이 아니었다. 준가르도 제국으로서 지배의 영역을 확장해 갔다. 팽창해 가던 제국들은 결국 충돌하게 되었다.

　　청의 옹정제는 준가르의 체왕 랍단이 사망하고 갈단 체렝(재위 1727~1745)이 수장 지위를 계승한 과도기를 이용하여, 1729년(옹정 7)부터 준가르 공격전에 돌입했다. 그러나 1731년(옹정 9) 대장군 푸르단Furdan. 傅爾丹이 이끄는 청군은 현재 몽골국 부얀투 부근의 호톤 노르Khoton noor. 和通泊에서 준가르군에 대패했고 병력 6만이 전멸했다. 이 패배로 청은 서북부 변경의 경략에 치명적 타격을 입었고, 향후 20년간 준가르와의 상쟁에서 위축되었다. 호톤 노르에서의 패배 후에 옹정제는 정전 정책을 유지

1755년 일리에서 준가르의 수장 다와치가 항복하는 장면

했다.

　건륭제는 황위에 오른 후에 옹정 후기의 정전 정책을 계승하여 준가르
와의 평화 기조를 유지했다. 1739년(건륭 4)에 청과 준가르는 정전에 합의
했고 그 후 10년간 양국 사이에 교역이 이루어졌다. 그러나 1745년 갈단
체렝이 사망하자 상황이 급속히 변화했다. 준가르의 귀족층은 분열하여
상쟁했고, 그 일부는 청의 세력을 이용하여 준가르의 정치권력을 장악하
고자 했다. 청은 준가르의 내분을 이용하여 1755년(건륭 20) 중심부인 일리
(현 중국 신강성 이닝伊寧)를 공격했다. 100여 일의 전투 끝에 청은 수장인 다
와치를 생포하고 준가르를 멸망시켰다. 3년 후인 1758년(건륭 23)에는 동
투르키스탄 남부의 알티샤르를 정복했다. 다음 해에 청은 동투르키스탄

을 신강新疆, Ice jecen으로 명명하고 직접 관리하기 시작했다. 준가르를 정복한 사건은 청의 역사에서 중국을 정복한 일에 버금가는 거대한 사건이었다. 준가르를 정복함으로써 청은 17세기 초 누르하치 시기부터 몽고에 대한 공세를 시작한 이래 150년 만에 내몽고와 외몽고에 이어 서몽고까지 지배하게 되었고, 청의 번부藩部, tulergi golo가 완성되었다. 청과 러시아와 준가르가 각축해 오던 중앙유라시아는 이후 청과 러시아의 세력이 상충하는 장이 되었다.

준가르를 멸망시킨 청의 업적은 책으로 만들어졌다.『평정준가르방략平定準噶爾方略, Jung'ar i ba be necihiyeme toktobuha bodogon i bithe』이 준가르가 멸망한 1755년에 집필되기 시작해서 1770년에 완성되었다. 이 책은 청이 편찬한 가장 방대한 원정사였다.『평정준가르방략』은 1700년부터 1765년까지의 기간을 망라하여 사소한 외교적 사건에서부터 보급의 세부 사항까지 방대한 분량의 문서들을 모으고 정리하여 편찬되었다. 이 책은 승자의 입장에서 쓰여졌고, 중앙유라시아의 광대한 영토를 통치할 건륭제의 권리를 주장하는 도구가 되었다. 제국을 형성했던 준가르는 이 책에서 청의 통치에 '반란'을 일으킨 역도 내지 배반자 집단이 되었다. 건륭제의 역사가들은 몽고를 본질적으로 청에 부속되어 있고 그 일부인 것으로 묘사했다.[151] 청대의 역사가는 현대 중국의 학자들에게 영향을 미쳤고 중국의 많은 학자들은 준가르를 청의 '반란' 집단으로 묘사하고 있다. 준가르 정복의 서지적 기념이『평정준가르방략』이라면, 열하의 외팔묘는 그것을 거대한 건축물로 공간에 표상한 기념물이었다.

「열하 피서산장도」(1875-1890)와 외팔묘

보녕사

보우사

안원묘

보락사

보녕사

외팔묘 가운데 최초로 건설된 부인사普仁寺, Gosin akūnara juktehen(어짐이 무한한 사찰)와 부선사普善寺, Sain akūnara juktehen(좋음이 무한한 사찰)는 강희기에 청이 준가르 갈단과의 전쟁에서 승전한 후에 칼카와 관계를 강화하기 위해 건립했다. 1713년(강희 52) 열하에서 열린 강희제의 60세 생일 축하연에 참석한 몽고 왕공들이 생일을 축하하며 기념 사찰을 건립하자고 건의한 것이 건설의 직접적인 계기가 되었다. 건설 비용을 제공한 것도 몽고 왕공들이었다. 두 사찰은 건립된 후에 몽고 왕공들이 회합하는 장소로 쓰였다.[152]

건륭기에 처음으로 세워진 외팔묘 사찰인 보녕사普寧寺, Gubci nikton juktehen는 1755년(건륭 20)부터 공사를 시작해서 1759년(건륭 24)에 완공되었다. 건립의 계기는 1755년 청이 준가르를 멸망시킨 사건이었다. 준가르 정복전이 일단락된 1755년 10월에 건륭제는 피서산장에서 연회를 열고 전쟁에서 투항한 오이라트의 귀족들을 책봉하면서 보녕사의 건립을 지시했다. 사실 준가르를 멸망시키고 다와치를 생포했지만 준가르 정복전이 완전히 종식된 것은 아니었다. 청의 준가르 정복전에 협조했던 오이라트 호이트부의 수장인 아무르사나(1723~1757)가 청에게 약속받았던 준가르의 수장 지위를 받지 못하자 무력저항을 시작함으로써 준가르 분지는 다시 전쟁에 휩싸였으며, 준가르 제국의 지배하에 있었던 동투르키스탄 남부의 알티샤르도 아직 저항중이었다. 그러나 이런 일이 보녕사의 건립에 지장을 주지는 못했다. 보녕사는 강희기 이래 1세기 가까이 내륙아시아의 헤게모니를 둘러싸고 청과 길항했던 준가르의 종식을 공언하는 기념물이었고, 몽고의 대부분이 청에 복속되었음을 선포하는 상징물이었다. 이제 청은 만주 지역에서 출발하여 중국을 거쳐 북방의 초원 세계까지 지배하게 된 초유의 국가가 되었다. 중국과 북방 초원과 티베트를 지배하는 청의 제국적 성격은 보녕사의 복합적인 건축 양식에 표상되었다.

보녕사는 건축 양식의 측면에서 중국식과 티베트식을 연결하여 전반부와 후반부의 두 부분으로 구성되었다. 전반부는 중국식 사찰 양식을 따라, 산문山門 · 천왕전天王殿 · 종루鐘樓 · 고루鼓樓 · 대웅보전大雄寶殿 · 동배전東配殿 · 서배전西配殿의 일곱 건물이 배열되었다. 후반부는 티베트 최초의 사찰인 삼예사桑耶寺를 모방하여 만다라 건축 체제에 따랐다. 후반부 건물군의 중앙에 배치된 대승지각大乘之閣, Amba kulge i asari(대승의 각)은 우주의 중심인 수메르산을 상징하고, 대승지각의 양쪽에 해와 달을 상징하는 전각이 배치되었으며, 사방에는 네 대륙인 동승신주, 서우하주, 남섬부주, 북구로주를 상징하는 네 개의 전각이 배치되었다.

안원묘安遠廟, Gorokingge be elhe obure muktehen(원지인을 평안하게 하는 사찰)는 보녕사에 이어 1764년(건륭 29)에 건설되었다. 이 역시 보녕사와 마찬가지로 준가르 정복의 산물이었다. 안원묘는 준가르의 부족장이었던 다쉬다와의 부족이 청에 귀순하고 열하로 이주한 것을 기념하여 건설된 것이다. 다쉬다와는 갈단 체렝의 아들로, 1745년 갈단 체렝이 사망한 후 귀족층의 분열과 상쟁이 벌어졌을 때 피살되었다. 그 후 다쉬다와의 부족은 그의 부인의 인솔하에 준가르의 계속되는 내전을 피해서 거주지인 일리강 유역을 떠났다. 1755년 말에 다쉬다와의 부족은 청의 요새 도시인 바르콜Barkol. 巴里坤로 이동하여 청에 투항했다. 1756년에 다쉬다와의 부인이 사망한 후, 청은 부족민을 외몽고 칼카의 오르혼으로 이주시켰다가, 1759년(건륭 24) 5월 열하로 이주시켰다. 이주민은 모두 2,136명이었다. 청은 이들을 상삼기에 편입시키고 주택과 가축과 식량과 목장을 지급해서 정착시켰다.[153] 그리고 이들의 종교생활을 위해 정착지 인근에 일리의 쿨자사를 모방해서 안원묘를 건설했다. 쿨자사는 준가르의 수장 체왕 랍단(재위 1694~1727)이 1717년 일리강의 북안에 건립한 사찰이었고, 몽고어로 쿨자도강固爾札都綱이라고 불렸다. 이 사찰은 오이라트의 문화와 정치의 중심지인 일리에 건립되었고 건립한 직후부터 1750년대 청과의 전쟁 과정에서 소실되기까지 오이라트인의 종교적 성소였다. 일리의 쿨자사를 모방했기 때문에 안원묘는 일리묘伊犁廟라고도 불렸다. 열하에 안원묘를 건립한 직접적 계기는 다쉬다와의 부족의 종교생활을 위한 것이었지만 거시적인 측면에서 안원묘는 준가르 제국의 종교적 권위를 열하로 이동시킨 것이었다.

1771년(건륭 36)에 완공된 보타종승지묘普陀宗乘之廟, Budala i tob šajin i muktehen(포탈라의 종승의 사찰)는 티베트 라싸의 포탈라궁의 외형을 모방한 전형적인 티베트식 사찰이다. 한어 명칭인 보타普陀와 만주어 명칭인 부달라Budala 자체가 아발로키테스바라Avalokiteśvara(관세음보살)가 거처하는 장소의 산스크리트어 이름인 포탈라Potala의 변음이다. 그래서 보타종승지묘의 별칭은 소포탈라궁小布達拉宮이었다. 보타종승지묘는 규모 면에서 외팔묘 가운데 최대였다. 이 사찰은 건륭제 자신의 60세 생일(1770)과 모친인 황태후의 80세 생일(1771)을 축하하기 위해 설립되었지만, 완공되자마자 몽고 토르구트부의 귀환이라는 역사적 사건과 관련이 되었다.[154]

보타종승지묘가 완공된 1771년(건륭 36) 7월 러시아의 볼가 강변에서 거주하던 토르구트부가 청에 복속해 왔다. 토르구트는 원래 서몽고 오이라트의 일부로서 준가르 분지 일대에서 거주하다가 1628년경 볼가 강변으로 이동했다. 그 후 그곳에서 러시아의 남부 변경인으로 살아왔다. 그들이 일리 일대로부터 볼가 강변으로 떠난 지 150여 년 만에 러시아의 착취를 피해서 조상의 땅으로 돌아온 것이다. 1771년 1월 5일 볼가 강변을 출발할 때 17만여 명이던 토르구트 부족민은 7개월 간의 강행군의 과정에서 동사하고, 아사하고, 전사하여 일리에 도착했을 때는 출발했을 때 인원의 절반만이 남아 있었다. 토르구트의 우바시 칸(재위 1744~1775)은 일리에 부족민을 남겨두고 건륭제를 배알하기 위해 열하에 왔다. 건륭제는 우바시를 환대하고 토르구트를 받아들였다. 우바시와 동행한 토르구트의 고위 승려에게 건륭제는 막 완공된 보타종승지묘에서 예배를 보게 했다.

토르구트의 귀환은 세계의 군주를 자임하던 건륭제의 자존감을 한층 더 고양시키고 청의 국력과 위세를 과시할 수 있는 일대 사건이었다. 건륭제는 직접 「토르구트 전 부족 귀순기土爾扈特全部歸順記」와 「토르구트 부족 구휼기優恤土爾扈特部衆記」를 짓고, 두 글을 만문, 한문, 몽고문, 티베트문의 네 종류 문자로 비석에 새겨서 보타종승지묘 앞에 세웠다. 「토르구트 전 부족 귀순기」에서 건륭제는 토르구트의 귀순으로 인해 몽고에 속하는 모든 부족이 대청大淸에 복속했음을 선언했다. 보타종승지묘는 건륭제가 몽고의 모든 부족이 대청 제국에 복속했음을 선포하고 각인한 장소였다.

수상사殊像寺. Manjusiri lakšangga juktehen(문수보살의 상相이 있는 사찰)는 1774년(건륭 39)에 건축되었고 문수보살을 본존으로 모셨다. 문수보살은 청의 황제를 상징했다. 순치제는 달라이 라마 5세로부터 문수보살화신대황제文殊菩薩化身大皇帝라는 호칭을 받았고, 건륭제는 문수보살의 화신으로 자처했으며 불법을 현세에 펼치는 차크라바르틴轉輪法王임을 표방했다. 그러므로 수상사는 외팔묘라는 티베트 불교 세계 속에, 문수보살의 화신인 청의 한han을 상징적으로 표현하기 위해 건축한 것이라고 볼 수 있다.

수미복수지묘須彌福壽之廟,Sumiri alin i adali hūturi jalafungga muktehen(수메르산 같은 복福과 수壽의 사찰)는 보타종승지묘와 함께 전형적인 티베트식 사찰이다. 이 사찰은 티베트 제2의 도시인 시가체에 있는 판첸라마의 거처인 타쉬룬포사를 모방하여 건설했다. 건립의 직접적인 계기는 6대 판첸라마인 롭짱 팔단 이시Blo-bzang Dpal-ldan Ye-shes, 羅桑華丹益希(1738~1780)의 방문을 환영하고 그의 거처로 활용하기 위한 것이었다. 그래서 이 사찰은 판첸행궁班禪行宮이라고도 불렸다. 보타종승지묘가 티베트 최고의 지도자인 달라이라마의 궁전의 복제품이라면, 수미복수지묘는 티베트의 둘째 지도자인 판첸라마의 궁전의 복사본이었다.

외팔묘의 사찰들은 티베트 불교 세계의 주요한 사찰들이 변형된 모방품이고 축소판이었다. 보녕사는 티베트 최초의 사찰인 삼예사를 모방했고, 안원묘는 준가르 제국의 중심지인 일리의 쿨자사를 모방했으며, 보타종승지묘는 티베트의 중심지인 라싸의 포탈라궁을, 수미복수지묘는 티베트 둘째 도시인 시가체의 타쉬룬포사를 모방했다. 그러나 외팔묘는 단순히 티베트 불교 세계의 대표 건축물들의 모방품이 아니고, 라싸와 시가체와 일리가 가지고 있는 불교의 권위들을 가져와서 열하라는 공간에 재배치한 만다라였다.

화폐와 중국 지배

《 권력의 상징 》

화폐는 인간 사회에서 사물의 가치를 나타내고 상품의 교환을 매개하며 부를 축적하기 위해 활용되는 수단이다. 화폐의 경제적 기능이 유지되려면 반드시 복잡하고 강제적인 정치적 권력이 개입되어야 한다. 강제력이 개입하지 않는 화폐는 악화에 의해 구축되어 화폐의 기능을 상실하게 된다. 그러므로 화폐는 권력에 의해 만들어지며 권력에 의해 유지된다. 만약 어떤 화폐가 상이한 여러 인종과 문화와 지역을 포괄한 제국에서 통용되면 권력은 화폐를 통해 경제적 기능 이상의 효과를 추구하게 된다. 즉 제국은 화폐에 제국의 권위와 표상을 담는 것이다.

누르하치 시기에 만들어진 동전은 일반적으로 천명한전天命汗錢이라고 불리고 있다. 천명한전은 만문이 새겨진 것과 한문이 새겨진 것 두 종류였다. 만문 동전은 앞면에 무권점자 만문으로 ᡥᠠᠨ ᠴᡳᠣᠸᠠᠨ ᠵᡳᡥ᠎ᠠ abkai fulingga han jiha, 천명(한의 동전)라고 새겼고, 뒷면은 아무 것도 새기지 않았다. 한문 동전의 전면에는 천명통보天命通寶라고 새겼다. 만문 동전의 지름은 28.5밀리미터이고 무게는 6.1그램이다. 한문 동전은 지름이 26.51 밀리미터이고 무게는 5.1그램으로 만문 동전보다 약간 작고 가볍다. 홍타이지 시기에 만들어진 동전은 천총한전天聰汗錢이라고 불리고 있다. 천총한전도 만문과 한문 두 종류의 동전이 주조되었다. 만문 동전에는 무권점자 만문으로 ᠰᡠᡵᡝ ᡥᠠᠨ ᠨᡳ ᠵᡳᡥ᠎ᠠ sure han ni jiha, 천총라고 새겼고, 한문 동전에는 천총통보天聰通寶라고 새겼다. 누르하치와 홍 타이지 시기 모두 만문 동전과 한문 동전을 각각 발행했다.

이런 동전 주조 관행은 입관과 함께 변화했다. 1644년 청이 중국을 지배하기 시작한 후에 만문 동전과 한문 동전을 따로 주조하지 않고 하나의 동전에 만문과 한문을 함께 새기는 형식으로 변화했다. 동전을 주조하는 곳도 수도와 지방 각 성의 중심지들로 다원화되었다. 청대에 동전을 주조하는 곳을 주전국이라고 했다. 주전국은 수도인 북경에 보천국寶泉局, boo ciowan jihai kūwaran과 보원국寶源局, boo yuwan jihai kūwaran 두 곳이 설치되었고 지방 각 성省에 하나씩 설립되었다. 지방의 주전국은 편의상 한 글자로 약칭되었다. 본칭과 약칭은 다음 표와 같다.

청대 주전국[155]

명칭	소재지	약칭(한문/만문)	경영 기간
보천국寶泉局	북경 호부戶部	천泉 ciowan	1644~1911
보원국寶泉局	북경 공부工部	원源 yuwan	1644~1908
선부진국宣府鎭局	직예 선부宣府	선宣 siowan	1644~1671
임청진국臨淸鎭局	산동 임청臨淸	임臨 lin	1645~1675
섬서성국陝西省局 보섬국寶陝局	섬서 서안西安	섬陝 šan	1644~1908
계주진국薊州鎭局 보계국寶薊局	직예 계주薊州 직예 마관馬關	계薊 gi	1645~1671; 1854~?
대동진국大同鎭局	산서 대동大同	동同 tung	1645~1649; 1656~1674
산서성국山西省局 보진국寶晉局	산서 태원太原	원原 yuwan 진晉 jin	1645~1908 1729년에 보진국으로 명칭 변경
밀운진국密雲鎭局	직예 밀운密雲	운雲 yūn	1645~1671
연수진국延綏鎭局	섬서 연수延綏	연延	1646~1648
호광성국湖廣省局 보무국寶武局	호북 무한武漢	창昌 cang 무武 u	1646~1908 1729년에 보무국으로 명칭 변경
형주부국荊州府局	호북 형주荊州	형荊	1646~1653
성경국盛京局 보봉국寶奉局	봉천奉天	봉奉 fung	1647~1648; 1880?~1908
하남성국河南省局 보하국寶河局	하남 개봉開封	하河 ho	1647. 1729~1731. 1854~1908
영하진국寧夏鎭局	감숙 영하寧夏	영寧	1647~1667
광동성국廣東省局 보광국寶廣局	광동 광주廣州	광廣 guwang	1647/1668~1908 1729년에 보광국으로 명칭 변경
강서성국江西省局 보창국寶昌局	강서 남창南昌	창昌 cang 강江 giyang	1647~1908 1729년에 보창국으로 명칭 변경
강녕부국江寧府局	강소 강녕江寧	녕寧 ning	1648~1731
복건성국福建省局 부복국寶福局	복건 복건福州	복福 fu	1649~1908
양화진국陽和鎭局	산서 양화陽和	양陽	1649~1656
절강성국浙江省局 보절국寶浙局	절강 항주杭州	절浙 je	1649~1908
산동국山東局 보제국寶濟局 보동국寶東局	산동 제남濟南	동東 dung 제濟 ji	1649~1738; 1854~?. 1870; 1887~1908 1729년에 보제국으로 명칭 변경. 1887년에 보동국으로 명칭 변경

340

양양부국襄陽府局	호북 양양襄陽	양襄	1650~1652
운남성국雲南省局 보운국寶雲局	운남 곤명昆明	운雲 yūn	1653~1908
사천성국四川省局 보천국寶川局	사천 성도成都	천川 cuwan	1667~1908
감숙성국甘肅省局 보공국寶鞏局	감숙 공창鞏昌	공鞏 gung	1667–?. 1740; 1855~1908 1726년에 보공국으로 명칭 변경
소주부국蘇州府局 보소국寶蘇局	강소 소주蘇州	소蘇 su	1667~1908 1722년에 보소국으로 명칭 변경
호남성국湖南省局 보남국寶南局	호남 장사長沙	남南 nan	1667~1908 1729년에 보남국으로 명칭 변경
광서성국廣西省局 보계국寶桂局	광서 계림桂林	계桂 gui	1668~1908
귀주성국貴州省局 보검국寶黔局	귀주 귀양貴陽	검黔 ciyan	1668~1908 1723년에 보검국으로 명칭 변경
장주부국漳州府局 보장국寶漳局	복건 장주漳州	창漳 jang	1680~1682
대만부국臺灣府局 보대국寶臺局	대만 대중臺中	대臺 tai	1689–?. 1740; 1855?–?
보안국寶安局	안휘 안경安慶	안安 an	1731–?
보동국寶東局	운남 동천東川	동東 dung	1800?~1908
보직국寶直局	직예 보정保定	직直 jy	1745~1908
야르칸트국葉爾羌局	신강 야르칸트	yerkiyang	1759~1864
우쉬국烏什局	신강 우쉬	uši	1766~1911
일리국伊犁局	신강 일리	이伊 i	1775~1866
보덕국寶德局	열하 승덕承德	덕德 de	1854~1858
카쉬가르국喀什噶爾局	신강 카쉬가르	kašgar	1855~1908
보적국寶迪局 보신국寶新局	신강 적화迪化	적迪 di 원源 yuwan	1855~1864; 1886–?; 1907~1908 1886년과 1907년에 명칭 변경
쿠차국庫車局 보고국寶庫局	신강 쿠차庫車	kuca	1856~1908
보진국寶津局	직예 천진天津	진津 jiyen	1880?~1908
보길국寶吉局	길림 길림吉林	길吉 gi	1880?~1908
보고국寶沽局	직예 대고大沽	고沽 hu	1880?~1908
보녕국寶寧局	남경南京	녕寧 ning	1880?~1908

1. 천명한전

2. 강희통보(앞) / 보천(뒤)

3. 강희통보(앞) / 산동(뒤)

4. 태평천국(앞) / 성보(뒤)

　　입관한 후에 주조된 동전의 사례를 보자. 위 사진 중 두 번째 사진의 동전을 보면 동전의 앞면에는 한자로 강희통보康熙通寶라고 주조되어 있다. 동전의 앞면은 한자로 동전의 명칭을 적기 때문에 단순하다. 그러나 뒷면은 각지의 주전국을 만문으로 적거나 혹은 만문과 한문을 병기하기 때문에 약간 복잡하다. 즉 보천국과 보원국에서 주조한 동전의 경우 뒷면에 만주 문자로 ᡥᡡ ᠴᡳᠣᠸᠠᠨ boo ciowan(보천)이나 ᡥᡡ ᠶᡡᠸᠠᠨ boo yuwan(보원)이라고 주조되었다. 지방의 각 주전국에서 주조한 동전의 뒷면은 오른쪽에 주전국의 한자 약칭을 새기고 왼쪽에 그 한자 약칭의 발음을 옮긴 만주 문자를 새겼다. 3번 사진은 산동의 약칭인 '동東'과 그 발음을 만주 문자로 옮긴 ᡩᡠᢠ dung이 주조되어 있다. 이를 보면 산동성국山東省局에서 주조했음을 알 수 있다.

《 권력의 인식 》

  만주족은 1644년 중국에 진입한 이래 지속적으로 인구가 증가했다. 청대만이 아니라 만주족의 통치가 끝난 지 100년이 지난 지금도 만주족의 수는 증가하고 있다. 현재 중국의 호적에 만족으로 등록된 인구는 무려 1,000만 명을 상회한다. 그러나 청대에 만주족은 각지의 대다수 한인들과 자주 접촉하거나 부딪치는 존재였던 것 같지는 않다. 그 이유는 만주족의 인구가 증가했다 해도 한인에 비해 극히 소수여서 눈에 잘 띄지 않았기 때문이기도 하지만, 그보다는 근본적으로 만주족 통치자들이 한인과 만주족을 분리하여 거주시키는 정책을 실시했기 때문이다. 만주족은 각 주둔 도시의 일각에 자신들만이 거주하는 성城을 쌓고 한인과 분리되어 생활했다. 이런 만주족만의 성을 만주어로는 만주 호톤Manju hoton이라고 했고 한어로는 만성滿城이라고 했다. 상대적으로 한인이 거주하는 성은 한인의 성이라는 의미의 만주어로 니칸 호톤Nikan hoton이라고 하거나 일반 민民의 성이라는 의미의 이르건 호톤irgen hoton이라고 했다. 따라서 만주족이 주둔하지 않은 지역에서 일반 한인이 만주족과 접하는 일은 극히 드물었을뿐더러, 만주족이 점령군으로 주둔해 있던 대도시라 할지라도 양자의 접촉이 그리 많지는 않았던 것 같다. 이러한 상황을 고려하면, 청대에 만주족 치하에서 살았던 평범한 한인이 일상생활에서 만주족을 자신들의 통치자라고 인식하는 것이 가능했을까. 만약 그렇게 인식했다면 만주족을 실제로 보기 어려운 상황에서 무엇이 그러한 인식을 가능하게 만들었을까 하는 의문이 든다.

일반 한인이 일상생활에서 만주족의 존재를 가시적으로 느낄 수 있는 매개는 명대와 달라진 자신들의 복식과 두발 모양, 그리고 일상적으로 사용하는 동전의 뒷면에 쓰인 알아볼 수 없는 이상한 문자였다. 이 가운데 새로운 복식과 두발은 청조의 중국 통치가 시작된 후 한두 세대가 지났을 때 이미 한인에게 더 이상 낯선 문화가 아니었다. 만주족이 통치한 지 한두 세대가 흐른 후 "내가 지금 입고 있는 옷 모양은 옛날에 우리 아버지 할아버지가 입었던 옷이 아니야"라고 생각하거나 "옛날에 우리 조상은 지금처럼 앞머리를 밀지 않았었지"라며 과거와 현재를 비교하고 회상하는 한인이 과연 몇 명이나 되었을까. 그러나 동전의 만주 문자는 시간이 아무리 흘러도 한인에게는 뜻 모를 낯선 문자였다. 한인은 동전에 새겨진 만주 문자의 의미를 모를 뿐만 아니라 때로는 그것이 문자라는 사실조차 몰랐던 것 같다. 감숙 지역에서는 보천국에서 발행한 동전이 부정不淨과 사기邪氣를 막아 주는 신묘한 효능이 있다고 믿었고 앞다투어 소장하려고 해서 품귀 현상을 빚기도 했다. 그 이유는 동전 뒷면에 천泉을 음사하여 새겨진 만문 ciowan의 모양새가 『삼국지』의 관운장이 휘두르던 청룡언월도를 닮았다고 생각했기 때문이었다. 한인은 때로 동전의 만주 문자를 그림으로 인식했던 것이다.

만주족 통치자가 동전에 만주 문자를 새긴 이유가 한인에게 자신들의 통치자 위치를 각인시키려는 의도였는지 아니면 한인과 만주인을 동등하게 대한다는 '만한병용滿漢並用', '만한일가滿漢一家'의 주장을 동전에까지 대입한 것인지는 확실치 않다. 만약 그 의도가 전자였다면 그 효과는 성공적이었다. 한인은 청 말기까지도 동전의 만주 문자를 낯설고 이질적인 존재로 여겼다. 청 말기에 태평천국을 통해 일시적으로 한인의 국가가 수립되었을 때 발행된 동전에서는 만주 문자가 모두 사라졌다. 만주 문자를 없애고 한자만을 새긴 동전을 발행한 것은 만주족과 청 제국의 통치에 저항하여 수립된 한인의 국가 태평천국이 자신을 표명한 방법의 하나였던 것이다.

전쟁기념관, 자광각

《 제국과 정복 》

제국을 "문화와 민족이 다른 영역과 구성원에게까지 통치권을 확장한 국가"라고 정의한다면, 청은 제국의 전형이었다. 17세기 초 만주 지역의 일각에서 건립된 청은 그 후 약 150여 년 동안 지배 영역을 끝없이 팽창해 갔고 18세기 중엽에 최대의 강역을 형성했다. 청은 중국과 만주 지역을 직접 지배했고, 몽고, 티베트, 신강을 간접 지배했다. 영토 확장의 면에서 보면 청은 13세기 몽골이 민족을 바꾸어 부활한 레바이아탄Leviathan이었다. 논자들은 13세기 몽골이 왜 끝없이 정복전을 벌였는지 질문하곤 한다. 마찬가지로 청에 대해서도 같은 질문을 던지곤 한다. 왜 청은 오랫동안 끝없이 정복전을 벌였는가. 이에 대해 정복전을 시행한 시기에 따라, 혹은 피정복지가 가진 지정학적 의미에 따라 상이한 대답이 나올 수 있을 것이다.

　여기에서는 정복전을 벌인 동력의 하나로 청의 군사 문화를 거론하고자 한다. 청의 정복왕조적 속성을 이해하기 위해서는 그 지배 민족인 만주족 전체가 팔기에 속한 군인이자 군인 가족이었다는 전제를 알아야 한다. 만주족은 남녀노소를 막론하고 모두가 팔기에 속한 기인이었다. 심지어 만주족 가족에 속한 노복까지도 기인이었다. 바꾸어 말하면 만주족의 모든 성년 남성은 전업 군인이었고, 그에 딸린 모든 가족은 군인 가족이었다. 하나의 민족 구성원 전체가 농업, 공업, 상업 등의 생산에 종사하지 않고 전업 군인으로 생계를 영위하며, 수백 년의 장구한 시간 동안 자신들을 먹여 살리는 방대한 인구의 타민족을 지배한 것은 인류사에 드문 사례이다. 이 독특한 만주족의 업종과 만주족보다 압도적으로 많은 인구의 피지배 민족을 무력으로 지배하는 과정이 청나라의 정복왕조적 속성을 지속적으로 자극하고 상무성을 존숭하는 관습을 만들어 냈다.

　청은 정복전을 진행해 가며 독특한 군사문화를 발전시켰다. 황제는 매년 수천 명의 팔기군을 이끌고 무란위장에 가서 대규모 수렵을 통해 전투 훈련을 시행하고 상무정신을 함양했다. 한 차례의 정복전이 끝나면 여러 언어로 기록된 전공비를 전승지에 세웠다. 전쟁의 과정과 결과를 기록하는 방략方略, bodogon i bithe이라는 기록 장르를 개발했고, 이를 통해 전승을 기념했다. 개선한 장군들은 북경에 와서 포로와 노획물을 황제에게 진상했고, 황제는 이들을 위해 성대한 전승식을 거행했다. 이러한 군사문화는 청의 정복전이 가장 왕성하게 진행된 건륭기에 정점을 이루었다.

건륭제는 그가 그토록 존경한 할아버지 강희제조차 이루지 못한 업적을 이루었다. 그것은 준가르를 정복함으로써 북방의 몽고 전체를 청조에 복속시킨 것이었다. 뿐만 아니라 준가르의 지배하에 있던 동투르키스탄의 남부 이슬람 지역까지 정복하고, 동투르키스탄을 새로 확장한 강역이란 뜻의 한어로 '신강新疆', 만주어로 '이처 저천Ice Jecen'이라고 부르기 시작했다. 이로써 건륭제는 청의 최대 판도를 완성했다. 건륭제는 신강의 정복을 기념하는 정교한 전투도를 제작하고자 선교사를 통해 프랑스에 동판을 주문하기까지 했다. 신강까지 정복한 후에 건륭제가 만든 군사문화의 압권은 만주어로 '작사카 얼덩거 아사리Jaksaka eldengge asari(노을빛의 누각)'라고도 불린 자광각紫光閣을 건립한 것이었다.

《 군사문화의 상징, 자광각 》

자광각은 자금성의 서쪽에 있는 중남해中南海의 서안에 세워졌다. 자광각과 그 터는 본래 무과 시험을 치르던 시험장이었다. 건륭제는 1760년 (건륭 25) 자광각을 대대적으로 다시 짓고, 이곳을 일종의 전쟁기념관으로 사용하기 시작했다. 자광각의 준공을 기념하여 건륭제는 바로 몇 해 전에 정복한 신강의 전쟁에서 무공을 세운 전쟁 영웅 100명의 초상화를 그리게 했다. 그리고 100폭의 초상화를 자광각의 네 면의 벽에 걸었다. 초상화 외에도 자광각에는 앞에서 말한 동판화와 황제가 지은 기념문, 수많은 전리품, 지도들, 황제의 전투 장비 등이 전시되었다. 자광각은 전쟁기념관이자 승전을 환영하는 연회장이었다. 건륭제는 전쟁이 끝나면 자광각

자광각

앞에서 개선 연회를 개최하고 승전 보고를 받았다. 때로는 자광각에서 외국의 사신단을 영접하기도 했다.

자광각에 비치한 여러 전쟁기념품 가운데 압도적인 것은 전쟁 영웅들의 초상화였다. 공신상功臣像이라고 불린 이 전쟁영웅 초상화는 건륭기에 전쟁과 정복이 진행될수록 점차 많아졌다. 현재 사천 서부인 금천金川을 공격한 후에 두 차례에 걸쳐 각각 50명씩 모두 100명의 전쟁 영웅 초상화가 제작되었고, 타이완을 공격한 후에는 50명의 초상화가 제작되었다. 구르카廓爾喀(지금의 네팔)를 공격한 후에는 15명의 초상화가 제작되어 자광각에 보관되었다. 한 사람이 다수의 전쟁에서 공적을 세운 경우에는 초상

三等侍衛克什
克巴圖魯伍克
什爾圖
預軍門選聯鏃致
書纏頭幾萬翩如
入虛達阿克蘇跡
將及膝鉛彈在背
至今未出
勅慕情

욱실투의 초상화

화가 여러 번 제작되기도 했다. 예컨대 에벤크족 출신의 장군인 하이란차 Hailanča, 海蘭察(?~1793)는 준가르, 금천, 타이완, 구르카 공격에 모두 참전했고 평생 네 번의 초상화가 그려져서 자광각에 보관되었다.

세로 1.5미터 가로 1미터 정도의 등신대 초상화 수백 폭이 거대한 전각의 내부를 장식한 광경을 상상하는 것만으로도 우리는 청대 군사문화의 절정을 느낄 수 있다. 그러나 우리는 이 광경을 상상할 수밖에 없다. 1900년 팔국 연합군이 북경을 약탈할 때 이 많은 초상화들도 함께 약탈되었기 때문이다. 그 후 자광각의 초상화들은 세계 이곳저곳으로 흩어져 박물관과 개인의 소장품이 되었고, 현재 존재가 확인되는 것은 30여 점에 불과하다. 그중의 하나인 욱실투의 초상화는 뉴욕에 거주하는 예술품 수장가인 황후이잉黃惠英(미국명 Dora Wong)이 소장하고 있는 작품이다.

욱실투의 초상화의 완성도와 질은 현존하는 자광각 초상화 가운데에서도 매우 우수한 편이다. 이 그림은 미국의 청대사 학자인 마크 엘리엇 Mark C. Elliott이 그의 저서인 *The Manchu Way*의 표지 그림으로 사용하면서 구미의 일반 독자에게까지 알려지게 되었다. 그러나 꽤 알려진 것과는 대조적으로 각종 안내서나 도록에서 그림의 제문題文과 찬문讚文을 해설한 부분에 오류가 보인다. 예컨대 그림의 주인공의 이름과 사호賜號를 제대로 끊어 읽지 못하거나, 사호의 의미를 오해하고 있다. 오류를 범하는 원인은 제문에 쓰인 언어가 여러 종류여서 의미를 파악하기가 쉽지 않기 때문이다. 한문과 만문으로 작성된 제문과 찬문, 그리고 그 번역은 이러하다.

三等侍衛克什克巴圖魯伍克什爾圖. 預軍門選, 聯鑾致書, 纏頭幾萬,

翩如入虛, 達阿克蘇, 跰將及膝, 鉛彈在背, 至今未出. 乾隆庚辰春臣劉

統勳, 臣劉綸, 臣于敏中奉敕恭贊.

ilaci jergi hiya kesike baturu uksiltu coohai bade sonjome tucibuhe, cohome

unggire bithe be arame benehe, coohai kūwaran i šurdeme ududu tumen hūlha

bimbime colgorobi niyalma akū babe yabuha adali bihe, ede aksu de isinatala

elekei tobgiya de isitala fiyahanahabi, ini fisa de hūlha tarcan muhaliyan seci, ertele

umai gaime tucibuhekūbi, abkai wehiyehe šanyan muduri aniyai niyengniyeri.

삼등시위 커시커 바투루 욱실투는 전장에 선발되어 파견되었다. 특별히 보내는 글을 작성해서 보내왔다. 군영軍營의 주위에 수만 명의 도적이 있는데도 탁월하게 사람이 없는 곳을 가는 것처럼 했다. 여기 악수에 이르니 거의 무릎까지 굳은 살이 박혔고, 그의 등에 도적의 납탄鉛彈이 박혔다고 하는데 아직도 빼내지 않고 있다. 건륭 경진년(1760) 봄 유통훈劉統勳, 유륜劉綸, 우민중于敏中이 찬문을 짓다.

욱실투는 초상화의 주인공의 이름이고, 커시커 바투루는 사호이다. 커시커는 몽고어 케식이 만주어화한 어휘로 몽고에서는 칸의 친위대를 의미했다. 『고려사』에서는 몽골 제국 시기의 케식을 겁설怯薛이라고 기록하고 있다. 청 황실의 수렵장인 무란위장이 위치한 지역의 몽고명 케식텐克什克騰도 케식의 복수형에서 유래한 이름이다. 청은 케식을 명예칭으로 사용했다. 커시커를 만주어 '고양이'로 해석하는 경우가 있는데 그것은 오류이다. 청은 공신에게 명예칭을 하사할 때에 몽고어를 사용했다. 그렇기 때문에 공신에게 수여된 명예칭의 의미를 굳이 해석할 때는 만주어가 아니라 몽고어로 해석해야 한다. 커시커 다음의 바투루도 몽고어로 용사勇士의 뜻이다. 바투루는 청대에 명예칭으로 가장 자주 쓰인 이름이었다.

만주문에서 도적hūlha이라고 칭한 자를 한문에서는 전두纏頭라고 표현했다. 전두는 본래 이슬람인이 쓰는 터번을 가리키는 한자어인데 의미가 확대되어 이슬람인을 가리키는 용어가 되었다. 청나라 사람들은 이슬람인을 흔히 전두纏頭나 전두회纏頭回라고 불렀다. 이 찬문에서 전두는 동투르키스탄(신강)의 이슬람인을 가리킨다. 악수阿克蘇는 타림 분지의 서북부에 위치하며 타림강의 상류이자 지류인 악수강이 흐르기 때문에 이 지역을 악수라고 했다. 악수는 위구르어이다. '악'은 희다는 뜻이고 '수'는 강을 뜻한다.

전체적으로 보면 이 짧은 제문과 찬문에 쓰인 언어가 만주어, 몽고어, 한어, 위구르어로 무려 네 종류이다. 욱실투의 초상화에 쓰인 제문만으로도 우리는 다양한 정치 체제와 문화들을 포괄했던 청의 제국적 성격을 간취할 수 있다. 그리고 이와 유사한 초상화들 수백 폭이 걸려 있던 자광각은 청의 제국성과 그것을 뒷받침한 군사문화가 집약된 곳이었다.

황제의 보디가드, 시위

1780년 박지원은 청나라 건륭제의 70회 생일을 축하하는 사절단의 일원으로 북경과 열하를 여행했다. 그는 사절단이 압록강을 넘어 청나라에 진입했을 때의 경험을 이렇게 말했다.

사신을 따라서 중국에 들어가는 자들은 반드시 칭호가 있다. 역관은 '종사관'이라 하고, 군관은 '비장'이라 하고, 유람차 가는 나 같은 자는 '반당伴當'이라 한다. 우리말에 소어蘇魚를 밴댕이盤當라고 부르니 반당과 발음이 같다. 압록강을 건너면 '반당'은 모자 은정수리에 푸른 깃을 꽂고 짧은 소매에 가뜬한 차림이다. 이들을 길가의 구경꾼들은 '햐'라고 부른다. 무엇을 '햐'라 부르는지는 모르겠지만 아마도 무관의 별호 같다. 지나가는 촌가 마을 어린애들이 떼를 지어 모여 있다

가 한목소리로 '가오리咖哥里가 온다. 가오리가 온다' 한다. …… '가오리가 온다'
는 말은 '고려高麗가 온다'는 말이다. 나는 웃으면서 동행에게 '세 가지 물고기
로 변하는구먼' 하니, 세 가지 고기가 무엇이냐고 물었다. 나는 '길에서는 반당이
라 하니 이는 뱀맹이요, 압록강을 건너면 햐蝦(새우)라고 하니 새우도 어족의 하
나요. 되땅 애들은 가오리라고 하니 이는 홍어가 아닌가?' 했더니 사람들이 다들
깔깔 웃었다.[156]

'반당'이라는 조선어와 '햐', '가오리'라는 청나라 언어를 세 종류의 어류
에 빗대어 고단한 사행길을 웃음으로 치장한 박지원의 재기에 탄복하지
않을 수 없다. 문제는 박지원이 끝내 무슨 뜻인지 알지 못한 '햐'라는 말이
다. '햐'가 중국어였다면 한학에 도통한 박지원이 그 정확한 뜻을 쉽게 추
정했을 것이다. 그러나 박지원이 들었던 '햐'라는 말은 중국어가 아니고
만주어의 히야hiya이다. 히야는 몽고어에서 만주어로 유입된 말로 청나라
황제의 호위무사를 의미하며 청나라 사람은 이를 한어로 시위侍衛라고 번
역해서 사용했다. 아마도 박지원에게 '햐'라고 소리친 압록강 북쪽의 청나
라 사람들은 만주족이었거나 만주족과 함께 살면서 만주어에 익숙해진
한인이었을 것이다. 이러한 저간의 맥락을 모르고도 박지원은 '햐'를 무관
의 별칭으로 짐작했으니 그의 재기에 더해 총기에 다시 감탄하게 된다.
　박지원처럼 만주어를 모르는 대부분의 조선 지식인은 히야의 정확한
의미는 모르고 대략 청 황제 주위의 사람들을 지칭한다는 정도로 짐작했
다. 예컨대 복창군福昌君 이정李楨은 1677년(조선 숙종 3) 청나라에 사행을

갔는데, 강희제 주위의 인력을 하蝦 혹은 하배蝦輩로 지칭했다.[157] 이정이 말한 하蝦도 새우가 아니라 시위를 가리키는 만주어 시위를 한자로 음사한 것이다. 1682년(강희 21) 봄 심양에서 동순東巡 중인 강희제를 알현한 조선의 좌의정 민정중閔鼎重은 귀국하여 쓴 보고서에서 황제를 수행한 하蝦가 600명이라고 기술했다. 그리고 하蝦에 대해 "청나라의 벼슬 이름인데 우리 나라의 선전관宣傳官과 같다"고 부연 설명했다.[158] 드물게 '햐'가 시위를 뜻한다는 것을 아는 조선인도 있었다. 이익李瀷(1681~1763)은 기초적인 만주어를 익혔기 때문에 청나라의 '햐' 혹은 '히야'가 시위를 의미하는 만주어라는 것을 알았다.[159] 그렇다면 청대의 히야 혹은 시위는 어떤 사람들이며 어떤 집단이었는가?

《 시위의 기능 》

청대 시위 제도의 초기 형태는 일찍이 입관 전부터 있었다. 누르하치는 국가를 수립하면서 시위도 설치했다. 후금의 개국 5대신 가운데 한 명인 후르간hūrgan(1576~1623)이 누르하치의 최초 시위였다. 그는 소년 시절부터 누르하치를 모시고 다녔기 때문에 '후르간 히야Hūrgan hiya'라고 불렸고, 훗날 동해여진을 정복한 전투에서 공을 세워 '다르한darhan'이라는 명예칭을 수여받은 후에는 '다르한 히야darhan hiya'라고 불렸다. 이후 태종 홍 타이지 통치기에 시위의 등급이나 대우에 대한 구체적인 규정이 갖추어지면서 제도가 완비되어 갔다.

시위는 기본적으로 황제를 보위하는 무관이지만 황제 외에 종실의 주요 인물들 예하에도 소수가 설치되었다. 청 황실의 시위를 관리하는 부서는 일반적으로 시위처侍衛處, hiyai ba 혹은 영시위부領侍衛府라고 불렸지만 그것은 약칭이고 전체 명칭은 영시위내대신처領侍衛內大臣處, hiya kadalara dorgi amban i ba였다. 시위처의 장관은 영시위내대신領侍衛內大臣, hiya kadalara dorgi amban이었다. 영시위내대신은 정1품의 무직 관원으로서 문무 관원의 품급 가운데 최고위였다. 영시위내대신과 함께 1품의 무직 관원으로서 기린이 수놓아진 흉배를 착용할 수 있었던 것은 팔기의 다른 최고위 관직인 팔기도통八旗都統, gūsa be kadalara amban이나 성省의 주방장군駐防將軍, seremšeme tuwakiyara jiyanggiyūn, 그리고 녹영綠營의 최고위직인 제독提督, fideme kadalara amban들뿐이었다.

시위는 황제의 직속기였던 상삼기(양황기, 정황기, 정백기)에서 한군 기인을 제외한 만주와 몽고의 기인 가운데 정예병을 차출해서 구성했다. 자연히 영시위내대신도 상삼기의 각 기에서 2명씩을 선발했다. 즉 영시위내대신은 6명으로 구성되었다.

영시위내대신의 바로 아래의 차관은 종1품의 내대신內大臣, dorgi amban과 종2품의 산질대신散秩大臣, sula amban이었다. 내대신은 영시위내대신과 마찬가지로 상삼기의 각 기에서 2명씩을 선발했고, 산질대신은 고정된 정원이 없이 황제가 특별히 임명하곤 했다. 이들이 이끄는 시위처는 황제의 경호를 담당했을 뿐만 아니라 때로는 황제에게 보고되는 문서를 수합하고 전달하는 업무까지도 담당했다. 현재 한국의 청와대와 비교하면 시위처는 청와대의 경호실과 비서실의 업무 일부를 담당한 셈이다. 시

일등시위 후르차 바투루 장김보오의 초상화. 자광각 공신상의 하나이다.

위처의 시위는 총 4등급으로 나뉘었다. 일등시위uju jergi hiya는 정3품직이고 정원은 60명, 이등시위jaici jergi hiya는 정4품 150명, 삼등시위ilaci jergi hiya는 정5품 270명, 남령시위藍翎侍衛. lamun funggala는 정6품 90명으로 총 570명이었다. 그리고 이 수를 삼등분해서 상삼기의 각 기에서 190명씩을 선발했다. 그러나 이 정원은 규정이었을 뿐이고 실제 운영에서는 상황에 따라 시위의 수가 유동적으로 변화했다.

시위는 어전시위御前侍衛, 건청궁시위乾淸門侍衛, 삼기시위三旗侍衛로 나뉘었다. 이들은 다시 자금성 내의 근무를 구역별로 담당하기 위해 자금성의 궁문宮門을 지키는 근무조와 자금성 안쪽의 내정內廷을 지키는 근무조로 나뉘었다. 전자는 궁문치반宮門値班이라고 불렸고, 후자는 내정치반內廷値班이라고 불렸다.

궁문치반은 삼기시위가 담당했다. 이들은 궁의 문을 지켰기 때문에 대문시위大門侍衛라고도 불렸다. 궁문치반은 근무조를 6개로 나누어 운영했다. 즉 6개의 근무조를 편성하여 각자 순번대로 돌아가면서 궁문을 지키는 임무를 수행한 것이다. 각 근무조의 반장격인 반령班領은 상삼기의 각 기旗별로 4명씩 설치되었고, 부반장격인 서반령署班領은 8명씩 설치되었다. 반령과 서반령은 2등시위가 담당했다. 근무조를 세분화하기 위해, 반班의 예하에 다시 10명의 시위를 하나의 그룹으로 묶었고 그 통솔은 시위십장侍衛什長 1명이 담당했다. 자금성의 궁문이 많았기 때문에 궁문치반도 내반內班과 외반外班으로 분리되었다. 즉 건청문乾淸門, 내우문內右門, 신무문神武門, 영수문寧壽門을 지키는 근무조는 내반이었고, 태화문太和門을 지키는 근무조는 외반이었다. 내반과 외반은 각각 시위 40명으로 구성되어 매일 영시위내대신 1명과 내대신이나 산질대신 1명의 관할하에 주야로 근무했다.

내정치반은 건청문시위와 어전시위가 담당했다. 건청문시위는 명칭이 시사하는 것과는 달리 건청문에서 보초 근무를 서기보다 어전시위와 함께 황제를 지근거리에서 뒤따르며 호위했으며, 독립된 조직이라기보다 어전시위가 좀더 특수화된, 어전시위의 연장적 성격이 강한 부류였다. 건청문시위와 어전시위는 여러 부류의 시위 가운데에서도 황제의 최측근 보디가드였다. 내정치반은 황제와 지근거리에서 근무했기 때문에 이들은 황제의 신변을 호위하는 임무 외에도 황제의 명령을 전달하거나 황제를 알현하는 관원을 인도하는 임무까지 수행했다. 과거 왕조국가에서 관리의 권력은 그 사람이 황제와 얼마나 가까운 위치에 있는가에 따라 강약이 결정된다. 같은 시위라고 할지라도 자금성의 외곽부에서 궁문을 지키는 시위인 대문시위와 황제의 지근거리에서 직접 황제의 보디가드로 활동하는 어전시위와 건청문시위는 권력에서 큰 차이가 있었다. 대문시위가 건청문시위를 하늘의 신처럼 우러러 본다는 기록이 이 차이를 극명하게 말해 준다.[160]

궁문치반과 내정치반 외에 시위의 또 다른 임무는 황제가 궁 밖으로 외출하는 때에 수행하며 호위하는 것이었다. 이 임무를 위해 특별히 60명 정도로 구성한 표미반시위豹尾班侍衛, agūra i hiya가 있었다. 이들은 표미창 agūra을 다룬다는 의미에서 표미반시위라고 지칭했으며, 황제의 뒤를 호위한다는 의미에서 후호시위後護侍衛라고도 불렸다. 황제가 자금성을 나가면 이들 표미반시위 20명이 황제의 뒤를 호위했다. 물론 황제의 공식 행차에 겨우 20명의 표미반시위만이 수행을 전담하는 것은 아니었다. 인령대신引領大臣 10명과 후호대신後扈大臣 2명이 인솔하는 황제 행차의 호위대에는 표미반시위 20명에 더해 어전시위와 건청궁시위 500명과 의장대원 수백 명이 황제의 앞에서 길을 열고, 호군護軍 1,000명 정도가 황제의 뒤를 호위했다. 표미반시위는 그 가운데 황제의 뒤쪽 지근거리에서 황제를 호위했다.

시위 제도는 청대 만주족이 관료로 진출하는 통로로 활용되었다. 만주족은 관직에 진출하기 위해 한인처럼 치열하게 과거시험을 준비할 필요가 없었다. 만주족도 과거시험을 치러 관직으로 진출하기도 했지만 만주족만의 정원을 정해 두고 만주족만을 대상으로 시험을 보게 하는 제도가 운용되었기 때문에 한인의 시험처럼 경쟁이 치열하지는 않았다. 더구나 만주족에게는 과거시험을 통하지 않는 관직 진출 통로가 있었다. 만주족은 대대로 세습되는 팔기의 직책을 계승하거나, 자신이 전쟁에서 공적을 세우는 등의 방법을 통해 관료로 진출했다. 그에 더해 시위 제도는 만주족이 관직으로 진출하고 고위 관료로 진급해 가는 지름길이었다. 청대에 시위를 거쳐서 고위 관원으로 진급한 인물들은 부지기수이다.

시위 직은 직책에서 파직되거나 강등된 만주족에게 재기의 발판이 되기도 했다. 고위직의 만주족이 잘못을 범하여 직책에서 해임된 후 시위에 지원하여 성실히 근무하다가 다시 고위직을 회복하는 경우도 있었다. 시위는 한인에게는 허락되지 않았다. 또한 같은 팔기 기인이라 할지라도 팔기한군에게는 허락되지 않는 팔기만주와 팔기몽고의 전유물이었다. 옹정기에 무과 과거에 합격한 한인에게도 시위 직을 허가한 경우가 있지만 총정원이 20여 명에 불과했다. 또한 시위 직은 팔기 내에서 관직을 받지 못한 종실宗室의 생계유지를 위한 탈출구이기도 했다. 종실의 수가 많아지고 이들 전원을 팔기의 직으로 흡수하지 못하게 된 강희기부터 시위에 종실만을 위한 90개의 정원을 만들고 무직자 종실을 시위로 흡수했던 것이다.

시위는 황제의 보디가드였지만 이들이 항상 황제의 옆에만 있었던 것은 아니었다. 시위는 종종 황제의 특명을 받고 각지에 파견되어서 현지의 상황을 파악하고 황제에게 보고했다. 시위들은 때로 지방에 파견되어 지도를 제작하기도 했고, 황제의 대리자로서 각지에 파견되어 현지를 다스리는 대신을 감독하기도 했다. 1677년(강희 16)에 청조 최초로 장백산을 탐사했을 때 탐사단의 대표격인 내대신內大臣 우머너Umene, 吳木訥 예하의 탐사대원 피요서Fiyose, 費耀色, 서스후리Seshuri, 塞護禮, 소오나이Soonai, 索鼐는 모두 시위였다. 이뿐만이 아니었다. 청 전기에 시위는 전장에 파견되었다. 이들은 전장에서 지휘관과 함께 전략을 수립하고 직접 전투에 참전하기도 했다. 청대의 전쟁기념관인 자광각에 걸린 전쟁 영웅 초상화 가운데 시위들의 초상화가 많은 것은 이러한 이유 때문이었다. 시위는 황제의 보디가드였을 뿐만 황제를 대리하여 지방과 변경의 전장에서 뛴 황제의 손발이었다. 그렇기 때문에 시위는 황제가 자신의 권력을 강화하는 방편이기도 했다.

아울러 시위는 청의 외번 즉 칼카 몽고의 통치와 관련해서도 중요한 기능을 가지고 있었다. 청 정부는 종종 칼카 몽고의 중요한 귀족을 북경으로 불러들여서 시위대신 직을 부여했다. 특히 칼카 4부 가운데 청조와 가장 관계가 긴밀했던 사인노얀 칸부의 경우, 이 부의 개창자인 체렝 Ts'ereng, 策棱(1672~1750) 이후 그의 후손들은 대대로 북경에 와서 어전대신 御前大臣, gocika amban과 영시위내대신 직을 역임했다. 청 말기의 주요 인물인 셍게린친Senggerincin, 僧格林沁(1811~1865)도 시위를 관장하는 어전대신 출신이었다. 셍게린친은 코르친 몽고의 보르지기트 씨 귀족으로서 태평천국을 거치며 청조의 군권軍權이 만주족으로부터 한인인 증국번이나 이홍장에게로 이전되기 전까지 만주족을 대신하여 청의 군권을 지켰던 인물이었다. 코르친에서 태어난 셍게린친과 청조가 관계를 형성한 접점 또한 그가 도광제의 어전대신을 역임한 것에서 찾을 수 있다. 칼카나 코르친 몽고의 주요 인물을 황제의 지근거리에 배치하고 시위처의 대신으로 근무시키는 것은 그들에 대한 청 황제의 신뢰를 보여 주는 표시이기도 하고, 청조와 외번 몽고인을 정서적으로 결합시킴으로써 청 제국의 질서에서 이탈할 가능성을 원천봉쇄하고 충성심을 창출하는 방법이기도 했다.

관우 신앙

《 **한인의 신 관우** 》

관우關羽(160?-219)는 중국에서 신이다. 식당에 가면 실감할 수 있다. 한국과 달리 중국의 식당이나 호텔에서는 관우의 상이나 초상화를 흔히 볼 수 있다. 관우 상의 규모와 화려함은 식당의 규모에 비례한다. 대형 식당이나 호텔의 홀에는 큰 관우 상이 놓인다. 큰 상을 들여놓기에 궁색한 규모의 식당은 홀의 한쪽에 작은 선반을 달아서 조그만 관우 인형을 올려 둔다. 그것도 아니라면 벽에 관우의 초상화를 걸어 두기라도 한다. 식당이나 호텔에서 관우 상을 모시는 이유는 관우가 문무를 겸전한 충신이어서 세인의 귀감이 되는 인물일 뿐만 아니라, 그가 돈을 벌게 해 주는 재신財神이기 때문이다. 중국의 재신에는 관우 외에도 공자의 제자인 자공子貢, 도주공 범려範蠡, 관포지교로 유명한 관중管仲 등이 있다. 그 가운데 관우는 특별한 점이 있다. 관우 외에 다른 재신들은 생전에 치부와 관련하여 탁월한 능력을 발휘한 이력이 있지만 관우는 부를 형성한 이력이 없다. 오히려 치부와 대척점에 있는 충忠과 성誠의 체현자이자 문무를 겸전한 도덕적 인간의 이미지를 가진 인물이다. 그런데도 관우는 가장 널리 숭상되는 재신이며, 가장 강력한 힘을 가졌다고 여겨진다.

중국에서 인간의 신격화는 대개 사망한 직후부터 이루어지지만, 특이하게 관우는 사망한 지 수백 년이 지난 수당 대에 신격화가 시작되었다. 그러나 그가 인간으로서 존숭된 것은 살아생전부터 시작되었다. 관우는 생전인 서기 200년에 조조에게 한수정후漢壽亭侯라는 봉호를 받았다. 219년 관우는 오나라 손권의 군대에 패해 형주성에서 사망했다. 손권은 그의 몸을 형주 인근의 당양當陽에 묻고 머리를 조조에게 보냈다. 조조는 관우의 머리를 낙양에 묻고 관우의 묘역인 관림關林을 조성하여 그의 무용을 기렸다. 관우가 죽은 지 41년이 지난 260년에 촉의 후주後主 유선劉禪은 그에게 장무후壯繆侯라는 시호를 내렸다. 582년 수나라 문제는 관우를 충혜공忠惠公에 봉했다. 당나라 고종 시기인 676년에 관우는 당양의 옥천사玉泉寺에서 사찰을 수호하는 신인 호가람신護伽藍神으로 모셔졌다. 호가람신으로 존숭된 것은 관우가 그 전의 공公이나 후侯였을 때와는 달리 인간의 범주를 벗어나 신의 세계로 진입했다는 것을 의미한다. 아직 전국적인 신앙의 대상은 아니었지만 그의 신격화는 불교와 관련하여 이때 시작되었다.

북송 말기부터 관우는 국가에 의해 본격적으로 존숭되고 민간에서 신앙의 대상이 되어 갔다. 그 이면에는 북송이 관우를 통해 백성의 충성을 고취하려는 의도가 있었다. 북송은 거란, 여진, 서하 등 북방 민족의 위협에 계속 시달렸다. 그러한 상황에서 민심을 집결시키고 충성심을 강화하기 위해 선택된 인물이 관우였다. 북송의 철종은 1096년에 관우를 모신 옥천사에 직접 쓴 '현열묘顯烈廟'라는 편액을 내렸다. 휘종은 1102년 관우를 충혜공忠惠公에 봉했고, 1105년에는 숭녕지도진군崇寧至道眞君에 봉했다. 숭녕崇寧은 휘종의 연호이고 지도진군至道眞君은 도교의 존호이다. 관우는 이 시기를 즈음하여 북송의 수호신이 되었을 뿐만 아니라 도교를 맹신하던 휘종에 의해 도교 속으로 유입되었다. 관우가 중국인의 재신으로 숭상되기 시작한 시기도 북송 말기로 추정된다. 관우는 송대에 호국신으로 숭상되었지만 송이 멸망한 후 몽골이 중국을 통치했어도 그 숭상이 단절되지 않았다. 원대에 관우는 궁중의 불교 행사 때에 신단에 불교의 신과 함께 모셔졌다.

명 태조 주원장은 1368년에 관우에게 한수정후라는 최초의 봉호를 다시 내리고, 1394년에는 한전장군수정후漢前將軍壽亭侯에 추증했다. 송대에 신이 되었던 관우가 다시 인간의 봉호인 후侯를 받게 된 것이다. 1395년에는 수도인 금릉(현 남경)에 황실 전용 사찰인 계명사鷄鳴寺를 짓고 그곳에서 관우의 출생일인 5월 13일에 제사를 지냈다. 영락제 시기에는 북경의 외곽에 한수정후묘漢壽亭侯廟를 짓고 관우의 제사를 지냈다. 명나라에서 관우가 공식적으로 다시 신이 되기 시작한 시기는 만력제 때부터이다. 만력제는 1582년에 관우를 협천대제協天大帝에 봉하고 1590년에는 협천호

국충의대제協天護國忠義大帝에 봉했다. 1592년에 임진전쟁이 발발하자 관우는 전쟁의 신이자 호국신으로 더욱 숭상되었다. 1594년에 만력제는 관왕묘를 관제묘關帝廟로 승격시켰다. 송대와 마찬가지로 명대에도 관우 신앙은 외부로부터의 위기를 극복하고 내부의 충성심을 고취하기 위한 이데올로기 강화와 연계되면서 더 확산되었다.

임진전쟁 시기에 조선에 파견된 명나라 군대는 조선의 한양, 성주, 안동, 남원, 강진 등 곳곳에 관제묘를 세웠다. 지금 서울 동대문 옆에 있는 동묘東廟는 임진전쟁이 끝난 직후에 만력제가 관우의 보우하심으로 일본군을 무찔렀다며 자금을 지원하여 세운 관제묘이다. 중국만큼은 아니지만 조선에서도 관우 신앙이 발전했는데 그 최초 계기가 임진전쟁에 있었다. 임진전쟁이 끝난 후 명조는 본격적인 위기를 맞기 시작했다. 만력제는 조선에 대해서는 재조의 은혜再造之恩를 베푼 시혜의 군주였으나 명조의 내정과 외치를 몰락으로 치닫게 한 희대의 암군이었다. 명이 감지하는 위기감이 높아질수록 관우의 지위와 숭배가 강력해졌다. 만력제는 1614년에 관우를 삼계복마대제신위원진천존관성제군三界伏魔大帝神位遠鎭天尊關聖帝君에 봉했고, 동시에 그때까지 송나라의 충신 악비岳飛가 차지하고 있던 삼계괵마원수三界馘魔元帥라는 지위를 관우로 대체했다. 일반적으로 청대에 이르러 관우가 악비보다 더 존숭되었다고 하지만 이미 명 말기부터 이러한 현상이 나타나고 있었다.

《 만주족의 관우 신앙 》

　한인만이 관우를 숭배한 것은 아니었다. 만주족은 1644년 입관하기 전부터 관우를 존숭했다. 여진인이 정확히 언제부터 관우를 숭상했는지는 알 수 없으나, 교역을 하기 위해 명의 요동 변경 도시들로 빈번하게 오가면서 그곳에 세워진 관제묘를 통해 관우를 알게 되지 않았을까 짐작해 볼 수 있다. 개원이나 무순과 같은 명의 변경 도시는 여진을 방어하는 기지 도시이자 여진인과 교역을 하는 무역 도시였다. 때문에 이 변경 도시들은 중국의 문물이 여진인에게로 전파되는 창구였다. 해서여진 4부 가운데 하나인 여허는 칭기야누와 양기누의 통치 시기인 16세기 중기에 세력이 급성장했다. 세력의 신장은 명과의 갈등으로 이어졌다. 1584년 요동총병遼東總兵 이성량李成梁은 칭기야누와 양기누를 유인하여 개원성의 교외에 있는 관제묘인 한수정후묘에서 살해했다.[161] 두 여진인 수장과 이성량의 회담 장소가 관제묘였다는 사실은 여진인에게 관우 신앙이 아직은 전파되지 않았을지 몰라도 완전히 낯선 문화는 아니었을 것이라는 추정을 가능케 한다.

　누르하치 통치기에 만주족 사이에 관우 신앙이 보급되었음을 확인할 수 있다. 누르하치는 1615년에 허투알라성 안에 관제묘를 세웠다. 후금 최초의 관제묘였다. 명 말기의 황도주黃道周는 『박물전회博物典滙』에서 누르하치가 『삼국지연의』와 『수호전』을 즐겨 읽었다고 기록했다. 누르하치 시기에 두 책은 아직 만문으로 번역되지 않았고 그가 한문을 능숙하게 읽었던 것 같지는 않으므로 이 기록은 과장된 것으로 추측된다. 그러나 누르하치가 관제묘를 세운 사실로 유추하면 그가 어떤 과정을 통해서건 『삼국지연의』와 관우에 매우 익숙했음이 분명하다.

누르하치를 계승한 청 태종 홍 타이지는 만문과 한문에 능통한 다하이Dahai,達海(1595~1632)에게 『삼국지연의』를 만문으로 번역할 것을 명했다. 홍 타이지는 『삼국지연의』에 각별한 관심이 있었다. 다하이는 일부만을 번역하고 사망했지만 홍 타이지는 『삼국지연의』의 내용을 잘 알고 있었다. 홍 타이지는 『삼국지연의』에 등장하는 관우의 행적을 자유자재로 인용했다. 1633년(천총 7)에 홍 타이지는 명에서 투항해 온 장수인 공유덕孔有德과 경중명耿仲明의 알현을 받는 의례를 신하들과 논의했다. 이때 서로 껴안으며 만나는 포견례抱見禮가 지나치다는 신하들의 의견에 대해 홍 타이지는 "옛날에 관공關公은 윗사람을 공경하고 아랫사람을 사랑했으니 은혜로써 만나는 것이 좋지 않겠는가?"라고 하며 관우의 일화를 인용했다.[162] 1635년(천총 9)에는 조선 인조에게 후금과 약정한 사항을 지키지 않고 있다며 관우의 성실과 믿음을 본받으라고 책망했다. "옛날에 황충黃忠이 관공과 싸울 때 말에서 떨어진 후, 관공이 황충을 죽이지 않고 말에 타게 하여 다시 싸운 것은 죽이는 것을 좋지 않게 여긴 것이다. 관공은 훌륭한 장군이어서 의義를 숭상하고 성신誠信을 어기지 않은 것이다."[163] 『삼국지연의』가 아직 만주어로 번역되지 않은 시기인데도 홍 타이지는 관우와 관련한 내용을 자유롭게 인용하고 있다. 이 시기에 이미 『삼국지연의』의 내용과 관우의 무용과 인품이 만주족 사이에 널리 알려져 있었음을 짐작할 수 있다. 홍 타이지는 1643년에 심양에 관제묘를 세우고 '의고천고義

高千古'라는 액자를 내렸다. 한인에게 관우는 명대를 거치며 재신으로서의 신성이 확대되었지만, 홍 타이지의 말에서 보이듯이 상무성을 최고의 가치로 숭앙한 만주족에게 관우는 무용과 충성의 상징으로 받아들여진 것 같다.

　만주족 지배자들은 1644년 입관한 후에도 관우를 계속 존숭했다. 만주족 왕조 청은 중국에 정복자로 진군해 왔다. 청이 입관하기 전에 명의 숭정제가 농민반란군을 피해 자금성의 뒷산에서 목매달아 죽음으로써 명 황실은 종식되었지만, 남은 황족들은 남방에서 황제의 제위를 계승함으로써 명조를 이어 나갔고 청은 입관한 후에도 40년 가까이 이 남명정권과 중국의 지배를 두고 일진일퇴의 전쟁을 지속해야 했다. 청에 대한 저항이 심한 지역에서는 대규모의 학살을 자행하기도 했다. 그러나 만주족은 정복자를 자처하지 않았다. 그들은 명의 농민반란군이 빚어 낸 혼란 속에서 중국의 질서를 재건한 구원군을 자임하며 명조의 계승자로 자신을 선전했다. 그렇기 때문에 자신들의 정복에 대해 한어로 '정복', 혹은 만주어로 '다일람비dailambi'라는 용어를 쓰지 않고 산해관을 통해 진입했다는 의미의 '입관入關'이라는 가치중립적인 용어를 고수했다. 그것이 중국인의 저항을 최소화하는 데 가장 효과적인 방법이기 때문이었다. 이러한 상황에서 만주족은 자신들이 중국을 지배하기 위해 반드시 없애거나 개조해야 하거나 신설해야 할 부분이 아니면 가급적 명의 각종 제도를 그대로 이어서 사용했다. 관우 숭배도 마찬가지였다. 만주족은 입관 전부터 자신들이 존숭해 왔고 또한 명의 백성도 존숭하는 관우를 군이 배척할 이유와 필요가 없었다. 오히려 청이 명의 구원자이고 계승자라면 관우 신앙은 국가에 대한 충성을 인민에게 지속시킬 수 있는 훌륭한 기제였다. 청은 한인과 만주족을 막론하고 관우 신앙을 장려했다. 만주족 지배자들은 입관 이후 부단히 만주족에게 만주어와 활쏘기 등을 강조하여 한인과의 차별성을 부각시켰지만 관우 신앙은 예외였다.

청은 입관한 해인 1644년(순치 1) 북경에 관제묘를 건립했고, 1652년(순치 9)에는 관우를 충의신무관성대제忠義神武關聖大帝에 봉했다. 호칭만으로 보면 관우는 공자보다 격이 더 높았다. 공자는 문묘文廟의 주신主神이었고 칭호는 문선왕文宣王이었다. 입관 직후에 청은 『삼국지연의』를 만주어로 번역했다. 이 번역 작업에는 대학사인 키충거Kicungge, 祁充格(?~1651), 범문정范文程(1597~1666), 가린Garin, 剛林(?~1651), 풍전馮銓(1595~1672), 홍승주洪承疇(1593~1665), 영완아寧完我(?~1665), 송권宋權(1598~1652)이 감독으로 참여했다. 작업은 1650년(순치 7)에 완료되었고 드디어 만문 『삼국지연의』가 '일란 구룬 이 비트허Ilan gurun i bithe(삼국의 글)'라는 제목으로 간행되었다. 이제 만주 문자를 아는 만주족이라면 누구나 『삼국지연의』를 읽을 수 있었고 만주족 사이에 관우 신앙이 더욱 확산될 수 있는 통로가 하나 더 열리게 되었다.

홍 타이지는 관우를 '구완궁Guwan gung, 關公'이라고 칭했지만, 그밖에도 관우는 만주족 사이에서 다양한 존칭으로 불렸다. 만주족은 관우를 관제關帝의 중국어 발음 그대로 '구완디Guwandi'라고 부르거나, 신神을 뜻하는 만주어 '언두리'를 붙여서 '구완 언두리Guwan enduri'라고 부르기도 했다. 또는 관공關公을 '구완 마파Guwan mafa'라고 번역하여 부르기도 했다. 팔기의 주둔 도시인 만성滿城. Manju hoton 안에는 각종 사묘가 지어졌다. 예컨대 황제를 축수하는 만수궁萬壽宮, 도시의 신을 모신 성황묘, 재신이나 화신火神을 모신 사당, 문창묘文昌廟가 있었고, 만주족만이 숭상하는 기묘旗廟나 마선묘馬仙廟와 같은 사묘도 있었다. 모든 만성에 이런 다양한 사묘가 모두 갖추어져 있는 것은 아니었다. 그러나 관제묘는 모든 만성에 예외 없이 지어졌다. 관우는 한인만이 아니라 만주족에게도 최고로 인기 있는 신이었다.

《 관우 신앙의 전성기 》

청대에 관우 신앙은 최고조로 발전했다. 황제부터 일반 백성에 이르기까지 사회의 각 계층에 관우 신앙이 확산되었다. 강희제는 1719년(강희 58)에 관우의 후손에게 오경박사五經博士를 세습할 수 있는 특권을 주었고 관우의 제사를 계승하게 했다. 이어서 옹정제도 관우를 현창했는데 이는 만주족 중심주의와 관련이 있었다. 옹정제는 12세기 금나라에 맞서 싸웠던 송나라의 명장 악비를 신앙의 대상에서 배제하고 관우를 대대적으로 현창하기 시작했다. 무묘武廟에 모셔진 숭앙의 대상이 악비에서 관우로 대체되어 갔으며 민간에서 관우 신앙이 더욱 확산되어 갔다. 옹정제는 1725년(옹정 3)에 관우의 증조부에게 광소공光昭公을, 조부에게 유창공裕昌公을, 부친에게 성충공成忠公 작위를 내림으로써, 무려 삼대에게 공公 작위를 내렸다. 1727년(옹정 5)에는 전국의 부府, 주州, 현縣에 관묘關廟를 설치해서

봄과 가을에 제사를 지내고 5월 13일에 탄생제를 지내게 했다. 건륭제는 악비에 대한 태도가 아버지 옹정제와는 달랐다. 그는 악비의 문무겸전과 한결같은 충성심을 높이 평가했고, 항주杭州에 갈 때마다 악비묘岳飛廟에 참배했다. 그러나 관우로 기울어진 민간의 신앙심은 바뀌지 않았다.

청의 지배 민족이 만주족이었기 때문에 의도적으로 악비보다 관우를 현창한 원인 외에 관우 신앙이 확산된 또 하나의 원인은 청 전기에 민간의 상업 활동이 극성기를 맞은 상황과 관련이 있었다. 당시 유럽의 길드와 유사한 수많은 중국의 상업 조직은 자신들을 보호해 주는 신으로 관우를 숭상했다. 피혁업, 향초업, 두부업, 이발업, 은전銀錢업, 교육업, 도축업 등 수십 종의 업종이 관우를 숭배했다. 칼과 가위를 만들어 판매하는 업자들도 관우의 청룡언월도가 유명하기 때문에 관우를 숭배했다. 관우 신앙의 확산과 함께 북경부터 시골 마을에 이르기까지 청 제국의 영역 내에 다양한 규모의 관제묘가 건립되었다. 1750년(건륭 15) 출판된 「경성전도京城全圖」에 표시된 사묘寺廟 1,272곳 가운데 관제묘는 121곳이다. 즉 관제묘는 북경의 각종 사묘 가운데 10퍼센트를 점유했다. 건륭기 청 전역에 지어진 관제묘는 무려 30만 개소로 추산된다. 조그만 마을에도 관제묘가 하나는 있었다고 하니 관우 신앙이 얼마나 광범위하게 확산되었는지 짐작할 수 있다. 건륭제 이후 가경제, 함풍제 시기에도 청의 황제들은 수시로 관우에게 거창하고 아름다운 칭호를 내렸다. 청대에 관우는 연극의 주인공이 되었다. 삼국희三國戲나 관공희關公戲가 민간과 궁정에서 공연되었고 관우는 최고 인기 있는 주인공이었다. 청의 황제들은 관공희를 관람할 때에 먼저 자리에서 일어나 관우에게 존경을 표하고는 했다. 청대의 관우 숭배는 민간과 궁정 모두에서 절정에 달했다.

청대 관우 숭배는 티베트 불교와도 결합되었다. 티베트 불교는 명에도 유입되었지만 청과 비교하면 그 영향은 미미했다. 티베트 불교가 청에 확산된 원인은 청의 지배자가 만주족이기 때문이다. 만주족은 입관 전부터 몽고를 통해 티베트 불교를 수입하고 수용했다. 티베트 불교는 만주족에게 종교이기 이전에 몽고와의 결합을 가능케 함으로써 만주족의 존속을 좌우하는 정치적 기제였다. 만주족은 입관한 후에도 티베트 불교를 후원했다. 관우 신앙은 만주족에 의해 확산된 청의 티베트 불교 안으로도 침투해 들어갔다. 676년 옥천사玉泉寺에서 관우가 호가람신으로 받들어진 것에서 보이듯이 관우는 숭상의 대상이 된 초기부터 불교와 결합되었다. 그러나 티베트 불교 안으로 관우가 진입한 것은 청대 이전에는 없던 일이었다. 관우는 청대 북경에 세워진 티베트 불교 사원인 옹화궁雍和宮, 동황사東黃寺, 보승사普勝寺, 융복사隆福寺, 정주사淨住寺, 장태사長泰寺, 오문묘五門廟, 복상사福祥寺, 자복원資福院에서 숭상되었다. 이 티베트 불교 사찰들에는 관제전關帝殿이 건립되었고 관우가 신앙의 대상으로 모셔졌다.

일례로 북경의 대표적인 티베트 불교 사원인 옹화궁雍和宮. Hūwaliyasun hūwaliyaka gung에서 관우가 어떻게 숭배되었는지 보자. 옹화궁의 서측 건물군에는 관음보살, 문수보살, 보현보살 등을 모신 전각이 늘어서 있다. 이 서측 전각들을 통칭해서 흔히 노야묘老爺廟 혹은 관제묘라고 불렀다. 노야老爺는 관우를 가리킨다. 이런 속칭을 보면 관우가 옹화궁 서측에 모셔진 여러 신앙의 대상 가운데 주신主神임을 알 수 있다. 그러나 관우가 옹화궁 내에서 독립적인 전각을 가지고 있는 것은 아니었다. 관우는 옹화궁의 서측 건물들 가운데 하나인 아만달알루雅曼達嘎樓 안에 모셔져 있다. 아만달알雅曼達嘎은 대위덕금강大威德金剛을 가리키는 티베트어 야무다가 Yamudaga를 한자로 음사한 것이다. 전각의 명칭에서 보이듯이 아만달알루는 관우가 아니라 야무다가를 모신 건물이고, 관우는 그 안에 합사되어 있다. 관우상은 이 건물의 북측 벽에 있다. 관우 상의 옆에는 그의 아들인 관평關平(?-219)과 소설에서 관우의 부장으로 창조된 인물인 주창周倉이 있다. 한인의 관우 숭상과 청대 만주족의 관우 숭배 열기와 몽고를 거쳐 유입된 티베트 불교가 만난 결과, 관우와 야무다가가 같은 건물에서 조화를 이룬 것이다. 그러므로 옹화궁의 관우상은 청 제국의 만주와 한인과 몽골과 티베트의 조화를 단적으로 보여 준다.

5_청 제국의 변경인

청이 제국을 형성해 가던 시기에 러시아도 급속히 팽창해 갔다. 1620년에 러시아는 서부 시베리아의 합병을 마쳤다. 이로써 서쪽의 우랄산맥부터 동쪽의 예니세이강 일대까지 러시아의 영토가 되었다. 이후 러시아인은 담비가죽을 찾아서 계속 동진하여 1630년대에 레나강 일대까지 진출했다. 야쿠츠크의 러시아 코작은 1630년대 말부터 흑룡강 유역을 향해 동진했다. 이들은 1650년에 흑룡강 상류역 다구르의 영역인 약사에 알바진 요새를 축조하여 거점을 만든 후에 흑룡강을 오르내리며 솔론, 다구르 등의 부족민을 약탈했다. 청은 러시아의 침입에 대응하여 군대를 파병했고 1652년 처음으로 무력 충돌했다. 이후 1698년 네르친스크 조약을 체결하기 전까지 수십 년간 단속적으로 청과 러시아는 흑룡강 일대에서 격돌했다. 흑룡강 유역의 변경인들의 삶은 러시아와 청의 사이에서 요동쳤다. 두 제국이 충돌하는 과정에서 부족민의 일부는 러시아에 속하게 되었고 일부는 청의 백성이 되었다. 두 국가의 충돌은 변방에서 국가의 통제를 거의 받지 않고 살아가던 변경인들이 국가 권력의 우산 아래 강하게 예속되는 결과를 가져왔다. 흑룡강 유역과 그 남부의 만주 지역에서 거주하던 청의 변경인들은 러시아와의 전투를 거치며 청의 군대로 편제되고 직접적인 통치를 받게 되었다.

5장에서는 청과 러시아의 사이에서 역사의 굴곡을 겪은 변경인 가운데, 토르구트, 허저, 시버에 대해 서술한다.

토르구트는 1628년경 거주지인 준가르 분지의 일리강 유역을 떠나 서쪽으로 이주했다. 그들은 러시아의 남부 변경인 볼가 강변에서 거주하다가 러시아의 압박을 피하여 150년 만에 일리 일대로 귀환하여 청에게 자진 복속하였다. 귀환한 토르구트는 청에게 몽고의 모든 부족을 복속시켰다는 확신과 과시의 상징이 되었다. 그러나 토르구트는 귀환한 후에 청에 의해 부족이 분산되어 신강 북부에 유목지를 배정받았다. 볼가 강변의 서쪽에 거주했기 때문에 함께 일리 유역으로 이동하지 못하고 잔류한 토르구트는 지금 칼믹 공화국을 구성하고 있다. 허저족은 무단강 하류역과 흑룡강 하류역에 거주했으며 17세기 중반에 러시아와 청의 쟁탈 대상이 되었다. 그 후 네르친스크 조약을 체결하여 한동안 안정적으로 거주했으나 19세기 중반 1860년에 러시아가 연해주를 획득하면서 결국 이들은 두 나라에 나뉘어 살게 되었다. 지금 이들은 중국에서는 허저라는 공식 족칭으로 불리고 있으며 러시아에서는 나나이로 불리고 있다. 시버는 몽고 코르친에 예속되어 있다가 1692년부터 청의 직접 지배하에 포함되었다. 청은 만주 지역의 북방을 러시아의 침입으로부터 방어하기 위해 시버에 대한 관할권을 확보하고 시버를 청의 직속 군대로 전환해 갔다. 청은 준가르를 멸망시킨 후 신강 북부에 주둔지를 설치하고 1764년 시버의 일부를 신강 주둔군으로 이주시켰다. 그 후 시버는 신강의 시버와 만주 지역의 시버로 양분되었다.

토르구트의 귀환

《 **귀환과 해석** 》

1771년(건륭 36) 7월 러시아의 남부 변경인 볼가 강변에서 거주하던 토르구트가 청에 복속해 왔다. 토르구트는 원래 준가르 분지에서 거주하던 서몽고 오이라트의 일부였다. 1628년경 토르구트 4만 호는 일리강 유역을 떠나 볼가 강변으로 이주하여 러시아의 남부 변경인으로 살았다. 그러나 그들은 갈수록 심해지는 러시아의 압박을 견디다 못해 1771년 1월 5일 우바시 칸(1744~1774)의 지휘하에 볼가 강변에서 탈출했다. 토르구트는 출발한 후 7개월 간 간난신고의 대장정을 거쳐 조상의 땅인 일리에 도착하여 청에 구조를 요청했다.

볼가 강변을 출발할 때 3만 3,000호의 17만 명이던 토르구트는 이동하는 과정에서 얼어 죽고 굶어 죽었으며, 러시아의 요청을 받고 탈출을 저지하는 카자흐인과 교전하다가 다수가 전사했다. 그 결과 그들이 일리에 도착했을 때는 불과 절반이 남아 있었다. 또한 이동하는 과정에서 사람을 잃었을 뿐만 아니라 처음에 볼가 강변을 출발할 때에 강이 얼지 않아서 그 서쪽에 다수의 부족민을 남겨 두고 떠나야 했다. 토르구트는 러시아의 압박과 수탈을 피해 조상의 땅으로 이주하기 위해 부족 인구의 다수를 상실하는 혹독한 대가를 치른 셈이었다.

청은 아사 직전의 상황에서 일리에 도착한 토르구트 부족민들을 구호하기 위해 상당한 물자를 소비했고 유목지를 지급했다. 청은 귀환한 토르구트를 구舊와 신新의 두 종류로 구분했다. 구토르구트는 1628년에 준가르 분지를 떠나 볼가강 하류 지역으로 이주해서 거주하다가 귀환한 토르구트였다. 신토르구트는 1628년에 볼가강 유역으로 떠나지 않고 계속 일리 지역에 거주한 토르구트였다. 이들은 1755년 청이 준가르를 공격할 때 청에 쫓겨서 1757년 볼가강 유역으로 이동했다가 구토르구트와 함께 일리로 돌아왔다.

청은 1783년 구토르구트에 '진실한 신앙을 가진 자'의 의미로 '우녠 수죽투烏訥恩素珠克圖'라는 맹盟의 이름을 부여했다. 그리고 구토르구트를 동·서·남·북 우녠 수죽투 4맹의 10기旗로 편제하여 신강의 북부에 유목지를 지급했다. 지금 신강의 코를라Korla, 庫爾勒를 중심지로 하는 바인골 몽고족 자치주巴音郭楞蒙古族自治州가 구토르구트를 정착시킨 유목 지역이다. 구토르구트 4맹의 회맹지는 코를라의 북쪽에 있는 카라샤르(현 바인골 몽고족 자치주巴音郭楞蒙古族自治州의 언기焉耆)로 지정되었다. 신토르구트에게는

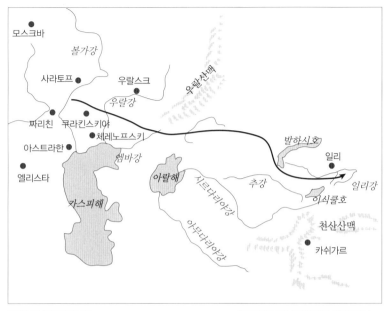

1771년 토르구트의 이동로 　　　　　　　　　(지도 출처: 김호동, 『황하에서 천산까지』)

'성실한 자'라는 의미로 '칭 지드쿨투靑塞特奇勒圖'라는 맹의 이름을 부여하고 1맹 2기로 편제한 후 몽골 호브드 근처의 유목지를 지급했다.

이 외에 일찍이 옹정기에 청의 강역에 정착한 또 한 부류의 토르구트가 있었다. 이들은 에치나 강변에서 유목했기 때문에 '에치나 토르구트額濟納土爾扈特'라고 했다. 그 연원은 1698년 볼가 강변 토르구트의 아유키 칸이 조카인 아랍주르를 단장으로 하는 사절단을 티베트에 파견한 데 있다. 이 사절단은 달라이 라마를 방문하고 돌아가다가 준가르의 체왕 랍단에 의해 길이 막히자 청에 요청하여 가욕관嘉峪關 밖의 유목지를 받고 정착했다. 이들이 1731년(옹정 9) 에치나 강변으로 이주하여 '에치나 토르구트'라고 불리고 있었다.

청은 토르구트에게 물자와 유목지를 지급했지만 그에 비할 수 없이 막대한 상징적 소득을 얻었다. 1771년 토르구트의 귀환은 세계의 군주를 자임하던 건륭제의 자존감을 한층 더 고양시키고 청의 국력과 위세를 과시할 수 있는 일대 사건이었다. 먼 곳의 사람들이 귀순하여 찾아오게 만드는 것, 즉 회유원인懷柔遠人은 천하를 통치하는 제왕의 덕목이었고 국가의 부강함을 입증해 주는 증표였다. 토르구트가 러시아를 버리고 자진해서 청에 귀순해 온 것은 건륭제의 입장에서 회유원인의 실현이고 청의 성세를 입증해 주는 보증서였다. 건륭제는 직접 「토르구트 전 부족 귀순기土爾扈特全部歸順記」와 「토르구트 부족 구휼기優恤土爾扈特部眾記」를 짓고, 두 글을 만문, 한문, 몽고문, 티베트문 네 종류의 문자로 비석에 새겨서 승덕의 보타종승지묘 앞에 세웠다. 건륭제는 「토르구트 전 부족 귀순기」에서 토르구트가 청의 무력 정복으로 인해 '귀항歸降'한 것이 아니라 자진해서 '귀순歸順'했음을 강조하고, 토르구트가 귀순함으로써 몽고에 속하는 모든 부족이 대청大清에 복속했음을 선언했다.

몽고의 모든 부족이 청에 복속했다는 건륭제의 말은 약간 과장이 있다. 토르구트의 일부가 볼가강 서편에 잔류했으며, 러시아 남부에 남아 있는 몽골 킵차크 칸국의 후예 집단들도 청에 귀순하지 않았다. 몽고에 대한 청 황제의 언급은 많은 경우 레토릭이 섞여 있다. 예컨대 1696년(강희 35) 강희제는 갈단을 공격하기 위해 몽고 초원으로 친정을 나갔을 때 북경에 있는 황태자에게 서신을 보내어 말했다. "모든 몽고 성씨姓氏의 나라 사람이 청의 신하가 되었고 항복하지 않은 자가 하나도 남아 있지 않다."[164] 그러나 실상은 강희제의 언설과 전혀 달랐다. 이 공격에서 준가르의 수장인 갈단은 알타이 산맥으로 패퇴했지만 준가르의 본령은 체왕랍단의 지휘하에 여전히 준가르 분지에서 제국의 강성함을 유지하고 있었다. 강희제의 과장에 비하면 건륭제의 발언은 사실에 가깝다. 건륭제가 준가르를 정복함으로써 중앙유라시아 초원지대에 분포해 있던 대부분의 몽고인 국가와 부족들이 실제로 청의 통치하에 복속되었던 것이다.

흥미로운 것은 「토르구트 전 부족 귀순기」에서 토르구트가 러시아를 탈출하여 청에 귀순하게 된 연유, 즉 러시아가 토르구트를 어떤 방식으로 착취했는지를 서술하고 있는 점이다. 건륭제는 러시아가 토르구트인을 쉴 새 없이 병사로 징발하고, 토르구트의 칸인 우바시의 아들을 인질로 잡고, 러시아의 종교가 불교가 아닌 점을 토르구트의 탈출 원인으로 언급하고 있다. 건륭제의 열거는 현대 중국의 역사학자들이 거론하는 토르구트 귀환의 원인과 정확히 일치한다.

토르구트의 귀순을 환영하고 이용한 것은 청의 건륭제만이 아니다. 현대 중국 역사학계의 토르구트에 대한 시각과 서술은 건륭제의 비문보다 더욱 흥미롭다. 중국의 연구자들은 토르구트의 귀환을 '조국祖國으로의 귀환'이라고 명명한다. 이들이 지칭하는 토르구트의 '조국'이란 청나라를 가리킨다. 예컨대 토르구트의 역사를 서술한 중국 학계의 대표적 저술인 『이역을 떠돈 민족: 17~18세기 토르구트 몽골』[165]에서는 토르구트의 귀환을 조국으로의 귀환으로 서술했을 뿐만 아니라 귀환 전에 토르구트가 러시아의 볼가강 일대에서 거주하면서 청을 그들의 중앙정부로 인정했다고 서술하고 있다. 그러나 볼가 강변의 토르구트와 청 사이에 이루어진 미약한 교류를 토르구트가 청을 중앙정부로 인정했다고 해석하는 것은 사실을 왜곡한 것이다. 볼가 강변의 토르구트에게 만약 조국이라고 불릴 만한 존재가 있었다면 그것은 이들이 귀환하기 13년 전에 청에 의해 철저하게 멸망한 준가르 제국의 전신인 오이라트일 것이다. 토르구트는 조국에 회귀한 것이 아니고 오래 전에 조상이 살았던 일리 지역으로 회귀했고, 당시 막 그곳을 점령하고 지배하기 시작한 청나라에 원조와 거주권을 요청한 것이다.

중국 학계의 이러한 사실 왜곡은 현재 중국의 영역에서 일어난 과거의 모든 역사를 중국사라고 간주하기 때문에 발생한다. 다시 말해 중국의 학자들은 토르구트가 귀환한 일리 일대가 귀환 당시 청의 영역이었고 현재 중국의 영역이라는 사실에 근거하여, 토르구트와 그들의 본령이었던 서몽고 오이라트와의 관계는 무시하고 준가르 제국의 의미를 축소하며 토르구트가 그들의 조국인 청에 귀순했다고 주장하는 것이다. 이는 과거의 역사를 현재에 맞추어 재단하는 환원론teleology적 시각이며, 현재와 과거를 착종시킨 시대착오적anachronism인 서술이다. 이런 시각과 서술로는 토르구트의 역사만이 아니라 중국의 변강사를 온전하게 이해할 수 없다.

토르구트의 역사를 이해하는 데 미하일 코다르코프스키Michael Khodarkovsky의 『두 세계가 조우한 곳Where Two Worlds Met: The Russian State and

the Kalmyk Nomads, 1600~1771)』(Cornell University Press, 1992)이 유용하다. 이 저서
는 토르구트와 러시아의 관계사를 양측의 시기별 입장과 상황을 모두 고
려하면서 객관적으로 서술했다. 볼가강 일대에서 거주하던 시기의 토르
구트의 역사를 이해하는 데 이만큼 좋은 안내자는 없다.

《 **토르구트와 러시아의 공존과 결별** 》

준가르 분지의 일리 일대에 거주하던 오이라트의 일부는 1620년대 말
부터 서쪽으로 이동했다. 오이라트의 가장 서쪽에 거주하던 토르구트가
가장 먼저 이동하기 시작했다. 토르구트는 서북쪽으로 이동했고 그곳에
서 그들은 러시아의 도시와 요새들과 조우했다. 수년 후에 오이라트의 다
른 일부인 두르베트가 토르구트의 뒤를 따라가서 합류했다. 이후 이들은
남서쪽으로 이동하며 점차 노가이 초원을 잠식해 들어갔다. 러시아는 이
들을 칼믹 혹은 칼묵이라고 칭했다. 칼믹은 투르크어에서 '남은 자'를 의
미하는 '칼막'에서 유래한 명칭임은 분명하지만 이 말이 어떤 이유에서 언
제 토르구트를 지칭하는 용어로 쓰이기 시작했는지는 알 수 없다.[166]

1608년 토르구트는 엠바강 일대에서 거주했다. 5년 후에 이들은 야이크
강을 건넜고 1633년에는 아스트라한의 영역을 습격했다. 이들은 1640년
대 말경에 볼가강 연안에 도착했다. 토르구트는 볼가강 일대의 힘의 균형
을 깨뜨렸고 러시아의 남부 변경 방어에 큰 영향을 미쳤다. 호전적인 토
르구트의 공격으로 수많은 노가이 부족민이 카스피해 유역의 초원 지대
를 떠나 크리미아 일대로 이동했다. 그 결과 러시아의 남부 변경은 토르

구트의 공격에 노출되었다. 러시아를 더욱 자극했던 것은 러시아가 자신의 변경인이었던 노가이를 수년 동안 토르구트의 공격으로부터 방어해 주지 못한 것과 카스피해 유역을 떠난 노가이족이 당시 러시아와 대립하고 있던 크림한국과 연대해 버린 것이었다. 새롭게 형성된 노가이와 크림한국의 연대 세력이 러시아의 도시를 공격하면서 러시아는 서부 변경에 주목해 오던 그들의 관심을 남부 변경으로 돌려야 했다. 그리고 러시아는 남부 변경을 방어하고 경영하기 위해 이때부터 장기간에 걸쳐 많은 비용을 들여서 남부 변경 방어 체계를 구축해 가기 시작했다.

1650년대와 1660년대에 러시아는 토르구트를 통제하여 그들을 노가이-크림한국 세력을 방어하는 군사력으로 활용하기 위해 노력했다. 그 결과 토르구트와 러시아의 관계가 밀접해졌고 그것은 토르구트 내부의 분열로 이어졌다. 토르구트의 지도층 내에서 토르구트의 수장인 수석 타이시와 그의 추종 세력은 러시아가 보내는 물품에 의존했고 그 결과 친러시아 세력이 되었으며, 그와 반대에 있는 지도층 인사들은 반러시아 세력이 되었다. 토르구트 내부에서 수장에 반대하는 세력이 대두할 때마다 러시아는 강력하게 수장을 지지함으로써 토르구트 내부의 반발을 분쇄했다. 러시아의 이러한 정책은 토르구트의 수장 세력을 공고히 해 주었고 그 결과 토르구트의 러시아에 대한 의존도가 높아졌다.

토르구트에 대한 러시아의 태도는 몇 번의 변화를 겪었다. 1606년 토르구트를 처음 접했을 때 러시아는 그들을 다른 복속민과 똑같이 다루어서 야삭(세금)을 징수하고 인질을 보낼 것을 요구했다. 그러나 러시아는 토르구트의 강력한 군사력에 대해 파악한 후 이 생각을 바로 폐기했고 물자와 선물을 주어 토르구트를 통제하려고 했다. 1660년대에 러시아는 코작과 마찬가지로 토르구트에게 자치권을 허가했다. 러시아는 토르구트의 독립을 인정하는 약간의 진전된 상황을 가지고 토르구트가 러시아의 신민이 되었다고 간주했다.

17세기와 18세기 동안 러시아의 주요 목적은 토르구트를 러시아의 용병으로 활용할 수 있도록 전환하는 것이었다. 이 목적을 위해 러시아는 몇 가지의 전략을 구사했다. 1700년부터 1725년경까지 러시아는 토르구트의 수장 한 명을 지지했다. 이때까지 러시아는 강력하고 이동성 강한 유목민인 토르구트에 대해 군사적 우위를 점하지 못했다. 러시아는 토르구트의 공격을 방어하기 위해 남부 변경의 군사력과 방어력을 강화해야 했다. 한 명의 강력한 수장을 지원하는 러시아 정책의 영향으로 토르구트의 수장은 그의 부족민들이 변경을 공격하거나 약탈하는 것을 통제할 수 있었고 토르구트의 귀족층인 타이시들과 자이상들에게 권력이 분할되는 것을 방어할 수 있었다. 이 정책으로 러시아는 토르구트를 통제하는 데 들이는 힘을 최소화할 수 있었지만 한편으로 분할되지 않고 통일된 강력한 토르구트를 상대해야 했다.

1720년대부터 1730년에 걸쳐 이러한 상황이 변화했고 러시아의 토르구트에 대한 정책도 변화했다. 이 시기에 러시아는 아조브 일대를 점령하면서 강력한 방어선을 구축했고 대포로 무장한 훈련된 군사력을 보유하게 됨에 따라 남부 변경을 유목민의 공격으로부터 방어할 수 있는 역량이 강화되었다. 이제 러시아는 토르구트의 공격을 걱정하지 않았고 그 반대로 토르구트에 대한 통제를 강화해 갔다. 이때부터 러시아는 제국이 식민지를 통치하는 전형적인 방식인 분할 통치 방식을 토르구트에 적용하기 시작했다. 러시아는 토르구트의 칸의 권력을 약화시키는 데 주력했고 토르구트에 대한 경제적 지원을 축소했으며 토르구트의 군사력을 약화시켰다. 그 결과 러시아의 변경을 방어하던 토르구트의 역량이 약화되었다.

1740년대부터 1750년대까지 러시아는 토르구트의 칸을 지원하면서 동시에 토르구트를 분할 통치하는 양단의 정책 사이에서 균형을 잡으려고 노력했다. 그러나 그것은 쉽지 않았다. 러시아가 한 명의 수장을 지원하면 토르구트의 칸의 세력이 확대되어 러시아의 통제력을 위협했고, 칸의 경쟁자들을 지원하면 토르구트가 분열되기 때문에 그 또한 러시아의 통제력을 벗어나는 결과를 초래할 수 있었다. 1760년대 중반에 러시아는 토르구트의 우바시 칸의 권력을 토르구트 전체에 분할시키기로 결정했다. 러시아는 토르구트의 전통적인 회의 방식인 자르고를 통해 토르구트 내부에서 칸의 권력이 적절히 제어되기를 희망했다. 에카테리나 2세는 토르구트의 자르고를 '칼믹 정부'로 공식 지칭했다. 에카테리나 2세는 개량된 형태의 자르고를 제도화함으로써 이 '야만인'들에게 의회 제도의 기초를 가르치고자 했다.

러시아의 생각이나 희망과는 반대로 토르구트는 카스피해 유역의 초원에 도착한 후로 계속해서 러시아와 대등한 권력끼리 군사적이고 정치적인 연맹을 맺어 왔다고 생각했다. 이 연맹은 러시아 문자로 쓰여서 칸과 타이시들이 날인한 확인서를 통해 체결되었다. 연맹의 조건에는 양측의 상호간 군사적 원조가 포함되어 있었다. 러시아가 코작, 바쉬키르, 노가이의 공격으로부터 토르구트를 보호해 주지 못하자 토르구트는 이 연맹이 폐기된 것으로 간주했다. 또한 러시아가 토르구트에게 매년 지급하던 자금을 토르구트는 조공朝貢이라고 생각해 왔고 러시아가 그것을 중단하자 토르구트는 연맹이 폐기된 것으로 생각했다.

1724년 아유키 칸이 사망한 후에야 토르구트는 러시아의 종주권을 인정했다. 그러나 그때에도 토르구트는 러시아의 종주권을 자신들의 정치개념에 의거해 인식했다. 토르구트는 러시아의 황제가 단순히 자신들의 군사적 리더이며 보호자일 뿐이고 자신들의 행정과 경제와 외교에는 간섭할 권리가 없다고 생각했다. 그리고 자신들이 러시아에게 군사적 복무를 하는 대가로 러시아로부터 자금과 보호를 받지만 자신들의 정치적 독립은 인정받기를 희망했다.

러시아는 종주권을 이용해 토르구트에 대한 통제를 더욱 강화해 갔다. 러시아는 토르구트와 협상을 하지 않았고 토르구트의 불만과 요청을 무시했다. 러시아는 토르구트의 현실을 이해하지 못했기 때문에 그들의 요구가 변덕스럽고 정당하지 못하다고 생각했다. 토르구트의 요구가 정당한 경우에도 러시아는 토르구트와의 회견을 기피했다. 러시아의 이런 태도는 돈강과 야이크강 유역에서 거주하던 기독교인 코작에 대한 각별한 관심과는 대조적인 것이었다. 러시아는 자신들이 토르구트의 기병을 필요로 할 때나 토르구트가 자신의 경쟁국과 연대할 위험이 감지될 때만 토르구트와 협상했다.

17세기부터 18세기까지 토르구트의 사회에 큰 변화가 있었다. 이 변화는 2세기에 걸친 러시아와의 관계가 초래한 직접적인 결과였고 토르구트의 전통 사회를 붕괴시켜 갔다. 18세기 말에 토르구트는 경제적으로 러시아에 종속되었다. 토르구트의 귀족층은 러시아가 지급하는 자금과 선물에 의존하기 시작했고, 시간이 흐를수록 그들의 수입 가운데 러시아가 지급하는 물품, 돈, 양식이 차지하는 비중이 높아졌다. 타이시들은 러시아로부터 더 많은 물품을 지급받으려고 서로 경쟁하고 적대했다. 타이시들은 러시아의 상품과 사치품을 사들이기 위해 토르구트 평민들에게 징수하는 세금을 늘려 나갔다. 토르구트의 귀족들이 부를 축적할수록 평민들은 빈곤해져 갔다. 18세기에 많은 가난한 토르구트인들은 러시아의 도시로 도망가서 기독교로 개종하거나 러시아 어민의 피고용인이 되었다. 때로는 가난한 평민만이 아니라 일부 타이시들도 러시아의 보호 아래서 정착 생활을 시작했다.

러시아와의 접촉은 토르구트 사회에 심대한 영향을 미쳤다. 러시아가 토르구트에 정치적, 행정적으로 개입함으로써 토르구트의 내분이 장기화되었고 결과적으로 토르구트의 군사력과 경제력이 약화되었다. 러시아가 가진 경제적 매력으로 인해 토르구트의 가난한 평민과 불만이 잠재해 있던 타이시들은 전통적인 생활 관습을 벗어나서 정착 생활을 시작했다. 러시아는 오랫동안 토르구트와 접촉해 오면서 18세기 중엽에 이들 유목민들을 정복하는 최고의 방법은 이들을 정착시키는 것이라는 사실을 깨달았다. 이 방식은 카자흐의 지배에도 도입되었고 효과를 발휘했다. 그러나 러시아는 남부 변경을 방어하기 위해 한편으로 토르구트의 유목 병사를 필요로 했다. 러시아가 토르구트의 군사력을 더 이상 필요로 하지 않게 된 것은 19세기 중반 코카서스, 쿠반, 중앙아시아를 점령한 후였다.

유목민은 일반적으로 외부의 압력에 대해 처음에는 반발하지만 압력에 대한 군사적 행동이 소용없을 때에는 영역에 고착되어 있지 않고 바로 이동한다. 토르구트는 살기 어려워진 러시아를 떠나기로 결정했다. 에카테리나 2세의 식민지배 정책으로 인해 토르구트는 특단의 조치를 취하지 않으면 안 될 절망적인 상황에 몰려 있었다. 정치와 행정의 자치권은 러시아에 의해 박탈당했고 가축을 유목하는 초지도 잠식당했다. 이들은 러시아로부터 탈출했다.

토르구트의 탈출은 단순히 러시아 변경의 일개 부족의 이탈로 그친 문제가 아니었다. 토르구트의 탈출이 비밀리에 진행되었다 해도 이들이 아무런 저지 없이 러시아 변경을 빠져나간 사건은 러시아 변경의 방어선이 얼마나 부실한지를 여지없이 노출시켰다. 에카테리나 2세의 팽창주의 정책으로 인해 러시아 남부 변경의 다양한 민족들은 매우 불안정한 상태가 되어 있었다. 토르구트의 탈출에 고무된 쿠반과 카바르딘은 러시아의 소규모 주둔지를 공격하기 시작했다. 러시아의 변경 주둔군은 토르구트의 군사적 지원이 없는 초원에서의 전투를 기피했다. 카자흐도 러시아의 도시들을 공격하기 시작했고 바쉬키르는 반란을 일으켰으며 야이크의 코작들도 자신들의 자유가 위협받고 있다고 생각하기 시작했다. 조상의 땅으로 회귀한 토르구트와는 달리 야이크의 코작은 갈 곳이 없었기 때문에 러시아에 무장 저항을 시작했다. 토르구트가 탈출한 지 2년 후에 러시아의 남부 전역은 사상 유례 없는 대규모 봉기인 푸가초프 반란의 불길에 휩싸였다. 토르구트의 탈출이 러시아 남부에서 대혼란을 유발한 것이다.

청 제국의 극동부 변경인, 허저

《 조선의 신유 장군이 만난 허저족 》

1658년(조선 효종 9) 5월 신유申瀏(1619~1680) 장군은 함경도의 조총병 200명과 지원 병력 65명을 이끌고 회령을 출발하여 머나먼 북쪽 흑룡강 유역을 향해 장도에 올랐다. 청나라의 요청에 따라 흑룡강 유역을 침범하는 러시아인과 전투하기 위해 청 군대의 지원 병력으로 참전한 것이었다. 한국의 역사서는 이 원정을 나선정벌이라고 부른다. 이에 앞서 4년 전인 1654년에도 조선의 함경도 병마우후兵馬虞候 변급邊岌이 인솔하는 병력이 청에 파견되어 러시아군과 전투를 치른 적이 있었다. 1654년 1차 나선정벌군의 최종 목적지는 무단강과 송화강의 합류 지역인 일란 할라 지역, 즉 현재 중국의 흑룡강성 의란현 일대였다. 그에 비해 1658년 2차 나선정벌군의 목적지는 훨씬 더 북쪽으로 올라간 송화강과 흑룡강의 합류 지역이었다. 이곳은 현재 중국의 흑룡강성 동강시同江市 일대로, 만주 지역 동부의 최북단 지역이다. 동강시에서 흑룡강을 건너면 러시아의 하바로프스크가 나온다. 신유 장군과 휘하 장졸들은 어느 조선인도 가 보지 못한 가장 북쪽 땅을 밟은 사람들이었다.

만주족은 신유 장군이 밟았던 무단강 하류역 그리고 송화강과 흑룡강의 합류 지역에 사는 사람들을 후르카Hūrka, 인다훈 타쿠라라 골로 Indahūn takūrara golo, 使犬部(개를 부리는 지역민), 피야카Fiyaka 등으로 구분하여 부르고 있었다. 이들은 만주족과 혈연과 언어 면에서 가까운 사람들이었다. 신유 장군은 후르카를 왈가曰可라고 적었고, 인다훈 타쿠라라 골로를 견부락犬部落이나 개부락介部落으로, 피야카를 퍅개愎介라고 기록했다.[167] 신유가 후르카를 발음이 약간 다르게 '왈가'라고 적은 이유는 그 시기에 후르카가 와르카Warka, 瓦爾喀라고도 불렸기 때문일 것이다. 와르카는 원래 두만강 일대에서 흥개호 남안까지 거주하는 여진인에 대한 호칭이었는데 홍 타이지 시기부터 무단강 하류역의 후르카와 구분 없이 혼칭되어 갔다.

피야카는 과거 금대나 명대에 한문 사료에서 길렬멸吉烈滅, 길리미吉里迷 등으로 표기된 집단이다. 이들은 흑룡강 하류역과 사할린섬의 북부에 거주했다. 자칭은 니브흐Nivkh로서 '사람'의 의미이다. 러시아는 이들을 길약Gilyak이라고 칭했는데, 이는 러시아인이 현지민에게 들은 어떤 명칭을 잘못 전한 것이 고착된 것으로 추정된다. 현재 러시아에서 이들의 공식 명칭은 니브흐이다.

명나라 사람은 무단강 유역부터 동쪽으로 동해에 이르기까지 광대한 지역에 산재해 살던 다양한 부족민들을 야인여진이라고 통칭했다. 누르하치 시기 건주여진인은 명이 야인여진이라고 부르는 사람들을 '동해 지역'이라는 뜻의 '더르기 머더리 골로Dergi mederi golo'라고 통칭했다. 그러나 이들은 야인여진이나 동해여진이라는 하나의 통칭으로 불릴 정도로 통일된 조직을 가진 집단이 아니었다. 이들은 종족적으로 다양했고, 씨족이나 부족 단위로 넓은 지역에 산재하며 위기를 맞았을 때만 씨족이나 부족의 연합을 결성하여 대처하는 분산된 집단들이었다. 예컨대 후르카는 청이 이들의 대부분을 복종시키는 데 17세기 초기 30년의 세월이 걸렸을 정도로 상당히 강력했지만, 그러한 후르카조차 여러 씨족들 내지 부족들의 느슨한 연합체에 불과했다.

청은 누르하치와 홍 타이지 통치기를 거치며 이들 만주 지역 동북쪽의 부족민들을 무력 공격하거나 회유하여 그 일부를 청의 병력으로 끌어들이고 심양 등의 중심 지역으로 이주시켰다. 그리고 이들을 '이처 만주Ice Manju, 新滿洲'라고 칭하며 만주족으로 편입시켰다. 그러나 다수의 부족민은 여전히 그들이 대대로 살아온 지역에 남아서 거주했다. 청은 입관 전 수십 년에 걸쳐 이들 부족민들을 청의 영향권에 두는 데는 성공했지만 그들을 직접 영역 지배하지는 못했다. 누르하치와 홍 타이지 통치기에 명과의 대치와 전쟁이 지속되었기 때문에, 청은 동쪽 원방의 부족민들을 직접 지배하기 위한 인력과 재원을 투입할 여력이 없었다. 부족민에 대한 청의 관심은 그들의 인력과 물자를 최대한 청의 중심 지역으로 끌어오는 데 집중되어 있었다. 만주 지역 동북방의 부족민들은 형식적으로 청에 신속되었고 대표 부족장이 심양에 가서 조공품을 바치며 청에의 귀속 관계를 확인하곤 했지만, 기본적으로는 과거와 마찬가지로 자치를 유지했다. 청은 입관한 이후에도 중국을 정복하고 지배하기 위해 총력전을 펼쳐야 했기 때문에 이들 만주 지역 동쪽 변방의 부족민들에 대해 직접적인 영역 지배를 할 수 없었다.

이들 부족민 가운데 신유 장군이 견부락 혹은 개부락이라고 부른 부족은 현재 중국의 허저족赫哲族과 러시아의 나나이족의 조상이다. 개부락의 '개介'는 조선어의 '개'를 음사한 것으로 '견犬'과 다를 바 없다. 신유가 그들을 개부락이라고 부른 이유는 그들이 개를 썰매 끌기와 수렵 등에 이용했기 때문이었다. 아마도 신유 장군과 함께 전투를 수행했던 만주족이 그들을 '인다훈 타쿠라라 골로'라고 부르면서 신유에게 그 뜻이 '개를 부리는 부락'이라고 말해 주었을 것이다. 그리고 신유는 그것을 조선어로 옮겨서 '개부락'이라고 기록했을 것이다. 신유 장군이 원정하던 청 초기에 '인다훈 타쿠라라 골로' 즉 사견부는 송화강 하류역, 우수리강 하류역, 흑룡강 하류역에 산재해서 거주했다. 사견부는 주로 수렵과 물고기 잡이를 영위하여 살아갔다. 그래서 겨울에는 사슴가죽으로 만든 모피 옷을 입었고 여름에는 연어의 껍질을 가공해서 만든 옷을 입었다. 그렇기 때문에 이들은 청대에 어피달자魚皮韃子라고도 불렸다.

만주족이 이들을 '인다훈 타쿠라라 골로Indahūn takūrara golo, 使犬部' 혹은 '인다훈 타쿠라라 구룬Indahūn takūrara gurun, 使犬國'이라고 부른 것이 문헌으로 확인되는 것은 『만주실록』의 1616년 정월의 사건을 적은 기록이다. [168] 그 이전의 명대 기록이나 원대의 문헌에서는 '인다훈 타쿠라라 골로'나 '사견부'라는 호칭이 보이지 않는다. 1616년 정월에 누르하치는 후르간과 암바 피양구 두 장수를 파견하여 흑룡강 유역의 사견부를 공격했다. 이후에 사견부는 후금의 기록에서 보이지 않는다. 아마도 후금의 중심과 워낙 거리가 멀고 후금이 명과의 대립을 본격적으로 시작한 시기이기 때문에 일차 복속시킨 사견부를 관리할 수 없었던 것 같다.

그 후 사견부는 홍 타이지의 통치기에 다시 청의 기록에 나타난다. 1633년(천총 7)에 사견부의 수장인 성거Sengge, 僧格가 심양에 조공을 왔다. [169] 1635년(천총 9)에는 사견부의 대수장인 소소코Sosoko, 索鎭科가 심양에 조공을 바치러 왔다. [170] 이는 아마도 1632년(천총 6)에 후금의 장군 우바하이Ubahai, 吳巴海가 사견부의 거주지보다 동북쪽인 현재 러시아의 하바로프스크 인근의 우잘라까지 깊이 원정을 했던 사실과 관련이 있을 것이다. 이후에는 다시 청의 기록에서 사견부에 대한 언급이 사라진다. 아마도 그 이유는 앞에서 언급했던 1616년 이후의 상황과 마찬가지로 원거리에 위치한 사견부를 관리하기가 어려웠기 때문일 것이다. 또 1644년 청이 중국으로 진입한 후에는 중국을 정복하기 위해 총력전을 벌이는 상황에서 만주의 극동부에 있는 사견부를 관리하기가 어려웠을 것이다. 사견부가 다시 청의 기록에서 보이는 것은 순치기인 1658년 부족민에 대한 지배권을 둘러싸고 러시아와 전쟁을 벌이고 있던 시기이다. 신유의 군대가 참전하기 4개월 전인 1658년 2월 25일에 사견부의 두목 티르쿠Tirku, 替爾庫

가 조공을 왔다.[171]

《 청과 러시아의 사이에서 》

만주 지역 북부의 부족민에 대한 청의 지배력은 1650년대 초기부터 시베리아로부터 흑룡강을 타고 만주 지역으로 진입하기 시작한 러시아인에 의해 위협받기 시작했다. 야쿠츠크의 러시아 코작들은 1630년대 말에 흑룡강 유역에 사람이 많고 땅이 비옥하다는 정보를 처음 접한 후 동진하기 시작했다. 코작은 러시아 남부에서 슬라브 등의 여러 민족이 융합하여 태어난 아종족亞種族, sub-race이자 군사 집단이었다. 이들은 러시아의 용병으로 담비 가죽을 찾아 끝없이 너른 시베리아를 점령하고 개척한 드센 전사였고, 더욱이 화기로 무장하고 있었다. 흑룡강 상류역의 다구르나 솔론 그리고 하류역의 후르카는 용맹하기로 유명한 부족이었지만 러시아 코작을 대적할 수 없었다. 입관으로 인해 부족민들을 방어해 줄 청의 병력이 사라져 버린 상황에서, 러시아인들은 흑룡강을 따라 오르내리며 부족민들을 약탈했다. 러시아인들은 1650년 흑룡강 상류역의 다구르인 거주지인 약사Yaksa, 雅克薩에 알바진 요새를 세우고 흑룡강 연안의 부족민을 본격적으로 약탈하기 시작했으며, 그들이 야삭이라고 부른 정기적인 세금을 징수했다.[172]

청은 입관 후 수십 년간에 걸쳐 중국을 정복하는 것만으로도 급급한 상황에서 다수의 병력을 원거리의 동북방 흑룡강 유역으로 파견할 수 없었다. 그렇다고 해서 러시아의 침입을 방치할 수도 없었다. 청은 진퇴양

난의 상황을 맞아 소규모 병력을 동원하고 현지의 부족민을 병력으로 활용하며 때로는 조선군을 동원하는 방법을 선택했다. 청은 순치기에만 1652년부터 1660년까지 다섯 차례에 걸쳐 수백 명 내지 1,000여 명의 소규모 병력을 파병하여 흑룡강 유역 곳곳에서 러시아인을 공격했고 부족민에 대한 지배력을 유지하기 위해 노력했다. 이 다섯 차례의 전투 가운데 조선군은 1654년과 1658년 두 번 참전했다. 결국 순치기의 다섯 차례의 청—러 전투와, 그 후 강희 초기의 청—러 전투는 두 국가가 이들 만주 지역 북방의 부족민을 차지하기 위해 벌인 부족민 쟁탈전의 성격이 강했다. 신유 장군은 원주민들이 청과 러시아 사이에서 양다리를 걸치고 있다고 기록했다. 원주민에게는 양다리가 최선의 방법이었을 것이다.

1658년과 1660년의 전투에서 청은 러시아를 제압했고 알바진 요새를 파괴했다. 그러나 알바진 요새를 파괴하기만 했을 뿐 그 지역을 직접 지배하거나 관리하지 않은 청의 역량 부족 내지 정책적 오류는 러시아인의 재진입을 초래하였다. 러시아는 1665년(강희 4) 다시 알바진으로 진입해서 요새를 재구축했다. 청과 러시아는 다시 흑룡강 상류역에서 충돌했다. 이후 두 나라의 단속적인 충돌은 1689년 네르친스크 조약을 체결하여 대체적인 국경을 정한 후에야 멈추었고, 두 나라의 사이에서 요동치던 변경 부족민들도 안정을 찾게 되었다.

현재 중국에서는 사견부의 후예들을 '허저赫哲'로 통일하여 명명하고 있고, 러시아에서는 '나나이'로 통일하여 부르고 있다. '허저'는 『청성조실록』의 1663년 기록에서 최초로 보이기 시작한다.[173] 즉 허저는 강희기부터 쓰이기 시작한 명칭이다. 이후 '허저'는 기록에서 허저 외에도 허전赫眞, 허진黑斤, 黑津, 赫金으로 다양하게 음사되어 쓰였다. 아마도 허저는 사견부 사람의 일부가 사용하던 자칭이었거나 사견부 인근의 다른 부족민이 사견부를 가리키는 이름이었는데, 이를 만주족이 사견부 전체를 부르는 말로 확대 적용해서 쓴 것 같다. 뜻은 '동쪽 사람'을 의미한다는 설이 있으나 확실치 않다.

허저의 또다른 이름은 '골디' 혹은 '골드'였다. 골디는 허저의 주위에 살던 집단이 허저를 지칭한 이름으로 생각된다. 골디가 어디에서 유래한 명칭인지는 확실치 않다. 혹자는 골디가 몽골어의 '가운데'를 의미하는 말로 흑룡강의 중부를 가리키는 데서 유래한 족칭이라고 주장한다. 혹자는 몽골어의 '강江'을 의미하는 '골'에서 유래한 족칭이라고 한다. 혹자는 '머리를 깎지 않는 허저不剃髮赫哲'로 분류되는 울치족이 '머리를 깎는 허저剃髮赫哲'를 부르는 타칭이 골디라고 주장한다. 의견은 분분하고 어느 것도 확실한 것은 없다. 확실한 것은 허저, 골디, 인다훈 타쿠라라 골로는 그 명칭으로 불린 사람들의 자칭이 아니었다는 것이다.

청이 허저라고 부른 사람들의 대부분은 20세기 초기에도 자신들이 허저라고 불리고 있다는 것도 모르고 있었다. 청대에 허저라고 범칭되었던 사견부 혹은 어피달자 부족민들은 자신들 모두를 통칭하는 단일한 명칭을 가지고 있지 않았고, 지역에 따라 자신들을 지칭하는 명칭이 달랐다. 우수리강과 흑룡강 하류역에 사는 허저족의 자칭은 나나이였다. 현재 흑룡강성 부금시富錦市 일대에서 거주한 허저족의 자칭은 나바이였다. 그런가 하면 현재 흑룡강변의 동강시同江市 일대에 거주한 허저족의 자칭은 나니오였다. 지역에 따라 발음은 약간씩 다르지만 나나이, 나바이, 나니오는 모두 '땅의 사람'이란 뜻이다. 만주어와 마찬가지로 허저족의 언어에서도 '나na'는 땅을 뜻한다.

신유 장군이 개부락이라고 불렀고, 청이 허저라고 부른 사람들은 신유 장군이 그들을 보았던 시기에도, 그 후에도 자신들을 하나로 묶는 정치 체를 가지지 못하고 씨족 단위로 거주하며 약한 씨족 연맹을 구성하는 데 그쳤다. 만주족과 마찬가지로 이들은 성姓을 할라hala라고 불렀고 그것은 곧 씨족공동체를 가리키는 말이었다. 씨족인 할라에서 갈라져 나간 하위 씨족을 무쿤mukūn이라고 부르는 것도 만주족과 똑같았다. 그러나 만주족이 16세기를 거치며 씨족공동체를 초월하는 지연공동체를 발전시키고 결국 국가를 수립한 반면에, 허저족은 씨족공동체가 계속해서 강고하게 유지되었다. 허저족의 같은 할라 혹은 같은 무쿤에 속한 사람들은 같은 조상을 숭배했고 같은 규범을 준수했다. 각 씨족에는 한 명의 성장姓長, hala da 혹은 족장族長, mukūn da이 있었고, 이들은 각 할라와 무쿤의 사법과 행정 등의 업무를 총괄했다.

17세기 후반기에 허저는 청과 러시아의 사이에서 쟁탈의 대상이었고 전쟁에 휘말렸다. 그 후 네르친스크 조약을 체결하여 한동안 안정적으로 거주했으나 19세기 중반 1860년에 러시아가 연해주를 획득하면서 결국 이들은 두 나라에 나뉘어 살게 되었다. 지금 이들은 중국에서는 허저라는 공식 족칭으로 불리고 있으며 자신들도 허저를 자칭으로 쓰고 있다. 중국의 허저족은 흑룡강성의 동강시同江市, 요하현饒河縣, 무원현撫遠縣, 가목사시佳木斯市 등지에서 거주하고 있다. 2001년 인구조사 통계에 의하면 총인구가 4,600여 명으로, 중국의 56개 민족 가운데 가장 적은 인구를 가지고 있다. 이들의 다른 반쪽은 러시아에서 살고 있으며 나나이라는 공식족칭으로 불리고 있다. 러시아의 나나이족은 하바로프스크에서 오호츠크해에 이르는 지역에서 거주하며, 인구는 1만 명 정도이다.

시버족, 만주에서 신강으로

《 **시버족의 역사** 》

　오늘날 만주어를 일반적으로 사어dead language로 분류한다. 그러나 때로는 만주어를 사어로 분류하지 않고 멸종위기언어dying language로 분류하기도 한다. 왜냐하면 만주어를 모어로 사용하고 있는 소수의 사람들이 아직 존재하기 때문이다. 예를 들어 현재 중국 흑룡강성 치치하르 부근의 삼가자촌三家子村, Ilan boo tokso에서 몇 명의 만주족 노인이 만주어를 일상어로 사용하고 있고, 신강성 일리 지역의 찹찰 시버자치현察布查爾錫伯自治縣에서는 4만 명 정도의 시버족이 만주어와 거의 유사한 시버어를 사용하고 있다. 신강의 시버족은 만주어의 사멸을 멸종 위기 단계에서 가까스로 방어하고 있는 마지막 보루인 셈이다. 그러나 시버족은 만주족이 아니다. 이들의 민족적 기원은 만주족과 같은 퉁구스계로 분류되기보다는 몽골계로 분류되고 있다. 이들은 청대에 팔기로 편입되었지만 시버영錫伯營, Sibe kūwaran으로서 독자적인 군대 조직을 유지했고, 만주어와 만주 문자를 사용했지만 완전히 만주족화되지 않고 시버족의 독자적인 정체성을 유지했다. 시버족은 자신들의 언어를 만주어Manju gisun라고 부르지 않고 시버어Sibe gisun라고 부른다. 그러나 시버족이 자신들의 민족적 정체성과 자언어를 어떻게 인식하는지와 무관하게, 1년에 몇 종류의 언어를 잃어 가고 있는 인류와 만주어를 공부하는 사람들에게 시버족의 가장 큰 가치는 만주어를 모어로 사용한다는 점에 있다.

시버족은 그 민족적 연원이 만주족과 같은 퉁구스계인지 아니면 몽골계인지 명확히 밝혀지지 않았다. 시버가 몽골계라고 주장하는 연구자들은 당대唐代의 '실위室韋'가 시버의 조상이라고 말한다. 당대에 실위는 흑룡강의 상류인 아르군강 일대에서 동실위東室韋, 대실위大室韋, 남실위南室韋, 몽올실위蒙兀室韋 등의 여러 실위로 나뉘어 거주했다. 그 가운데 몽올실위가 몽고의 기원으로 생각되고 있다. 그렇기 때문에 시버가 몽골계라는 주장은 실위에서 양자가 갈라졌다는 논리를 근간으로 한다. 혹자는 늪과 연못의 저습지를 가리키는 몽고어 '시비즈'가 시버라는 이름의 기원이라고도 한다. 반면에 시버가 만주족과 같은 퉁구스계이고 그 이름이 '수세미풀'을 의미하는 만주어 '시버sibe'에서 유래했다는 설도 있다. 몽골계설과 퉁구스계설은 모두 추정일 뿐 확실한 것이 아니다. 그래도 굳이 우세를 따지면 몽골계설을 지지하는 연구자들이 더 많다고 할 수 있다.

시버족은 원대에 몽고의 통치를 받았다. 이후 원이 중국에서 축출되어 북방 초원으로 철수한 후 15세기경부터는 몽고의 일파인 우량카이의 지배를 받았다. 당시 시버족의 거주 지역은 만주 지역 눈강의 최대 지류로서 현재 길림성 북부와 내몽고 동부를 흐르는 토오르강Toor bira, 洮兒河 유역이었던 것 같다. 이후 시버족은 점차 동쪽으로 이동하여 눈강과 송화강의 합류 지역 일대에 거주했다. 1547년경에 몽고 코르친 부의 일부가 후룬버이르 지역으로부터 눈강 유역으로 이동해 온 후 시버족은 점차 이들 코르친의 지배를 받게 되었다. 당시 시버족의 거주 지역은 코르친과 해서여진의 사이에 위치해 있었다. 따라서 시버는 코르친뿐만 아니라 여진, 특히 해서여진과의 관계도 밀접했던 것 같다.

해서여진 하다부의 수장인 완王台(?~1582)은 젊은 시절 그가 속했던 울라부의 내란으로 인해 시버족의 영역으로 도주하여 지내다가 훗날 하다부를 개창했다. 혹자는 완이 여진인의 이름으로는 특이하게 한 음절을 사용한 이유는 그가 시버로 도주하여 지내다가 시버인의 작명 관습에 영향을 받아 개명한 때문이라고 주장한다. 이 주장의 타당성을 떠나 시버와 해서여진의 지리적 인접성과 밀접한 교류 관계가 완의 시버 영역으로의 망명에서 잘 보인다. 1636년 태종 홍 타이지는 '주션'이라는 족명을 더 이상 쓰지 말고 '만주'라는 족명만을 쓰라고 명령했다. 그리고 그 이유로 주션이라는 명칭은 원래 '시버'의 '초오 머르건Coo Mergen'의 후예를 일컫는 말이기 때문에 쓸 수 없다는, 신빙성 없는 근거를 강조했다.[174] 홍 타이지의 언급 또한 그 신빙성을 떠나 여진과 시버의 교류를 보여 준다.

16세기 말에 누르하치가 건주여진을 통합하고 해서여진과 코르친을 압박해 가자 1593년 건주여진 인근의 아홉 개 부部는 연합하여 건주여진을 공격했다. 이른바 '구부의 전쟁九部之戰'이 발발한 것이다. 이 전쟁에서 건주여진을 공격하기 위해 연합 세력을 형성한 아홉 부는 여허, 하다, 울라, 호이파, 코르친, 시버, 구왈차, 주서리, 너연이었다. 시버는 구부의 전쟁에 독립 세력으로 참전한 것은 아니고 구왈차와 함께 종주국인 코르친의 피지배민으로서 참여했다. 『만주실록』은 아홉 부 가운데 세력이 강력한 여허, 하다, 울라, 호이파, 코르친은 국가를 의미하는 구룬gurun, 國으로 적었고, 시버와 구왈차는 국가보다 범위가 작은 단위인 아이만aiman, 部으로 적었고, 주서리와 너연은 그보다 더 작은 단위인 골로golo, 路로 적고 있다.[175] 전쟁은 건주여진의 완승으로 종식되었다. 시버는 종주국인 코르친의 동원에 의해 참전했지만 패전의 여파는 시버에게도 미쳤다. 『만문노당』에 의하면 전쟁 직후 시버의 수령 중의 한 명인 바다나Badana는 30명을 이끌고 건주여진에 투항하고 이주를 요청했다.[176] 이어 시버족 혼다이Hondai, 바주Baju, 겁쿠Gebku가 가솔을 이끌고 투항해 왔다.[177] 건주여진에 투항하고 이주를 요청해 온 시버족은 소수이고 절대 다수는 여전히 코르친에 예속되어 본래의 거주 지역인 송화강과 눈강의 합류 지역 일대에 살고 있었지만 패전으로 인해 동요가 발생했음은 분명하다.

1626년에 누르하치가 사망하고 그의 아들 홍 타이지가 한의 지위를 계승했다. 누르하치의 천명天命, Abkai fulingga 연간이 끝나고 홍 타이지의 천총天聰, Abkai sure 연간이 시작된 것이다. 천총 연간에 코르친과 그 지파인 고를로스, 두르베트, 잘라이트 몽고가 잇달아 후금에 귀부했다. 시버는 코르친에 종속된 집단이었기 때문에 자동으로 코르친을 따라 귀부했다. 홍 타이지 재위기의 후반기인 숭덕崇德. Wesihun erdemungge 연간과 그의 계승자인 순치제 시기에 청은 코르친을 10기旗로 편제했다. 코르친의 기는 몽고어로 '호쇼' 혹은 '호슌'이라고 했으며, 만주족의 팔기와 기라는 한자 명칭만 같을 뿐 편제의 단위와 방식은 완전히 달랐다. 코르친의 기는 코르친의 지배자 일족의 분봉에 따라 분화된 집단을 기의 단위로 삼는 방식으로 분할한 것이었다. 시버족은 씨족 단위의 좌령佐領으로 편제하여 코르친 10기의 예하에 소속시켰다. 시버족의 관원 임명이나 파면 그리고 사법 재판에 청은 개입하지 않았다. 시버의 모든 사안을 직접 관리하고 통제하는 것은 코르친 왕공의 권한이었다. 그러나 1692년(강희 31) 이런 종속 체제가 총체적으로 바뀌었다.

1692년 코르친은 시버에 대한 지배권을 청에 이양했다. 그 원인은 순치기부터 시작되어 강희기까지 계속된 러시아와 청의 충돌에 있었다. 러시아는 만주 북방의 알바진에 근거지를 두고 지속적으로 남하하면서 청의 영향하에 있던 다구르, 에벤크 등의 부족민에 대한 지배력을 확장해 갔다. 청은 만주 북부의 방어를 위해 내지의 병력을 동원할 여력이 없었다. 입관 이후 청은 남명, 삼번, 준가르 등과 대규모 전쟁을 장기간에 걸쳐 계속 치러야 했다. 그런 상황에서 내지의 병력을 만주로 빼내는 것은 청에게 너무 큰 위험 부담을 안는 것이었다. 더욱이 러시아와 공방이 벌어진 만주 지역 북부는 내지와의 거리가 너무 멀어서 군량과 물자의 보급이 어려웠다. 이런 문제에 봉착하여 청은 만주 지역의 변방에서 간접 지배를 받고 있던 다구르, 에벤크, 후르카 등의 부족민을 팔기로 편제해서 직접 지배의 대상으로 전환하고 군사력으로 활용하는 방안을 고안하고 실행했다. 청은 1685년부터 1687년까지 알바진을 공격했고 승기를 잡은 우세한 상황에서 1689년 러시아와 네르친스크 조약을 체결하여 국경선을 확정지었다. 네르친스크 조약을 체결한 후 만주 지역의 북방은 안정된 상황으로 진입했지만 청은 긴장을 늦추지 않고 부족민을 팔기로 편제하는 정책을 계속 진행시켰다. 시버족에 대한 지배권을 코르친으로부터 이양받아 팔기로 편제한 것도 이 정책의 일환이었다.

1692년(강희 31) 청은 시버족의 장정 1,500명을 병사로 선발해서 30개의 니루佐領로 편제한 후 구왈차의 장정 500명으로 이루어진 10개 니루와 함께 버두너Bedune, 伯都訥(현 길림성 부여현)로 이주시켰다. 그전까지 코르친의 영지와 시라무렌강 유역과 요하 유역 여기저기에 흩어져 있던 시버족은 이때 버두너 일대에 집결되었다. 그리고 다시 청 제국의 여러 주둔지로 이산되어 가기 시작했다. 시버족은 버두너뿐만 아니라 치치하르와 길림에도 병사로 배치되었다. 그 후의 이주는 더 원거리였다. 1699년(강희 38)부터 1701년(강희 40)까지 시버족의 다수는 팔기로 편제되어 북경과 성경 등지로 이주되었다. 모든 시버족이 팔기 예하의 병사로 편제되어 이주된 것은 아니었다. 시버족의 일부는 팔기로 편제되지 않고 여전히 버두너 일대와 송화강 하류역의 코르친 고를로스기旗의 영지 내에 거주했다. 이들은 몽고 고를로스 영역 내에 거주했지만 고를로스 왕공들의 통치를 받지 않았고 버두너에 설치된 팔기주방의 관할하에 있지도 않았다. 이들에게는 경사의 만주족 왕공들에게 물고기를 잡아 바치는 임무가 부과되었다. 즉 이들에 대한 지배권은 경사의 만주족 왕공들이 보유했다.

《 신강의 시버족, 만주의 시버족 》

1764년(건륭 29)은 시버족과 만주어의 역사에서 이정표적인 한 해였다. 이 해에 시버족의 일부가 현재 신강성 일리 지역으로 이주한 것이다. 몇 해 전인 1758년(건륭 23)에 청은 반세기 넘는 오랜 기간 충돌해 온 준가르를 마침내 멸망시켰다. 유목 제국 준가르가 지배하던 동투르키스탄은 청의 새로운 영역인 신강新疆이 되었고 청은 이 광대한 영역을 지배하기 위해 신강의 각지에 주둔지를 설치하기 시작했다. 가장 중요한 주둔지는 일리에 건설되었다. 준가르는 교전 중에 60만 명의 인구 중에서 90퍼센트가 피살되거나 도망치거나 포로가 되었고, 준가르의 본거지였던 일리 일대는 인구가 텅 비어 버린 지역이 되었다. 그러나 일리는 청이 신강과 몽고를 영유하기 위해서는 비워 둘 수 없는 지역이었다. 일리는 신강의 북부를 제어하는 요지일 뿐만 아니라 그 북동쪽에 있는 타르바가타이(현 신강의 탑성塔城)와 호응하여 몽고의 알타이 지역과 호브드(현 몽골국의 지르갈란투)까지 통제할 수 있는 요지였다. 청은 1762년(건륭 27) 밍슈이mingšui, 明瑞를 일리 장군에 임명하여 일리에 혜원성惠遠城을 건설했고 그 인근에 안원성安遠城과 수정성綏定城 등을 계속 건설해 갔다. 그리고 이 주둔지들에 파견할 병사를 선발하여 배치하기 시작했다. 몽고의 차하르, 솔론, 다구르가 일리 일대에 주둔군으로 영구 파병되었고 심지어 한인 군대인 녹영綠營에서도 주둔군이 선발되었다. 시버족도 영구 파병군으로 선발되었다.

1764년 만주 지역의 성경盛京, 봉황鳳凰, 요양遼陽, 개원開原, 광녕廣寧, 웅악熊岳, 복주復州, 수암岫巖, 금주金州, 개주蓋州, 해성海城, 금주錦州, 의주義州, 흥경興京, 무순撫順에서 20세 이상 40세 미만의 용맹과 활쏘기 실력이 뛰어난 시버족 병사 1,020명과 가족 3,275명이 일리의 주둔군으로 차출되었다. 1,020명의 병사에는 지휘관인 방어防禦 10명과 효기교驍騎校 10명이 포함되어 있었다. 4월 18일에 이들은 성경에서 조상의 사당에 제사를 지내고 친인척들과 작별 인사를 나누었다. 이들의 신강 주둔은 영구주둔이었고 생전에 친인척을 다시 만날 가능성은 없었다. 시버 주둔군은 신강으로 긴 여정을 출발했다. 이른바 시버족의 서천西遷이 시작된 것이다. 이동로는 성경에서 북서 방향으로 몽고의 코르친과 우주무친을 거쳐 칼카의 세첸 칸부, 울리아스타이, 호브드를 지나 신강의 일리에 이르는 것이었다. 다음 해 7월 이들은 일리 혜원성 바로 북쪽의 수정성에 도착했다. 성경을 출발한 후 15개월이 걸린 긴 여정이었다. 이동에 오랜 시간이 걸린 원인은 이동 거리가 길기 때문이기도 했지만 병사들의 가족까지 대동하여 이동 속도가 느린 때문이었다. 긴 여정 도중에 무려 350명의 아이가 태어났고 도착했을 때 인구 수는 출발할 때보다 증가해 있었다.

시버 병사들이 배치된 주둔지는 일리강의 남쪽 지역이었다. 당시 일리 장군과 참찬대신은 일리강의 북쪽 일리에 축성된 혜원성에서 만주족 병사들과 주재하고 있었다. 혜원성의 북서쪽에는 솔론 병사들의 둔전 구역이 있었고 동쪽의 혜녕성惠寧城에는 만주족 병사들이 주둔하고 있었다.

시버족은 아직 청의 군대가 주둔하지 않은 일리강 남안의 바투몽커 지역에 주둔지를 배정받았다. 이 지역은 시버족이 주둔하면서 시버어로 '곡식 창고'를 의미하는 '찹찰'이라고 불렸고 지금은 '찹찰 시버 자치현察布查爾錫伯自治縣'으로 행정구역이 편제되어 있다. 찹찰에 정착한 시버족은 6개 니루로 편성되어 일리강 남부에 설치된 수비대와 초소인 카룬에서 근무했다. 시버족은 병역의 의무 외에 자신들이 먹고 살 농지를 개간하고 경작을 해야 했다. 이주 초기에는 정부에서 정착에 필요한 식량과 자원을 제공했지만 그것은 한정된 기간에 국한되었다. 일정 기간이 지난 후 주둔병은 자급자족을 해야 했다. 군사 의무와 경작을 겸하는 것은 쉬운 일이 아니었다. 시버족은 주로 벼를 재배하고 목축업도 겸하며 일리강 유역을 개발했다. 더욱이 시버족은 신강 남부의 호탄, 카쉬가르 등 무슬림 지역에 있는 주둔지에 3년씩 파견 근무를 나가야 했다. 시버족에게 부과된 임무는 상당히 과중했다. 시버족은 이주 후에 만주팔기와 몽고팔기에 배속되었지만 실질적으로는 시버영錫伯營, Sibe kūwaran으로서 독자적인 군대 조직을 유지했고 일리강 남안의 시버족 영역인 찹찰에서 집단 거주했다. 이렇게 분리되고 고립된 거주 형태는 시버족이 만주어를 모어로 유지하는 동력이 되었다. 이들은 1911년 신해혁명 이후 영제營制가 와해되고 민간인으로 재편되기 전까지 청의 서북 변강을 수비하는 병력이었다.

2000년 중국 국가통계국의 인구조사에 의하면 중국 전역의 시버족 인구는 18만 8,800여 명이다. 그 가운데 심양을 중심으로 동북 3성에 거주하는 시버족이 대략 14만여 명이고 신강의 찹찰과 그 인근에 거주하는 시버족이 약 3만 5,000여 명이다. 신강의 시버족은 만주어를 유지하고 있는 반면 만주 지역의 시버족은 청대를 거치며 모어가 한어로 바뀌었다. 그러나 만주 지역의 시버족이 한어를 사용한다고 해서 그들이 시버족으로서의 민족적 정체성을 상실한 것은 아니다. 심양의 시버족은 자녀들에게 동족이 멀리 신강에 있다는 것을 반드시 가르친다. 현재 만주와 신강의 시버족은 동족이라는 의식을 공유하며 교류를 확대해 가고 있다. 이들은 1764년 시버족이 성경에서 신강으로 출발한 4월 18일 서천절西遷節을 중요한 기념일로 삼고 있고 이날 서로를 방문하여 기념식을 열기도 한다.

부록

만주어 사전, 제리 노먼을 기리며

《 제리 노먼, 그리고 만주어-영어 사전 》

만주어를 공부하는 많은 학습자는 제리 노먼Jerry Lee Norman (1936~2012)이 만든 만주어-영어 사전을 이용해 왔다. 제리 노먼은 미국 캘리포니아에서 태어났고 버클리 대학에서 중국어를 전공했다. 그는 탁월한 연구자였고 동시에 자신의 지식 세계로 입문자들을 이끌어주는 데 뛰어난 교육자였다. 그가 저술한 *Chinese*(Cambridge University Press, 1988)는 최고의 중국어 개설서로 평가받고 있다. 이 책은 한국어로도 번역되어 『중국언어학총론』(전광진 역, 1996)이란 제목으로 출판되었다. 중국어를 공부하는 학인만이 그에게 빚지고 있는 것은 아니다. 그는 영어권의 만주어를 공부하는 학인들에게 최고의 선물인 만주어-영어 사전을 선사했다. 사전을 만드는 것은 언어의 바다를 건너는 배를 엮는 일이다. 많은 시간과

제리 노먼

공력을 들여야 하고 지루하며 고단한 일이다. 그래서 사전을 집필하는 것은 일차적으로 타언어를 더 잘 이해하려는 집필자의 열망에서 비롯되며, 이차적으로는 자신의 지식을 타인과 공유하고 싶어 하는 마음에서 비롯된다. 그는 열망과 공유의 마음을 가진 사람이었다.

제리 노먼은 일생에 세 번 만주어-영어 사전을 집필했다. 첫 번째 집필한 사전은 *A manchu english dictionary*(臺北, 1967)이었다. 그는 1964년경 만주어를 처음 공부하기 시작했다. 그로부터 3년 후인 1966년부터 사전을 집필하기 시작하여 1967년에 작업을 마치고 이 사전을 출판했다. 사전을 집필하고 출판한 곳은 그가 필드워크를 하기 위해 체류하고 있던 타이완이었다. 사전을 집필한 방식은 기본적으로 하네다 토루羽田亨의 『만화사전滿和辭典』을 번역해 가면서, 청대의 만주어 어휘집인 『청문총휘淸文

제리 노먼의 묘지

總彙』나 만주어–독일어 사전(*Handwörterbuch der Mandschusprache*, Wiesbaden : Harrassowitz, 1952 – 1955)을 부수적으로 이용하는 것이었다. 컴퓨터로 문서 작업을 하던 시절이 아니기 때문에 모든 표제어는 카드에 써서 정리했다. 사전을 만드는 데 필요한 자금을 기관에서 지원받지 않았기 때문에 타이완에 필드워크하는 비용으로 지원받은 풀브라이트 장학금을 덜어서 인력을 고용하여 카드를 정리해 갔다. 사전의 출판지가 타이페이인 이유는 그가 필드워크를 하며 사전을 만든 곳이 그곳이기 때문이다.

이후 1978년에 이 사전의 증보판인 *A Concise Manchu-English Lexicon*(University of Washington Press, 1978)이 출판되었다. 지난 30여 년간 이 증보판 사전은 영어권의 만주어 학습자에게 나침반이 되어 왔다. 마지막 증보는 그의 인생 말년에 이루어졌다. 그는 폐섬유증으로 투병하면서 원고의 교정

작업을 진행했다. 작업을 마치고 출판사에 원고를 넘긴 후 며칠이 지난 2012년 7월 3일에 그는 별세했다. 원고는 *A comprehensive Manchu-English dictionary*(Cambridge, MA : Harvard University Asia Center : Distributed by Harvard Uniersity Press, 2013)라는 제목으로 2013년 초에 출판되었다. 그는 만주어를 공부하는 학인에게 유작으로 그의 전작보다 더 나은 나침반을 선물했다. 제리 노먼의 학생이자 그의 마지막 교정을 도운 동료였던 데이비드 브레너 David Prager Branner는 시애틀에 자리한 제리 노먼의 묘지에 그의 유작을 올렸다. 제리 노먼의 묘비명에 그의 인생이 축약되어 있다.

mira quaedam in cognoscendo suavitas et delectatio.

지식을 얻는 것은 놀랍도록 달콤하고 즐거운 일이다.

《 만주어-러시아어 사전 》

Полный маньчжурско-русский словарь(완전한 만주어-러시아어 사전), Иван Ильич Захаров(이반 일리치 자하로프), Типография Императорской Академии Наук(황실과학원인쇄소), СПб(상트페테르부르크), 1875. (1939년 北京 楊樹島印刷局에서 『滿俄大辭典』으로 영인 출판.)

이 사전은 총 1,233페이지이고 수록된 표제어가 1만 514개이며 최초의 현대적 만주어 사전이다. 만문의 세로쓰기 특성상 영문이나 러시아문

같은 가로쓰기 문자로 사전을 만드는 경우 만문 표제어를 함께 수록하는 것이 어렵다. 이 사전은 끼릴 문자로 가로쓰기로 전사된 표제어의 옆에 세로로 만문 표제어를 병기함으로써 그 난점을 해결하는 방법을 제시했다. 이 사전에서 만문과 전사문을 세로쓰기와 가로쓰기 이중으로 표제한 방식이 근래 중국에서 출판된 『신만한대사전新滿漢大辭典』의 모델이 된 것으로 생각된다. 표제어의 배열 순서는 현대 여러 언어권의 만주어 사전에서 일반적으로 사용하고 있는 영어 알파벳 순서가 아니고 청대 만주어의 전통적인 단어 배열 순서 방식인 십이자두十二字頭, juwan juwe uju 방식을 따르고 있다. 한국에서 러시아어의 사용이 많지 않은 점에 더해 표제어의 배열 순서가 십이자두 방식인 점은 이 사전의 활용도를 떨어뜨리는 요인이다.

저자인 이반 자하로프(1817~1884)는 러시아의 보로네시 신학교를 졸업하고 러시아 정교를 선교하기 위해 북경에서 1839년부터 1850년까지 거주했다. 그는 주로 북경 체류 기간에 만주어–러시아어 사전을 집필했다. 자하로프는 1851년부터 초대 청국 주재 러시아 영사가 되어 쿨자(현 신강성 이닝)에서 근무했다. 귀국한 후 1869년부터 상트 페테르부르크 대학에서 만주어 강의를 했다. 이 시기에 만주어 사전을 완성하여 출판을 했고 1879년에는 만주어 문법서까지 출판했다. 만주어–러시아어 사전과 함께 그가 집필한 만주어 문법서인 *Грамматика маньчжурского языка*(만주어 문법, СПб, 1879)는 탁월한 저서로 알려져 있다. 러시아 연구자들의 만주어에 대한 지식은 오랜 기간 축적되어 왔고 자하로프 덕분에 만주어 사전의 출판도 다른 언어권보다 매우 이른 시기에 이루어졌다. 러시아의 만주어에 대한 역량은 1970년대에 출판된 아래의 퉁구스어와 만주어의 비교 사전에서 다시 입증되었다. *Сравнительный словарь тунгусо-маньчжурских языков*(퉁구스어-만주어 비교사전), Цинциус В.И.(베라 이바노바 친치우스), 레닌그라드: 1975, 1977.

《 만주어- 일본어 사전 》

『滿和辭典(Manju ži-ben gisun kamcibuha bithe)』, 羽田亨(하네다 토루) 編,
京都帝國大學滿蒙調査會, 彙文堂書店, 1937.

이 사전은 일본어권이나 한자 문화권의 만주어를 공부하는 학인에게 유용할 뿐만 아니라 제리 노먼의 만주어-영어 사전의 기반이 되었을 정도로 우수하다. 편찬에는 당시 일본의 일급 청사 연구자였던 이마니시 슌주今西春秋와 미타무라 타이스케三田村泰助 등이 참여했다. 묄렌도르프 전사 방식을 채택했고 알파벳 순으로 표제어를 배열했기 때문에 활용하기가 용이하다. 이 사전은 건륭기에 출판된 만주어 사전인『어제증정청문감御製增訂淸文鑑』의 어휘를 기반으로 하고『사체청문감四體淸文鑑』,『오체청문감五體淸文鑑』,『청문휘서淸文彙書』등을 참고하여 만들어졌다. 표제어의 의미를 풀이했을 뿐만 아니라 풀이의 말미에 그 표제어가 어느 부류에 속하는지를 명기하고 한문 대응어까지 밝혔기 때문에 유용하다.

『補訂滿洲語文語辭典』, 福田昆之(후쿠다 야스유키) 編著, 橫濱: FLL, 2008.

이 사전은 저자가 1987년에 편찬한『滿洲語文語辭典』(橫濱: 丸井圖書, 1987)을 증보한 것이다. 이 사전의 특징이자 장점은 표제어를 선별하고 설명하는 데 있어 기존의 만주어 사전을 참고한 데 더해『만문금병매滿文金瓶梅』,『합벽서상기合璧西廂記』,『번역요재지이飜譯聊齋誌異』,『만주실록滿洲實錄』 등의 여러 만문 문헌을 참고한 것이다. 그렇기 때문에 이 사전은 다양한 관형어와 숙어를 싣고 있으며 예문이 풍부하다. 또한 이 사전은『만화사전滿和辭典』(1937)에는 명기하지 않은 품사까지 명기했기 때문에 더욱 유용하다.

『滿洲語辭典』, 河內良弘(카와치 요시히로) 編著, 松香堂書店, 2014.

이 사전은 카와치 요시히로가 30여 년의 편찬 과정을 거쳐 출판한 역작이다. 가로쓰기를 했으며 2단 배열을 했다. 수록한 표제어의 수는 4만여 개이다. 표제어는 묄렌도르프 전사 방식으로 표기했으며 주요 표제어에는 만문을 가로 눕혀서 병기했다. 다른 사전에서 다루지 않은 공문용어를 다수 수록한 점이 이 사전의 큰 장점이다. 공문 용어의 출처는『육부성어六部成語』와「접주성어摺奏成語」이다. 공문 용어 외에 여타 만주어 사전에 수록되지 않은 어휘까지 수록하고 있다. 이는 편찬자가 수십 년간 북경 고궁박물원에 소장된 만문 사료까지 섭렵하여 어휘를 정리해 온 결과이다. 품사를 정밀하게 기입한 것도 이 사전의 장점이다. 또한 표제어의 출처 문헌을 기입한 것도 이 사전의 장점이다. 이 사전의 단점은 일부 표제어의 경우 뜻풀이를 하지 않고 청대 사전의 한문 뜻풀이를 그대로 옮겨 놓은 경우가 있는 점이다. 이용자가 한문과 만주어에 능숙한 경우에는 이러한 방식이 유용하지만 일반 독자는 활용이 어려울 수 있다.

《 만주어-독일어 사전 》

Handwörterbuch der Mandschusprache(만주어 사전), Hauer Erich, Wiesbaden: Harrassowitz, 1952 – 1955.

이 사전은 세 책으로 구성되었다. 표제어는 묄렌도르프 방식으로 전사되었고 알파벳 순서로 배열되었다. 출판된 지 60여 년이 흐른 지금까지도 수록된 어휘의 수와 의미의 설명의 정확성에 있어 일급의 만주어 사전으로 평가받고 있다. 다른 만주어 사전에서 보기 어려운 이 사전만의 장점은 한어, 몽고어, 산스크리트어 등의 다른 언어로부터 유입되어 형성되거나 그러한 언어와 순수 만주어가 결합되어 만들어진 어휘에 대해 그 단어의 유래를 명기하고 있는 점이다. 만주어로 유입된 불교 용어를 다수 수록한 점도 다른 만주어 사전에서 찾아보기 어려운 장점이다. 근래 독일에서 증보 작업이 진행되어 2007년 같은 제목으로 출판되었다. 증보판의 서지 정보는 다음과 같다. *Handwörterbuch der Mandschusprache*(만주어 사전). *2. durchgesehene und erweiterte Auflage, herausgegeben von Oliver Corff, Hauer, Erich, Wiesbaden: Harrassowitz, 2007.* 증보판은 분책이 되지 않고 통권으로 출판되어서 이용하기가 더 편리하다.

《 만주어-중국어 사전 》

『滿漢大辭典(Manju Nikan yongkiyangga buleku bithe)』, 安雙成(안쌍청) 主編,
瀋陽: 遼寧民族出版社, 1993.

『만한대사전』은 중국에서 편찬한 최초의 대형 만주어 사전이다. 이 사전을 편찬함으로써 중국의 만주학계는 서구와 일본의 만주학과 대등한 존재감을 드러낼 수 있게 되었다. 사전의 주 편찬자는 안쌍청安雙成이고 편찬 기관은 '중국제일역사당안관 만한대사전 편찬위원회'이다. 편집진으로는 안쌍청 외에 런스두어任世鐸, 취리우성屈六生, 리전푸栗振復, 마오비양毛必揚, 왕샤오훙王小虹, 션위엔沈原, 장리張莉, 류루어팡劉若芳 등 북경의 만주어 연구자들이 참가했고, 외부의 특별위원으로 중국사회과학원

민족연구소의 안준安俊, 내몽고 사회과학원 소속의 바다롱가巴達榮嘎, 요령성 당안관의 통용공佟永功이 참여했다. 초고를 전체적으로 검토한 것은 요녕사회과학원의 구완지아루關嘉祿였다. 편찬진에서 보이듯이 이 사전은 중국의 만주어 연구 인력의 역량을 결집하여 만들어 낸 역작이었다. 그러나 이 사전은 만주어의 전통적인 단어 배열 순서 방식인 십이자두 체계에 의거해 표제어를 배열했기 때문에 알파벳 순서의 배열에 익숙한 이용자는 활용이 쉽지 않다. 또한 표제어의 뜻풀이가 지나치게 간명하고, 표제어에 만문과 묄렌도르프 방식의 로마자 전사문을 이중으로 사용했으나 파생어에 대해서는 로마자 전사를 하지 않고 만문만을 표기했기 때문에 로마자 전사에 익숙한 이용자에게는 가독성이 떨어진다.

『新滿漢大詞典(Ice Manju Nikan gisun kamcibuha buleku bithe)』, 胡增益 主編,
烏魯木齊: 新疆人民出版社, 1994.

이 사전은『만한대사전』의 단점을 보완하여 표제어의 표기에 로마자 전사 방식을 채택하고 부분적으로 만문을 병기했다. 기본적으로 묄렌도르프 표기 방식을 채택했으나 일부를 개편했다. 예컨대 묄렌도르프 방식의 j를 zh로, ū를 uu로, š를 sh로 개정해서 표기했다. 전사 방식의 일부를 개편했지만 그 변화가 규칙적이기 때문에 묄렌도르프 전사 방식에 익숙한 이용자도 활용하기에 큰 불편은 없다. 이 사전의 가장 큰 장점은 주요 표제어에 대한 예문과 그 중문 번역문을 실은 것이다. 예문을 추출하기

위해 이용한 만문 문헌이 방대하고 예문의 수가 많기 때문에 어휘의 사용
례를 파악하기에 유용하다.

《 만주어-한국어 사전 》

『滿韓辭典(Manju Solho gisun kamcibuha buleku bithe)』, 이훈, 고려대학교 민
족문화연구원, 2017.

한국에서 만주어를 연구해 온 것은 유서가 깊다. 이미 18세기 말에 탁
월한 만주어-조선어 사전인 『한청문감漢淸文鑑』이 만들어졌고 현대에도
『만주어 몽고어 비교어휘사전』(김형수, 형설출판사, 1995), 『기초만한사전』(김
득황, 대지문화사, 1995) 등이 편찬되었다. 그러나 근래 수많은 미공개 만문
자료들의 존재가 알려지고 공간되면서 학습자들은 더 많은 어휘를 정확
하게 번역하여 수록한 사전이 필요하게 되었다. 이 사전은 이러한 필요에
호응하여 만들어졌다. 사전의 표제어는 약 4만 7,800여 개이다. 표제어
는 주 표제어와 부 표제어로 구분된다. 주 표제어는 단어로 구성되며 1만
9,200여 개이다. 부 표제어는 관용구 등으로 구성되며 2만 8,500여 개이
고 주 표제어의 하위에 들여쓰기를 하여 주 표제어가 활용되는 방식까지
보여 주는 기능을 한다.

『만한사전』은 기존 사전들의 장점을 취합했다. 부 표제어를 주 표제
어의 하위에 들여씀으로써 어휘의 확장성과 활용을 보여 주는 방식은

A comprehensive Manchu-English dictionary(2013)에서 빌려 왔다. 외래어와 합성어에 관한 정보는 *Handwörterbuch der Mandschusprache*(2007)에서 빌려 왔다. 동일한 어형이지만 어원과 의미가 다른 어휘를 별도의 표제어로 배치하는 기준과 방식은 중국의『신만한대사전新滿漢大詞典』(1994)에서 빌려 왔다. 이 사전의 특징은 3,399개 항목의 공문 용어와 1,727개 항목의 불교 용어를 수록한 데 있다. 한국을 포함한 여러 언어권에서 현재 만주어의 연구와 학습은 언어, 역사, 문화, 관습, 종교의 제반 분야로 확산되어 가고 있다. 때문에 다양한 분야의 어휘를 폭넓게 수록한『만한사전』이 유용하게 활용될 것으로 생각된다.

참고문헌

사료

『建州聞見錄』李民寏, 1619.(『책중일록』 서해문집, 2014에 수록)

『舊滿洲檔 天聰九年』神田信夫, 松村潤, 岡田英弘 譯註, 東洋文庫, 1972.

『國譯北征日記』 박태근 譯解, 한국정신문화연구원, 1980.

『內國史院檔 天聰七年』神田信夫 等譯註, 東洋文庫, 2003.

『內國史院檔 天聰八年』楠木賢道 等譯註, 東洋文庫, 2009.

『內國史院滿文檔案譯註 崇德二·三年分』河內良弘, 松香堂書店, 2010.

『東夷考略』茗上愚公(茅瑞徵)(『淸入關前史料選輯』(一), 中國人民大學出版社, 1985.)

『滿文老檔』(Tongki fuka sindaha hergen i dangse), 7冊, 滿文老檔研究會譯註, 東京: 東洋文庫, 1955~1963.

『滿洲實錄譯註』 고려대학교 민족문화연구원 만주실록역주회 역주, 소명, 2014.

『滿文老檔譯註』(太宗朝), 고려대학교 민족문화연구원 만문노당역주회 역주, 소명, 2017.

『滿洲實錄』(Manju i yargiyan kooli), 北京: 中華書局, 1986.

『明實錄』京都: 中文出版社, 1984.

『崇德三年滿文檔案譯編』李永海·劉景憲 譯編, 瀋陽: 遼瀋書社, 1988.

『龍飛御天歌』權踶, 鄭麟趾 外撰, 京城: 朝鮮古書刊行會, 1911.

『長白山誌』(Golmin šanyan alin-i ejetun), 1785년(건륭 50) 編, 프랑스 국립도서관(Bibliothéque Nationale de France) 소장.

『朝鮮王朝實錄』국사편찬위원회 영인본, 1955.

『淸實錄』北京: 中華書局, 1985.

『淸太祖朝老滿文原檔』(第二冊), 廣祿·李學智 譯註, 臺北 : 中央研究院歷史語言研究所專刊之58, 1971.

1_ 여진 부족에서 국가로

강의 이름에 새겨진 역사

黃錫惠, 『滿語地名硏究』, 黑龍江人民出版社, 1998.

楊錫春, 林永剛, 楊澤偉 編著, 『黑龍江省滿語地名』, 黑龍江朝鮮民族出版社, 2008.

於鵬翔, 『淸代東北邊疆滿語地名資料編目集成』 全5冊, 吉林文史出版社, 2009.

羅節文, 『東北古今地名辭典』 吉林文史出版社, 2009.

藤島範孝, 「黑竜江省河川地名考」 『駒澤大學北海道敎養部論集』 2, 1987.

Mark C. Elliott, "The Limits of Tartary: Manchuria in Imperial and National Geographies", *The Journal of Asian Studies*, Vol. 59, No. 3, 2000

건주여진의 몽케테무르

이인영, 『한국만주관계사의 연구』, 을유문화사, 1954.

서병국, 『선조시대 여직교섭사연구』 교문사, 1970.

서병국, 「童猛哥帖木兒의 建州左衛硏究」 『白山學報』 11호, 1971.

김구진, 「吳音會의 斡朵里女眞에 對한 硏究」 『사총』 17·18합집, 1973.

김구진, 「초기 모린 올량합 연구」 『백산학보』 17호, 1974.

박원호, 『명초조선관계사연구』 일조각, 2002.

한성주, 『조선전기 수직여진인 연구』 경인문화사, 2011.

박정민, 『조선시대 여진인 내조 연구』 경인문화사, 2015.

刁書仁, 「論明前期斡朵里女眞與明·朝鮮的關系」 『中國邊疆史地硏究』 12, 2002, 제1기.

董萬侖, 『猛哥帖木兒』 民族出版社, 2005.

河內良弘, 「建州女直の移動問題」 『東洋史硏究』 19卷 2號, 1960.

三田村泰助, 『淸朝前史の硏究』 京都: 東洋史硏究會, 1965.

河內良弘, 『明代女眞史の硏究』 同朋舍出版, 1992.

Crossley, Pamela Kyle. "An Introduction to the Qing Foundation Myth." *Late Imperial China* 6, no. 2 1985, pp. 13~24.

Matsumura Jun(松村潤). "On the Founding Legend of the Ch'ing Dynasty." *Acta Asiatica* 53, 1988, pp. 1~23.

또다른 맹주, 해서여진

이인영,『한국만주관계사의 연구』, 을유문화사, 1954.

서병국,『선조시대 여직교섭사연구』, 교문사, 1970.

장정수,「선조대 대여진(對女眞) 방어전략의 변화 과정과 의미」,『朝鮮時代史學報』, 67호, 2013.

楊暘 · 袁閭琨 · 傅朗雲 編著,『明代奴兒干都司及其衛所硏究』, 中州書畵社, 1982.

叢佩遠,「扈倫四部形成槪述」,『民族硏究』, 1984, 제2기.

叢佩遠,「烏拉哈薩虎貝勒後輩檔冊與滿文譜圖初探」,『滿族硏究』, 1986, 제2기.

趙東升,「關於《烏拉哈薩虎貝勒後輩檔冊與滿文譜圖初探》的幾點補充說明」,『滿族硏究』,
　　　1988, 제1기.

趙東升, 宋占榮,『烏拉國簡史』, 吉林省永吉縣委縣志辦公室, 1992.

趙東升,『扈倫四部硏究』, 吉林文史出版社, 2005.

劉小萌,『滿族從部落到國家的發展』, 中國社會科學出版社, 2007. → 이훈 · 이선애 · 김선민 번
　　　역,『여진 부락에서 만주 국가로』, 푸른역사, 2013.

河內良弘,『明代女眞史の硏究』, 同朋舍, 1992.

후금의 팽창과 동해여진

유지원,「淸代前期 東北의 邊城 寧古塔 : 建置過程 및 住民生活의 변화를 중심으로」,『명청사연
　　　구』10輯, 1999.

조병학,「後金의 東海諸部 平定 과정 및 복속 정책」,『중앙사론』제17집, 2003.

김선민,「혼춘, 청과 조선의 변경」,『만주연구』19, 2015.

劉選民,「淸開國初征服諸部疆域考」,『燕京學報』제23기, 1938.

楊樹森,『淸代柳條邊』, 遼寧人民出版社, 1978.

呂一燃,「駁柳條邊國界說」,『中國邊疆史地硏究報告』, 제1집, 1987.

董萬侖,「明末淸初圖們江內外瓦爾喀硏究」,『民族硏究』, 2003, 제1기.

劉小萌,『滿族從部落到國家的發展』, 中國社會科學出版社, 2007. → 이훈 · 이선애 · 김선민 번
　　　역,『여진 부락에서 만주 국가로』, 푸른역사, 2013.

和田淸,「支那の記載に現はれたる黑龍江下流域の原住民」,『東亞史論藪』, 生活社, 1939.

周藤吉之,『淸代滿洲土地政策の硏究 : 特に旗地政策を中心として』, 河出書房, 1944.

田中克己,「明末の野人女直について」,『東洋学報』42권, 1959.

今西春秋,「Jušen国域考」『東方学紀要』2,天理大学おやさと研究所,1967.

吉田金一,「17世紀中ごろの黒竜江流域の原住民について」『史学雑誌』82권,1973.

吉田金一,「清の柳条辺墻について-メリホフ説批判」『東洋学報』59권,1977.

阿南惟敬,「清初の黒竜江虎爾哈部について」『和田博士古稀記念東洋史論叢』,和田博士古稀記念東洋史論叢編纂委員會編,東京:講談社,1961.

阿南惟敬,「清の太宗の黒竜江征討について」『防衛大学校紀要』6号,1962.

阿南惟敬,「清初の東海虎爾哈部について」『防衛大学校紀要』7号,1963.

阿南惟敬,「八旗通志列伝「呉巴海」考」『防衛大学校紀要』(人文・社会科学編) 11号,防衛大学校編,1965.

阿南惟敬,「清の太宗のウスリ―江征討について」『防衛大学校紀要』(人文・社会科学編) 20号,防衛大学校編,1970.

松浦茂,「清朝辺民制度の成立」『史林』第70巻 第4号,1987.

松浦茂,『清朝のアムール政策と少数民族』,京都:京都大學學術出版會,2006.

増井寛也,「明代の野人女直と海西女直」上・下『大垣女子短期大学研究紀要』37호-38호,1996・1997.

増井寛也,「明末のワルカ部女直とその集団構造について」『立命館文学』第562号,1999,pp.61~107.

増井寛也,「ニマチャNimaca雑考」『立命館文學』609號,2008.

佐佐木史郎,「アムール川下流域諸民族の社会・文化における清朝支配の影響について」『国立民族学博物館研究報告』14巻3号,1990.

川久保悌郎,「柳条辺牆管見-吉田金一氏のメリホフ説批判に寄せて」『東洋学報』71권,1990.

Robert H. G. Lee, *The Manchurian frontier in Ch'ing history*, Cambridge, Mass.: Harvard University Press, 1970.

Мелихов Г.В.(게오르기 바실리에비치 멜리코프) Маньчжуры на Северо-Востоке XVII в.(17세기 동북의 만주족), M., Наука(모스크바 과학출판사), 1974. →格・瓦・麥利霍夫,『滿洲人在東北(十七世紀)』,北京:商務印書館,1976.

2 _ 새 역사의 시작, 만주의 탄생

사르후 전투와 후금의 비상

孫文良,「薩爾滸之戰」,『歷史教學』,1964.

姜相順,「薩爾滸戰爭」,『遼寧師院學報』,1979.

李鴻彬,「論薩爾滸之戰」,『中央民族學院學報』,1979.

刁書仁,「論薩爾滸之戰前後後金與朝鮮的關系」,『淸史硏究』,2001.

李金濤,「薩爾滸之戰硏究」,中央民族大學 박사학위논문,2012.

阿南惟敬,『明と淸の決戰-サルフの戰い-』(陸戰史集5.國古戰史),陸戰史硏究普及会 編,原書房,1968.

해서여진의 최강자 여허의 마지막 날

『만주실록역주』,고려대학교 민족문화연구원 만주실록역주회,소명,2014.

만주의 탄생

김구진,「13C~17C 여진 사회의 연구-금 멸망 이후 청 건국 이전까지 여진사회의 조직을 중심으로」,고려대 박사논문,1989.

김두현,「팔기제도의 구조분석을 위한 시론」,『울산사학』5,1992.

노기식,「만주의 흥기와 동아시아 질서의 변동」,『중국사연구』16,2001.

노기식,「명대 몽골과 만주의 교체」,『사총』59,2004.

윤영인,「만주족의 정체성과 청대사 연구」,『만주연구』5,2006.

김두현,「청조의 성립」,한석정·노기식 편,『만주 동아시아 융합의 공간』,소명출판,2008.

김선민,「청제국의 변경통치에 관한 연구동향 분석-미국학계의 연구성과를 중심으로」,윤영인 편,『외국학계의 정복왕조 연구 시각과 최근 동향』,동북아역사재단,2010.

파멜라 크로슬리Pamela Kyle Crossley,「신청사에 대한 조심스러운 접근」,윤영인 편,『외국학계의 정복왕조 연구 시각과 최근 동향』,동북아역사재단,2010.

楊餘練,「簡論淸代康熙時期的"新滿州"與"布特哈八旗"」,『社會科學戰線』,1980,제4기.

劉小萌,「關於淸代"新滿洲"的幾個問題」,『滿族硏究』,1987,제3기.

趙東升·宋占榮,『烏拉國簡史』,中共永吉縣委史志辦公室,1992.

滕紹箴,「滿洲名稱考述」,『民族硏究』,1996,제4기.

劉小萌,『滿族從部落到國家的發展』, 中國社會科學出版社, 2007. → 이훈·이선애·김선민 번역,『여진 부락에서 만주 국가로』, 푸른역사, 2013.

陳鵬,「"滿洲"名稱述考」『民族研究』, 2011, 제3기.

神田信夫,「滿洲(Manju)國號考」『山本博士還曆記念東洋史論叢』, 東京: 山川出版社, 1972.

石橋秀雄,「ジュシエンjušen小考」『三上次男博士喜壽記念論文集』第1册, 歷史編, 東京: 平凡社, 1985.

細谷良夫,「マンジュ・グルンと「滿洲国」『シリーズ世. 界史への問い 8 歷史のなかの地域』, 岩波書店, 1990.

石橋秀雄「清朝入関後のマンジュ(Manju)滿洲の呼称をめぐって―『御製清文鑑』と『滿洲源流考』を中心に―」(石橋秀雄 編,『清代中国の諸問題』1995.)

Mark Elliott, *The Manchu Way: The Eight Banners and Ethnic Identity in Late Imperial China*, Stanford University Press, 2001. → 이훈·김선민 번역,『만주족의 청제국』, 푸른역사, 2009.

Roth Li, Gertraude (2002), "State Building before 1644", *Cambridge History of China, Vol. 9, Part 1: The Ch'ing Dynasty to 1800*, Cambridge: Cambridge University Press, pp.9~72.

심양의 궁궐 건축과 정치

송미령,「清 康熙帝 東巡의 목적과 의미」『명청사연구』24집, 2005.

유지원,「'汗宮'에서 '皇宮'으로; 瀋陽 故宮의 文化的 含意」『중국사연구』57권, 2008.

유지원,「조선인의 기록을 통해 본 滿洲의 都城」『열린정신 인문학연구』13호, 2012.

이훈,「건륭제의 동순과 만주족의 정체성」『한중일 군주의 능원행차』(제2회 수원학 심포지움 발표논문집), 수원시정연구원, 2015.

劉小萌,『滿族從部落到國家的發展』, 中國社會科學出版社, 2007. → 이훈·이선애·김선민 번역,『여진 부락에서 만주 국가로』, 푸른역사, 2013.

佟悅,『瀋陽故宮』, 遼寧民族出版社, 2008.

佟悅,『清代盛京城』, 遼寧民族出版社, 2009.

松村潤,「清太宗の后妃」『明清史論考』, 山川出版社, 2008.

Evelyn S. Rawski, *The Last Emperors: A Social History of Qing Imperial Institutions*, University of California Press, 2001. → 구범진 번역,『최후의 황제들 - 청황실의 사회사』, 까치, 2010.

두 곳의 닝구타, 청조 발원지를 둘러싼 의도적 혼동

유지원,「청대전기 동북의 邊城 寧古塔」『명청사연구』제10집, 1999.

배우성,「홍양호의 지리인식-조선후기 만주 지리지식과의 관련성을 중심으로」『진단학보』100, 2005.

김석주, 김남신,「寧古塔에 대한 역사지리적 고찰」『문화역사지리』제22권 제3호, 2010.

和田淸,『東亞史硏究』(滿洲篇 II), 東京 : 東洋文庫, 1955.

Pamela Kyle Crossley, *A Translucent Mirror -History and Identity in Qing Imperial Ideology*, University of California Press, 2002.

장백산 신화 만들기

이강원,「백두산白頭山,천지天池 지명地名에 대한 일고찰: 한韓,중中 지명표기를 중심으로」 『국토지리학회지』44. 2010.

이훈,「청 초기 장백산 탐사와 황제권」『동양사학연구』제126집, 2014.

孟森,「淸始祖布庫里雍順之考證」『國立中央硏究院歷史語言硏究所集刊』第3本 第3分, 1932.

松村潤,「滿洲始祖傳說硏究」『故宮文獻季刊』臺北故宮博物院, 1971년 第3卷 第1期.

王鍾翰,「滿族先世的發祥地問題」『歷史地理』第9期, 1990. →『王鍾翰淸史論集』(제1책), 中華書局, 2004.

三田村泰助,「淸朝の開國傳說とその世系に就いて」『東洋史硏究』第19卷 , 第3期, 1960. → 『淸朝前史の硏究』京都: 東洋史硏究會, 1965.

Matsumura Jun(松村潤), "The Founding Legend of the Qing Dynasty Reconsidered," *Memoirs of the Research Department of the Tōyō Bunko* (『東洋文庫欧文紀要』) 55, 1997.

3 _ 만주족다움

만주족의 성명과 씨족

劉慶華,『滿族姓氏錄』新賓縣民族事務委員會, 1982.

陳捷先,「淸室姓名漢化考」『淸史雜筆』1, 臺北: 學海出版社, 1977.

陳捷先,「論英文著述中滿洲人名之音譯問題」『淸史雜筆』1, 臺北: 學海出版社, 1977.

Giovanni Stary, Binominal Manchu Names, *Kinship in the Altaic world*, Harrassowitz Verlag, Wiesbaden, 2006.

수렵과 군사 훈련

허영환,「清乾隆皇帝와 木蘭圍場」,『사총』24, 1980.

羅運治,『清代木蘭圍場的探討』臺北, 文史哲出版社, 1989.

畢梅雪, 侯錦郎(Michele Pirazzoli),『木蘭圖-與乾隆秋季大獵之研究-』臺北, 國立故宮博物院, 1982.

浦廉一,「清朝の木蘭行圍に就て」『山下先生還暦記念東洋史論文集』六盟館, 1938.

Mark C. Elliott, Ning Chia, The Qing Hunt at Mulan, *New Qing Imperial History: The Making of Inner Asian Empire at Qing Chengde*, edited by James A. Millward, Ruth W. Dunnell, Mark C. Elliott, and Philippe Forêt, London and New York: Routledge Curzon, 2004, pp.66-83.

岳南·金泉,『熱河的冷風 : 避暑山莊歷史文化之謎』新世界出版社, 2003. → 심규호·유소영 번역,『열하의 피서산장』일빛, 2005.

청 황실의 샤머니즘 제사

金九經 編,『重訂滿洲祭神祭天典禮』(1-3), 薑園精舍, 1935.

金九經 譯,『滿漢合璧滿洲祭神祭天典禮』(서지 사항 미상).

유지원,「청대 황실제사의 샤머니즘적 성격」『명청사연구』제23집, 2005.

劉小萌·定宜莊,『薩滿教與東北民族』吉林教育出版社, 1990.

姜相順,「清宮薩滿祭祀及其歷史演變」『清史研究』1994, 제1기.

楠木賢道,「清太宗皇太極的太廟儀式和堂子—關於滿漢兩種儀式的共處情況」『清史研究』2011, 제1기.

Tatiana A. Pang, The Kun-ning-gung Palace in Peking: The Manchu Dynasty's Shaman Centre in the "Forbidden City", *SHAMAN*, Volume 1 Numbers 1 & 2 Spring/Autumn 1993 Second Edition, Revised and Expanded 2007. pp.71-86.

Giovanni Stary, "Praying in the Darkness": New Texts for a Little-Known Manchu Shamanic Rite, *SHAMAN*, Volume 1 Numbers 1 & 2 Spring/Autumn 1993 Second Edition, Revised and Expanded 2007.

Evelyn S. Rawski, *The Last Emperors: A Social History of Qing Imperial Institutions*, University of California Press, 2001. → 구범진 번역, 『최후의 황제들 – 청황실의 사회사』, 까치, 2010.

만주족의 말구종, 쿠툴러

劉小萌, 「庫圖勒考」, 『滿語硏究』, 1987, 제2기.

얼음 위의 만주족

傅進學, 「淸代冰嬉圖」, 『紫禁城』, 1980, 제3기.
唐雲松, 「滿族傳統體育項目—八旗冰嬉的歷史考證」, 『滿語硏究』, 2007, 제1기.
鄧梅花, 「大淸國俗—冰嬉考略」, 『蘭台世界』, 2012, 제7기.

만주족의 놀이, 가추하

景愛, 「滿族人的"嘎拉哈"遊戲」, 『黑龍江民族叢刊』, 1985, 제3기.

만주어의 유지와 쇠퇴

宮崎市定, 「淸朝における國語問題の一面」, 『東方史論叢』1, 1947.
Hanson Chase, The Status of the Manchu Language in the Early Ch'ing, 박사학위논문, University of Washington, 1979.

18세기 만주어의 역설

Hanson Chase, The Status of the Manchu Language in the Early Ch'ing, 박사학위논문, University of Washington, 1979.

4 _ 국가를 넘어 제국으로

권력의 재편

鄭天挺, 「淸代包衣制度與宦官」, 『探微集』, 中華書局, 1980.
祁美琴, 『淸代內務府』, 中國人民大學出版社, 1998.
黃麗君, 「皇帝及其包衣奴才：論淸代皇權與內務府官僚體制」, 臺北：國立臺灣大學歷史學

系 박사학위논문, 2014.

Jonathan Spence, *Ts'ao Yin and the K'ang-hsi Emperor: Bondservant and Master*. New Haven, Conn.: Yale University Press, 1966.

청 제국의 비공식 수도, 열하

노기식, 「명대 몽고와 만주의 교체」 『사총』 59, 2004.

임계순, 「18세기 청조 제2의 정치중심지, 승덕 피서산장」 『명청사연구』 21집, 2004.

구범진, 『청나라 키메라의 제국』 민음사, 2012.

이선애, 「淸 初期 外藩(tulergi golo) 형성과정과 理藩院」 고려대학교 박사학위논문, 2014.

이훈, 「청제국 북방의 정치중심지 승덕」 수원시정연구원 수원학연구센터 개최 제3회 수원학 심포지엄 발표문, 2016.8.24.

김선민, 「청 제국의 지배이념과 지배체제」 『사총』 88권, 2016.

鄭天挺, 『探微集』 中華書局, 1980.

天津大學建築系, 承德市文物局 編著, 『承德古建築』 中國建築工業出版社, 1982.

畢梅雪, 侯錦郎(Michele Pirazzoli), 『木蘭圖-與乾隆秋季大獵之研究-』 臺北, 國立故宮博物院, 1982.

別廷峰, 「乾隆御製《避暑山莊詩後序》注譯」 『承德民族師專學報』 1985, 제3기.

羅運治, 『清代木蘭圍場的探討』 臺北, 文史哲出版社, 1989.

王佩環, 『清帝東巡』 遼寧大學出版社, 1991.

陳寶森 主編, 承德市城鄉建設志編纂委員會 編, 『承德市城鄉建設志』 中國建築工業出版社, 1993.

劉玉文, 「避暑山莊初建時間及相關史事考」 『故宮博物院院刊』 2003, 제4기.

定宜莊, 『清代八旗駐防研究』 遼寧民族出版社, 2003.

付際紅, 「清朝前期承德府, 廳, 州, 縣的設置及原因」 『承德民族師專學報』 2008, 28권 제1기.

郝志强, 特克寒, 「清代塞外第一座行宮—喀喇河屯行宮」 『满族研究』 2011, 제3기.

許富翔, 「『熱河內屬中國及行宮駐防始末記』校注」 『東鳴歷史學報』 第28期, 2012.

馮春芳, 「從'南苑行宮'喀喇河屯行宮到避暑山莊-淺析清代北方行宮產生原動力與發展基本軌跡」 『多維視野下的清宮史研究-第十屆清宮史學術研討會論文集』 2013.

許富翔, 『從藩部到特區：熱河地區的一體化研究(1723~1914)』 臺灣政治大學 박사학위논

문, 2016.

浦廉一, 「淸朝の木蘭行圍に就て」 『山下先生還曆記念東洋史論文集』 六盟館, 1938.

宮脇淳子, 『最後の遊牧帝国 : ジューンガル部の興亡』 東京 : 講談社, 1995. → 조병학 번역, 『최후의 몽고유목제국』, 백산출판사, 2000.

李海泉, 「中国河北省承德市における寺・廟の建設意圖の分析」 『やまぐち地域社会硏究』, 2014. 3.

David Farquhar, Emperor as Bodhisattva in The Governance of The Ch'ing Empire, *Harvard Journal of Asiatic Studies*, Vol.38, No.1, 1978, pp. 5~34.

Philippe Forêt, *Making an Imperial Landscape in Chengde, Jehol : The Manchu Landscape Enterprise*, University of Chicago, 1992.

Evelyn S. Rawski, *The Last Emperors: A Social History of Qing Imperial Institutions*, University of California Press, 1998. → 구범진 번역, 『최후의 황제들 – 청황실의 사회사』, 까치, 2010.

Mark C. Elliott, *The Manchu Way: The Eight Banners and Ethnic Identity in Late Imperial China*, Stanford University Press, 2001. → 이훈・김선민 번역, 『만주족의 청제국』, 푸른역사, 2009.

Pamela Kyle Crossley, *A Translucent Mirror -History and Identity in Qing Imperial Ideology*, University of California Press, 2002.

Patricia Ann Berger, *Empire of Emptiness: Buddhist Art and Political Authority in Qing China*, University of Hawaii Press, 2003.

Ruth W. Dunnell, Mark C. Elliott, Philippe Foret, James A Millward, *New Qing Imperial History: The Making of Inner Asian Empire at Qing Chengde*, edited by James A. Millward, Ruth W. Dunnell, Mark C. Elliott, and Philippe Forêt, London and New York: Routledge Curzon, 2004

Mark Elliott, *Emperor Qianlong: Son of Heaven, Man of the World*, Pearson Longman, 2009. → 양휘웅 번역, 『건륭제 하늘의 아들 현세의 인간』, 천지인, 2011.

제국의 상징, 외팔묘

袁森坡, 「達什達瓦部東遷熱河」 『渤海學刊』 1990, 제1기.

特克寒, 「厄魯特蒙古達什達瓦部東遷承德考」 『內蒙古社會科學(漢文版)』 2000, 제3기.

于佩琴, 「承德外八廟建築風格及其象徵意義」 『河北民族師範學院學報』 2014, 제1기.

Pamela Kyle Crossley, *A Translucent Mirror -History and Identity in Qing Imperial Ideology*, University of California Press, 2002.

Elisabeth Benard, The Qianlong emperor and Tibetan Buddhism, *New Qing Imperial History: The Making of Inner Asian Empire at Qing Chengde*, edited by James A. Millward, Ruth W. Dunnell, Mark C. Elliott, and Philippe Forêt, London and New York: Routledge Curzon, 2004.

Peter Perdue, *China marches west: the Qing conquest of Central Eurasia*, Harvard University Press, 2005. → 공원국 번역, 『중국의 서진』 길출판사, 2012.

화폐와 중국 지배

彭信威, 『中國貨幣史』 群聯出版社, 1954.

那榮利, 「淸代制錢之滿文與錢局」 『中國錢幣』 1986.

陳乃雄, 「"天聰汗錢"滿文釋讀」 『內蒙古金融硏究』 2003.

전쟁기념관, 자광각

聶崇正, 「談淸代《紫光閣功臣像》」 『文物』 1990, 제1기.

Mark C. Elliott. *The Manchu Way: The Eight Banners and Ethnic Identity in Late Imperial China*. Stanford: Stanford University Press, 2001.

Waley-Cohen, Joanna. *The Culture of War in China : Empire and the Military Under the Qing Dynasty*. London ; New York : I.B. Tauris, 2006.

황제의 보디가드, 시위

常江, 「淸代侍衛制度」 『社會科學輯刊』 1988, 제3기.

黃圓晴, 「淸代滿漢官制: 以侍衛的升遷爲中心」 『滿學論叢』 제1집, 2011.

黃圓晴, 「試論淸代漢侍衛與綠營」 『歷史檔案』 2014, 제1기.

杉山淸彦, 「ヌルハチ時代のヒヤ制: 淸初侍衛考序說」 『東洋史硏究』 62(1), 2003.

관우 신앙

이경선, 「관우신앙에 관한 고찰」 『한양대 논문집』 8, 1974.

김탁, 『한국의 관제신앙』 선학사, 2004.

蔡東洲, 『關羽崇拜硏究』 巴蜀書社, 2001.

5 _ 청 제국의 변경인

토르구트의 귀환

김호동, 『황하에서 천산까지』, 사계절, 1999.

馬大正·馬汝珩, 『漂落異域的民族: 17至18世紀的土爾扈特蒙古』, 中國社會科學出版社, 1991.

Carl D. Barkman, *The Return of the Torghuts from Russia to China*, Hong Kong University Press, 1955.

James A. Millward, Qing Inner Asian empire and the return of the Torghuts, *New Qing Imperial History: The Making of Inner Asian Empire at Qing Chengde*, edited by James A. Millward, Ruth W. Dunnell, Mark C. Elliott, and Philippe Forêt, London and New York: Routledge Curzon, 2004

Michael Khodarkovsky, *Where Two Worlds Met: The Russian State and the Kalmyk Nomads, 1600-1771*, Cornell University Press, 1992.

청 제국의 극동부 변경인, 허저

박태근 譯解, 『國譯北征日記』, 한국정신문화연구원, 1980.

凌純聲, 『松花江下流的赫哲族』, 歷史言語研究所單刊甲種, 1934.

시버족, 만주에서 신강으로

嗚元豐·趙志强, 『錫伯族歷史探究』, 遼寧民族出版社, 1982.

白友寒, 『錫伯族源流史綱』, 遼寧民族出版社, 1986.

佟克力 編, 『錫伯族歷史與文化』, 烏魯木齊: 新疆人民出版社, 1989.

韋慶遠, 「有關錫伯族史研究的幾個問題-兼對〈錫伯族檔案史料〉一書的評介」, 『明清史新析』, 中國社會科學出版社, 1995.

劉宗棟, 「錫伯名稱考」, 『元史及民族與邊疆研究集刊』 제20집, 2008.

島田好, 「錫伯卦爾察部族考」, 『滿洲學報』 6, 1941.

楠木賢道, 「チチハル駐防シボ佐領の編立過程」, 石橋秀雄 編, 『清代中国の諸問題』, 山川出版社, 1995.

부록 | 만주어 사전, 제리 노먼을 기리며

『滿韓辭典』이훈 編, 고려대학교 민족문화연구원, 2017.

『滿漢大辭典』(Manju Nikan yongkiyangga buleku bithe), 安雙成 主編, 瀋陽: 遼寧民族出版社, 1993.

『新滿漢大詞典』(Ice Manju Nikan gisun kamcibuha buleku bithe), 胡增益 主編, 烏魯木齊: 新疆人民出版社, 1994.

『滿和辭典』(Manju ži-ben gisun kamcibuha bithe). 羽田亨 編, 京都帝國大學滿蒙調查會, 彙文堂書店, 1937.

『補訂滿洲語文語辭典』福田昆之 編著, 橫濱: FLL, 2008.

Jerry Norman, *A manchu English dictionary*, 臺北, 1967.

Jerry Norman, *A Concise Manchu-English Lexicon*, University of Washington Press, 1978.

Jerry Norman, *A comprehensive Manchu-English dictionary*, Cambridge, MA : Harvard University Asia Center : Distributed by Harvard Uniersity Press, 2013.

Handwörterbuch der Mandschusprache, Hauer Erich, Wiesbaden: Harrassowitz, 1952 – 1955.

Handwörterbuch der Mandschusprache. 2. durchgesehene und erweiterte Auflage, herausgegeben von Oliver Corff, Hauer, Erich, Wiesbaden: Harrassowitz, 2007.

Полный маньчжурско-русский словарь, Иван Ильич Захаров, Типография Императорской Академии Наук, СПб, 1875.

주

1. "女眞俗語謂萬爲豆漫, 以衆水至此合流故名之也", 『용비어천가』제3장.

2. 『만주실록역주』1장, pp.26-27.

3. 河內良弘, 『明代女眞史の硏究』同朋舍出版, 1992.

4. 『만주실록역주』1장, pp.25-26.

5. 陶宗儀, 『輟耕錄』권1.

6. "(至正3年) 遼陽吳者野人叛"『元史』本紀41「順帝4」 "(至正6년) 四月, 遼陽爲捕海東靑煩擾, 吳者野人和水達達趙義, 萬戶買住等討吳者野人遇害"『元史』本紀41「順帝4」

7. 『조선세종실록』에 의하면 여진어 퉁컨(tungken)은 종(鐘)을 뜻하지만 훗날 만주어에서 퉁컨은 북(鼓)을 뜻한다.

8. 『조선태종실록』태종5년4월 을유조.

9. 『조선정종실록』정종1년1월19일조.

10. 吉林省 海龍縣 설에 대해서는 다음 참조. 稻葉岩吉, 「建州女直の原地及び遷住地」『滿洲歷史地理』제2권, 東京: 南滿洲鐵道株式會社, 1913, p.576; 箭內亘, 「元朝時代の滿洲交通路」『滿洲歷史地理』제2권 p.434; 津田左右吉, 『朝鮮歷史地理』권2, 南滿洲鐵道株式會社, 1913, p.369. 黑龍江省의 東寧縣 설에 대해서는 다음 참조. 張錫彤·王鍾翰 等著, 『中國歷史地圖集·釋文彙編』(東北卷), 中央民族學院出版社, 1988, p.239.

11. 『명성조실록』영락4년 정월 경술조.

12. 『명성조실록』영락5년 정월 무진조.

13. 『조선태종실록』태종6년2월4일조.

14. 『조선태종실록』태종6년2월18일조.

15. 『조선태종실록』태종6년4월19일조.

16. 『조선태종실록』태종7년1월26일조.

17. 『조선세종실록』세종11년10월11일조.

18. 『조선세종실록』 세종 11년 10월 11일조.

19. 『조선태종실록』 태종 10년 5월 1일조.

20. 『조선세종실록』 세종 11년 6월 13일조.

21. 『조선세종실록』 세종 8년 11월 14일 계묘조.

22. 『조선세종실록』 세종 13년 1월 18일 계미조.

23. 『조선세종실록』 세종 15년 윤8월 22일조.

24. 『조선세종실록』 세종 15년 11월 26일조.

25. 울라(Ula)의 하스후 버일러(hashū beile) 부잔타이(Bujantai)의 후손들이 보존해 온 계보도 「烏拉哈薩虎貝勒後輩檔册(ula의 hashū beile의 후손의 문서)」에 대해서는 아래 논문 참조. 叢佩遠·張曉光, 「烏拉哈薩虎貝勒後輩檔册與滿文譜圖初探」, 『滿族研究』, 1986, 3期; 趙東升, 「關於《烏拉哈薩虎貝勒後輩檔册與滿文譜圖初探》的幾點補充說明」, 『滿族研究』, 1988, 3期. 해서여진에 대한 근래의 주목할 만한 연구는 다음과 같다. 趙東升·宋占榮, 『烏拉國簡史』, 永吉縣委史志辦公室, 1992; 尹鬱山·趙東升, 『烏拉史略』, 吉林文史出版社, 1993; 趙東升, 『扈倫四部研究』, 吉林文史出版社, 2005. 흥미롭게도 해서여진의 역사에 주목하는 연구자들의 일부를 해서여진인의 후손들이 점하고 있다. 해서여진 울라의 역사를 정리하는 데 힘쓰고 있는 趙東升은 울라의 마지막 버일러 부잔타이의 후손이고, 여허나라씨의 족보를 정리하여 『葉赫那拉宗族譜』(2001)를 출판한 那世垣은 여허의 시조인 싱건 다르한의 19대손임을 주장한다.

26. 『명성조실록』 영락 4년 2월 기사조.

27. 『명영종실록』 정통 8년 정월 계미조.

28. 『만주실록역주』 1장, p.36.

29. 『명영종실록』 정통 8년 정월 계미조.

30. 『명헌종실록』 성화 16년 2월 갑술조.

31. 『조선세종실록』 세종 29년 6월 27일 무자조.

32. 『조선세조실록』 세조 6년 6월 28일 계유조.

33. 장정수, 「선조대 대여진(對女眞) 방어전략의 변화 과정과 의미」, 『朝鮮時代史學報』 67호, 2013.

34. 『조선선조수정실록』 선조 40년 2월 1일 갑오조.

35. 『만주실록역주』 1장, p.39.

36. 『만문노당』 태조 I, 동양문고본, 만력 43년 6월조, p.47.

37. 『만주실록역주』 1장, p.39.

38. 『조선성종실록』 성종 22년 8월 25일조.

39. 『명세종실록』 가정 19년 3월 기미조; 『東夷考略』 p.54; 馮瑗, 『開原圖說』 卷下, 玄覽堂叢書, 6上.

40. 『만주실록역주』1장, p.35.

41. 『만주실록역주』1장, p.35.

42. 『만주실록역주』8장, p.417.

43. 『만주실록역주』8장, p.423.

44. 『만문노당』태조 I, 동양문고본, 천명 3년 정월조. p.82.

45. 『만문노당』태조 I, 동양문고본, 천명 3년 2월조. p.83.

46. 『만문노당』태조 III, 동양문고본, 천명 10년 8월조. p.979.

47. 『舊滿洲檔 天聰九年』천총 9년 5월 18일조, p.143.

48. 今西春秋,「Jušen国域考」『東方学紀要』2, 1967, pp.164~166.

49. 田中克己,「明末の野人女直について」『東洋学報』42권 2호, 1959, pp.1~24; 阿南惟敬,「淸の
    太宗のウスリ─江征討について」『防衛大学校紀要』(人文・社会科学編) 20号, 1970. p.145.

50. 董萬侖,「明末淸初圖們江內外瓦爾喀硏究」『民族硏究』2003, 제1기, pp.70~73, p.77.

51. 松浦茂,『淸朝のアムール政策と少數民族』京都: 京都大學學術出版會, 2006.

52. 『內國史院檔 天聰八年』천총 8년 12월 10일조, pp.379-384; 『청태종실록』천총 8년 12월 임진조.

53. 『만주실록역주』2장, p.120.

54. 『만주실록역주』3장, pp.138~145.

55. 『만문노당』태조 I, 동양문고본, 만력 35년 3월조, p.4; 『만주실록역주』3장, p.145.

56. 『만문노당』태조 I, 동양문고본, 만력 36년 6월 6일조, p.9; 『만주실록역주』3장, p.152.

57. 『만주실록역주』3장, p.152.

58. 『만주실록역주』3장, p.153.

59. 『만주실록역주』3장, pp.154~155.

60. 『만주실록역주』3장, pp.155~156.

61. 『만주실록역주』4장, pp.180~181. 야란과 시린은 『만주실록』에서는 워지로 분류되었지만, 『청태
    종실록』이나 『만문노당』태종조 기록에서는 와르카로 분류되었다.

62. 『만문노당』태조 I, 동양문고본, 만력 43년 11월조, p.49; 『만주실록역주』pp.188~189.

63. 『만주실록역주』4장, p.204.

64. 『만문노당』태조 III, 동양문고본, 천명 10년 3월 5일조, p.965; 『만주실록역주』8장, pp.410~412.

65. 『만문노당』태조 III, 동양문고본, 천명 10년 4월 4일조, p.967; 『만주실록역주』8장, pp.410~412.

66. 『淸太祖朝老滿文原檔』(第二冊) 廣祿・李學智 譯註, 臺北: 中央硏究院歷史語言硏究所專刊
    之58, 1971, p.171.

67. Мелихов Г.В.(게오르기 바실리예비치 멜리코프) Маньчжуры на Северо-Востоке (XVII в.)

(17세기 동북의 만주족), M., Hayкa(모스크바 과학출판사), 1974. → 格·瓦·麥利霍夫,『滿洲人在 東北(十七世紀)』北京: 商務印書館, 1976. pp.42~52.

68. 『만주실록역주』3장, pp.123~124.

69. 누르하치 시기와 홍타이지 시기 후르카와 와르카의 조공 현황을 아래 두 논저에서 표로 정리했다. 佐佐木史郎, 「アムーㇽ川下流域諸民族の社会·文化における清朝支配の影響について」 『国立民族学博物館研究報告』14卷 3号, 1990. pp.679~680; 松浦茂,『清朝のアムール政策と 少數民族』京都: 京都大學學術出版會, 2006, pp.228~229.

70. 『만문노당』태조 I, 동양문고본, 천명 원년 6월조, pp.71~72.

71. 『청태종실록』천총 3년 7월 갑오조.

72. 『청태종실록』천총 5년 3월 갑오조.

73. 『內國史院檔 天聰七年』천총 7년 11월 20일조, pp.185~186;『內國史院檔 天聰八年』천총 8년 5월 19일조, pp.171~172;『청태종실록』천총 7년 11월 무신조;『청태종실록』천총 8년 5월 무진조.

74. 『청태종실록』천총 8년 12월 계묘조;『內國史院檔 天聰八年』천총 8년 12월 20일조, pp.392-393.

75. 『만문노당』태조III, 동양문고본, 천명 10년 8월 23일조, p.986.

76. 『청태종실록』숭덕 2년 6월 신축조.

77. 『만주실록역주』6장, p.293.

78. 『만주실록역주』6장, p.294.

79. 『만주실록역주』6장, p.297.

80. 『만주실록역주』6장, p.302.

81. 『만주실록역주』6장, pp.302~303.

82. 劉小萌,『滿族從部落到國家的發展』中國社會科學出版社, 2007. → 이훈·이선애·김선민 번 역,『여진 부락에서 만주 국가로』푸른역사, 2013, pp.229~268.

83. 마크 엘리엇,『만주족의 청제국』pp.114~116.

84. 細谷良夫,「マンジュ·グルンと『滿洲国』」『シリーズ世. 界史への問い 8 歴史のなかの地域』 岩波書店, 1990, p.114.

85. "nikan gurun ci wesihun, šun dekdere ergi mederi muke de isitala, solho gurun ci amasi, monggo gurun ci julesi, jušen gisun i gurun be dailame dahabume tere aniya wajiha"『만문노당』태조 I, 동 양문고본, 천명 4년 10월조, p.189.

86. "musei gurun i gebu daci manju, hada, ula, yehe, hoifa kai. tere be ulhirakū niyalma jušen sembi. jušen serengge sibei coo mergen i hūncihin kai. tere muse de ai dalji. ereci julesi yaya niyalma muse gurun i da manju sere gebu be hūla. jušen seme hūlaha de weile."『舊滿洲檔 天聰九年』천총 9년

10월 13일조.

87. 神田信夫,「滿洲(Manju)國號考」『山本博士還曆記念東洋史論叢』東京:山川出版社,1972.

88. 滕紹箴,「滿洲名稱考述」『民族研究』1996, 제4기, p.72.

89. '陳鵬,「"滿洲"名稱述考」『民族研究』, 2011, 제3기.

90. 石橋秀雄,「ジュシエンjušen小考」『三上次男博士喜壽記念論文集』第1冊, 歷史編, 東京: 平凡
社,1985,pp.163~175.

91. Pamela Kyle Crossley, A translucent mirror: history and identity in Qing imperial ideology,
University of California Press,1999,p.194.

92. 楊餘練,「簡論淸代康熙時期的"新滿州"與"布特哈八旗"」『社會科學戰線』1980, 제4기; 劉小
萌,「關於淸代"新滿洲"的幾個問題」『滿族研究』1987, 제3기.

93. 『만문노당역주』숭덕 원년 4월 13일,p.1588.

94. 『만문노당』태조Ⅲ, 동양문고본, 태조74권,無年月,p.1104.

95. 『만문노당역주』12권, 숭덕 원년 5월조,pp.1680~1681,pp.1854~1869.

96. 이훈,「건륭제의 동순과 만주족의 정체성」『한중일 군주의 능원행차』(제2회 수원학 심포지움 발표
논문집), 수원시정연구원,2015.

97. 『만문노당』태조Ⅲ, 동양문고본, 천명 10년 8월 23일조,p.986.

98. 和田淸,『東亞史研究』(滿洲篇Ⅱ), 東京 : 東洋文庫,1955.

99. 『만주실록역주』1장,p.28.

100. 『만주실록역주』1장,p.25.

101. Pamela Kyle Crossley, A translucent mirror: history and identity in Qing imperial ideology,
University of California Press,1999.

102. "胡人或稱白頭山以長白故也",『조선숙종실록』숙종 17년 11월 16일 병인조.

103. "金始祖居完顏部, 其地有白山黑水.",『金史·世紀』

104. 『太祖高皇帝實錄』권1,中華書局影印本,1986,p.21下.

105. 『舊滿洲檔 天聰九年』천총 9년 5월 6일조.

106. 『太祖武皇帝實錄』권1.

107. 『太祖高皇帝實錄』권1,中華書局影印本,1986,p.21下.

108. "遼人嘗言, 女直兵若滿萬, 則不可敵",『金史』「太祖本紀」

109. 『만주실록역주』6장,p.291.

110. 이민환,『건주문견록』

111. 昭槤,『嘯亭雜錄』권7.

112. 昭槤,『嘯亭雜錄』권7.

113. 嘉慶『大淸會典事例』『堂子規制』

114.『청고종실록』건륭8년9월 정미조;『청고종실록』건륭8년9월 기유조.

115.『청고종실록』건륭8년10월 경술삭.

116.『조선중종실록』중종8년2월10일 기유조.

117. 劉小萌,「庫圖勒考」『滿語硏究』1987, 제2기, p.121.

118. 安雙成,「順康雍三朝八旗丁額淺析」『歷史檔案』1983, 제2기, pp.100~103.

119. 劉小萌,「庫圖勒考」『滿語硏究』1987, 제2기, pp.122~123.

120.『隨軍紀行』(beye i cooha bade yabuha babe ejehe bithe). →『만주팔기 증수의 일기』(隨軍紀行), 고려
  대학교 민족문화연구원 만주학총서2, 박문사, 2012, p.69.

121.『만문노당』태조Ⅲ, 동양문고본, 천명10년 정월2일조, pp.953~954.

122.『淸語摘鈔』「烏拉滑子」

123.『만주실록역주』8장, pp.429-530.

124.『만주실록역주』2장, p.97.

125.『內国史院檔 天聰八年』천총8년4월9일조.

126.『內国史院檔 天聰八年』천총8년4월9일조.

127.『만문노당역주』숭덕 원년6월6일조, pp.1769~1771.

128.『御製淸文鑑』(Han i araha Manju gisun-i bulekū bithe) 序文.

129. 宮崎市定,「淸朝における國語問題の一面」『宮崎市定全集』14, 岩波書店, 1991, p.335.

130. Hanson Chase, "The Status of the Manchu Language in the Early Ch'ing", 박사학위논문,
  University of Washington, 1979, p.160.

131.『長白山誌』(Golmin šanyan alin i ejetun), 1785년(건륭50).

132. 孟森,「八旗制度考實」『明淸史論著集刊』北京:中華書局, 1959, p.218.

133. 馮景,「御書萱瑞堂記」『解春集文鈔』臺北:藝文印書館. 권4.

134.『熱河內屬中國及行宮駐防始末記』(Že ho i dorgi babe kadalame jung gurun i ba tatara gurung ni
  seremšeme tehe daci tetele isibume ejehe arahabi. 열하 내부의 땅을 관할하고 중국의 땅과 행궁을 지
  키기 위해 주둔한 시초부터 지금까지를 기록함), 저자 미상, 道光1年, p.2.

135.『청세조실록』세조7년7월 을묘조.

136.『熱河內屬中國及行宮駐防始末記』p.4.

137. 乾隆,「御制避暑山莊後序」(『皇朝通志』卷35「都邑略4·避暑山莊」)

138. 乾隆,「避暑山莊百韻詩序」(別廷峰,「乾隆御製《〈避暑山莊百韻詩〉序》注譯」『河北民族師範學院

學報』1986年 第3期, pp.101~103.)

139. 乾隆,「御制避暑山莊後序」(『皇朝通志』卷35「都邑略4 · 避暑山莊」)

140. 趙翼,『簷曝雜記』권1. p.14.

141. 朴趾源,『熱河日記』권5,「漠北行程錄」(임기중 편,『燕行錄全集』54集, 동국대학교 출판부, p.107.)

142. 柳得恭,『灤陽錄』권1「熱河」

143.『熱河內屬中國及行宮駐防始末記』pp.4~5.

144. 定宜莊,『淸代八旗駐防硏究』遼寧民族出版社, 2003, pp.85-86, p.107.

145. *New Qing Imperial History: The Making of Inner Asian Empire at Qing Chengde.* Edited by James
A. Millward, Ruth W. Dunnell, Mark C. Elliott, And Philippe For t. London and New York:
RoutledgeCurzon, 2004.

146. Philippe Forêt, *Making an Imperial Landscape in Chengde, Jehol : The Manchu Landscape Enterprise,*
University of Chicago, 1992; Ning Chia, The Lifanyuan and the Inner Asian Rituals in the Early
Qing (1644~1795), *Late Imperial China* 14, no.1, 1993, pp.60~92.

147. Evelyn S. Rawski, *The Last Emperors: A Social History of Qing Imperial Institutions,* University of
California Press, 1998.(구범진 번역,『최후의 황제들 - 청황실의 사회사』, 까치, 2010. p.41)

148. 임계순,「18세기 청조 제2의 정치중심지, 승덕 피서산장」『명청사연구』21집, 2004.

149. Pamela Kyle Crossley, *A Translucent Mirror -History and Identity in Qing Imperial Ideology,*
University of California Press, 2002. 서문. 피통치민의 유형에 따라 달라지는 청 황제의 다면적
속성을 파멜라 크로슬리는 'simultaneity'라는 용어로 설명했다. 크로슬리는 이 개념어를 '兼'이
라는 한어에서 착안했다. 즉 청의 황제는 통치하에 있는 다양한 유형의 신민 각각에 맞추어 다양
한 통치자의 속성persona으로 대했기 때문에, 한 몸에 여러 속성을 '겸'했다는 것이다. 중국 학계
에서는 크로슬리의 'simultaneity'를 '同時性' 등의 용어로 번역하고 있지만, 필자는 이를 '다면
성'으로 번역한다.

150. 연구자들은 청 황제가 티베트 불교를 후원한 이유를 주로 정치적인 동기에서 찾았고, 황제 개인의
신앙심은 거의 거론하지 않았다. 그러나 근래의 연구는 청 황제, 특히 건륭제가 개인적으로 불교
를 깊이 신봉했음을 보여 준다. 이에 대해 아래 논문이 유용하다. Elisabeth Benard, The Qianlong
emperor and Tibetan Buddhism, *New Qing Imperial History: The Making of Inner Asian Empire at
Qing Chengde,* edited by James A. Millward, Ruth W. Dunnell, Mark C. Elliott, and Philippe Forêt,
London and New York: Routledge Curzon, 2004. pp.123~135.

151. Peter Perdue, *China marches west: the Qing conquest of Central Eurasia,* Harvard University Press,
2005. →공원국 번역,『중국의 서진』, 길출판사, 2012, pp.607~609.

152. 天津大學建築系, 承德市文物局 編著, 『承德古建築』, 中國建築工業出版社, 1982, p.147.

153. 袁森坡, 「達什達瓦部東遷熱河」, 『渤海學刊』 1990, 제1기, pp.100~105; 特克寒, 「厄魯特蒙古達
    什達瓦部東遷承德考」, 『內蒙古社會科學』, 2000, 제3기, pp.61~64.

154. 董旭, 『承德普陀宗乘之廟歷史與建築研究』, 河北師範大學 박사학위논문, 2015년 5월.
    pp.25~26.

155. 자료 출처. 彭信威, 『中國貨幣史』, 群聯出版社, 1954; 馬飛海, 王裕巽, 鄒誌諒, 『中國歷代貨幣大
    系』6, 上海教育, 2004; http://www.chinaknowledge.de/History/Terms/cash-qing.html

156. 박지원, 『열하일기』, 「피서록」

157. 『조선숙종실록』 숙종 3년 9월 16일조.

158. 『조선숙종실록』 숙종 8년 3월 17일조.

159. 『성호사설』 권12.

160. "大門侍衛之仰望乾淸門侍衛有若天上神人", 『佳夢軒叢著』, 「侍衛瑣言」

161. 『만주실록역주』 권1, p.40.

162. 『청태종실록』 천총 7년 6월 계해조.

163. 『舊滿洲檔 天聰九年』 천총 9년 3월 22일조, p.93.

164. 『宮中檔康熙朝奏摺』 8輯, 강희 35년 4월 15일조.

165. 馬大正 · 馬汝珩, 『漂落異域的民族 : 17至18世紀的土爾扈特蒙古』, 中國社會科學出版社,
    1991.

166. Michael Khodarkovsky, *Where Two Worlds Met: The Russian State and the Kalmyk Nomads,
    1600-1771*, Cornell University Press, 1992.

167. 박태근 譯解, 『國譯北征日記』, 한국정신문화연구원, 1980.

168. 『만주실록역주』 4장, p.201.

169. 『內國史院檔 天聰七年』 천총 7년 6월 24일조, pp.89~90.

170. 『舊滿洲檔案 : 天聰九年』 천총 9년 1월 14일조.

171. 『청세조실록』 순치 15년 1월 24일 신유조.

172. 이때 다구르인이 러시아의 공격을 받아 가족이 이산하고 저항한 이야기를 현대에 다구르인이 만
    문으로 기록한 아래의 책이 있다. 胡格金台, 『達呼爾故事滿文手稿』 1977. → 최학근 등 역, 『達
    呼爾故事』 명문당, 1989.

173. 『청성조실록』 강희 2년 3월 임진조.

174. 『舊滿洲檔 天聰九年』 천총 9년 10월 13일조.

175. 『만주실록역주』 2장, pp.102~103.

176. 『만문노당』 태조Ⅲ, 동양문고본, 천명 11년 5월조, p.1014.
177. 『만문노당』 태조Ⅲ, 동양문고본, 천명 11년 5월조, p.1059.

찾아보기

[ㄱ]